그림으로 보는 **위대한 전쟁사**

그림으로 보는 위대한 전쟁사

초판 인쇄 · 2019년 6월 22일
초판 발행 · 2019년 6월 30일

지은이 · 고종환
펴낸이 · 한봉숙
펴낸곳 · 푸른사상사

주간 · 맹문재 | 편집 · 지순이 | 교정 · 김수란
등록 · 1999년 7월 8일 제2-2876호
주소 · 경기도 파주시 회동길 337-16(서패동 470-6)
대표전화 · 031) 955-9111(2) | 팩시밀리 · 031) 955-9114
이메일 · prun21c@hanmail.net / prunsasang@naver.com
홈페이지 · http://www.prun21c.com

ⓒ 고종환, 2019

ISBN 979-11-308-1442-1   03920

값 24,000원

푸른사상 예술총서 20

그림으로 보는 **위대한
전쟁사**

고종환

푸른사상
PRUNSASANG

인류사에서 가장 드라마틱한 전쟁의 역사

어떻게 하면 교양지식을 많이 쌓을 수 있을까요? 혹은 어떤 분야의 교양 지식을 많이 쌓는 게 좋을까요? 정답은 없지만 필자의 경험상 우리가 흔히 말하는 교양의 많은 부분을 차지하는 게 바로 서양 역사 분야가 아닐까 합니다. 주변 사람들과 대화를 하다 보면 서양 역사에 대해 다양하고도 해박한 지식을 가진 사람이 분위기를 주도하거나 교양지식이 풍부한 사람처럼 여겨 질 때가 많습니다. 그러나 서양의 고대 역사부터 중세, 근세 그리고 현대에 이르는 너무도 방대한 분량의 역사를 다 알 수가 없다는 것이 문제입니다.

필자도 옛날 중고등학생 시절부터 서양 역사에 관심이 많았지만 책을 읽 어도 그때뿐, 조금만 지나면 어느 사건 하나 제대로 기억되는 게 없었습니 다. 여러 사건들의 내용은 물론이고 그 시간 순서조차도 잘 기억하지 못했습 니다. 그런 필자의 과거의 어려움이 이 책을 쓰게 한 첫 번째 동기이기도 합 니다. 그래서 이 책을 쓰면서 1장부터 마지막 장에 나오는 전쟁과 사건들이 연대순으로 되도록 기술했습니다. 독자들이 1장부터 12장까지 차분히 읽다 보면 자연스럽게 서양사에서 굉장히 중요했던 전쟁과 사건들이 머릿속에 잘 정리될 것입니다. 그렇게 역사의 중요한 사건들을 연대순으로 정리하고 기 억할 수만 있다면 서양 역사에 대한 교양지식을 쌓는 데 큰 도움이 되리라 믿습니다.

그렇다면 서양 역사에서 수없이 일어났던 그 많은 사건들을 어떤 기준으로 살펴보는 게 좋을까요? 이런 소소한 의문에서 출발한 것이 필자가 이 책을 집필한 두 번째 동기입니다. 방대한 서양 역사를 조금씩 정리하기 위해서는 선택과 집중의 전략이 필요하고 그래서 필자가 선택한 것은 정말 중요한 전쟁과 전투인데 그 이유는 전쟁만큼 드라마틱한 역사가 없다고 생각하기 때문입니다. 어느 나라가 강대국이 되기도 하고 혹은 몰락하기도 하는데 그런 과정의 대부분이 전쟁으로 결정됩니다. 그러므로 인간의 역사에서 전쟁이야말로 가장 드라마틱하고 위대한 사건이라고 볼 수 있는 거죠.

교양지식을 익히고 배우는 다양한 방법이 있지만 필자가 개인적으로 좋아하는 방법은 누구나 알 만한 유명한 그림을 통해서 서양사를 돌아보는 것입니다. 그림을 통해서 역사와 전쟁을 살펴보는 것은 유명한 그림에 대한 교양지식을 얻을 수 있다는 것과, 그런 그림이 보여주는 다양한 역사까지 알 수 있다는 분명한 장점이 있으니까요.

과분하게도 지난 2010년부터 오페라와 서양 연극, 프랑스 다문화 그리고 명화에 대한 책을 썼는데, 이번에 필자의 여섯 번째 책으로『그림으로 보는 위대한 전쟁사』라는 졸저를 내게 됐습니다. 이번에도 누구나 알 만한 유명한 그림을 소재로 삼아서 서양의 전쟁사에 관한 이야기를 썼는데, 제목을 '위대한 전쟁사'라고 한 이유는 수없이 많은 서양의 전쟁 중에서도 정말 특별한 전쟁들이 있기 때문입니다. 특별한 전쟁이라고 하면, 특정 국가를 흥하게도 혹은 망하게도 했던 전쟁이거나, 또는 우리가 아는 위대한 영웅들을 역사의 전면에 등장시키기도 하고 역사 저편으로 사라지게 만들기도 했던 바로 그런 전쟁들입니다. 그런 전쟁들이야말로 정말 위대한 전쟁이라고 할 수 있고, 그런 위대한 전쟁들을 중심으로 역사를 보는 것이 좀 더 재미있게 서양 역사에 관한 교양지식을 익히는 한 방편이 될 것입니다.

좋은 연극이나 뮤지컬, 영화도 그렇지만 좋은 그림 한 점만큼 우리에게 많은 것들을 알려주는 도구도 흔하지 않다고 생각합니다. 그런데 여기서 한 가지 기억할 것은 그림과 역사만큼 "아는 만큼 보인다"라는 말이 잘 들어맞는 경우도 흔치 않다는 것입니다. 한 장의 그림이 위대한 명화가 되기 위해서는 그림을 보는 사람들이 그 그림이 의미하는 바를 정확히 알아야 합니다. 그림이야말로 교양지식이 얼마나 많으냐에 따라 그 의미가 너무도 다르게 다가오는 가장 대표적인 소재일 것입니다. 교양지식 없이 그냥 그림을 바라본다면 그 그림은 단지 하나의 평범한 그림밖에 되지 못하는 것이고, 반대로 화가가 그림 속에 숨겨둔 의미를 포착하거나 시대적인 상황을 읽을 수 있다면 그 그림은 정말 위대한 명화가 될 수 있다는 것이죠.

대학에서 프랑스어를 배웠던 필자는 엄청난 보물들이 있는 루브르 박물관에 처음 갔었던 1991년을 기억합니다. 엄청난 규모는 물론, 책에서만 보던 위대한 명화들이 거기 다 소장되어 있다는 사실에 놀랐는데, 정작 필자를 가장 놀라게 했던 것은 부끄럽게도 그 위대한 명화들이 당시에는 아무런 감동을 주지 못했다는 점이었습니다. 그렇다면 당시 필자는 왜 아무런 감동을 느끼지 못했을까요? 이유는 단 하나, 그런 명화들에 대한 아무런 인문학적 교양지식이 없었기 때문이었습니다. 그래서 위대한 명화가 전혀 명화 역할을 할 수가 없었던 것이죠. 이게 바로 교양지식이 있는 사람과 없는 사람의 차이였을 것입니다. 아무런 교양지식 없이 그냥 본 그림들이 그냥 멋진 그림이었다면, 인문학적 교양지식을 갖고 바라보는 그림들은 비로소 '명화'가 되어 다가왔던 것입니다.

어떤 명화가 나오게 된 데는 반드시 그 시대와 관련된 중요한 역사가 있습니다. 그래서 "시대가 유명한 작품을 만든다"라는 말이 있는 거겠죠. 그림을 포함한 모든 예술은 다 그 시대의 특별한 산물입니다. 그러므로 그런 그림을 잘 이해하기 위해서는 그림 자체 의미는 물론이고 그런 그림이 나오게 된 다양한 역사와 의미들을 반드시 알아야 한다는 것입니다. 그런 것들을 제대로 이해해야만 그런 명화가 왜 그렇게 유명하게 된 것인지를 이해하게 되는 것입니다.

이번에도 변함없이 뛰어난 장인정신을 바탕으로 좋은 책을 만들기 위해 수고를 아끼지 않으신 푸른사상사의 모든 분들께 많은 신세를 졌습니다. 특별히 감사의 말씀을 전합니다. 항상 그렇듯이 이분들의 수고와 헌신 덕분에 필자의 평범한 원고가 멋진 책으로 나올 수 있었습니다. 진심으로 감사드립니다.

또한 아들이 대학에서 강의를 하고, 좋아하는 책을 마음껏 읽고 쓸 수 있도록 늘 변함없이 새벽예배부터 저녁 가정예배까지 눈물로 기도하시며 든든한 버팀목이 되어주시는 사랑하고 존경하는 어머니와 아버지의 기도와 은혜를 잊을 수 없습니다. 부모님의 든든한 지원과 사랑 덕분에 이렇게 매일매일 책을 쓸 수 있습니다. 또한 직장일과 공부로 누구보다 바쁘게 살면서도 부족한 남편을 늘 부족함 없다고 말하며 긍정의 메신저로서 돕는 배필의 역할을 충실히 감당하는 사랑하는 아내 최선재에게도 늘 고마움을 느낍니다. 어느 곳에서도 행복과 웃음의 원천이 되어주는 사랑스런 두 딸 혜린, 혜진이 있어 참 감사하고 행복합니다. 끝으로 나의 나 된 것은 다 하나님의 은혜임을 고백합니다.

2019년 6월, 광교 어느 곳에서

고종환

제2부 중세의 위대한 전쟁

차례

제3부 근세의 위대한 전쟁

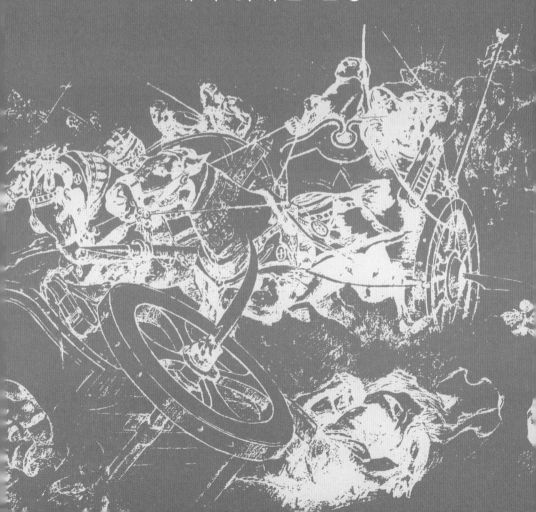

제1부

고대의 위대한 전쟁

〈테르모필레에서의 레오니다스 왕〉, 자크 루이 다비드, 1814, 파리 루브르

01

그리스, 유럽의 중심이 되다

: 페르시아 전쟁(BC 492~479)

페르시아 전쟁의 역사적, 정치적 배경

동양이나 서양의 역사를 살펴보면 특정 시대의 절정기를 창출해내는 많은 요소들이 어느 한 나라에 한꺼번에 몰려 있는 시기가 있다. 즉 특정 국가가 당시 시대를 주도하는 시기가 있다는 말이다. 예를 들어, 르네상스의 태동과 발전 그리고 주변 국가에 많은 문화와 예술의 발전 등 영향을 주었던 피렌체를 중심으로 한 이탈리아가 있었고, 에스파냐의 '무적함대'를 물리치고 제해권을 장악하며 전성기를 맞이했던 엘리자베스 여왕 시대에 '해가 지지 않는 나라'라는 위용을 떨쳤던 영국이 있었다. 또한 '태양왕'으로 불리며 "짐이 곧 국가다(L'Etat c'est moi)"라는 유명한 말을 남겼고 절대 권력을 행사하는 동안 국력을 떨쳤던 프랑스의 루이 14세와 작은 거인으로 전 유럽을 벌벌 떨게 만들었던 나폴레옹 황제의 프랑스도 그런 경우에 해당하는 나라였다. 그리고 20세기의 신흥 절대 강자의 위치를 누리며 세계의 경찰국가를 자임하던 미국이 있고, 21세기 들어 미국의 절대파워에 맞서 새로운 라이벌로 부상하면서 미국과 패권 경쟁을 벌이기를 주저하지 않는 중국의 경우도 여기에 해당한다고 볼 수 있다.

이외에도 많은 국가가 있지만 고대 세계에서 여기에 해당하는 한 국가를 생각할 수 있다. 바로 기원전 5세기경 그리스의 아테네다. 그 당시 그리스는 군주국가나 연합국가가 아닌 여러 도시국가로 구성되어 있었는데 그중 가장 강력한 도시가 바로 아테네였다. 이 당시 아테네는 정치, 철학, 과학 그리고 예술 등에서 뛰어난 업적들을 이뤘고 이런 기반 위에 서양 예술이 태동한 것도 바로 이 시기였다.

당시의 그리스는 인구 수백에서 수천에 이르는 약 1천여 개 이상의 폴리스(소규모 도시. 학자마다 약간의 차이가 있어 500여 개에서 1천여 개까지 폴리스가 있었다고 한다)를 건설했는데 이 중 아테네와 스파르타, 코린토스, 테베 등이 우리에게 잘 알려진 대표적인 폴리스들이었다. 각 폴리스마다 인구가 제각각이었는데, 가장 이상적인 폴리스의 시민 숫자를 플라톤은 약 5천여 명 정도로 보았고, 아리스토텔레스는 모든 시민을 중앙광장(아고라)에 모아놓고 웅변가가 연설을 했을 때 그의 소리가 닿는 거리에 있는 약 2천여 명 정도를 이상적인 폴리스의 숫자로 꼽았다.

당시 아테네를 비롯한 대부분의 폴리스들은 '아크로폴리스(성채)'[1]와 '아

---

1   아크로폴리스(Acropolis) : 아테네의 아크로폴리스와 그곳의 기념물은 고전주의의 정신과 문명의 보편성을 상징하며, 고대 그리스가 세계에 남긴 가장 위대한 건축과 예술의 복합체로 인정받고 있다. 기원전 5세기는 페리클레스(Pericles)와 더불어 아테네 민주주의가 절정에 이른 시기이다. 기원전 5세기 후반, 아테네는 페르시아와의 전쟁에서 승리하고 민주주의를 성립시키면서 고대의 도시국가 사이에서 주도적 위치를 차지했다. 그 뒤를 이어 아테네에 사상과 예술이 융성하자 탁월한 예술가들은 페리클레스의 원대한 계획을 실행에 옮기기에 이르렀다. 특히 조각가 페이디아스(Pheidias)는 뛰어난 영감을 발휘하여 이곳의 바위언덕을 사상과 예술이 어우러진 독특한 기념물로 탈바꿈시켰다. 아크로폴리스는 일리소스(Ilissos) 계곡에 있는 높이 156미터의 바위언덕 위에 자리 잡고 있는데 부지 면적이 3헥타르가 채 안 되는 이곳은 원래 옛날부터 왕궁과 제사 장소를 보호하기 위한 요새였다. 이 시기에 세워진 가장 중요한 기념물은 익티노스(Ictinus)가 세운 아테나 여신의 주신전 파르테논 신전(Parthenon), 에렉테이온(Erechtheion) 신전, 므네시클레스(Mnesicles)가 설계한 기념 조각 형태의 아

아테네의
아크로
폴리스

고라(agora, 집회장)'2로 구성되어 있었고, 기원전 6세기경부터 노예 수입과 화

크로폴리스 신전 입구인 프로필라이온(Propylaea)과 작은 규모의 아테나 니케(Athena Nike) 신전 등이다. 이 건축물은 그리스 고전예술의 4대 걸작으로 평가받고 있다.

2 아고라(agora) : 고대 그리스 도시에서 시민들이 모여 다양한 활동을 하는 집회장으로 쓰인 야외 공간. 이 이름은 호메로스의 작품에 처음 나오며, 공간적인 혹은 물리적인 장소는 물론이고 당시 사람들의 모임 자체를 의미하기도 했다. 기원전 5세기에 고대 그리스인들은 일상생활에서 흔하게 사람들이 모여서 하는 행동, 즉 일상적인 종교활동, 정치행사, 다양한 재판, 상업활동 등을 모두 망라해서 아고라라고 불렀다. 대부분 아고라는 사람들이 왕래하며 서로 모이기 쉬운 도시 한복판이나 많은 배가 드나들며 인적 교류가 활발하게 일어나던 항구 근처에 있었고, 아고라 주위에는 공공건물과 사원들을 지었다. 기원전 5~4세기에는 두 종류의 아고라가 있었는데 각각 원시형 아고라와 이오니아형 아고라라고 불렀다. 원시형 아고라는 주랑과 다른 건물들이 조화를 이루지 못했고 전체적으로 무질서한 인상을 주었으나, 이오니아형 아고라는 좀 더 균형이 잡혀 있고, 주랑을 연결하여 직사각형이나 정사각형의 3면을 이루게 한 경우가 많았다. 아고라의 용도는 시대에 따라 다양했는데 항상 대중집회를 위한 장소로만 머물러 있지는 않았다. 아테네의 민회는 아고라에서 언덕(아크로폴리스 서쪽에 있는 언덕)으로 집회 장소를 옮겼지만, 오스트라키스모스(도편추방)를 위한 집회는 여전히 아고라에서 열렸다. 또한 아고라는 연극공연이나 체육행사를 위한 무대와 운동장으로도 쓰였다. 아테네에서는 지위가 높은 여성들은 거의 아고라에 나타나지 않았으며,

폐의 보급 등에 힘입어 상업이 번성하면서 여기저기서 많은 인구가 유입되어 이 당시 아테네의 인구는 약 30만을 상회할 정도였다.

당시의 아크로폴리스는 주로 두 가지 기능과 역할을 담당했다. 우선, '높은 언덕 위의 도시'라는 뜻 그대로 고대에는 신전이 세워져 있는 성역이어서 여러 신들에게 제사를 지내는 장소로서 기능했다. 다른 하나는 방위요새로서의 역할이었는데, 고지대에 주로 만들어지다 보니 의식이나 제사를 지내면서도 멀리 수평선 너머 혹은 다른 산을 넘어 침입하는 적들을 감시하기가 용이했다.

아테네는 초기 세 명의 '아르콘(집정관)'이 권력을 분점하던 시기에 상업으로 많은 부를 축적한 부유한 시민들이 끊임없이 정치 참여를 요구했는데 권력 핵심부에서 이들의 요구를 묵살하면서 서로 대립하다가, 기원전 6세기 초의 집정관 중 한 명인 클레이스테네스가 결국 그들의 요구를 들어주는 조치를 취하게 됐다. 일종의 '데모크라시(민주정치)'로 귀족과 평민의 차이를 없애고 시민들을 의무와 권리로 정치에 참여시키는 정책이었다. 이로써 아테네에 있는 노예나 외국인과 여성을 제외한 모든 남성들에게 정치와 행정에 관여할 수 있게 되었다. 아테네가 서구 민주주의의 시발점으로 꼽히는 것은 이 때문이다. 이러한 민주정치의 일환으로 매우 특이한 것이 있었다. 바로 '오스트라키스모스'(도편추방제)[3]라 불린 정책으로 독재자의 출현 가능성을 배

범죄로 기소된 남자들은 재판을 받기 전에는 아고라에 들어가는 것이 금지되었다. 자유로운 신분의 남자들은 거래를 하고 배심원 노릇을 하기 위해서뿐만 아니라 사람들과 이야기하고 빈둥거리기 위해서도 아고라에 갔다.

3 오스트라키스모스 : 고대 그리스 민주정 시대에 권력을 잡으면 향후 독재자가 될 가능성이 농후한 인물을 시민들의 투표로 결정하는 제도로서, 비밀투표에 부쳐 뽑힌 위험인물은 국외로 10년간 추방되었다. 깨진 도자기 조각을 이용했다 해서 우리말로는 '도편정치' 혹은 '도편추방제'라고도 하며 절대다수의 의견이 곧 옳다는 것을 의미하는 민주주의의 초석이 된 제도라고 할 수 있다. 왜 하필이면 도편, 즉 깨진 도자기 조각이었느냐면 당시 이집트에서 주로 수입되던 종이나 파피루스와 달리 그리스에서

오스트라콘

제하기 위해 시민들의 모임인 민회에서 시민들이 향후 독재자가 될 가능성이 있는 정치인의 이름을 도편에 적어서 일정수 이상이 나온 최고 득표자를 10년간 정치 일선에서 강제로 추방하는 제도였다.

아테네와 더불어 고대 그리스 역사 하면 또한 빼놓을 수 없는 도시가 바로 우리에게도 친숙한 당대 최강의 전사들로 구성된 막강 육군을 거느린 정복형 도시의 대명사 스파르타이다. 스파르타는 약 1,500~2,000여 명의 시

쉽게 구할 수 있었기 때문이었다. 많은 사람이 투표하기에 용이하게 하기 위해 종이나 파피루스가 아닌 손쉽게 구할 수 있는 깨진 도자기 조각을 활용했던 것이다. 깨진 도자기 조각을 당시 그리스에서 '오스트라콘'이라고 불렀기 때문에 이런 정치제도를 '오스트라키스모스'라고 부르게 된 것이다. 시민들이 하나씩 받은 깨진 도자기에 독재자가 될 가능성이 있는 정치인 이름을 써서 내는데 가장 많이 적힌 사람을 그리스 정치계에서 일정 기간 퇴출시킬 수 있었다. 사실 이 정치제도는 어느 한 사람의 판단이 아닌 사회구성원 전체 집단의 의사를 반영한다는 점에서는 매우 발달한 진보적인 제도라고 볼 수 있지만 아쉽게도 결정적인 허점도 있었다. 처음 제도의 취지와는 다르게 정치적 반대 세력을 숙청하는 데도 악용되었으며 단순히 시기의 대상이 되는 정치가들을 퇴출시키는 합법적인 도구로 쓰이기도 했던 것이다. 즉 제도가 정치적 호불호에 따라 일반 시민들의 힘을 이용해서 정치적 라이벌들을 몰아내기 위한 중상모략의 도구로 이용되기도 했으며 반대파를 제거하는 합법적 명분으로 사용되기도 했던 것이다.

민이 약 7만 명의 원주민을 다스려야 했기에 자연히 강력한 규율과 훈련 그리고 군사력이 필요했다. 스파르타는 강력한 전사를 양성하기 위해 남자아이들이 7~8세가 되면 엄격한 집단교육(스파르타식 교육)을 시켰으며 30세가 넘어야 비로소 가정을 꾸릴 수 있었다. 또한 평소에도 전투에 대비해 15명이 한 팀을 이루어 식사했고 유사시에는 이 식사팀이 곧바로 하나의 전투팀을 이루는 시스템을 갖추고 있었다. 스파르타에서는 평상시부터 이렇게 일사불란한 일종의 전투팀제를 운영했기에 그처럼 적은 숫자를 가지고도 고대 최강의 군사력을 보유할 수가 있었던 것이다.

고대 스파르타에서는 태어나는 아기들이 자라서 국가를 위한 훌륭한 전사가 되느냐 하는 것이 가장 큰 국가적인 관심사였다. 그래서 태어난 아기가 용사가 될 만큼 건강하면 부모가 키웠고, 반대로 장애를 가지고 태어났거나 혹은 몸이 부실하게 태어나서 전사가 될 가능성이 없는 아기들은 한 살이 되기 전에 죽게 했다고 한다. 그래서 유독 고대 스파르타의 유적지에서는 심심치 않게 어린 아기 유골이 발견된다.

그리스의 역사에는 수많은 크고 작은 전쟁들이 등장하는데 그중에서도 두 전쟁이 큰 영향을 끼쳤다. 페르시아 전쟁과 펠로폰네소스 전쟁이었다. 그리스 역사에서 가장 중요했던 두 전쟁을 간략히 살펴보자.

마라톤 경기의 유래가 된 2차 페르시아 전쟁 : 마라톤 전투(BC 490)

페르시아 전쟁은 페르시아와 그리스가 지중해의 패권을 두고 기원전 492년에서 479년까지 13년간 싸웠던 전쟁으로 고대 세계사에서 가장 중요한 사건 중 하나다. 또한 이 전쟁은 흔히 말하는 페르시아로 대표되는 동양과 그리스와 스파르타로 대표되는 서양이 정면으로 세 차례나 맞붙은 역사상 최초의 동서 전쟁이기도 했다. 전쟁의 발단은 중동 지역에서 세력을 확장한 페르시아가 세계제국을 꿈꾸며 에게해를 넘어 지중해 일대의 그리스 도시국가를 통합하려는 의지를 펼치면서부터였다.

페르시아는 기원전 525년까지 오리엔트를 통일하면서 최강국의 지위를 누렸는데, 당시 왕이었던 다리우스(Darius) 1세는 주변국들에게 매년 상당량의 공납을 요구했다. 이에 주변 도시국가들이 이러한 강제 공납에 반발하면서 봉기하게 됐는데 특히 이오니아(현재의 터키 서부 해안지역)가 봉기[4]의 핵심 도시였다.

이오니아는 기원전 5세기부터 그리스 본토에서 유입된 많은 아테네 출신 사람들이 살던 곳이었다. 봉기를 일으킨 아테네 사람들은 그리스 본토에 도움을 청하고 이에 그리스는 원군을 보낸다. 결국 페르시아의 강력한 힘에 의해 이오니아는 진압되는데 페르시아는 이오니아를 비롯한 그리스 도시국가들의 봉기 배후에는 아테네와 스파르타 등 그리스 핵심 폴리스들이 있다고 생각했다. 그래서 봉기를 진압한 이후에 그리스에 보복하기 위해 세 차례에 걸쳐 원정군을 파견했는데 이것이 바로 페르시아 전쟁이다. 즉 전제정치 체제의 페르시아 다리우스 1세가 자신의 영향력과 영토 확장을 위해 민주정치 체제의 그리스를 자국 영토로 편입시킬 목적으로 대규모 침략에 나섰다는

---

4   이오니아 봉기 : 지금의 터키 지역에 해당하는 당시의 소아시아 여러 도시국가들이 기원전 499년부터 493년까지 이오니아를 지배하며 갖은 억압과 과도한 공납 등을 요구하자 일으킨 반란. 당시 이오니아의 여러 도시들은 기원전 540년경부터 페르시아의 지배를 받았고, 페르시아는 참주를 임명하여 이오니아를 다스리도록 했다. 기원전 499년, 밀레토스의 참주였던 아리스타고라스가 이오니아 사람들에게 페르시아에 대항할 것을 선동하면서 이오니아 봉기가 시작된다. 1년 후인 기원전 498년, 이오니아 봉기를 지원하기 위해서 아테네와 에레트리아가 군대를 보내 지원을 했음에도 불구하고 결국 페르시아에 의해 모두 진압된다. 봉기가 진압된 후, 페르시아의 다리우스 1세는 이오니아 봉기를 배후에서 지원한 아테네를 비롯한 그리스를 징벌할 것을 결정하고 엄청난 수의 함대를 보내는 것으로 그리스와 페르시아의 전쟁인 페르시아 전쟁이 세 차례에 걸쳐 발발하게 된 것이다.

것이 역사계의 정설이다.

제1차 원정은 기원전 492년에 이루어졌는데 다리우스 왕의 사위 마르도니우스(Mardonius)를 위시해서 그리스 북쪽에 있는 트라키아 지방으로 대규모 함대를 보냈다. 페르시아의 전략은 배를 이용, 에게해에서 트라키아와 마케도니아로 진군하고 이어서 아테네를 점령한다는 것이었다.

페르시아 해군을 태운 대규모 함선은 도중에 폭풍우를 비롯한 악천후로 인해 아토스곶(혹은 아토스만)에서 상당수의 페르시아 정예 해군이 탄 선단이 난파하고 수많은 군인들이 사망하면서 제대로 된 전쟁을 하지도 못했다. 결국 그대로 페르시아로 회군하면서 1차 페르시아 전쟁은 이렇게 그리스에 직접적인 큰 피해를 주지 않은 채 마무리됐다. 당시 기록에 의하면 폭풍우를 만나 좌초된 페르시아 함선의 숫자가 대략 300여 척이었고 군사들은 약 2만 이상이 바다에 수장됐다고 한다.

제2차 원정은 2년 후인 기원전 490년에 일어났는데, 전열을 새롭게 정비한 페르시아의 다리우스 1세는 이번에는 새로운 전략으로 회유와 협박 작전을 펴게 된다. 본격적인 그리스 침공에 앞서 사절단을 아테네와 스파르타에 보내 항복을 권유했던 것인데 항복의 의미로 아테네의 물과 흙을 보내라고 했다. 그러나 다리우스 왕의 항복 권유를 무시한 아테네는 오히려 그리스 모독죄를 물어 페르시아 사절을 아테네 법정에 세워 사형에 처했고, 아테네보다 좀 더 과격했던 스파르타는 페르시아 사절을 아예 우물에 빠뜨리면서 "거기서 물과 흙을 마음껏 퍼가라"고 했다고 한다(이 장면은 영화 〈300〉에서도 나왔는데 스파르타의 레오니다스 왕이 페르시아 사절을 발로 차서 우물에 빠뜨린다).

아테네와 스파르타에게 이렇게 큰 모욕을 당한 다리우스 1세는 직접 엄청난 수의 기병과 보병 그리고 대규모 함선을 이끌고 다시 아테네를 정벌하기 위해 출정했는데 이것이 바로 2차 페르시아 전쟁의 시작이었다.

다리우스 1세는 페르시아의 주요 전력을 두 팀으로 나눠, 한 팀은 밑에서부터 아테네를 직접 공격하도록 했고, 다른 한 팀은 아테네를 위에서부터 공격하도록 했다. 페르시아 원정군의 병력은 전함 600척을 비롯하여 보병 10만 명, 기병 1만 명 등 당시로서는 어마어마한 대규모였다.

엄청난 규모의 페르시아 원정군은 그리스 본토 아티카주의 동쪽 해안에 상륙했다. 즉 다리우스는 아테네를 아래위에서 협공하여 함락시키는 작전을 짰던 것이다. 위에서 아테네 공격 명령을 받은 페르시아 대군은 아테네 북동쪽으로 약 30~35킬로미터쯤 떨어진 마라톤(Marathon) 평야에 상륙한다.

아테네 혼자 힘으로는 페르시아의 엄청난 대군을 당해낼 수 없었다. 그래서 스파르타에 즉시 원군 파병을 요청하기로 하고 당시 올림피아 경기의 달리기 선수였던 필리피데스를 사절로 보냈다. 그러나 필리피데스가 가지고 온 답신은 아테네를 더욱 절망에 빠뜨렸는데 당시 스파르타에서 거행되던 종교적인 의식에 따라 출병할 수 없다는 것이었다. 결국 아테네는 조국의 명운을 걸고 아테네 최정예 보병 1만 명을 아테네의 밀티아데스⁵ 장군에게 맡기며 마라톤 평야에서 페르시아 대군에 선제공격을 하는 작전을 짠다. 즉 페르시아 대군이 마라톤 평야에 도착해서 전열을 완전히 정비하기 전에 먼저 기습공격을 하려고 계획한 것이다.

이런 연유로 인해 마라톤 평원에서부터 시작해서 손쉽게 아테네까지 진격할 계획이었던 페르시아군은 불행히도 당시 아테네 최고의 전략가이자 장군인 밀티아데스를 만나고 결국 마라톤 평야에서의 싸움에서 패배한다. 이

---

5 밀티아데스(Mitiades, BC 550~BC 489) : 고대 아테네의 영웅이자 군인으로 올림픽 전차경주로 유명한 키몬의 아들이다. 아테네가 이오니아 봉기 당시 배후에서 군대를 보냈다는 이유로 페르시아가 계속 아테네를 위협하면서 점차 전쟁 분위기가 고조되자, 페르시아인들과 직접 접촉해본 경험이 있는 밀티아데스가 장군으로 임명되었다. 마라톤 평야에서 페르시아 대군과 대치한 가운데, 평야를 가로질러 진격, 기습공격을 감행해서 의외의 대승을 거둔다. 당시 밀티아데스의 기습공격이 큰 효과를 발휘해서 약 1만 명에 가까운 페르시아군을 죽이고 7척의 배를 포획하는 전과를 올렸다. 그에 반해 아테네군의 희생은 불과 200명이 채 안 됐다고 전해지니 얼마나 큰 승리였는지 짐작할 수 있다.

마라톤 평야에서의 패배로 인해 2차 페르시아 전쟁에서도 실패하게 된 다리우스 1세는 결국 평생의 과업이었던 지중해 정벌과 그리스 정복을 이루지 못하고 병을 얻어 사망한다.

여기서 한 가지 궁금증이 생기는데, 병력 숫자에서 압도적으로 우위에 있던 페르시아가, 아무리 밀티아데스가 아테네 최고 전략가라고 하더라도 왜 그렇게 마라톤 평야에서 쉽게 패배했는가 하는 것이다. 전력에서 열세에 놓였던 아테네의 밀티아데스가 썼던 전략과 전법은 무엇이었을까?

당시 밀티아데스는 유명한 전략가답게 두 가지 작전으로 대군이었던 페르시아군을 쉽게 격파할 수 있었다. 하나는 전통적인 그리스의 전법인 팔랑크스(phalanx) 대형이었고, 다른 하나는 격전이 벌어졌던 마라톤 평야의 지형을 이용하는 것이었다.

팔랑크스 대형은 아테네를 비롯한 그리스의 보병들이 전통적으로 사용하던 방진이다. 사리사(sarissa)라고 하는 약 2.5미터에 이르는 긴 창과 호플론(hoplon)이라고 하는 크고 둥근 방패를 이용해서 밀집대형으로 진영을 짜는 것이었다. 팔랑크스 방진을 구성하는 병사들을 팔랑기테스(phalangites)라고 불렀다. 팔랑크스 대형은 기본적으로 8열종대로 늘어서서 긴 창과 방패를 들고 정면으로 서서 적군과 부딪히며 싸우는 방진이었다. 그래서 팔랑크스 대형은 반드시 넓은 평지에서만 위력을 발휘했고 특히 많은 적을 맞아 수비하는 데 효과가 탁월했다. 그리스의 팔랑크스 방진을 잘 모르고 군사들 숫자가 많음을 이용해서 무작정 돌격명령을 내리면 선두에 서서 돌진하던 병사는 긴 창을 보고 주춤하고, 뒤에서는 계속 돌진하면서 우왕좌왕하다가 몰살을 당하는 것이다. 기본적으로 긴 창을 들고 싸워야 하는 방진이어서 좌우로 이동하거나 또는 좌우에서 오는 적을 맞아 싸우기에는 상당한 어려움이 있었다. 그러므로 이 대형은 태생적으로 정면이 가장 강하고 대신 측면이 취약한 약점을 갖고 있었다. 특히 이 대형에서 중요한 것은 내 옆에 있는 동료가 큰 방패로 나를 지켜준다는 믿음과 밀집대형을 유지하는 것이었다. 팔랑

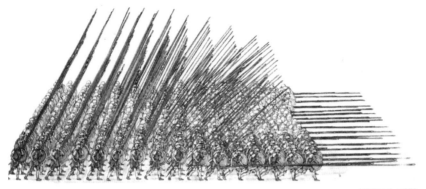

팔랑크스 대형

크스 대형을 짠 병사는 오른손에 든 긴 창으로 적을 찔러야 했는데 이때 자신의 몸이 무방비 상태가 되므로 옆에 있는 동료가 막아준다는 믿음이 있기에 용감히 싸울 수 있었던 것이다. 팔랑크스 대형을 써서 이기면 우리 편 피해는 별로 없는 완승이 되지만 혹시라도 밀집대형이 무너져서 패하면 거의 전멸을 당하기도 했다.[6]

밀티아데스는 팔랑크스 대형을 이용해서 돌격해오는 페르시아군을 효과적으로 제압할 수 있었다. 특히 밀티아데스가 정말 탁월한 전략가라고 인정할 수밖에 없는 게 팔랑크스 대형의 약점을 철저히 숨겼다는 것이다. 팔랑크스 대형의 치명적인 약점이 바로 측면이 매우 약하다는 것이었다. 이를 만회하기 위해 밀티아데스는 전통적인 대형인 8열종대로 군사들을 배치하는 대신에 4열종대로 배치했다.

8열종대를 4열종대로 바꾸면서 생긴 이점은 정면에 있는 군사들의 진영이 두 배로 넓어진다는 것이었다. 팔랑크스 대형은 정면이 강하기 때문에 정

---

6 팔랑크스 방진도 시간이 가면서 조금씩 변화하는데, 그리스에서는 큰 방패와 2.5미터 길이의 창을 이용했지만, 마케도니아의 필리포스 2세는 크기가 줄어든 방패를 왼팔에 묶고 6미터에 이르는 긴 창을 사용했다.

면을 넓게 군사들을 배치하는 게 당연히 유리했다. 페르시아 대군은 팔랑크스 대형을 무너뜨리기 위해서 정예병으로 하여금 측면으로 돌아서 공격하도록 했는데 그리스군은 페르시아군이 측면으로 돌아오는 데 많은 시간이 걸리는 것을 이용, 속전속결로 페르시아 진영의 정면을 깨뜨렸다. 이것으로 마라톤 평야에서의 전투는 사실상 승패가 갈리게 됐다.

밀티아데스는 어떻게 팔랑크스 대형을 변화시켜서 정면을 넓게 만드는 전략을 구상할 수 있었을까? 그가 염두에 둔 게 바로 격전이 벌어질 마라톤 평야의 지형이고, 이게 바로 그가 뛰어난 전략가라는 것을 입증하는 것이기도 했다.

영화 〈300〉의 배경이 된 3차 페르시아 전쟁 : 테르모필레 전투(BC 480)

2차 페르시아 전쟁의 주인공이 아테네였다면, 3차 페르시아 전쟁의 드라마틱한 주인공은 스파르타였다. 두 차례의 아테네 원정 실패 후 다리우스 왕의 뒤를 이어 그의 아들 크세르크세스[7]가 페르시아의 왕이 된 후에 모든 페르시아의 역량을 총집결, 다시 한번 그리스 정벌에 나선다. 내륙과 바다에서 동시에 그리스를 공격했는데, 이번에는 스파르타의 왕인 레오니다스(Leonidas)와 그의 정예부대에 의해 아테네로 가는 매우 좁은 길목에서 낭패를 당하

---

7 크세르크세스 : 구약성경의 위대한 여인인 에스더의 이야기를 다룬 「에스더서」에 등장하는 왕이기도 하다. 당시 페르시아(구약성서에서는 한자식 지명인 '바사'라는 이름으로 등장)의 왕으로 "죽으면 죽으리라"라는 유명한 말로 잘 알려진 에스더를 후궁으로 선택한 사람이다. 크세르크세스가 역사에 등장하는 장면이 바로 스파르타와 페르시아 사이에 벌어졌던 3차 페르시아 전쟁이고, 영화 〈300〉에서 "나는 관대하다"는 말을 하면서 스파르타에게 항복을 종용하던 인물로서 스파르타의 300용사들이 전멸당했던 테르모필레 협곡 전투를 지휘했다.

게 된다.

이 좁은 길목은 '뜨거운 문(Hot gate)'이라는 뜻의 협곡으로 영화 〈300〉에서 가장 중요한 장소로 나오는 바로 그 유명한 테르모필레(Thermopyles) 협곡이었다. 테르모필레는 온천이라는 의미의 '테르모스(Thermos)'에서 따왔다고 한다.

북쪽에서 내려온 페르시아군이 가장 빠르게 아테네로 진격하기 위해서는 반드시 이 협곡을 지나야만 했는데 너무 길이 좁아서 10만 명 이상의 대군이 한번에 지날 수 없었다. 이런 지형적인 이점이 있기 때문에 적은 수의 인원이 많은 수의 인원을 상대하기에 매우 유리한 곳이었다. 이것이 바로 스파르타의 왕인 레오니다스가 최후의 일전을 위한 장소로 이곳을 선택한 이유였다.

제3차 페르시아 전쟁은 기원전 480년 발발하는데, 드디어 복수심에 불타는 페르시아의 30만 대군(당시 페르시아군의 병력에 대해서는 다양한 의견들이 있어서 10만 명, 30만 명, 100만 명 등이 있다)이 육로와 바다를 통해 그리스를 함락하기 위해서 진격했다. 이 소식을 접한 아테네와 스파르타를 비롯한 그리스 남부의 31개 도시국가들은 코린토스에 모여서 동맹을 체결하고 군사들이 가장 용맹한 스파르타를 중심으로 싸움에 임한다.

이게 바로 유독 스파르타가 3차 페르시아 전쟁에서 가장 중추적인 역할을 하게 된 이유 중 하나였다. 적은 인원으로 엄청난 적군을 막기에 가장 효율적인 곳으로 정한 게 바로 좁은 협곡인 테르모필레였던 것이다. 주요 전략은 아테네의 최고 전략가였던 테미스토클레스가 제안한 해상과 육지에서의 동시적인 전투였다. 즉, 용사들로 구성된 아테네와 스파르타 연합군이 테르모필레에서 페르시아 육군을 저지하는 동안, 바다에서도 공격하는 작전이었던 것이다.

영화 〈300〉에서는 영화적인 재미를 더하기 위해서 300명의 스파르타 용사들이 페르시아군에 맞서 싸우다 레오니다스 왕을 비롯한 전원이 장렬히 전사하는 것으로 묘사했지만 실제 역사에서는 아테네의 군사들 약 700명 정도가 스파르타에 합류해서 테르모필레로 나갔다고 전해진다. 역사가 헤로도토스는 테르모필레 전투 당시 페르시아 육군의 규모는 약 100만 명, 아테네 연합군은 약 1만 명 정도로 추산했지만 요즘 역사계의 연구에서는 그 정도 규모는 과장됐으리라 보고 있다.

어쨌든 아테네 연합군에 비해 엄청나게 많은 병력을 가진 페르시아는 약 5일간의 정탐 후에 테르모필레 협곡으로 진격했는데 뜻밖에도 스파르타의 왕 레오니다스 총사령관이 이끄는 연합군에게 테르모필레에서 예상했던 승리를 거두지 못하고 매우 고전하게 된다. 그 이유는 앞에서도 말했듯이 페르시아군이 아무리 숫자가 많아도 협곡을 한번에 통과할 수 있는 병사의 수는 제한되어 있기 때문이었다.

테르모필레 전투가 개시되고 첫째 날의 공격에서 원하는 결과를 얻지 못한 페르시아는 둘째 날에는 최고 정예 부대이자 페르시아 대왕의 근위병인 '아타나토이'[8]를 보내 공격하게 했으나 결과는 역시 마찬가지였다.

---

8   아타나토이 : 페르시아 황실 호위대이자 최정예 상비군. 그리스의 역사가 헤로도토스에 의해 소개되었는데 메디아인, 엘람인, 그리고 페르시아인들만 정예부대원으로 받아들였으며 정원은 1만 명이었다. 페르시아 역사에서 중요했던 기원전 547년 키루스 2세의 신바빌로니아 정복, 기원전 525년 캄비세스의 이집트 정복, 그리고 다리우스 대왕의 인도와 스키타이 침략(각각 520년과 513년)에서 매우 중요한 역할을 담당했다고 알려졌다. 헤로도토스가 그들을 가리켜 '불사신'이라는 뜻의 '아타나토이'라고 표현한 데서 이모탈이라는 이름이 유래하였다. 아타나토이는 전투복장이 제각각이던 그리스 병사들과 달리 똑같은 복장으로 무장했기에 그리스인들 입장에선 완전히 똑같이 생긴 군사들이 죽여도 계속 나온다고 해서 불사자라 불렸다는 설도 있다. 근접전투에 능하며 숫자도 1만 명이나 되는 강력한 최정예 부대였지만, 막상 테르모필레 전투에서는 스파르타군과의 정면대결에서 여러 차례 패배를 했다고 한다. 불사신으로 불렸던 아타나토이가 패한 주된 이유 중 하나는 방어도구의 차이였다고 한다. 몸통을 보호하는 갑옷 자체는 페르시아나 스파르타나 비슷했으나 결정적 차이가 있었는데 페르시아군은 스파르타군이 쓰던 얼굴 전체를 가리는 청동 투구나 정강이 보호대 등을 쓰지 않았다고 한다. 그렇기 때문에 몸통이나 팔에 비해 머리와 얼굴 그리고

페르시아 궁전 벽화에 묘사된 이모탈

　이틀에 걸친 공격과 전투에서 모두 패하며 어려움에 처한 페르시아군은 드디어 3일째 되는 8월 18일 극적인 승리를 거둔다. 승리의 원동력은 페르시아군의 막강한 힘이 아니라 스파르타의 배신자였다.

　영화 〈300〉에서도 나왔지만 스파르타의 배신자 에피알테스가 페르시아 왕 크세르크세스에게 테르모필레를 우회해서 후방에서 스파르타군을 공격할 수 있는 새로운 루트를 알려주었다. 이 루트는 당시 그리스인 양치기들이 주로 이용하던 오솔길이었는데 이 길을 이용하면 테르모필레 뒤로 돌아갈

다리에 대한 공격에 상대적으로 취약했던 것이다. 영화 〈300〉에도 나왔지만, 당시 스파르타군은 긴 창과 온몸을 다 가릴 만큼 큰 방패를 사용했다. 근접전투에서 큰 방패를 이용해 머리부터 다리까지 완벽히 보호하던 스파르타군이 긴 창으로 아타나토이의 허약한 정강이 부분과 머리 부분을 집중 공격하면서 전투에서 상당히 곤욕스런 상황을 맞이했던 것이다.

〈테르모필레에서의 레오니다스 왕〉, 자크 루이 다비드, 1814, 파리 루브르

수 있었다.

페르시아 대군에 맞서 테르모필레를 지키기 위해 출정한 그리스 연합군의 전체 숫자는 약 4천 명 정도였다고 하는데, 에피알테스의 안내를 받은 페르시아 대군이 자신들의 배후로 돌아 들어와 공격할 것이고 그렇게 되면 도저히 승산이 없다고 판단한 레오니다스 왕은 연합군 병사들에게 훗날을 기약하라며 후퇴를 명령했다. 나중에 바람 앞의 등잔같이 멸망의 위기에 처했던 그리스가 살라미스 해전을 통해 극적으로 기사회생하게 되는데 이때 테르모필레에서 후퇴해서 후일을 기약했던 군사들이 크게 기여하게 되는 것도 역사의 아이러니라고 할 수 있다.

결론적으로 아테네를 비롯한 다른 폴리스에서 온 군사들은 레오니다스의 말을 듣고 훗날을 도모하기 위해 후퇴했지만 테르모필레 근방에 자신들의 조국이 있는 테스피아이에서 온 700명의 전사들은 후퇴하지 않고 스파르타의 300용사들과 함께 끝까지 싸운다. 어차피 테르모필레가 뚫리면 스파르타는 물론이고 가까운 곳에 있는 자신들의 도시도 살아남을 수 없음을 잘 알았기에 후퇴하지 않고 스파르타 용사들과 함께 최후까지 싸웠던 것이다. 그렇게 해서 테르모필레 전투가 시작된 지 사흘째 되는 날, 페르시아 대군에 의해 협곡의 앞과 뒤에서 포위당한 1천 명의 그리스 연합군(특히 스파르타와 테스피아이의 군사들)은 모두 장렬한 죽음을 맞이했다.

결국 한 명의 배신자에 의해 레오니다스 왕을 비롯한 스파르타 용사 300명과 연합군 700명 전원이 테르모필레 협곡에서 장렬한 최후를 맞이했는데 영화 〈300〉에 나왔던 최후의 전투 장면이 바로 실제 전투에서의 치열했던 마지막 싸움이었다.

아테네인들은 어떻게 역사에 등장했나?

오늘날 터키 서부인 이오니아 지방에 기원전 5세기경부터 아테네에서 이주해온 이민자들이 많이 살았다. 당시 페르시아 제국의 다리우스 대왕(크세르크세스 왕의 아버지)은 이오니아를 포함한 소아시아, 이집트, 팔레스티나, 시리아, 그리고 에게해에 있는 많은 섬들을 점령하여 페르시아 제국의 식민지로 삼았다.

이오니아의 작은 도시 밀레토스에 거주하던 아네테인들은 페르시아가 무리하게 요구하는 공납과 세금으로 큰 곤란을 겪고 있었다. 이러한 불만은 드디어 폭발해서 봉기와 반란으로 이어진다. 하지만 이오니아에 이주해 살던 아테네 사람들에게는 불만과 고통만 있었지 막강한 페르시아군에 맞설만한 군사력을 비롯한 현실적인 힘이 없었다. 결국 페르시아 식민지에 살면서 반란을 일으킨 아테네 사람들은 조국인 그리스 본토에 도움을 요청하기에 이르렀고, 본토에서는 원군을 보내 지원하면서 페르시아와 반목하게 됐던 것이다.

그리스 본토에서는 기원전 499년 함대 20여 척을 보내 이오니아에서 억압받으며 살던 그리스인들을 도와주는데, 페르시아의 식민지인 리디아의 수도 사르디스를 함락하는 데 성공하기까지 한다. 자신들의 힘이 천하무적이라고 생각했던 페르시아는 바다 건너 있다는 이름도 없는 무명도시 아테네가 자신의 식민지에 들어와 전쟁을 일으킨 것에 큰 충격을 받았다. 그리스의 역사가 헤로도토스가 쓴 『역사』에 의하면 페르시아의 다리우스 왕은 다음과 같이 자신의 심경을 표현했다고 한다. "아테네인들이 도대체 누구냐?"

당시 페르시아가 받았던 충격과 당혹스러움을 충분히 짐작할 수 있는 말이다.

이때부터 아테네가 인류 역사, 특히 유럽 역사의 주인공으로 등장하기 시작하였고, 이런 갈등이 훗날 힘을 키운 페르시아가 그리스를 몰락시키기 위해 일으켰던 페르시아 전쟁의 원인이 됐다. 페르시아 전쟁을 일으켜 그리스로 공격하려던 페르시아가 공격 명분으로 내세웠던 게 바로 지난날 반란을 일으킨 이오니아를 도와서 자신들을 공격했던 그리스를 징계한다는 것이었기 때문이다.

자신들이 가장 강대국이라고 생각했었던 페르시아의 다리우스 왕 입장에서는 그리스의 아테네라는 조그만 도시(페르시아의 입장에서)의 내정 간섭을 그대로 용납할 수 없었다. 페르시아 입장에서는 식민지의 문제는 전적으로 페르시아의 내정이라고 생각했기 때문이었다. 결국 기원전 494년, 이오니아 반란들이 완벽히 진압되고 밀레토스는 완전히 사라졌으며, 여세를 몰아 다리우스 왕은 기원전 490년 드디어 그리스 본토를 침공하여 초토화시키면서 아테네를 중심으로 한 그리스 본토는 전쟁의 소용돌이에 휘말리게 된다.

〈마라톤 평야의 승전을 전하는 병사〉, 뤽 올리비에 머슨

마라톤은 왜 42.195킬로미터를 뛰는가?

2차 페르시아 전쟁을 통해 우리가 즐겨 보는 육상 경기의 마라톤이 나오게 됐다. 육상 경기 중 가장 장거리 경주인 마라톤의 유래에 대해서는 흔히 두 가지 이야기가 전해온다.

하나는 마라톤 평야에서의 승전보를 아테네에 전하기 위해 스파르타에 사절로 갔었던 필리피데스가 마라톤 평원에서 아테네까지 약 42킬로미터의 거리를 단숨에 달려갔다는 것이다. "아테네군이 승리했다." 수만 명의 아테네 시민들에 둘러싸인 필리피데스는 이 한마디를 전하고 숨을 거두고 마라톤 평야에서의 승리와 필리피데스를 기리기 위해 만들어진 것이 바로 현대 육상의 꽃인 마라톤이라는 게 우리에게 잘 알려진 첫 번째 이야기이다.

육상 마라톤 경기의 유래에 대해서는 또 다른 두 번째 이야기도 있다. 사절이 쉼 없이 달려간 것은 마라톤 평야에서의 승전을 전하기 위해서가 아니라 아테네에 곧 닥칠 위기를 알리기 위한 것이라는 이야기이다.

마라톤 평야에서 밀티아데스가 이끄는 1만의 아테네 기병에 패배한 페르시아군이 자신들이 타고 온 배를 타고 퇴각했는데 그대로 본국으로 퇴각한 것이 아니라 바다를 따라 아테네로 향하는 것을 밀티아데스가 알아챘다. 이에 밀티아데스가 전령에게 급히 아테네에 가서 적군의 침입을 알리도록 했다는 것이다.

당시 아테네 주력부대는 모두 마라톤 평야로 갔으니 아테네를 방비할 정예부대가 전무했고 이것이 바로 밀티아데스 장군이 생각하는 아테네의 큰 위기였다. "페르시아군의 침입에 대비해야 한다"는 밀티아데스의 명을 받은 전령은 아테네까지 쉼 없이 달려 임무를 완수하고 죽었다. 이게 바로 훗날 육상 마라톤의 유래가 됐다는 두 번째 이야기이다.

마라톤 전쟁의 유래에 관한 이야기를 듣고 스포츠로 승화시켜 42.195킬로미터를 뛰는 마라톤 경기를 만든 사람은 프랑스 소르본대학의 브레알(Bréal) 교수였다. 브레알 교수는 친구 쿠베르탱 남작에게 부탁하여 1896년 그리스 아테네에서 근대 올림픽이 부활될 때 마라톤이라는 육상 종목을 제1회 아테네 올림픽에서 처음으로 선보이게 했다.

그런데 왜 하필이면 42킬로미터도 혹은 43킬로미터도 아닌 42.195킬로미터인가. 아테네에서 마라톤 평야까지의 거리를 실측하면 재는 방법에 따라 35킬로미터에서 42킬로미터 정도가 된다고 하는데 42.195킬로미터는 도대체 어디서 나오게 된 숫자일까.

오늘날 마라톤 경기의 풀코스가 42.195킬로미터라는 조금은 이상한 거리가 된 것은 제4회 런던 올림픽 때부터로 알려져 있다. 원래 런던올림픽 조직위원회는 마라톤 경기의 출발 지점을 메인 스타디움으로 하는 42킬로미터의 코스를 선정했으나 윈저궁을 스타트 라인으로 변경함에 따라 아주 약간

거리가 늘어나게 됐다. 그래서 42.195킬로미터라는 희한한 거리가 결정된 것이다. 4회 런던 올림픽 이후부터 마라톤의 정규 코스는 지금처럼 42.195킬로미터로 공식화됐다.

그러나 마라톤 경기가 육상의 꽃이라고 해서 전 세계 모든 나라에서 마라톤 경기가 열리는 것은 아니다. 전 세계에서 유일하게 마라톤 경기를 금기로 여기고 있는 국가가 있는데 그 국가가 바로 지금의 이란, 즉 고대의 페르시아이다.

모든 사람들에게 마라톤 경기는 박진감 넘치고 흥미진진한 경기지만 이란에게만은 역사의 쓰라린 과거를 떠올리게 하기 때문에 이란에서 마라톤 경기는 금기가 된 것이다. 지금의 이란은 마라톤 경기의 유래가 된 아테네와의 마라톤 전쟁에서 패배했던 페르시아의 후예이기 때문에 당연히 슬픈 역사를 기억하고 싶지 않았을 것이다. 그래서 1974년 이란의 수도 테헤란에서 아시안 게임이 열렸을 때도 마라톤 경기는 아예 거행조차 되지 않았다.

〈살라미스 해전〉, 빌헬름 폰 카울바흐, 1868,

02 그리스와 페르시아, 최후의 운명을 가르다
: 영화 〈300, 제국의 부활〉의 배경이 된 살라미스 해전(BC 480)

살라미스 해전은 어떻게 진행됐는가?

살라미스 해전은 기원전 480년 9월 23일 벌어진 그리스 연합군과 페르시아 해군과의 전투로서, 칼레 해전, 트라팔가르 해전과 함께 세계 3대 해전을 말할 때 가장 먼저 언급된다. 3차 페르시아 전쟁인 테르모필레 전투에서 대패한 후 몰락의 문턱에 섰던 그리스가 전열을 정비해서 약 300여 척의 함선으로 900여 척의 페르시아 해군을 물리친 역사적인 전투이며 그리스와 페르시아의 운명을 가른 전투이기도 하다.

살라미스 해전에서 극적인 역전승을 거둔 그리스는 이후 유럽의 중심국가로 부상하고, 반면 큰 타격을 받은 페르시아는 역사의 뒤안길로 사라지는 계기가 되기도 한, 역사의 변곡점이 된 전투였다. 찬란한 그리스의 문명과 문화는 살라미스 해전과 페르시아 전쟁의 승리 이후, 아테네를 중심으로 활짝 꽃을 피우게 된다.

기원전 480년 페르시아 왕 크세르크세스 1세는 아버지인 다리우스 1세가 못 이룬 그리스 정복을 위해 오랜 기간 준비를 한다. 에게해 북방 기지인 아토스 반도에 운하를 파면서 전쟁 준비에 공을 들인 그는 드디어 육지와 바다를 통한 협공작전을 펴는데 최소 육군 20만 명 이상, 함선 1,200척 이상을 동원했으리라 여겨진다. 페르시아 대군의 공격에 맞서 연합군을 편성한 그리스 본토에서는 스파르타의 레오니다스 왕이 이끄는 최정예 군사들이 아테네로 오기 위해서는 반드시 거쳐야 하는 협곡인 테르모필레에서 페르시아 육군을 맞아 싸웠고, 바다에서는 아테네의 정치가이자 장군인 테미스토클레스(영화 〈300, 제국의 부활〉[1]의 남자 주인공)의 지휘하에 페르시아 해군을 맞아 싸운다.

레오니다스 왕이 이끄는 300명 군사와 연합군 700명 전원이 전사하면서 결국 페르시아는 아테네까지 손쉽게 진격해서 거의 무혈입성을 한다. 이로써 아테네의 운명은 거의 몰락 직전까지 가게 됐다. 여기까지의 내용이 바로 영화 〈300〉의 내용이다.

테르모필레를 비롯한 육지에서의 전투에서 계속 패하면서 위기에 몰린 그리스 연합군은 테미스토클레스 장군에게 해상에서의 전권을 부여하며 그리스의 운명을 맡긴다. 풍전등화의 위기에 처한 그리스를 구하는 길은 바다에서 승리를 거두는 길밖에 없다고 생각한 테미스토클레스는 비록 아르테미시온 해전[2]에서 패하고 살라미스섬으로 후퇴해서 그리스 해군의 사기가 떨

---

1 제목에 '제국의 부활'이라는 문구를 붙인 것은 스파르타의 결사대가 테르모필레 전투에서 전원 전사하면서 그리스의 운명이 풍전등화에 처했는데, 살라미스 해전을 승리로 이끌며 부활한 그리스가 오히려 강대국이 된 걸 암시한다.

2 아르테미시온 해전(Battle of Artemisium) : 페르시아 전쟁 기간인 기원전 480년, 에우보이아섬 북단의 아르테미시온 바다에서 아테네를 중심으로 한 그리스 해군과 페르시아 원정군 사이에서 벌어진 해전. 이곳은 테르모필레와도 가깝고 전략적으로 매우 중요한 요충지였기에 그리스 연합군은 페르시아의 침공에 맞서 육지에서는 테르모필레를 그리고 바다에서는 이곳을 최후의 거점으로 삼아 치열한 공방을 벌였다. 특히 제2차 페르시아 전쟁에서 3일 밤낮으로 연속해서 치열한 전투가 벌어졌는데 바다에서는 바로 이곳 아르테미시온에서, 이와 동시에 육지에서는 그 유명한 스파르타의 300용사가 전멸한 테르모필레 전투가 일어났던 것이다. 이 해전에서 그리스 함대는 약 270여 척의 함선밖에 없었는데도 약 1,200여 척의 엄청난 대군을 보유한 페르시

어진 상태지만 그럼에도 마지막 최후의 일전을 구상한다.

그의 전략은 세 배 이상 많은 함선(약 270척 대 1,200척)을 보유한 페르시아 해군을 가장 폭이 좁은 해역으로 유인하는 것이었다. 그래서 결정된 곳이 바로 살라미스섬과 아티카 반도 사이에 있는, 폭이 기껏해야 2~3킬로미터밖에 되지 않는 매우 좁은 해협이었다. 사실 이 전략은 함선의 숫자가 300여 척으로 1천여 척 이상인 상대에 비해 절대적 열세인 그리스 해군이 취할 수 있는 지극히 상식적인 작전이었다.

이런 지극히 상식적인 작전이 성공하기 위해서는 아이러니하게도 반드시 적군의 이해할 수 없는 어리석은 선택이 동반되어야 한다. 즉 페르시아의 해군을 어떻게 저 좁은 해역으로 유인하느냐가 관건이었다. 테미스토클레스의 전략을 간파한 페르시아 해군이 넓은 바다에서 대기만 하고 좁은 해역으로 들어오지 않고 있었기 때문이었다.

결국 테미스토클레스가 택한 새로운 전략은 페르시아 해군에 달콤한 거짓 정보를 흘리는 것이었다. 그는 시킨노스라는 이름을 가진 첩자 노예를 통해 "페르시아 해군이 공격해 들어오면 그리스 해군은 전투를 포기하고 페르시아에 항복할 것이다"라는 거짓 정보를 흘리게 한다.

그동안 그리스 해군 내부에서도 크고 작은 갈등과 내분들이 있었기 때문에 이 거짓 정보는 페르시아 해군 입장에서는 상당히 신빙성 있게 들렸을 것이다. 그리스 내부에서는 테미스토클레스가 구상하는 최후의 일전, 즉 배수진을 친 전략에 회의적인 사람들이 점점 늘어나고 있었고, 막강한 전력을 가진 페르시아와 싸워서 국가 전체가 전멸하는 것은 어리석은 전략이라는 불

아 함대를 맞아 거의 대등한 전투를 벌였다. 테르모필레에서 스파르타군이 패하는 바람에 테미스토클레스도 해전을 중단할 수밖에 없었지만 결론적으로 이 해전에서 그리스 함대는 약 100여 척의 손실을, 페르시아 함대는 약 30퍼센트인 400여 대가 손실되는 피해를 입었다.

만도 있었던 것이 사실이었다.

거짓 정보를 신뢰하고 타당성 있다고 여긴 페르시아의 크세르크세스 1세는 결국 그리스가 친 덫에 걸린다. 기원전 490년 9월 23일 새벽의 야음을 틈타 페르시아 함대에게 좁은 해협으로 진격할 것을 명령했기 때문이다.

그리스 해군의 자중지란으로 손쉬운 대승을 기대했던 크세르크세스 1세는 그리스와 페르시아의 해군이 격전을 벌이는 모습을 여유 있게 잘 보기 위해서 그 지역에서 가장 높은 언덕에 앉아서 전투 장면을 감상했다고 한다.

페르시아 해군의 공격을 받은 그리스 해군은 후퇴하는 척하면서 더욱더 좁은 해역으로 그들을 유인했고, 테미스토클레스의 반격 명령을 받은 그리스의 날렵하고 작은 갤리선들은 일제히 뱃머리를 돌려 육중하고 느린 페르시아 해군의 함선들을 공격했다고 한다.

살라미스 해전 당시는 아직 함선에 대포가 없었으므로 그리스 해군은 빠르고 날렵한 갤리선으로 육중하고 느린 페르시아 함선의 옆구리를 직접 충격하는 매우 단순한 작전을 구사했다. 이런 작전을 위해 그리스 갤리선의 선수에는 강한 충격을 위해 '충각'이라 불린 상아로 만든 큰 뿔 같은 것이 달려 있었다. 당시 해전에서의 작전이나 전략은 별다른 것이 없어서 충각을 설치한 함선을 전속력으로 몰아서 상대방 배의 옆구리를 충각으로 강하게 충격해서 침몰시키는 것이 당시 고대의 일반적인 해전의 양상이었다. 아무리 크고 무거운 함선이라고 해도 충각을 달고 빠른 속도로 달려온 배에 의해 무방비 상태의 옆구리를 받힌다는 것은 곧 그 배의 침몰 혹은 반파를 의미하는 것으로 매우 치명적일 수밖에 없었다.

페르시아 함대는 전열에 90여 척의 함선을 1.7킬로미터 정도의 폭으로 세우고 배 한 대에는 약 40여 명의 보병과 궁수들을 태웠다고 한다. 압도적인 위용을 자랑하고 그리스 해군에게 공포감을 주기 위해 너무 넓게 포진했던 페르시아의 크고 느린 함선들은 그리스 갤리선들의 기동력과 민첩함 그리고 충각에 의한 직접적인 타격을 받고 큰 혼란에 빠지게 된다.

크기가 작은 그리스의 함선들은 기동력과 속도에서 우위를 보였고, 반대로 페르시아의 큰 함선들은 기동력 부분에서 취약했다고 한다. 새벽부터 시작되어 7시간에 걸쳐 벌어진 이날 해상전투에서 기동력에서 큰 약점을 보인 페르시아 함선들은 치고 빠지는 작전과 충돌작전을 적절히 쓴 그리스 해군에 치명적인 패배를 당한다.

그리스의 역사가 헤로도토스의 기록에 의하면 이날 약 200여 척 이상의 페르시아 함선이 침몰했고, 또 200여 척 이상의 함선이 나포됐다고 한다. 반면 이 전투에서 입은 그리스 해군의 피해는 40여 척 정도에 불과했다고 하니 얼마나 일방적인 전투였는지 쉽게 짐작할 수 있겠다. 높은 언덕에서 여유로운 승리를 기대하면서 전투를 관전하고 있던 크세르크세스 1세는 뜻밖의 대패에 놀라 측근 마르도니우스 장군에게 나머지 전투를 맡기고 남은 군사들을 데리고 그대로 페르시아로 퇴각했다고 한다.

살라미스 해전을 승리로 이끈 그리스는 영화 〈300, 제국의 부활〉처럼 다시 부활하고 이후 두 번 다시 페르시아의 침략을 받지 않는다. 그리고 살라미스 해전의 주역이었던 아테네도 그리스 반도와 에게해, 소아시아의 여러 지역들을 '델로스 동맹'[3]으로 결집시키며 이후 아테네 제국으로 발전할 수

---

3 델로스 동맹(Delian League) : 페르시아와 한판 전쟁을 벌인 그리스 도시국가들은 힘을 모을 필요성에 공감하게 된다. 결국 여러 도시국가들 중 가장 영향력이 컸던 아테네를 중심으로 동맹을 맺은 게 바로 델로스 동맹이었다. 오랜 기간의 전쟁을 통해 무너진 도시들을 복구하고자 아테네를 중심으로 일종의 기금을 모금한다. 그러나 공동 기금을 아테네가 아테네 복구만을 위해 사용하면서 다른 도시국가들의 불만이 커진다. 이와 때를 맞춰 아테네 위쪽의 또 다른 도시국가 코린토스에서 반란이 일어났는데, 아테네가 그 반란군을 지원하자 배신감을 느낀 코린토스는 스파르타에게 도움을 청하고 아테네를 등진다. 이렇게 아테네가 중심이 되어 만들어진 동맹이 델로스 동맹에 반발하는 도시국가들이 스파르타를 중심으로 새롭게 만든 동맹이 바로 펠로폰네소스 동맹이었다. 이 두 동맹은 결국 도시국가들의 명운을 걸고 한판 치열한 전쟁을 벌이게 되는데 이 전쟁이 바로 펠로폰네소스 전쟁이었다.

있는 기틀을 닦는다.

결과적으로 살라미스 해전에서 승리한 아테네를 중심으로 한 그리스는 유럽의 강자로 부상하는 계기를 맞이했고, 패배한 페르시아는 역사의 뒤안길로 사라지는 운명을 맞게 됐다.

스파르타인들은 어떻게 역사상 최강의 용사가 되었나?

흔히 역사상 최강의 용사들을 말할 때 반드시 첫손에 꼽히는 사람들이 바로 스파르타 용사들이었다. 당시 스파르타는 고대 그리스의 도시들 중에서도 매우 작은 도시국가였다. 땅도 좁고 인구도 겨우 2만여 명을 약간 상회할 정도로 작은 나라였는데 어떻게 스파르타의 사람들이 역사상 가장 위대한 용사들이었다는 평가를 받을 수 있었을까?

스파르타는 그리스 안에 위치했지만 다른 도시국가들과는 상당히 가치관이 달랐다. 스파르타 사람들은 평등의 가치와 공동체를 위한 의무와 희생을 중시했다.

보통 스파르타 사람들의 용맹함을 말할 때 두 가지 이야기를 한다. 첫째, 스파르타 사람들이 그토록 용맹할 수 있었던 것은 역설적이게도 2만여 명밖에 안 되는 매우 적은 인구 때문이라는 견해다. 당시 스파르타는 2만의 자유민보다 훨씬 많은 수의 노예들을 거느리고 있었다. 스파르타는 주변 지역들을 점령해서 '헤일로타이'[4]라고 하는 많은 숫자의 노예들을 거느렸는데 그

---

4 헤일로타이 : 고대 그리스와 스파르타에서 살던 일종의 노예들. 신분상 노예이자 공유재산으로서 국가에 소속되어 있던 비자유인들이었다. 기원전 1100년 무렵에는 스파르타에 정복된 모든 노예 신분을 헤일로타이라고 불렀다. 또한 기원전 800년경에는 스파르타와의 전쟁에서 패배해서 정복당한 주민들도 스파르타로 끌려와서는 그 즉시 헤일로타이가 되었다. 단어의 어원은 '포로가 된 사람'에서 유래했다는 설이 있

숫자가 무려 20만을 넘었다고 한다. 즉 겨우 2만여 명의 자유민이 거의 열 배에 육박하는 20만의 노예들을 지배하며 살았던 것이다. 이런 상황이었으니 스파르타 국민들에게 한 가지 걱정스런 것이 있었다면 바로 노예들의 반란이었다.

그처럼 많은 노예들을 무리 없이 지배하고 부리기 위해서는 당연히 노예들보다 압도적으로 강력한 힘이 있어야 했을 것이다. 열 배 이상 많은 노예들을 지배하기 위해 스파르타 사람들은 모두가 일당백의 용사가 반드시 돼야만 했던 것이다.

그래서 생각한 게 바로 스파르타 사람이라면 아기 때부터 성인이 될 때까지 일당백의 용사로 만들자는 것이었다. 용사와 전사에 대한 기대와 희망이 얼마나 컸던지 갓 태어난 아기들 중에서도 용사가 될 아기와 용사가 될 수 없는 아기들을 구별해서 키웠을 정도였다. 용사가 될 가능성이 없을 정도로 부실하거나 장애를 갖고 태어난 아기들은 한 살이 되기 전에 가차 없이 죽였을 정도로 이 나라에서 용맹함과 용사가 주는 무게감은 매우 특별했다.

이런 이유로 고고학자들이 고대 유물을 발굴할 때 과거 스파르타 지역에서는 한두 살 정도의 어린 아기들의 뼈가 유난히 많이 출토된다고 한다. 보통 땅속에서 발견되는 사람의 뼈는 당연히 성인의 뼈가 압도적으로 많은데 유독 스파르타에서만 특이하게 아기들의 뼈가 발굴됐던 것이다.

인구가 적으니 아기 때부터 용사가 될 자질을 가진 특별한 사람들만 키웠던 것이 바로 그들이 자라면서 가장 용맹한 전사가 될 수 있었던 첫 번째 이유였다는 것이다.

일반적으로 주목하는 두 번째 이유로는 흔히 말하는 '스파르타식 교육

지만 정확하게 알려져 있지는 않다. 특이하게도 헤일로타이는 가족을 가지는 것이 허용된 국유노예였는데, 대대로 노예 신분을 물려받고, 농업에 종사했으며 전쟁이 발발하면 스파르타 용사를 지원하기 위해 함께 전장으로 나가기도 했다.

〈훈련을 받는 젊은 스파르타인들〉, Hilaire-Germain-Edgar Degas

(Spartan Education)'을 꼽을 수 있다. 보통 '스파르타식 교육'이라고 하면 매우 혹독한 교육의 대명사로, 우리나라에서도 입시학원이나 재수학원들이 이런 표현을 많이 사용해서 친숙하다. 스파르타에서는 용사가 될 가능성을 인정받아 무사히 한 살 생일을 넘긴 남자아이들은 부모 슬하에서 자라다가 우리나이로 7~8세가 되면 국가가 데려가서 군사교육을 시켰다고 한다.

교육내용을 보면 신체운동, 잠행 방법, 고통을 참는 방법, 사냥, 생존기술, 의사소통 방법 그리고 충성, 도덕성 등은 물론이고 독서, 수사법, 시 등도 가르쳤다. 스파르타식 교육에서 매우 특이한 것은 소년들은 물론이고 어린 소녀들에게도 가르쳤다는 것이다. 또한 모든 스파르타의 남자들은 7~8세부터 우리 나이로 30세까지 국가의 관리 아래 혹독한 군사교육을 받아야했고, 결혼도 국가의 허락을 얻어서 30세까지 군사교육을 무사히 통과한 사람들만 할 수 있을 정도였다. 여성들은 보통 19세 전후로 결혼을 했다.

엄격하고 혹독한 군사교육의 절정은 약 13세 정도에서 이루어졌다. 13세가 되면 군사교육의 마지막 과정으로 1년의 시간 동안 아이에게 작은 칼 한

자루만 쥐여주고 도시공동체에서 강제로 내보내 홀로 살아가도록 했다. 공동체에서 홀로 나온 아이는 누구의 도움도 없이 칼 한 자루에 의지해서 산에서 나물을 캐 먹거나 맹수들을 잡아 먹으며 살아야 했고 지나가는 노예(헤일로타이)들을 죽이는 것까지도 다 용인되었다고 한다. 여기서 가장 중요한 것은 무조건 혼자의 힘으로 살아남는 것이었다. 그 이유는 용사의 자질 중 하나가 바로 어떤 혹독한 환경에서도 살아갈 수 있는 능력이라고 생각했기 때문이었다.

이것이 바로 스파르타에서 남자아이들에게 행해졌던 '아고게(Agoge)'[5]라고 하는 일종의 성인식이다. 독특한 성인식을 거치며 무사히 살아남은 아이들은 20세가 되면 '크립테이아'[6]라고 하는, 마치 나치의 악명 높은 게슈타포 같은 일종의 비밀경찰이 될 수 있었다. 크립테이아는 잠재적 위협이 될 수

---

5 아고게(Agoge) : 스파르타식 교육(Spartan education)은 고대 스파르타에서 행해진 극히 엄격한 국가주의 교육으로 목적은 국가에 봉사하는 인간을 키우는 데 있었으며, 특징은 처음부터 끝까지 오로지 용맹한 전사를 만들기 위해서 국가가 교육을 철저히 통제했다는 것이다. 그래서 오늘날 스파르타식 교육이라 하면 강압적이고 조직적인 교육을 뜻하며 그리 좋은 의미로 쓰이지 않는 것이다. 아고게는 스파르타식 교육의 가장 핵심이라 할 수 있다. 스파르타의 청소년을 교육하는 국가기관으로서 일종의 학년제와 학급제를 기본으로 편성되었다. 스파르타의 소년은 7세가 되면 일정한 학급에 들어가는데 이 학급을 부아(Boua)라고 했고, 각 학급에는 반장 역할을 하는 지도자 부아고스(Bouagos)가 있었다. 아고게를 통해 어린 시절부터 스파르타 사람들은 공동식사와 군사훈련을 하면서 공동생활을 하도록 길러졌다.

6 크립테이아 : 스파르타에서는 아고게에서 강도 높은 군사훈련을 받아 용사가 된 젊은 전사들 중에서도 특히 강한 청년들을 뽑아 일종의 비밀경찰 같은 역할을 부여했는데 이들이 바로 크립테이아였다. 국가에 의해 특별하게 선발된 크립테이아들에게는 일종의 살인면허가 부여됐는데 바로 건강한 헤일로타이들, 즉 노예들을 언제나 죽일 수 있었던 것이다. 스파르타 사람은 항상 잠재적 불안감을 갖고 살았는데 그 불안감의 원인 중 하나가 바로 자신들보다 거의 열 배나 더 많은 숫자를 자랑했던 노예들이었다. 건강하고 용감한 헤일로타이들이 언제든지 반란을 도모할 수 있었기에 크립테이아로 하여금 저들을 항상 감시하게 했고, 조금만 이상한 낌새가 보이면 바로 즉결처분해서 반란의 싹을 원천 제거하게 했다.

있는 노예들을 감시하고, 죽일 수도 있는 권한을 부여받은 조직이었다. 그래서 스파르타의 노예들이 가장 두려워했던 대상이 이 크립테이아였다고 한다. 이런 과정을 거치면서 스파르타 아이들은 노예들을 지배하는 방법을 자연스럽게 터득하고 서서히 최고의 용사가 될 수 있었다.

아무리 최고의 용사를 만들기 위해서라지만 스파르타 교육은 한마디로 말하면 국가 통제 교육으로 개인의 개성이나 존엄성은 별로 중시하지 않았다. 그래서 그리스 최고의 철학자 아리스토텔레스는 스파르타의 교육을 매우 비판적인 시각으로 보았다. 특히 그는 아고게 훈련에 대해 매우 비판적이었다. "주의해야 할 것은 금수가 아니라 문명인의 규범이다. 왜냐하면 진정한 용기를 발휘하는 것은 금수가 아니라 훌륭한 인간이기 때문이다. 교육에서 한 가지만 집중하고 다른 모든 것은 무시하는 스파르타 사람들은 인간을 기계로 만들어 국가에 대한 맹목적인 봉사만을 하게 만들면서 마침내는 훌륭한 인간이 아닌 열등한 인간만을 만들어내는 것이다."

아리스토텔레스의 이러한 비판과는 상관없이 어릴 때부터 혹독한 군사교육을 받으며 자라, 목숨을 건 성인식을 거쳐 일종의 비밀경찰 역할까지 수행하는 동안 자연스럽게 강한 생존본능까지 더해져서 가장 용맹한 전사로 성장할 수 있었던 것이 바로 스파르타 남자들이 최강의 용사가 될 수 있었던 두 번째 이유였다.

이 두 가지 이유 외에 스파르타 용사들이 전혀 죽음을 두려워하지 않고 싸워서 최강의 용사라는 칭송을 들을 수 있었던 세 번째 이유로 바로 독특한 장례문화를 꼽을 수 있다.

영화 〈300〉에도 나왔지만 스파르타의 왕 레오니다스를 포함해서 테르모필레 전투에 참여했던 거의 대부분의 전사들이 그곳에서 죽었는데, 페르시아 전쟁이 끝난 뒤 아테네의 유명한 서정시인 시모니데스는 여기에 와서 조국을 지키기 위해 희생한 스파르타 용사들을 기리는 명시를 남겼다.

레오니다스 동상

지나가는 나그네여, 가서 스파르타 사람들에게 전해다오.
우리 모두는 그들의 명령에 따라 조국의 법규를 충실히
지켜 이곳에 누워 있노라고.

이 시는 레오니다스 동상 뒤쪽에 새겨져 있다. 이걸 보면서 자연스런 의
문이 드는데, 스파르타군의 용맹함을 기리기 위해서 만든 비문에 새겨진 '조
국의 법규'란 게 무엇이었을까 하는 것이다. 스파르타의 법규가 도대체 무엇
이기에 법규를 충실히 지키다 죽었다고 쓴 것일까?

그 법규란, 싸움에서 그 어떤 강한 적을 만나더라도, 혹은 아무리 나의
전력이 약하더라도 등을 보이고 도망하는 것을 절대로 금한다는 것이었다.
스파르타는 대대로 조국을 지키기 위해 전쟁에 나가서 싸우는 사람들을 가
장 존중했기 때문에 모든 남자들은 싸움에 나가는 것을 강력히 원하는 사회
적 분위기가 조성되어 있었다. 그중에서도 스파르타 사람들이 가장 명예롭
다고 인정한 것이 바로 전쟁에 나가서 용감히 싸우고, 특히 강한 적에게 맞
서 싸우다가 장렬히 전사하는 것이었다. 반대로 전투에서 강한 적을 만났는
데도 비겁하게 목숨을 부지하는 것을 가장 큰 수치로 여겼던 것이 바로 스파

르타의 문화였다.

그러니 스파르타 용사들은 전투에서 상대가 강하든 약하든 상관없이 목숨을 걸고 싸울 수밖에 없었고, 이런 배경으로 인해 스파르타 용사들은 어떤 전투에서도 뒤로 물러나거나 목숨을 부지하기 위해 후퇴하는 행동을 절대로 하지 않았다고 한다. 한번 전투에 임하면 반드시 목숨이 끊어질 때까지 싸움에 임했고 비겁한 모습을 절대로 보이지 않았기에 고대 세계 최강의 용사로 인정받을 수 있었던 것이다.

스파르타의 장례 방식은 매장·혹은 화장 두 가지였는데 사람들이 더 선호하고 영광스럽게 여겼던 것은 매장이었다. 매장을 원하는 모든 사람들에게 매장이 허용된 것이 아니고 특별한 자격을 갖춘 사람에게만 매장이 허용됐다. 죽은 후에 매장을 한다는 것은 묘지를 만들고 비문을 새기며 그 사람의 이름을 후대에 남긴다는 의미이기에 모두가 명예롭게 여겼을 것이다.

스파르타 사회가 죽은 후 영광스런 매장을 허락하는 사람들은 다름 아닌 바로 일당백의 용맹함을 자랑하는 스파르타의 용사들이었다. 그중에서도 전쟁에 나가서 조국을 위해서 용감히 싸우다 죽은 사람들에게만 영광스런 매장이 허락됐다. 스파르타의 용사들에게는 죽음 그 자체보다도 어디에서 죽음을 맞이하는가가 굉장히 중요했다. 예를 들어 비록 용사라도 전쟁에 나가서 싸우다 죽지 못하고 가령 집에서 휴가를 보내다 사고로 죽거나 하는 경우는 영광스런 매장을 허락받지 못했다. 이것이 바로 스파르타 용사들이 전쟁터에서 군사의 숫자가 많든 적든 상관없이 그토록 용감히 싸울 수 있었던 중요한 이유였다. 그리고 이처럼 전쟁터에서 싸우다 죽는 것을 가장 명예롭게 여겼기에 그렇게 용감할 수 있었던 것이기도 했다.

이처럼 철저한 법규가 있는 나라의 용사들이었고, 게다가 싸우다 죽는 것을 가장 명예롭게 여긴 군인들이었으니 스파르타군보다 열 배 이상의 엄청난 규모의 페르시아군을 보면서도 단 300명의 용사들이(700여 명의 테스피아이 출신 군사들까지) 모두 전멸할 때까지 테르모필레에서 용감하게 싸울 수 있었던 것이다. 레오니다스 왕과 300의 용사들을 비롯한 스파르타의 모든 용사들에게는 전쟁터에서 살아남는 것보다 더 중요하고 명예로운 것이 바로 싸우다 장렬히 죽는 것이었기 때문이다.

스파르타 용사들은 용감하게 싸우다 전원 죽음을 맞이함으로써 스파르타 국민들이 원하던 조국의 법규를 충실히 지켰다. 그래서 비문에 "나그네여, 가서 스파르타인에게 전해다오. 우리 모두는 조국의 법규를 충실히 지켜 이곳에 누워 있노라고"라는 말을 당당히 새길 수 있었던 것이다.

스파르타 여성들과 어머니의 역할

그 외에도 스파르타 남성들이 가장 용맹한 전사가 될 수 있었던 또 하나의 이유로 여성과 어머니들의 역할을 꼽을 수 있을 것이다. 남자아이들이 태어나면서부터 특별히 관리받고 훈련받았던 것과 마찬가지로 스파르타는 여성들에게도 남성들과 평등하면서도 특별한 훈련을 시켰다.

스파르타는 아테네를 비롯한 다른 도시국가들과 달리 여성의 지위가 상당히 높았다. 다른 도시국가들의 경우는 여성들이 자유롭게 다니는 것도 쉽지 않았는 데 반해 스파르타의 여성들은 활발한 사회활동은 물론이고 결혼한 후에는 생계를 책임지기도 했다. 남편들이 모두 군대에서 훈련받거나 전투에 나가야 하는 현실에서 여성들의 역할이 중시될 수밖에 없었던 것이다. 이처럼 여성들의 역할이 중요하기 때문에 스파르타에서는 청소년기에 접어드는 10대 중반의 여자아이들부터 훈련을 시키면서 강인한 체력을 기르도록 했다고 한다.

여자아이가 사춘기에 접어들 때 건강한 여자는 아이에서 소녀로 변하면서 뚜렷한 2차 성징을 보인다. 몸이 약하거나 병이 있는 소녀들은 뚜렷한 2차 성징을 보이지 못했는데 그런 경우 심하게는 절벽에서 밀어 죽이기도 했

〈아들에게 방패를 주는 스파르타의 어머니〉, Jean-Jacques-François Le Barbier

다고 한다.

용사가 될 가능성이 있는 아이들을 특별히 훈련시키는 것은 물론이고 용맹한 용사를 낳아야 하는 여성들도 어린 시절부터 관리를 했다. 아테네에서 올림픽이나 공개적인 스포츠는 대부분 남성들만을 위한 경기여서 여성들은 그런 경기에 참가조차 하지 못했다. 그러나 스파르타에서는 어려서부터 훈련받고 용맹하게 성장한 여성들도 자유롭게 운동을 할 수 있었으니 스파르타 여성들의 사회적 지위가 다른 도시국가들에 비해 상당히 높았다는 것을 알 수 있다.

이렇게 엄격하게 선별되어서 특별한 훈련을 통해 강인한 여성으로 성장한 여성들은 결혼할 나이(평균 19세 전후)가 되면 대부분은 국가가 정해주는 남성과 결혼하는 게 보편적이었다. 강인하고 용맹한 남성과 결혼해서 아이를 낳은 어머니들은 어릴 때부터 아이에게 국가를 위해 당당히 싸우다 장렬히 전사하는 것이 가장 멋진 일이라고 가르쳤다.

특히 스파르타의 어머니들은 점점 용사로 성장하는 아들에게 방패를 선물하면서 "이 방패를 들고 돌아오거나 아니면 이 방패 위에 누워서 돌아오너라"라는 말을 늘 해주었다고 한다. 어머니들이 아들에게 누누이 강조하는 게 바로 전투에서 비겁하지 않고 용맹하라는 말이었던 것이다.

전투에 임하면 스파르타 군인들에게는 머리부터 종아리까지 몸을 보호하는 투구와 갑옷 그리고 커다란 방패가 주어졌다. 영화 〈300〉에도 이런 장면이 나왔지만, 스파르타에서는 전투에서 비겁하지 않고 용감히 싸우다 전사한 용사를 그가 지녔던 커다란 방패 위에 눕혀서 동료들이 고향으로 운구해오는 게 용사에 대한 예우였다.

이야말로 자신이 전투에서 얼마나 명예롭고 용맹하게 싸우다 죽었는지를 전적으로 말해주는 것이고, 그런 용맹함과 명예로움을 동료들도 인정한다는 것이었기 때문이다. 그러므로 어머니가 아들에게 방패를 주면서 들고 돌아오라는 것은 전투에서 승리하고 살아 오라는 말이고, 방패 위에 누워서 오라는 말은 끝까지 비굴하지 말고 명예롭게 싸우다 죽으라는 말이었다.

또한 스파르타의 엄격한 법에 따라, 전투에서 등을 보이고 도주하는 자는 모두 사형에 처하게 되어 있었으므로 스파르타군이 보기 흉하게 패퇴하여 방패를 버리고 도주하는 경우는 절대 없었다.

어릴 때부터 어머니로부터 방패를 선물받고 용기와 명예, 비굴하지 말 것 등을 가정교육으로 매일 교육받으며 자란 스파르타의 남성들은 전투에 임하면 명예로운 죽음을 위해서 그 누구보다 용감히 싸울 수 있었다. 그런 이유로 인해 스파르타의 용사들은 세계 최고의 용사들로 거듭났던 것이다.

스파르타 용사들이 그렇게 죽을 때까지 용맹하게 전투에서 싸우고 명예롭게 죽을 수 있었던 것은 국가가 어린 시절부터 용사가 될 자질이 있는 남자아이들을 관리한 것도 있지만 여성들과 어머니들의 역할 또한 매우 중요했다는 것을 알 수 있다.

스파르타와의 갈등과 아테네의 몰락
: 펠로폰네소스 전쟁(BC 431∼404)

아테네와 스파르타를 비롯한 전 그리스를 오랫동안 괴롭히던 페르시아
라는 대국을 세 차례에 걸친 페르시아 전쟁으로 물리친 후 아테네를 중심으
로 그리스는 전 유럽의 강자로 부상한다. 반면 오랜 기간 동방의 최강자였던
페르시아는 막강한 권력을 내려놓고 역사의 뒤안길로 쓸쓸히 퇴장했다.

페르시아 전쟁이 한창이던 시절, 아테네와 스파르타는 서로 힘을 합쳐서
공동의 적이었던 페르시아를 물리쳤다. 그러나 지금 공동의 적이 사라지고
나자 아테네와 스파르타는 더 이상 함께 힘을 모으고 평화를 유지하기 어려
운 상황이 된다. '권력은 아들과도 나누지 못한다'는 말이 있듯이 에게해와
지중해 그리고 그리스 본토의 패권을 두고 두 강력한 도시국가는 필연적으
로 충돌할 수밖에 없었던 것이다. 그것이 바로 냉혹한 권력의 생리이기도 하
다는 것을 역사에서 수없이 봤다.

새로운 패권을 놓고 아테네와 스파르타는 대립과 협력을 반복하면서 불
안한 권력의 균형을 추구했는데 이런 불안한 균형은 오래갈 수 없었다. 아테
네와 스파르타는 여러모로 서로 전혀 다른 기질을 가지고 있어서 이미 오래
전부터 갈등의 싹이 트고 있었던 것이다. 정치적으로 아테네는 민주정치를,
스파르타는 과두정치[7]를 대표하는 국가였고, 군사적으로도 아테네는 해군,

---

7   과두정치(oligarchy) : 한 명의 군주나 독재자에 권력이 집중된 독재정치(autocracy)나
    다수의 사회 구성원에게 권력이 합법적으로 분산된 민주정치(democracy)와 구별해서
    소수의 사람이나 소수의 집단이 사회, 정치 · 경제, 행정적 권력을 독점하고 행사하는
    정치체제를 뜻한다. 즉 과두정치나 민주정치 혹은 독재정치는 어떤 특정한 통치 형태
    를 뜻하기보다는 권력을 차지하고 행사하는 사람이나 집단의 숫자에 따른 개념이다.
    고대 그리스어에서 '소수(小數)'를 뜻하는 'oligo'와 '지배'를 뜻하는 'arkhos'에서 비롯
    되었다.

스파르타는 보병을 중심으로 한 육군에 주로 의존했다. 또한 아테네는 상업을 중시했으며 스파르타는 상업보다 군사력을 중시하는 등 서로 상반된 성향의 도시국가였던 것이다. 이 두 동맹 간에는 결국 세 차례에 걸쳐서 전쟁이 벌어졌는데, 이를 '펠로폰네소스 전쟁'이라고 부른다.

세 번째 페르시아 전쟁이었던 테르모필레 협곡에서의 패배 이후 아테네는 페르시아에 의해 심각한 피해를 입었던 적이 있었다. 아테네에 있던 수많은 유적지와 가옥들이 무너지고 극장들도 심각한 피해를 입었는데 향후 50년 이상 복구 작업이 필요하다는 말을 들을 정도로 극심한 피해였다. 아테네는 심각한 피해를 복구하고자 다른 도시국가들과 동맹을 새롭게 맺어서 함께 힘을 모으길 원했다. 그렇게 해서 만들어진 게 바로 아테네를 중심으로 한 '델로스 동맹'이었다. 동맹을 맺고 많은 도시국가들에게 전후 복구 작업을 위한 기금을 모으게 됐는데 아테네는 아테네만을 중점적으로 복구하는 데 상당한 기금을 사용하게 된다. 이에 대한 불만들이 조금씩 나오면서 아테네와 경쟁관계에 있던 스파르타는 이 기회에 아예 자신들을 지지하는 도시국가들을 모아서 '펠로폰네소스 동맹'[8]이라는 새로운 연합체를 만든다.

---

8 펠로폰네소스 동맹 : 고대 그리스 반도의 수많은 폴리스들 중 스파르타를 맹주로 하는 펠로폰네소스 반도 도시국가들의 군사적, 상업적 동맹체이다. 기원전 6세기 스파르타가 개별적으로 여러 도시국가와 군사조약을 체결하여 기원전 500년까지 아르고스를 제외한 대부분의 펠로폰네소스를 통합하는 도시동맹으로 조직되었다. 이 동맹이 체결된 직접적인 이유 중 하나는 스파르타와 경쟁관계에 있던 아테네 때문이기도 했다. 아테네가 자신을 따르는 도시국가들을 규합, 델로스 동맹을 체결했는데 이것이 스파르타로 하여금 그에 대항하는 동맹을 만들도록 부추겼던 것이다. 결론적으로 펠로폰네소스 동맹은 아테네를 맹주로 하는 델로스 동맹에 반기를 드는 세력이었는데, 펠로폰네소스 동맹과 델로스 동맹은 끝없이 반목하던 기원전 431년에 펠로폰네소스 전쟁을 치렀고, 이 전쟁에서 펠로폰네소스 동맹이 승리하면서 그리스의 패권을 스파르타가 차지하게 되었다. 비록 스파르타의 펠로폰네소스 동맹이 승리하긴 했지만 결론적으로 델로스 동맹과 펠로폰네소스 동맹의 다툼과 갈등이 그리스 반도 전체의 몰락을 재촉했다.

결국 그리스 본토는 아테네를 지지하는 델로스 동맹과 스파르타를 지지하는 펠로폰네소스 동맹으로 나눠지면서 사사건건 반목과 대립을 하기에 이른다. 아테네와 스파르타의 반목이 빚은 그리스 내전인 펠로폰네소스 전쟁은 크게 3단계로 나눠진다. 먼저 제1차 혹은 제1단계 전쟁은 기원전 431~421년 스파르타 왕 아르키다모스(Archidamos)의 아테네 침공으로 시작되어서 '아르키다모스 전쟁'이라고도 불린다. 이때 아테네와 스파르타 양측은 무려 10년 동안이나 지루한 소모전을 치르고도 아무런 결과 없이 끝났다.

제2차 전쟁 혹은 제2단계 전쟁은 기원전 421~415년 발발했는데 1차에 비해 아주 짧은 3년이라는 기간밖에 싸우지 않아서 그랬는지 아테네와 스파르타 양측은 큰 타격 없이 휴전을 맺고 전쟁 이전 상태로 돌아갔다.

문제는 제3차 전쟁 혹은 제3단계 전쟁으로 불렸던 기원전 415~404년의 치열한 싸움으로 아테네가 풍요의 땅인 시칠리아를 지배하고자 시칠리아의 시라쿠사(시라큐스)를 공격하면서 시작되었다. 이 '시라쿠사 전투'가 바로 펠로폰네소스 전쟁을 상징하는 중요한 전투였고, 이 전투의 결과에 따라 아테네와 스파르타의 운명이 완전히 바뀌었던 것이다.

시라쿠사는 그리스가 이탈리아 영토 안에 세웠던 최초의 도시이기도 했다. 결론적으로 아테네는 스파르타의 지원을 받은 시라쿠사와의 싸움에서 크게 고전한 끝에 패배했다. 기록에는 시라쿠사 전투 때 아테네 군사들의 희생자가 약 5만 여 명에 달했다고 한다. 이는 아테네가 당한 최대 규모의 패배로 알려져 있다.

시라쿠사 전투에서 스파르타는 과거 적국이었던 페르시아의 도움을 받아 함대를 강화하고, 육전뿐만 아니라 해전에서도 곳곳에서 아테네군을 제압했다. 펠로폰네소스 전쟁이 스파르타의 승리로 돌아간 것은 알고 보면 페르시아가 스파르타를 재정적으로 후원해주었기 때문에 가능했던 일이라고 보는 시각도 있다.

즉 스파르타의 체제가 아테네보다 더 우수했기 때문만이 아니라는 말이기도 하다. 이처럼 중요한 전투에서 페르시아의 도움을 받은 스파르타의 한계는 결국 나중에 '안탈키다스의 평화'[9]라고 해서 스파르타가 페르시아에게 소아시아 지역의 그리스 도시들을 팔아넘기는 결과를 만들게 된다. 결국 기원전 404년 아테네는 페르시아의 도움을 받은 스파르타에게 항복했고, 도시를 둘러싸고 있는 성을 파괴하도록 강요당했으며, 아테네 해군의 함대를 스파르타에 인도함으로써 전쟁은 완전히 아테네의 대패로 끝이 났다.

너무나 특이했던 스파르타의 여성관과 부부관

스파르타는 군사적인 부분을 제외하면 사실 문화적으로나 경제적으로 무척 피폐한 나라였다. 또한 매우 독특한 나라여서 위에서도 언급했지만 일단 정상적인 스파르타 시민들은 절대 세상적인 직업을 가져서는 안 되었다. 즉, 스파르타 시민권을 가진 남자들은 우리 식으로 하면 100% 실업자 혹은 백수였다는 말이다. 스파르타 남성들에게 직업의 자유가 주어지지 않은 것

---

9 안탈키다스의 평화 : 기원전 386년 페르시아와 스파르타가 체결한 조약. 스파르타는 기원전 404년 페르시아의 지원을 얻어 아테네를 제압하며 그리스의 패권을 차지하였으나, 그 후 페르시아 제국 내부의 음모 사건을 후원한 것으로 인해 페르시아와 싸우게 되었다. 페르시아가 스파르타와 싸우는 중에 그동안 스파르타로 인해 골치 아파했던 아테네와 코린토스가 이 기회를 이용해서 스파르타와 싸우게 된다. 이때 스파르타는 아테네, 코린토스와 싸우기 위해 페르시아를 설득하여 도움을 받는다. 이른바 평화조약을 체결한 것인데 당시 이 조약 책임자가 바로 안탈키다스 장군이어서 이런 이름이 붙은 것이다. 이 조약의 핵심을 요약하면 페르시아가 그리스의 도시를 포함한 소아시아를 영유하고 아테네에 속해야 하는 렘노스, 브로스, 키프로스를 제외하고 그렇지 않은 그리스의 도시국가들은 모두 독립을 지킨다는 내용이었다. 그리고 이 평화를 받아들이지 않으면 그 나라에 페르시아가 전쟁을 일으키겠다는 내용도 있었다. 스파르타는 페르시아의 후원을 받아 전 그리스에 자신들의 영향력과 세력을 떨칠 수 있었다.

은 이들이 항상 최고의 신체를 단련하고 강한 무술을 연마하여, 백전백승할 수 있는 고대 최강의 병사들이 되도록 하기 위함이었다.

한마디로 스파르타는 군사적인 능력만을 중시하는 가장 엄격한 군국주의 국가로서 개인의 인권이나 개인의 행복 따위는 중요하게 여기지 않았던 것이다. 물론 아테네 혹은 다른 도시국가들이 여성들이 자유롭게 외출하는 것도 금지시킬 만큼 전형적인 남성 우위의 마초 국가였던 것에 비해, 외출도 하고 심지어 운동경기도 할 수 있을 정도로 여성들에 대한 지위는 상대적으로 높았지만 그렇다고 개인의 인권을 중시했던 것은 아니었다.

일례로, 아테네보다는 비록 조금 나았지만 스파르타에서도 여성들에게 연애 같은 것은 절대 허용되지 않았다. 기본적으로 결혼은 약탈혼이라서, 남자가 마음에 드는 여자를 납치, 감금한 뒤, 그 여성을 부인으로 맞아 결혼 생활을 하는 것도 가능했다. 게다가 아내의 의사와 상관없이 다른 남자에게 내어주는 것도 가능했다고 하는데 그 이유는 스파르타에 있어서 여성이란 혹은 아내란 존재는 튼튼한 남자아기를 낳아서 국가가 원하는 용사로 키우기 위한 도구에 불과했기 때문이었다. 따라서 튼튼한 다른 스파르타 남성의 씨를 받기 위해 아내를 다른 남자에게 내어주고, 거기서 태어난 아기를 자신의 아기로 키우는 것이 그다지 드문 일이 아니었다고 한다.

스파르타에서는 일반적인 다른 국가들과 달리 부모와 자식 사이에 유대 관계가 상대적으로 엷었다고 보는데, 어차피 남자아이는 일정 나이(7~8세)가 되면 반드시 부모의 곁을 떠나 혹독한 공동생활을 하며 공동교육(agoge)을 받았으니, 아이가 반드시 자신의 친자식인지 아닌지가 별로 중요하지 않았기 때문이라고 한다.

영화 〈300〉에서도 이런 스파르타의 여성관 혹은 부부관이 나오는데, 레오니다스 왕이 살아서 돌아오지 못할 것이 확실한 테르모필레 협곡으로 출정할 때, 그 아내인 고르고 왕비가 "내가 당신을 위해서 할 수 있는 것이 무엇일까요?"라고 묻는다. 아내의 이런 물음에 대해 정상적인 남편이라면 당연히 아들을 잘 보살피라고 한다든지 혹은 살아 돌아올 테니 조금만 기다리라고 하는 게 동서양을 막론하고 지극히 상식적인 답변일 것이다.

그러나 스파르타의 영웅 레오니다스 왕은 이렇게 상식적인 답변을 하지 않고 너무도 이상하게 "훌륭한 남자와 결혼하여 튼튼한 아기를 낳으시오"라고 한마디 하고는 뒤도 돌아보지 않고 떠난다. 영화에 나오는 이런 비정상적인 대화를 봐도 당시 스파르타는 우리가 생각하는 일반적인 국가와는 조금 거리가 멀었던 것 같다.

아무리 죽음을 염두에 둔 전투를 하러 떠난다고 하더라도 남편으로서 아내에게 하는 저런 말은 스파르타의 여성관 혹은 부부관을 이해하지 않으면 상식적으로 받아들이기 힘든 말일 것이다. 그러나 영화에서 보여준 스파르타인 부부의 대화는 일정 부분 당시의 여성관과 부부관을 상징적으로 보여주는 장면이라고 볼 수 있다.

돈과 빈부격차가 천하의 스파르타를 망하게 했다?

스파르타는 문화적으로나 경제적으로 무척 피폐한 나라였다고 앞에서 언급했다. 또 돈이라는 것이 사실상 존재하지 않았던 매우 특이한 나라이기도 했다. 당시 그리스를 포함한 지중해 동부 지역은 은화를 매개체로 한 상업 활동이 나름 활발했는데, 반면 스파르타는 예외였다.

스파르타의 입법가인 리쿠르구스(Lycurgus)의 법에 의해, 스파르타에서는 은화는 아예 만들지도 못하게 했고, 오로지 무쇠 동전을, 그것도 뜨거울 때 식초에 담가 고철 가격도 안 나가도록 만든 별로 가치 없는 무쇠 동전만을 쓰도록 했으므로 의미 있는 활발한 상업 활동이 거의 없었다.

스파르타의 경제적 상황이 이처럼 비정상이어서 그랬는지 유명한 『펠로폰네소스 전쟁사』를 쓴 투키디데스(Thucydides)는 "먼 훗날 사람들이 스파르타의 유적을 파서 발견한다면 스파르타가 한때 전체 그리스를 호령하던 최고의 강대국이었다는 사실을 아마도 쉽게 믿을 수 없을 것이다"라는 유명한 말을 남겼다.

이처럼 다른 도시국가들보다 훨씬 더 혹독하고 검소한 삶을 치열하게 살았으니 스파르타가 특별한 군사강국이 된 것도 이해할 수 있을 것이다. 그렇다면 이렇게 강력한 군사강국 스파르타가 도대체 왜 몰락했던 것일까?

한 도시나 한 나라가 몰락하는 데는 당연히 한두 가지의 이유만 존재하는 것이 아니다. 보통 교과서에는 '그리스 도시국가 간의 반목으로 인한 잦은 전쟁과 그에 따른 국력 고갈'을 이야기하는데 일견 타당한 말이다. 그러나 전쟁이나 크고 작은 전투라면 그전부터도 누구보다 열심히 해왔던 스파르타였다. 게다가 스파르타와 전쟁을 했던 아테네나 테베, 아르고스 그리고 페르시아 등 다른 국가들도 전쟁과 전투에 시달리기는 마찬가지였다. 그러므로 단순히 빈번했던 전쟁과 전투로 인한 국력의 손실과 고갈만으로는 저토록 강력했던 스파르타의 몰락을 얘기하기에 좀 부족한 것이 사실이다. 그렇다면 내부적으로 무슨 심각한 원인이 있지 않았을까?

여기서 한 가지 주목할 것은 스파르타의 패배를 불러온 전투가 있었다는 것이다. 이 전투의 패배로 인해 스파르타도 몰락의 길로 접어들게 됐는데 바로 레욱트라(Leuctra) 전투[10]였다.

---

10 레욱트라 전투(The Battle of Leuctra) : 기원전 371년의 이 전투에서 테베가 승리하면서 그동안 그리스 세계의 패권을 장악했던 스파르타를 밀어내고 새로운 패권을 차지하였다. 물론 이후 아테네 북방의 마케도니아가 세력을 키워 밀고 내려오면서 다시 패권이 마케도니아로 넘어갔지만 그 이전까지 이 전투의 승리로 인해 테베가 그리스 반도의 강자로 부상한다. 펠로폰네소스 전쟁 후 스파르타가 그리스의 패권을 장악했는데, 기원전 386년 스파르타의 장군 안달키다스는 페르시아와 '안달키다스의 평화'라는 조약을 맺었다. 그러나 이 체제에 반항한 테베는 사선진법(斜線陣法)이라는 전법으로 스파르타군을 격파하였다. 이 전투에서 특히 치명적이었던 것은 그동안 스파르타가 자랑하던 중장보병 밀집대형이 테베군에 의해 무너지면서 그 명성에 심각한

기원전 371년, 당시 천하의 스파르타에게 결정적인 패배를 안긴 레욱트라 전투의 상대는 테베(Thebes)라는 도시국가였는데, 여기서 스파르타가 너무나 힘없이 무너졌다. 특이했던 것은 스파르타 용사들의 이해할 수 없는 비굴한 행동, 그리고 테베가 내세운 신성부대였다.

신성부대는 20세~25세의 젊은 남성 연인으로 구성된 동성애자 부대를 말한다. 레욱트라 전투에서는 테베가 약 150쌍, 즉 300명의 남자 커플들을 전투원으로 양성해서 큰 재미를 보았다. 고대 그리스 세계에서는 남성 동성애가 그리 손가락질 받을 일이 아니었고, 지식인들조차 공공연히 동성애를 옹호했기에 이런 남성 동성애자들로만 보병부대를 만든 것이 그리 이상한 일이 아니었을 것이다. 역사적으로는 테베가 레욱트라 전투에서 남성 동성애자 부대를 적극적으로 활용한 것이 최초의 공식적인 게이 부대로 알려져 있다.

스파르타는 엄격한 군법에 따라 전투에서 방패를 버리고 도망하는 군인은 즉시 사형에 처했으므로 용사들이 방패를 버리고 도망하는 경우는 절대 없었는데, 이 전투에서 방패와 동료의 시신을 내버려두고 도망을 치는 행동

타격을 받았다는 것이었다. 레욱트라 전투에서는 테베가 내세운 매우 특이한 보병보대가 등장했는데 그 이름은 '신성부대'였다. 신성부대는 남성 동성애자 150쌍(300명)으로 구성된 부대로서 부대원은 나이 20세에서 25세까지의 동성애자들이 주축이었고, 30세가 되면 은퇴했다. 고대 그리스 시대에는 남성 동성애자들을 천대하지 않았고 군대에서도 차별하지 않았다, 그렇더라도 오로지 남성 동성애자만 모아서 군대를 만든 사례는 테베가 유일한 것으로 알려졌다. 동성애자들로만 부대원들을 구성한 까닭은 당연히 전장에서 연인이 죽지 않도록, 그리고 연인에게 멋진 모습을 보여주려고 열심히 싸울 것이라고 생각했기 때문이었다. 즉 게이들의 사랑을 이용한 부대였던 것이고 실제로 레욱트라 전투에서 테베의 게이 부대는 상당한 위력을 떨쳤다. 이미 플라톤은 『향연』에서 "만일 연인으로만 이루어진 국가나 군대를 만들 수 있다면 그보다 더 좋은 방법은 없다. 모든 병사들이 연인과 함께 싸운다면 아무리 적은 세력이라도 세계를 정복할 수 있을 것이다"라고 하면서 연인으로 구성된 부대의 위력을 설파하기도 했다.

을 보였다. 스파르타의 용사들이 방패를 버리고 도망하는 모습은 너무나 당혹스럽기까지 하다. 도대체 스파르타 용사들에게 무슨 일이 있었던 것일까? 무슨 일이 있었기에 천하의 용사들이 저런 비상식적인 행동을 했을까?

영화 〈300〉을 찍었던 테르모필레 전투와 레욱트라 전투 사이는 불과 100년인데, 그사이에 스파르타 용사들이 왜 저렇게 됐을까?

먼저 학자들이 추정하는 가장 큰 이유 중 하나는 스파르타의 인구 감소이다. 유명한 철학자 아리스토텔레스조차 "스파르타는 인구 부족으로 몰락했다"라고 말할 정도였으니 타당성 있는 의견으로 보인다. 마치 전성기를 구가하던 로마 제국이 인구 감소로 몰락했다는 일부 의학계의 의견과 일맥상통하기도 하다.

그렇다면 불과 100년 사이에 스파르타 인구가 그렇게 급격히 줄어든 것에는 뭔가 타당한 이유가 있어야 할 것이다. 아무리 전쟁이 많았다고 하더라도 불과 100년 사이에 인구가 대폭 줄어든다는 것은 이해하기 어려운 일이다. 특히 스파르타처럼 '건강한 아이를 최대한 많이 낳는 것이 곧 충성이고 애국이다'라고 생각하는 나라에서는 더욱 그렇다.

스파르타 말기 상황에 대해 학자들이 주목하는 것은 바로 외부로부터 스파르타에 들어온 '돈'이라는 존재이다. 특히 페르시아의 다릭 금화(혹은 다리 금화)[11]가 스파르타의 몰락에 큰 영향을 줬다고 본다.

원래 스파르타는 남성들이 세속적인 일을 하지 않고 군사교육만 받았기

---

11 다릭 금화 : 페르시아의 화폐로 다리 금화라고도 불렸다. 평등주의를 표방하며 모두가 공평하게 오로지 국가에 충성하는 것만을 최고의 가치로 여기며 살았던 스파르타 사람들이 페르시아로부터 들어온 반짝이는 돌(금화)의 가치와 위력을 알게 되면서 평등주의가 무너지고 빈부격차가 발생하게 됐다고 본다. 이런 빈부격차는 곧이어 국가에 대한 충성심을 약화시키고 공동체보다 개인을 중시하는 문화로 이어지게 됐고, 이것이 결국 스파르타 사람들의 강인한 정신을 갉아먹었다고 보며, 이것이 결국 스파르타의 몰락을 재촉하는 원인 중 하나가 됐다고 본다.

때문에 거의 100% 실업자나 백수여서 돈이 필요 없는 국가였다. 주로 경제에 관련한 것은 여성들이나 노예라고 할 수 있는 사람들이 담당했고, 그런 일을 전담하는 사람들을 '헬로트 (helot)'[12]라고 불렀다.

다릭 금화. 표면에는 활 쏘는 궁수의 모습이 새겨져 있다.

그러나 스파르타에는 순수 스파르타 사람들과 노예 헬로트만 있는 게 아니고 페리오이코이(Perioekoi)라고 불린 사람들도 있었다. 이들도 헬로트처럼 그냥 평범한 경제생활을 하던 사람들이었다. 이 페리오이코이들은 전쟁이나 전투가 발생하면 스파르타 군대로 편입되어 마치 용병처럼 싸웠다. 특히 아테네와의 싸움인 펠로폰네소스 전쟁 때는 하나의 부대 속에 서로 섞여 같은 전우로 싸웠다.

스파르타에서 이들의 경제생활의 기초는 평등주의였다. 즉, 모든 스파르타 사람들은 경제적으로는 평등해야 해서 같은 크기의 영지를 가지고 있었고, 또 특별히 재산을 모으는 것이 좋은 일이라고 생각하지도 않았다. 스파르타 사람들은 다른 도시국가의 화려한 생활로부터 격리되었고, 그런 이유

---

12 헬로트(Helot) : 스파르타는 전투에 능한 용사를 가장 최고로 치던 국가였기에 모든 정상적인 남자들은 용사가 되기 위해서 하루 종일 군사훈련을 받는 생활을 했다. 이들 남성들의 관심은 오로지 어떻게 하면 전투를 잘하는 사람이 되는가에 있었지 먹고 사는 일상적인 일에는 아무런 관심이 없었던 것이다. 그렇지만 아무리 스파르타 사람들이 군사훈련만 하면서 살았다고 해도 매일 먹는 딱딱한 보리빵이나 검은 국, 그리고 전투에 필요한 물건들은 필요했을 것이다. 그리고 그런 물건들을 다른 주변 국가에서 사 오는 것이 아니었기에 누군가는 만들어내야 하는 것이었다. 즉 헬로트는 군사훈련이 아닌 그런 일상적인 활동을 전담하는 사람들을 부르던 용어로서 대부분 노예 출신들이었을 것이다.

로 인해 그들은 유독 검소한 삶을 살 수 있었던 것이다.

이들은 국가로부터 전쟁에 관한 특별임무를 받고 가는 것이 아니라면, 스파르타 국경 밖으로 나가는 것조차도 금지되어 있었을 정도로 굉장히 폐쇄적인 삶을 살았다. 이처럼 다른 도시국가에 비해 검소하고 금욕적인 삶을 살던 스파르타 사람들을 조금씩 오염시킨 것이 바로 외국을 통해 들어오는 돈이었는데 바로 펠로폰네소스 전쟁을 통해서였다.

그렇다면 돈과 펠로폰네소스 전쟁이 무슨 직접적인 연관이 있었을까? 펠로폰네소스 전쟁의 양상은 사실 단순해서 강한 육군을 보유한 스파르타가 아테네로 쳐들어가면, 아테네는 튼튼하고 높은 성벽 뒤에 숨어서 싸우지 않고 기다렸다. 당시는 성벽을 오르는 공성용 병기도 아직 만들어지기 전이라서, 이렇게 성안에 숨어서 농성하는 아테네군을 공략할 방법이 마땅치 않았다. 성을 공략하지 못하고 스파르타가 시간을 허비하는 동안, 아테네는 바다를 통해 스파르타의 앞마당에 상륙하여 여기저기를 파괴하곤 했다.

이렇게 비효율적인 공격이 이어지자 스파르타도 아테네를 제대로 공략하기 위해서는 결국 해군이 필요하다는 것을 인식하게 되는데 문제는 육군에 비해 해군은 돈이 많이 들어간다는 것이었다.

아테네는 인근에서 개발된 은광을 이용, 주력 군함인 3단 노선(trireme)들을 많이 만들었지만, 스파르타의 경제력으로는 아테네와 같은 수준의 군함과 해군을 만드는 것은 쉬운 일이 아니었다. 그러나 전쟁의 승리를 위해서는 반드시 필요했기에 스파르타는 동맹국들로부터 강제로 분담금을 거두어 해군을 건설하게 된다.

그러나 이렇게 분담금을 거두고 필요한 물건을 구매하고, 노 젓는 노수들을 고용해서 월급을 지불하는 행위는 곧 경제활동이었기에 스파르타 사람들에게는 어울리는 일이 아니었다. 스파르타 사람들은 경제적인 활동보다는 그냥 싸우는 게 더 익숙하고 남자답다고 교육받으며 살아온 사람들이기 때문이다.

흔히 '떡을 만지면 떡고물이 묻는다'는 말처럼 돈을 다루는 활동을 하는 과정에서 많은 스파르타 사람들이 돈과 관련한 부정부패에 눈을 뜨게 되었다. 특히 펠로폰네소스 전쟁 동안 스파르타는 펠로폰네소스 동맹국들을 지휘하기 위해 스파르타 장군 한 명씩을 동맹국들에 파견했는데, 이들 중 상당수가 현지에서 돈의 위력과 맛을 알게 되어 돈과 뇌물을 받는 일이 많아졌다고 한다.

특히 아테네의 시칠리아 원정군을 궤멸시킨 시라쿠사 전투의 총지휘관이자 스파르타의 영웅이었던 길리푸스(Gylippus)조차도 동맹국에서 스파르타 본국으로 은화 궤짝을 몰래 호송하다가 걸려서 외국으로 도망하는 신세가 되면서 스파르타 사람들에게 큰 충격을 주기도 할 정도였다.

이런 부정부패는 그나마 작은 문제에 속했고, 더 큰 문제는 돈이라는 그 자체여서 돈이 얼마나 좋은 것인지, 얼마나 힘이 있는지에 눈을 뜨게 된 스파르타 사람들이 너도나도 국가보다 개인의 부의 축적에 나선 것이 스파르타의 몰락을 부추긴 가장 큰 원인이었다는 것이다.

기본적으로 스파르타 사람들은 평등한 경제력을 가지고 있었는데 돈바람이 불면서 결국에는 조상 때부터 물려받은 땅까지 팔아치우는 시민들이 부쩍 늘어나게 된다. 땅을 팔아치운 사람들이 그 돈으로 뭘 했는지는 정확히 알려지지 않았지만 확실한 것은 땅을 팔아치운 대부분의 시민들은 몰락의 길을 걸었다는 것이다. 이렇게 몰락한 시민들은 공동식사(syssitia)에 필요한 자기 몫의 비용조차 낼 수 없었고, 자신의 아이를 공동교육(agoge) 시키는 데 들어가는 비용도 낼 수 없었다.

공동식사나 공동교육이야말로 스파르타 사람들의 정체성을 보여주는 중요한 것이었기에 이것을 할 수 없다는 것은 곧 시민권을 가진 순수 스파르타인의 지위를 상실한다는 것을 뜻했다. 즉, 스파르타에 과거에 없던 빈부 격차가 생기면서 스파르타의 전통적 시민 제도가 무너지고 있다는 것이었다. 이렇게 경제적으로 몰락하여 시민권을 잃은 사람들은 자신들의 잘못임에도 불구하고 조국 스파르타에 대해 원망이나 분노의 마음을 가질 수밖에 없었을 것이다.

결국 천하의 스파르타가 몰락했던 것은 레욱트라 전투의 패배라는 결과 때문이 아니고 스파르타 사람들의 조국에 대한 순수한 마음이 돈과 재물의 맛을 알고 부패하기 시작했기 때문이다. 한마디로 레욱트라 전투는 몰락의 원인이 아니라 단지 하나의 결과였을 뿐이고, 근본적인 원인은 바로 스파르타에서 점점 심각해진 돈의 폐해와 빈부 격차였던 것이다.

스포츠와 종교로 하나 된 고대 그리스인들

아테네와 스파르타를 중심으로 한 고대 그리스는 수백 개 이상의 폴리스(도시국가)들로 구성되어 있었기 때문에 당연히 다양한 갈등들이 표출될 수밖에 없는 구조였다. 그래서 그 많은 고대 그리스 도시국가들의 전쟁이 나왔던 것이다. 특히 그리스 제국을 대표하던 아테네와 스파르타의 경우에는 더욱더 많은 다툼과 협력, 전투를 겪었는데 이렇게 분열하고 반목했던 고대 그리스인들도 전쟁과 전투마저 잠정 중단한 채 한마음으로 뭉쳤던 시절이 있었다.

특히 두 가지 경우에서 단결하고 잘 뭉쳤는데 하나는 고대 올림픽의 시초인 스포츠를 통해서였고, 다른 하나는 그리스인들이 신성시하던 종교의식을 할 때였다. 당시 스포츠의 백미는 달리기 경기였고 지금의 올림픽에서 가장 인기리에 거행되는 육상과 마라톤으로 연결됐다.

참고로 마라톤 경기는 42.195킬로미터를 달리는 운동으로 제4회 올림픽 때부터 적용됐는데, 1927년 아테네에서 마라톤 지역까지를 실측한 결과 36.75킬로미터였다. 또한 수많은 폴리스 세계에서는 기원전 776년 이후부터 4년마다 여름에 제우스를 모시는 성지 올림피아에서 5일 동안 운동 경기를 열었는데 이것이 바로 올림픽의 전신이다.

올림픽을 말하기 전에 조금 더 그리스인에 대해 알아보면, 그리스는 반도로 이루어진 작은 나라이고 대부분이 삭막한 산악지대여서 농작물의 소출량이 보잘것없었다. 또한 여러 부족으로 이루어져서 대표적으로 남쪽에는 도리스인, 북쪽에는 이오니아인과 아이올리아인이 있었는데 언어나 외모의 차이는 없고 단지 서로 다른 방언을 쓰고 있었다. 그래서 이들 부족 사이에는 원한다면 의사소통에 큰 어려움은 없었는데 단지 서로 말하지 않을 때가 많을 뿐이었다. 이렇듯 서로 왕래도, 의사소통도 별로 없이 서로 분리되어 있던 이들을 하나로 결합시켜야 할 필요성이 점점 커가고 있었다. 외국과의 전쟁이 없는 평화로운 시기에는 크게 문제가 없지만, 반대로 외국과의 전쟁이 발발하게 되면 큰 문제가 될 것이 자명했기 때문이었다.

이처럼 같은 민족임에도 불구하고 별다른 교류 없이 지내는 사람들을 한자리로 끌어모으기 위해서는 특단의 대책이 필요했고, 특히 사람들이 신체를 이용해 부대끼며 유대관계를 맺게 하는 것이 필요했다. 그래서 사람들이 구상한 것이 있었으니 바로 운동이었던 것이다. 운동이야말로 남자들이 땀흘리며 서로 유대관계를 맺기에 가장 좋은 도구였기 때문이었다. 그런 정치적인 이유로 인해서 만들어진 것이 바로 공동의 신앙과 스포츠, 즉 올림피아 경기였던 것이다. 이렇게 해서 만들어진 올림피아 경기에 각 도시국가와 지역에서 온 건강한 남성들이 서로 자신들의 국가와 지역의 명예를 걸고 겨루고 교제하며 진행되다가 프랑스 출신의 쿠베르탱 남작에 의해 드디어 정기적인 스포츠로 4년마다 한 번씩 열리는 올림픽으로 발전하게 된 것이다.

쿠베르탱은 건강한 신체와 건강한 정신을 강조하며 스포츠와 교육의 연관성을 주장한 최초의 인물이었다. 그는 근대 올림픽 경기의 창시자로서 올림픽 부흥운동을 시작하여 국제올림픽위원회(IOC)를 창설, 1896년 제1회 근대 올림픽 대회를 아테네에서 개최하였고 그 후 IOC 회장으로 올림픽의 발전과 추진에 일생을 바침으로써 올림픽의 아버지라 일컬어진다.

근대 올림픽의 아버지 쿠베르탱

올림픽을 상징하는 오륜 마크는 알다시피 여러 색깔로 이루어진 다섯 개의 원이 서로 연결되어 있는 모양이다. 하얀 바탕에 여러 색깔의 원이 연결되어 있다는 것에서 보듯이 올림픽에서 가장 중요한 것은 성적이 아니고 스포츠를 통해 참가자 모든 사람들과 관람자 모든 사람들이 서로 하나 된다는 개념이다.

흔히 올림픽 상징이라고 하는 오륜기에 대해서도 그동안 잘못 알려진 것이 있는데, 바로 다섯 개의 원이 각기 다른 색으로 된 이유에 관한 것이었다. 특히 서로 다른 색깔이 의미하는 것이 바로 각 대륙의 다른 인종을 상징하니 이는 각기 다른 세계 대륙을 의미하는 것이라고 알려졌는데 이것은 명백한 잘못이고 올림픽 정신에 어긋나는 이야기다.

예를 들어, 검은색 원은 아프리카를 상징하고, 노란색 원은 아시아를 상징한다는 식으로 알려진 것이다. 그러나 실제로 북아프리카에 사는 사람들은 검은 피부가 아니다. 역시 아시아 사람들에게 '옐로'라고 하는 건 아시아 사람들을 비하하는 말이기도 하다. 이런 말들은 옛날 유럽과 백인우월주의에 빠져 있던 사람들의 세계관으로 하는 말이기 때문에 올바르지도 않고 올림픽 정신과 전혀 맞지 않는 것이다.

주지하다시피 올림픽대회는 오대양 육대주의 결속과 전 세계에 흩어져서 살던 선수들이 올림픽 기간만이라도 함께 만나서 동일한 가치를 가지고 우정을 쌓는다는 것을 중시한다. 그러므로 올림픽 상징에 들어가 있는 다섯 가지 다른 색은 각각 어떠한 특정 대륙을 상징하는 것이 아니라, 전 세계 국기에 들어가 있는 색들 중 최소한 한 가지 색은 포함될 수 있도록 한 것이다.

모든 국경을 초월하는 것을 뜻하는 흰색 바탕에 위쪽 원은 왼쪽에서부터 파란색 · 검정색 · 빨간색이며, 아래의 원은 노란색과 초록색, 이렇게 둥근

고리 다섯 개가 서로 얽혀 있다. 이 다섯 가지 색은 세계 여러 나라 국기에 대부분 이 다섯 가지 색이 들어 있어 세계의 결속과 온 세계인의 하나됨이라는 의미에서 채택되었다.

참고로 둥근 고리가 다섯 개인 것은 올림픽 정신으로 하나가 된 유럽·아시아·아프리카·오세아니아·아메리카의 다섯 개 대륙을 상징하는 것이지 그 안에 인종에 관한 의미는 전혀 없다.

서로 갈등하고 반목하던 그리스인들을 하나로 뭉치게 해준 또 하나가 있었는데 바로 델포이에 있는 태양신 아폴론의 성역(아폴론 신전)이었다. 이곳에서는 그리스인들이 가장 신성시하던 종교의식이 벌어지곤 했다.

아테네에서 약 170~180킬로미터 정도 떨어진 곳인 이 델포이의 성역을 모든 그리스인들이 함께 공유했었던 이유는 이곳을 그리스에서 가장 신성한 장소로 인정했기 때문이었다. 왜 고대 그리스인들은 수많은 장소 중에서 유독 이 장소를 가장 신성시했던 것일까? 그 이유를 알려주는 것이 그리스 신

흔적만 남은 델포이의 아폴론 신전

종교의식을 치렀던 제단

화에 나오는 제우스와 그 아들 아폴론에 관한 이야기이다.

　신화에 의하면, 제우스가 세상을 만들고 나서 그 크기를 알기 위해서 큰 독수리 두 마리를 동쪽과 서쪽에서 각각 날려 보냈는데 이 두 마리가 날아가다가 서로 만난 지점이 바로 이곳 델포이라고 한다. 그래서 고대 그리스인들은 이곳이 바로 온 세상의 중심이라고 생각했고 이것을 기념하기 위해 두 마리의 독수리가 만난 지점에 비석을 세웠는데 이것을 '옴파로스(Omphalos, 세계의 배꼽, 세상의 중심)'이라고 불렀다.

　고대 중국인들이 중국이 세상의 중심이라고 생각해서 '중화사상'을 주장했던 것처럼, 고대 그리스인들은 아테

아폴론 신전의 옴파로스(모조품)

박물관에 보관 중인 진짜 옴파로스

네에서 한참 떨어진 이곳 델포이를 세상의 중심 지역이라고 생각했었다. 그 래서 더 신성한 장소일 수도 있다.

그리스 신화에서는 세상의 중심으로 정해진 이곳에 제우스의 아들 아폴론이 살게 되었다고 전한다. 사람들은 아폴론에게 온갖 세상의 지혜와 승리 그리고 명예를 구하기 위해 세상에서 값비싼 각종 보물들을 가지고 각지에서 찾아왔다.

델포이에는 땅이 갈라진 틈새가 있었는데 요즘 관점으로 보면 갈라진 땅 사이로 늘 화산 지대의 수증기가 나오고 있었다고 한다. 현대인들이 보기에는 땅속에서 나오는 다양한 광물질이 섞인 단순한 수증기이지만, 고대 그리스인들이 보기에 이 수증기는 평범한 연기가 아니었다. 신이 거하는 곳에서 나오는 연기이므로 매우 신령한 연기여서 '프네우마(pneuma)' 즉 신비한 성령이라고 여겨졌다.

이 수증기를 사람이 마시면 거기 함유된 다양한 광물질 때문에 환각을 일으키거나 머리가 어지러워져서 마치 술 취한 사람처럼 횡설수설하게 됐을 것으로 추정된다. 그리하여 일반인들이 전혀 알아들을 수 없는 이상한 말을 하는 사람을 아폴론의 사제라 여기고, 아폴론이 인간인 사제의 입을 빌려서 말하는 것으로 여겼다. 그래서 그 갈라진 틈새 위에 삼각대 모양의 의자 하나를 놓고 '피티아(pythia)'라고 하는 여사제를 불러 이 수증기(에틸렌 가스로 추정한다)를 마시고 말하게 했던 것이다.

피티아 여사제가 신의 말을 받아서 뭔가를 이야기하면 그 옆에 서 있던 또 다른 여사제가 그녀의 말을 받아서 일반인이 알아들을 수 있는 말로 해석해주었다. 이렇게 해서 여사제 피티아의 입을 빌려서 사람들이 궁금해하는 미래를 예언하게 했는데 이것을 '델포이의 신탁'이라고 했다.

신탁을 받는 것도 쉬운 일이 아니어서 매우 정교하고 복잡한 과정을 거쳐야만 했다. 우선 신탁을 구하는 사람이나 신탁을 전하는 피티아 모두 카스탈리아라는 이름의 신성한 샘에서 속세의 부정하고 악한 기운을 깨끗이 씻

〈델포이의 여사제〉, John Collier
삼각대에 앉아 신탁을 받는 피티아의 모습을 묘사했
다. 왼손에는 월계수를, 오른손에는 신령한 샘물을
담은 접시를 들고 있다.

어내고 와야 했다. 또한 신탁을 구하는 사람은 아폴론 신전의 제단에 송아지나 염소 등을 반드시 살아 있는 채로 바쳐야만 신탁을 받는 신전으로 입장할 수 있었다.

또 제물로 바쳐질 동물에게도 카스탈리아 샘에서 길어온 신성한 물을 끼얹었는데 그 이유는 제물이 신성한 물을 어떻게 털어내는가를 보려는 것이었다. 제물이 물을 발부터 털어내면 신이 말할 준비가 되었고 좋은 징조라고 여겼으며, 반대로 발이 아닌 머리부터 털어내거나 하면 불길한 징조로 여겨 그날의 의식을 아예 진행하지 않았다고 한다. 그만큼 신탁을 받는다는 것은 매우 많은 정성을 쏟아야만 하는 굉장히 성스러운 일이었다.

신탁받을 사람이 가져온 제물이 성스러운 물을 발부터 털어내어 좋은 징조가 보일 경우만 제물을 희생했고 이로써 델포이의 신탁이 시작됐다. 여기서 끝이 아니어서 죽은 제물의 배를 갈라서 뱃속에 있는 내장들까지도 꼼꼼히 살폈다. 특히 장기들이 모두 건강하고 온전한 상태로 있을 경우 좋은 징조로 여겼고 이때 모든 사람들이 함께 신탁을 받는 장소인 '신탁소'로 들어갈 수 있었던 것이다.

이러한 모든 절차와 의식이 정상적으로 이루어지면 참배자들은 신탁소로 안내되어 사제에게 궁금한 것을 질문했고 사제가 피티아에게 질문을 전달해서 신의 대답을 받았다. 어떤 경우에는 피티아가 신청자들의 마음을 읽고 질문을 하기도 전에 대답을 먼저 하기도 했다고 한다. 아마도 피티아에게 정말 신과 같은 능력이 있었다기보다는 미리 신청자의 질문을 받아서 약식 질문지 같은 것을 전달했으리라 추정한다.

어쨌든 신탁을 받으려는 사람의 질문이 확인되면 피티아는 아폴론 신전의 후실(後室)에 있었을 것으로 추정되는 아디톤(adyton) 성소로 들어가 삼각대(tripod) 모양의 의자 위에 앉아 월계수 나뭇가지를 흔들며 신성한 무아도취의 상태에서 신의 계시를 받았다고 한다.

다른 여사제들이 피티아의 말을 듣고 정리하여 참배자들에게 신탁을 전달했던 것이 바로 델포이의 신탁이다. 이처럼 신비한 능력을 가졌다고 믿어진 델포이의 신전과 델포이의 신탁도 스포츠와 더불어 고대 그리스인들이 함께 공유했던 것이었다.

〈다리우스의 천막〉, 샤를 르 브룅(Charles Le Brun), 1660

03 알렉산드로스, 페르시아를 멸망시키다

: 가우가멜라 전투(BC 331)

〈다리우스의 천막〉과 이소스 전투(BC 333)

샤를 르 +브룅이 그린 〈다리우스의 천막〉은 한눈에 봐도 대략 내용을 짐작할 수 있는 그림이다. 그림 우측에는 여러 명의 여인들이 무릎을 꿇고 좌측에 서 있는 젊은 군주에게 자비를 간청하고 있다. 멋진 붉은 망토를 걸친 인물은 바로 알렉산드로스 대왕이고, 자비를 구하고 있는 여인들은 페르시아의 다리우스 대왕(다리우스 3세)의 가족들이다. 다양한 연령대의 여성들이 보이는데 노란 망토를 걸친 노인은 다리우스의 모친이고, 맨 앞의 젊은 여인은 다리우스의 부인이며, 그 뒤에 있는 어린 소녀들은 다리우스의 두 딸이다. 그들 뒤로 노예들이 역시 자비를 구하는 듯한 모습으로 서 있다.

이 그림은 이소스 전투[1]에서 알렉산드로스에게 패하고 도망간 다리우스

---

1 이소스 전투(Battle of Issu) : 알렉산드로스 대왕의 페르시아 전쟁 기간 중 발발한 전투로 알렉산드로스 대왕이 영향력을 확대하는 데 큰 영향을 주었던 전투였다. 이 전투의 패배로 페르시아 제국은 몰락의 길로 접어들게 되었다. 기원전 333년, 마케도니아 왕국의 알렉산드로스 대왕이 페르시아의 왕 다리우스 3세와 이소스 평원에서 4만의 마케도니아군과 11만의 페르시아군이 정면충돌해서 알렉산드로스 대왕이 대승을 거

를 추격하던 알렉산드로스가 다리우스와 그들 가족들이 머물던 왕실 천막을 접수하는 장면을 상상해서 그린 것이다. 이소스 전투에서 다리우스는 수적인 우세(약 11만 대 4만)에도 불구하고 알렉산드로스에게 어이없게 패해서 가족들을 비롯한 모든 것을 팽개치고 도망쳤다. 즉 이 그림은 이소스 전투 후에 다리우스 대왕의 막사를 접수하고 알렉산드로스가 다리우스의 가족들을 처음 만나는 장면을 그린 것이다.

당시 기록에 의하면 알렉산드로스는 도망친 다리우스를 추격하면서도 다리우스의 가족들에게는 최대의 선의를 베풀었다고 한다. 그림에서도 화가가 의도적으로 우측의 여인들 중에서 파란 망토를 걸친 젊은 여인의 옆모습을 매우 아름답게 그렸는데, 실제로도 당시 다리우스 부인의 외모가 페르시아 최고였다고 한다. 다리우스 부인은 알렉산드로스를 만나고 1년 후 아기를 낳다가 죽은 것으로 알려졌는데 명확한 증거는 없지만 정황상 알렉산드로스의 아기였다는 설이 있다. 그 후 다리우스의 두 딸 중 첫째는 알렉산드로스와 결혼했고, 둘째는 알렉산드로스의 동성 애인이자 최측근이었던 헤파이스티온의 부인이 된 것으로 전해진다.

〈다리우스의 천막〉의 배경이 되는 이소스 전투는 세계 정복이라는 큰 야망을 가지고 있던 알렉산드로스 입장에서는 반드시 했어야만 했던 전투였다. 아나톨리아 서부를 제압한 뒤 겨울을 나고 23세가 된 알렉산드로스는 봄이 되자 시리아 쪽을 향해 남하하기 시작하였다. 세계 정복을 위한 시동을 걸기 위해서 이 지역으로 나아가는 건 알렉산드로스에게는 필연적인 선택이었다. 시리아에 진입하기 위한 관문인 이소스에서 그는 다리우스 3세가 그동안 열심히 모아두었던 페르시아의 대군과 조우한다.

둔 전투로 이소스 평원의 전투 중 가장 유명하다. 당시 알렉산드로스는 23세의 젊은 나이로 선봉에 서서 싸우면서 3년 후에 또 한 번의 대승을 거두었던 가우가멜라 전투와 함께 알렉산드로스 최고의 전투로 꼽는다.

알렉산드로스가 어린 시절부터 마음에 품었던 세계 정복을 위해서는 반드시 페르시아라는 강대국을 물리쳐야 했는데 이를 위해서는 반드시 이소스 전투를 승리로 이끌어야 했다. 지리적으로도 이소스는 매우 중요한 전략적 요충지여서 절대로 양보할 수 없었다.

개전 초기만 해도 다리우스는 알렉산드로스를 그리 염두에 두지 않았지만 점차 세력을 확장하고 이소스까지 진출한 알렉산드로의 기세를 꺾기 위해 직접 출정했다. 당시 다리우스 대왕의 병력은 약 11만에 이르는 대군이었으므로 다리우스 3세는 직접 군대를 지휘하였던 것이다. 게다가 알렉산드로스군은 대략 4만여 명으로 크게 두려워할 만한 병력이 아니었기에 다리우스가 직접 선봉에 설 수 있었을 것이다.

고대의 전투를 보면 대부분 넓은 평원에서 양쪽 군대가 진을 짜고 있다가 신호에 맞춰서 정면으로 충돌하는 양상으로 이루어졌기 때문에 군사들의 많고 적음이 그 무엇보다도 중요했다. 그러므로 이소스 전투는 전투의 상식에 비추어보면 알렉산드로스가 압도적으로 불리했다. 그러나 여기에는 한 가지 변수가 있었다. 바로 이소스 지역이 좁은 평야였다는 것이다. 따라서 적은 병력의 알렉산드로스에게 크게 불리할 것이 없었고 오히려 어떤 면에서는 유리한 지형이었다.

알렉산드로스군에 비해 두 배 이상 많은 11만 대군을 거느렸던 다리우스가 굳이 이런 좁은 곳에서 싸우기로 한 이유는 아직도 이해하기 쉽지 않다. 군사의 수가 많으면 넓고 탁 트인 평원에서 싸우는 게 유리하다는 건 기본 상식이기 때문이다.

학자들은 아마도 다리우스가 압도적인 병력의 우세에 자만해서 지형의 유불리를 크게 신경 쓰지 않았을 것이라고 말한다. 또 다리우스가 알렉산드로스가 페니키아 지역을 조금씩 잠식해 들어오는 것을 1년간이나 수수방관하였기에 자신에 대한 불만의 소리가 조금씩 들려오는 것을 무마하기 위해 조급하게 싸움을 서두르느라 그랬을 것이라는 의견도 있다. 즉 페니키아 지역에 있는 도시들이 알렉산드로스의 접근으로 인해 상당히 불안해하고 소란스러웠다고 하였는데 이런 불안과 소란이 자신에 대한 불신으로 이어지는 것을 막기 위해서 서둘러 전장으로 나갔다는 것이다. 결론적으로 이소스 전투에서는 다리우스의 어이없는 선택이 페르시아에게 결정적인 패착이자 불운이 됐다.

이소스 전투 초기에 다리우스는 병력을 강 북쪽에 포진시킨 뒤 알렉산드로스가 강을 건너면 기습 공격할 생각이었다. 그런데 전투는 의외로 싱겁게 끝났다. 알렉산드로스가 수적으로나 전황으로나 불리한 상황을 보고 다리우스를 직접 공격하였고 이 전술이 성공했기 때문이었다. 다리우스는 페르시아군의 중앙에 위치하고 있었는데 알렉산드로스는 그를 노리기 위해 우측에 배치한 보병들에게 명령하여 페르시아군을 최대한 밀어내게 하였다.

마케도니아의 팔랑크스[2]가 긴 창을 이용해 잘 밀어내자 페르시아군 좌측과 중앙에 약간의 틈이 생겼는데 알렉산드로스는 자신의 정예기병을 쐐기대형으로 짠 뒤 자신이 그 선봉에 위치해서 그대로 그 틈을 통과하여 다리우스를 향해 돌진했다고 한다. 다리우스는 화려한 마차를 좋아해서 이번 전투에 출정할 때도 가장 화려하게 꾸민 마차를 타고 출정했다. 그러나 눈에 잘 띄는 화려함으로 인해 자신이 궁지에 몰릴 줄은 꿈에도 몰랐을 것이다.

알렉산드로스는 페르시아 본진을 정면으로 돌파하면서 부하들에게 페르시아군 중에서 가장 눈에 띄는 화려한 마차를 향해 돌진하라고 했기에 모든

---

2 마케도니아의 팔랑크스 : 필리포스 2세에 의해 개발되었고, 그의 아들인 알렉산드로스 대왕 시절에 페르시아와 다른 적들을 물리치기 위해 본격적으로 사용됐던 6미터에 이르는 긴 창을 사용한 보병대형을 말한다. 긴 창을 사용했기 때문에 정면돌격에는 거의 무적이었지만 반대로 측면이 취약한 치명적인 결함도 있었다. 또한 평평하고 넓은 지역에서는 매우 강했지만 울퉁불퉁한 땅이나 좁은 지역에서는 상대적으로 취약했다. 후에 알렉산드로스 대왕을 추종했던 로마의 황제들에 의해 로마에서도 팔랑크스 전법이 만들어졌고, 이런 방진을 로마 팔랑크스라고 불렸다.

폼페이 유적에서 발견된 이소스 전투의 모자이크화. 왼쪽에 보이는 인물이 알렉산드로스, 가운데 마차를 탄 인물이 다리우스 3세다. 본진을 돌파당한 다리우스 3세가 황급히 도망가는 모습이다.

군사들이 다리우스의 마차를 정확히 알고 돌진했다. 다리우스는 자신을 향해 달려오는 알렉산드로스의 직접적인 공격에 혼비백산하여 달아났고 대왕이 도주하는 것을 본 페르시아군은 큰 혼란에 빠져들어 손쉽게 격파당하고 만다.

알렉산드로스와 헬레니즘의 유래

흔히 고대 세계 최고의 장군을 이야기하면 반드시 언급되는 인물이 로마의 카이사르와 더불어 마케도니아의 알렉산드로스이다. 물론 이 두 사람 외에도 역사상 최초로 코끼리 부대와 함께 눈 덮인 알프스 산맥을 넘어 로마를 공격했던 카르타고의 최고 명장 한니발도 있고, 이런 한니발의 군대로부터 무너져가던 로마를 구한 스키피오 장군을 꼽기도 할 것이다.

그러나 그리스를 함락시키고 이어서 동방으로 원정하여 페르시아와 이

집트를 정복하고 인도 서부까지 진출해서 새로운 문화인 '헬레니즘'[3]이라는
용어를 만들어낸 장본인인 알렉산드로스만큼 후대 역사에 큰 영향력을 준
고대의 인물도 드물 것이다.

알렉산드로스 대왕 하면 빼놓을 수 없는 용어가 바로 헬레니즘이니 여기
서는 먼저 헬레니즘에 대해서 간략히 살펴보도록 하자. 지금이야 우리에게
친숙하지만 헬레니즘이라는 용어는 고대 그리스의 뒤를 잇는 세계 사상의
한 시대를 규정짓는 개념으로, 이런 의미로 '헬레니즘'이라는 용어를 처음
으로 사용한 사람은 1863년 독일의 역사가 드로이젠이 그의 저서『헬레니즘
사』에서 쓰기 시작하면서부터였다.

알렉산드로스의 동방 원정을 통해 규정된 헬레니즘 시대에 관해서는 그
성격과 기간에 대해 약간 이견이 있다. 성격적 측면에서 서방 위주의 사관으
로 고대 그리스 문화의 확대, 발전으로 보는 견해가 있고, 반대로 동방 위주
의 사관으로 오리엔트 문화를 통한 그리스 문화의 쇠퇴로 보는 견해가 있다.

과거에는 서구 위주의 사관이 대세였지만 일반적으로는 중간자적 입장
으로 그리스 문화와 오리엔트 문화가 서로 영향을 주고받아 질적인 변화를

---

3   헬레니즘(Hellenism) : 그리스 고유의 문화와 오리엔트 문화가 융합하여 이루어진 세
    계주의적인 예술, 사상, 정신 등을 특징으로 하는 문화 대계를 칭하며, '그리스인처럼
    말하다' '그리스인처럼 행동하다'라는 뜻의 그리스어 헬레나이젠(hellenizein)에서 유
    래했다. 즉 '그리스와 같은 문화'라는 뜻을 갖고 있는 헬레니즘은 그리스 문화가 그
    밑바탕에 짙게 배어 있다는 의미이다. 고대 히브리에서 유래한 헤브라이즘과 함께 유
    럽 문화의 근간을 이룬다. 세계사 속에서 헬레니즘은 고대 그리스에서 시작된 독자성
    을 지닌 역사적 개념이지만 넓은 의미에서는 그리스 정신에서 시작해서 '그리스화한'
    모든 문화를 포함한다. 역사적으로는 알렉산드로스의 죽음에서 로마 제국에 의한 이
    집트 합병까지의 시기인 기원전 330년~30년의 대략 3세기에 걸친 기간이며, 지역적
    으로는 주로 고대 그리스 본토와 알렉산드로스의 뒤를 이은 여러 왕들에 의해 점령되
    고 지배되어 새로이 헬레니즘화한 땅에까지 이른다. 헬레니즘 문화는 한때 에게해 주
    변과 지중해 모든 세계를 지배하고, 북아프리카인 카르타고 등의 다른 나라에까지 확
    산되었으며 그 영향력이 서쪽은 영국, 동쪽은 인도까지 뻗어갔다.

일으키면서 과거와는 다른 새로이 발생한 문화로 보는 게 타당하다는 의견이 지배적이다.

참고로 이 용어를 공식적으로 가장 먼저 사용한 드로이젠은 헬레니즘 시대를 그리스 문명이 동방 세계까지 팽창했던 시대라고 평가했는데, 사실 이런 사관이 바로 지극히 서구 위주의 사관이라고 볼 수 있다.

기간에 대해서도 여러 이견이 있어서 첫째, 마케도니아의 왕 필리포스 2세의 아들 알렉산드로스의 아시아 원정 출발인 기원전 334년을 그 시발점으로 보는 견해가 있다. 둘째, 알렉산드로스가 페르시아를 멸망시킨 해인 기원전 330년으로 보는 견해가 있다. 셋째, 알렉산드로스 대왕이 열병으로 죽은 기원전 323년으로 보는 견해도 있다. 이 중에서 가장 광범위한 지지를 받는 견해는 기원전 330년 알렉산드로스의 페르시아 제국 정복부터 기원전 30년 로마가 분열왕국인 이집트를 통합하기까지의 약 300년간을 헬레니즘 시대라고 보는 견해이다.

알렉산드로스의 부왕 필리포스 2세가 그리스를 통일한 후에 딸의 결혼식 때 암살을 당하면서 아들 알렉산드로스가 약관 20세의 나이에 즉위하였다. 알렉산드로스의 꿈은 서로 분리되어 있던 지중해 세계와 오리엔트 세계를 통합하여 하나의 세계로 통치하는 데 있었다. 이 꿈을 이루기 위해서 그는 가는 곳마다 전쟁에서 승리를 거둔 후에 정복지에서 몇 가지 특이한 정책들을 썼는데 그중 하나가 바로 '혼혈 정책'이었다. 이것은 알렉산드로스가 페르시아를 정벌한 후에 페르시아의 공주 스타테이라(Stateira)과 결혼하고, 부하들과 고관 80여 명, 그리고 1만 명의 장병들을 그곳의 여인들과 결혼을 시킨 것에서도 알 수 있다. 또 하나는 정복지마다 '알렉산드리아'[4]라는 이름의

---

4 알렉산드리아(Alexandria) : 기원전 332년 알렉산드로스 대왕이 건설하여 수도로 삼은 도시로, 고대 헬레니즘 학문과 과학의 중심지였다. 지중해 연안 나일강 삼각주의 서쪽 끝에 있으며, 지금의 이집트 수도인 카이로에서 북서쪽으로 약 183킬로미터 떨어

신도시를 건설해서 그리스의 학자, 문인, 예술가, 상인 등 각계각층의 사람들을 이주시키는 것이었다.

이러한 정책의 결과 언어, 예술, 문화, 풍속 등 그리스의 발달된 문물과 생활양식이 동방 세계에 널리 퍼지게 되었다. 그 덕분에 세계에서 가장 발달했던 그리스의 문명과 나름 오랜 역사를 가진 동방의 문명이 합쳐지면서 비로소 '헬레니즘 문화'가 태동했다. 알렉산드로스 사후에 그의 제국은 비록 마케도니아, 이집트, 그리고 시리아로 3분되었지만 그의 후계자에 의해 계승되면서 헬레니즘 문화는 세계 문화에 영향을 주었다.

이집트의 찬란한 문명을 일구었던 프톨레마이우스를 비롯해서 로마인들도 그리스인들에게서 헬레니즘 문화를 받아들여 라틴 문명을 낳아 이를 서유럽에 전파하게 된 것이다. 이렇게 해서 알렉산드로스 대왕으로부터 시작된 동방원정과 정복전쟁은 서방문화와 동방문화가 절묘하게 결합된 새로운 찬란한 문명과 문화, 즉 헬레니즘을 태동시켰던 것이다.

마케도니아는 어떻게 최고의 강자가 되었나?

그동안의 고대 그리스 역사에서는 아테네와 스파르타가 중심이 되어서 역사를 이끌어왔다. 페르시아 전쟁을 승리로 이끌었고, 트로이를 함락시

져 있다. 알렉산드로스는 동방 원정을 하는 도중 정복하는 나라의 주요 지역에 자신의 이름을 딴 도시를 세울 것을 계획하였다. 그리고 당대 최고 건축가였던 디노크레테스에게 도시를 건설하게 했다고 전해진다. 그러나 안타깝게도 알렉산드로스 자신은 동방 원정 도중 열사병에 걸려 사망하여 도시의 완성을 보지 못했지만 부하인 클레오메네스가 도시 건설을 계속하였다. 특히 알렉산드로스 사후 그의 최측근이자 계승자였던 프톨레마이오스가 이집트에 프톨레마이오스 왕조를 창건하고 알렉산드리아를 수도로 삼았는데 이후 알렉산드리아는 헬레니즘 세계의 최대 도시로 성장하였고, 경제·문화의 중심지로 발전하였다.

킨 것도, 살라미스 해전을 승리로 이끌었던 것도 모두 두 폴리스가 중심이 돼서 이뤘던 찬란한 역사였다.

그때까지 아테네 북방에 있던 마케도니아(Macedonia)는 역사의 전면에 섰던 적이 없었고, 아테네 사람들에게는 북방의 야만족 취급까지 받았다. 그런 마케도니아는 어떻게 해서 헬레니즘을 만들어낼 수 있었을까? 어떤 과정을 통해 북방에 있던 마케도니아가 새로운 역사의 주인공이 될 수 있었을까?

아테네를 중심으로 한 그리스 세계는 크고 작은 전쟁이 계속되면서 농업은 황폐하게 되고 여러 폴리스 내의 빈부격차가 점차 커지게 되었다. 그중에서도 노예 제도의 발달에 따른 자유 시민들과 자영업자들의 몰락이 큰 문제로 대두하였다. 아테네와 대부분의 폴리스에서는 페르시아 전쟁 이후로 많은 노예들을 쓰고 있었는데 이들 노예로 인해 남는 시간들을 이용해서 여가활동을 할 수 있는 것은 좋았지만, 그 반면에 이들 값싼 노동력으로 인해서 많은 자유 시민들과 자영업자들이 몰락하게 되는 결과를 초래했던 것이다.

폴리스의 중산층을 형성하고 있던 자유시민이 몰락했다는 것은 여러 가지로 중대한 문제였다. 또한 이런 문제는 건전한 폴리스 생활에 위기와 종말이 가까웠음을 의미하는 일이기도 했다. 그 이유는 이들 중산층 자유 시민들이 몰락함과 더불어 이들 시민들이 갖고 있던 폴리스에 대한 투철한 사랑과 애국심이 사라지고 정치에도 무관심해지기 시작했기 때문이었다. 그러면서 먹고사는 생활을 챙기기에 급급한 이들에게 점차 극단적인 이기주의가 싹트기 시작한 것도 큰 문제였다. 게다가 선동정치가(데마고그)들이 등장, 자신들의 이익만을 위해 폴리스를 이용하는 정치를 편 결과 그리스 세계는 본격적인 위기와 쇠퇴기로 접어들게 되었다.

이런 여러 가지 불안정하고 위태로운 일들로 인해 고대 그리스 세계는 점차 혼란이 가중되고 있었는데 이러한 불안정한 정세를 이용해서 그리스 세계를 통합한 것이 바로 북방의 신흥세력이었던 마케도니아였다. 사실 마케도니아는 그리스인들과 동족이면서도 아테네 북방에 있어서 발전이 많이 뒤떨어졌고, 또한 풍습 등도 다른 것이 많아서 평소 아테네를 비롯한 그리스인들에게 야만인 취급을 당해왔다.

이런 마케도니아가 기원전 4세기경부터 도약하기 시작했는데 특히 알렉산드로스의 부왕인 필리포스(Philippos) 2세 때 발견한 금광으로 인해 국력을 비축할 수 있었다. 금광에서 나오는 돈으로 재물을 쌓고, 군대를 만들어 막강한 군사력을 키우며 주변 도시들을 하나하나 정복하기 시작했던 것이다.

드디어 기원전 338년, 기회를 엿보던 필리포스 2세는 대부대를 이끌고 중부 그리스로 쳐들어가서 아테네와 테베의 연합군과 '카이로네이아 전투'[5]를 벌였는데, 이 전투에서 마케도니아에 대패하면서 아테네는 정치적인 기능을 상실하고 필리포스 2세를 왕으로 하는 통일국가가 형성이 된 것이다. 이런 과정을 통해 마침내 북방의 야만족 취급을 받던 마케도니아는 전 그리

---

5 카이로네이아 전투(Battle of Chaeroneia) : 카이로네이아는 아테네 북서쪽 약 95킬로미터에 위치한 도시로 고대 그리스의 유명 전기작가 플루타르코스의 출생지이기도 하다. 기원전 338년 마케도니아가 그리스 반도의 강자였던 아테네와 테베의 연합군을 물리치고 그리스 반도를 지배하게 된 역사적인 전투가 이곳에서 벌어졌다. 아테네를 비롯한 다른 남부의 도시국가들로부터 야만인 취급까지 받던 북방의 마케도니아가 필리포스 시절 발견된 금광으로 인해 군비를 확충한 뒤 즉각 군대를 일으켜 침입하였고, 이에 대처해서 도시국가 테베가 이끄는 보이오티아 연맹과 아테네는 동맹을 맺고 함께 연합전선을 형성해서 마케도니아와 맞선다. 이듬해 여름 필리포스가 전격적으로 남하를 개시하자 그리스 연합군은 방위선을 카이로네이아까지 후퇴시켰다. 마케도니아군과 그리스 연합군은 하이몬강을 사이에 두고 서로 대치하였다. 당시 그리스 연합군의 병력은 약 3만 5천 정도였고 마케도니아군은 보병 3만과 기병 2천 정도의 병력이었다. 마케도니아의 필리포스와 아들 알렉산드로스가 함께 앞뒤로 협공을 펼치면서 그리스 연합군이 궁지에 몰렸다가 대패를 당하게 됐다. 우측에 있던 아테네군 1만이 필리포스의 계략에 빠져 너무나 적진 깊이 진격하자 알렉산드로스가 이끈 마케도니아 팔랑크스 부대(긴 창 부대)가 연합군의 배후를 공격하였다. 앞에서는 필리포스의 기병에게 뒤에서는 알렉산드로스의 긴 창 부대에게 둘러싸인 아테네 연합군은 큰 타격을 받고 패배했으며, 이로 인해 그리스 반도의 정치적 권력의 추가 아테네에서 마케도니아로 넘어가게 되었다. 놀라운 사실은 카이로네이아 전투에서 큰 공을 세운 알렉산드로스의 당시 나이가 불과 18세밖에 안 됐다는 사실이다.

스를 지배하며 역사의 전면에 등장하게 됐던 것이다. 알렉산드로스의 이 당시 나이가 불과 18세밖에 안 됐음에도 전투에서 큰 공적을 쌓았다는 게 놀라울 따름이다.

가우가멜라 전투(BC 331)

가우가멜라(Gaugamela) 전투는 결론적으로 알렉산드로스가 페르시아를 상대로 벌였던 여러 크고 작은 전투 중 가장 마지막 피날레를 장식하는 전투였다. 이 전투에서 알렉산드로스가 최종적인 승리를 거두었고, 반대로 페르시아의 다리우스 3세 대왕은 도망치다가 자신의 부하 장군에 의해 비참하게 피살당한다.

어린 시절부터 아리스토텔레스를 스승으로 두고 다양한 철학과 학문, 교양을 익힌 알렉산드로스는 특히 독서를 가장 좋아했다고 한다.

다양한 분야의 독서를 즐겼던 알렉산드로스는 그리스의 3대 비극작가인 아이스킬로스, 소포클레스, 에우리피데스의 희곡을 즐겨 읽었으며 그중에서도 호메로스의 『일리아스』를 매일 즐겨 읽었다고 전해진다. 얼마나 『일리아스』를 좋아했는지 어딜 가든지 늘 이 책을 소지했으며 잠을 잘 때도 단검과 함께 베개 밑에 두고 잘 정도였다고 한다. 그런 알렉산드로스였기에 동방 원정을 출정하면서 가장 먼저 간 곳도 『일리아스』의 주요 무대였던 트로이였고, 특히 아킬레우스를 비롯해서 트로이 전쟁에서 전사한 영웅들을 위한 의식을 치르고 향유와 화환을 바치기까지 했다고 한다. 아마도 알렉산드로스는 동방 원정이라는 전대미문의 대역사를 시작하면서 자신의 영웅과도 같은 아킬레우스를 기리는 행사로 전의와 결의를 다졌을 것이다.

이런 알렉산드로스였기에 성격상 부하들의 배신을 특히 싫어했는데, 페르시아의 다리우스 대왕이 부하의 배신으로 피살된 것을 알고 장례를 정중

〈아킬레우스의 개선〉, 프란츠 마츠, 1892

하게 치러준 반면 배신한 페르시아 장군을 잡아서는 사지절단형에 처했다고
한다.

동방 원정을 떠난 알렉산드로스는 가우가멜라 전투에 앞서 시리아 북쪽
에 있는 이소스에서 페르시아 대군과 큰 전투를 치러 대승을 거둔다. 11만
대군을 동원한 페르시아가 좁은 골짜기에서 싸우는 바람에 알렉산드로스에
게 패하고 만다.

이 전투를 이소스 전투(기원전 333년)라고 하는데, 이 전투의 승리는 알렉
산드로스와 그의 군사들에게 페르시아에 대한 군사적 자신감을 갖게 만들어
주었다. 이소스 전투에서 대승을 거두며 자신감에 충만해진 알렉산드로스는
2년 후인 기원전 331년 10월, 복수를 노리던 페르시아의 다리우스 3세와 티
그리스강 상류의 가우가멜라에서 최후의 일전을 준비한다.

세계 최대의 전투가 벌어졌던 당시 가우가멜라 평원은 지금의 이라크 모
술 근방이다. 역사가 플루타르크에 의하면 가우가멜라는 '낙타의 집'이라는
의미이다. 다리우스 3세는 알렉산드로스군보다 훨씬 더 많은 군사들과 특히

페르시아의 낫전차, 앙드레 카스타뉴(André Castaigne)

바퀴에 낫을 단 전차인 낫전차를 활용해서 싸우기 유리한 넓은 평원에 자신
의 군대를 주둔시킨 것이다. 그는 낫전차 200여 대 이상과 인도에서 공수해
온 전투용 코끼리 수십 마리, 그리고 진영 중앙에 페르시아 이모탈 궁수들과
보병대 그리고 좌, 우측에는 기병대를 배치하고 낫전차가 기병대의 선두에
서는 전술을 구상했다.

　이에 맞서 알렉산드로스 진영은 중앙에 팔랑크스[6] 중장보병을 배치하고,

6　팔랑크스 : 팔랑크스 대형은 보통 밀집대형으로 포진하여 방패로 자신과 옆 사람의
　　몸을 방어해주고 긴 창으로는 눈앞에 보이는 적을 찌르는 식으로 운용되었다, 이 방
　　진의 장점은 첫 번째 앞줄에 있는 창 공격을 피해도 이어서 뒷줄에 있는 다른 창들이
　　연이어 공격을 한다는 것이었다. 그렇기에 긴 창으로 만들어진 대형은 매우 강력했고
　　창이 길면 길수록 상대의 대형을 부수기 쉬웠기 때문에 갈수록 창의 길이가 점점 길
　　어졌다. 알렉산드로스군이 페르시아군을 공격할 때 썼던 긴 창의 길이는 무려 4미터
　　정도 됐다고 알려졌다. 팔랑크스 대형은 밀집 모양이기에 특성상 빠른 방향 전환과
　　돌격 등 기동력은 떨어진다는 치명적인 약점을 갖고 있었다. 그렇기 때문에 고대의
　　전장에서 팔랑크스 대형과 같은 형태의 긴 창 방진부대는 전장이 좁아 많이 움직여야

좌측과 우측에는 기병대를 배치했다. 평소처럼 우측에는 알렉산드로스 자신이 직접 지휘하는 최정예 기병을 세웠고, 좌측에는 최측근 장수 파르메니온이 이끄는 용병 기병대를 세우는 작전으로 맞붙었다.

알렉산드로스의 작전은 페르시아 기병대를 최대한 자신의 진영 좌우측으로 유인해서 틈새를 만들고, 그 틈새를 이용해서 바로 다리우스가 있는 본진으로 돌격해서 승부를 보는 작전이었다. 이를 위해서 알렉산드로스의 군사들은 적군을 유인하기 위해 일직선이 아닌 45도 정도로 비스듬하게 정렬하는 배열을 했다.

무엇보다 알렉산드로스 자신이 가장 먼저 적진으로 들어가야 하는 위험한 작전이었지만, 순식간에 다리우스 3세가 탄 마차 근방까지 쳐들어온 알렉산드로스에 의해 다리우스 3세는 결국 이소스 전투에서처럼 도망갈 수밖에 없는 처지가 된다.

알렉산드로스의 부하들이 보기에는 무모했고, 특히 알렉산드로스를 중심으로 한 기병대가 직접 적진 한가운데로 들어가야 하는 위험한 작전이었지만 결국 이 작전은 대성공을 거두게 된다.

가우가멜라에서는 알렉산드로스의 군사 약 4만 7천 명과 약 20만 명을 상회하는 페르시아의 대군이 결전을 벌였는데, 알렉산드로스는 숫자의 열세를 극복하고자 병력의 기동성을 최대한 활용하는 전략을 준비한다. 빠른 기동성으로 무장한 알렉산드로스의 기병은 페르시아군을 포위하고 측면에서 공격하면서 틈을 만들었고 그 틈을 보병과 기병들이 집중 공격하면서 대군을 자랑하던 페르시아 진영은 속절없이 무너지게 됐던 것이다.

전투에서 패한 다리우스 3세는 비록 전사하지 않고 탈출했지만 결국 살해당하고, 알렉산드로스는 여세를 몰아 페르시아의 수도까지 진격했다. 이

할 공간이 없거나 혹은 지형의 제약으로 오로지 정면으로만 돌격해야 하는 상황에서 주로 운용됐고 이런 상황에서는 무적에 가까웠다고 한다.

가우가멜라 전투에서의 치명적인 패배로 인해 그동안 대국의 지위를 누리던 페르시아도 완전히 몰락하게 된다.

기원전 330년, 알렉산드로스는 페르시아의 수도인 페르세폴리스를 완전히 점령했다. 여기서 페르시아 대장정은 일단락되고 마케도니아와 그리스 병사들은 대부분 고향으로 돌아간다. 이후 알렉산드로스는 동방과 서방 세계의 융합이라는 원대한 목표를 내걸고 동방의 파르티아, 중앙아시아의 박트리아를 침공해서, 현재의 이란과 아프가니스탄 그리고 파키스탄 영토까지 정복한다. 앞서 페르시아를 정복할 때까지는 그리스에서 데려온 군사들을 전적으로 활용했다면, 페르시아를 멸망시킨 이후의 전투에서는 점령했던 페르시아 제국의 군사들과 병력을 재편해서 잘 활용한 것도 알렉산드로스의 또 다른 능력이었다.

알렉산드로스의 페르시아 정복에 비해 가우가멜라 전투가 상대적으로 덜 알려진 면이 있지만 사실 이 전투는 정말 대단한 것이었다. 그래서 소수의 군대가 훨씬 숫자가 많은 대군을 물리친 전투로 영화 〈300〉의 배경이었던 테르모필레 전투와 함께 자주 언급되기도 한다. 또한 당시 가우가멜라 전투는 세계 최대의 전투 중 하나였다.

사실 알렉산드로스는 서방인 그리스와 동방인 페르시아까지 두 개의 대륙을 정복했던 역사상 최초의 대왕으로 알려졌지만 사실 알렉산드로스 이전부터 가장 강력한 그리고, 역사상 최초의 제국이라 불릴 정도로 더 거대한 왕국을 건설했던 나라가 바로 페르시아였다. 성서에서도 보듯이 페르시아는 이스라엘 왕국을 멸망시킨 아시리아, 유다 왕국을 멸망시켰던 바빌론 제국을 무너뜨리고 현재의 중동과 이집트, 그리고 터키(아나톨리아)와 그리스 땅까지 포함하는 광대한 제국을 건설했다. 이처럼 엄청나고 막강한 대제국 페르시아를 결정적으로 멸망하게 한 전쟁이 가우가멜라 전투였으니 이 전투가 얼마나 중요한 전투였는지 충분히 짐작할 수 있을 것이다.

〈알프스를 넘는 한니발의 코끼리 군단〉, 니콜라 푸생(Nicolas Poussin)

04 알프스를 넘은 한니발의 코끼리 부대
: 로마의 위대함을 알린 포에니 전쟁(BC 264~146)

로마가 만든 신병기와 1차 포에니 전쟁(BC 264~241)

기원전 272년, 이탈리아 반도를 통일한 도시국가 로마는 지중해의 패권 국가로 서기 위해 노력하고 있었고, 특히 로마를 중심으로 남방정책을 추진하고 있었다. 그러나 이탈리아 반도 서쪽 지중해를 지나면 나오는 북아프리카에는 이미 해양강국의 지위를 확립하고 북방정책을 추진하고 있던 카르타고(현재의 튀니지)라는 나라가 버티고 있었다. 즉 떠오르는 강국인 로마는 특히 시칠리아섬을 중심으로 남쪽으로 영향력을 확대하는 중이었고, 기존의 강대국 카르타고는 역시 시칠리아를 중심으로 북쪽으로 영향력을 확대하려 했기 때문에 두 나라가 한판 대결을 벌이는 것은 시간문제였다.

당시의 국제질서로 볼 때, 기존의 강대국인 북아프리카의 카르타고와 떠오르는 유럽의 신흥강국 로마는 지중해라는 공통의 무대를 놓고 필연적으로 충돌할 수밖에 없었던 것이다. 결국 두 나라는 약 100여 년에 걸쳐 세 차례의 전쟁을 하게 됐는데 이를 후대의 역사는 포에니 전쟁이라고 한다. 로마가 카르타고 사람들을 포에니인(페니키아인)이라고 불렀던 데서 그런 이름이 붙었던 것이다.

이 포에니 전쟁을 한마디로 규정하면 지중해 패권을 놓고 벌인 전쟁으로, 프랑스와 영국의 백년전쟁에 버금가는 고대의 백년전쟁(실제로는 약 130여 년)이었다. 또한 포에니 전쟁은 인류 역사상 처음으로 대륙국가와 해양국가가 국력을 총동원해서 정면으로 충돌했던 전쟁이기도 했다.

지중해의 패권을 놓고 세 차례의 전쟁을 벌였지만 각각의 전쟁의 성격은 모두 달랐다. 1차 포에니 전쟁(기원전 264~241)에서는 로마가 카르타고를 물리치고 시칠리아섬을 속주로 삼아 지중해 진출의 교두보를 마련했다. 당시 시칠리아는 카르타고가 지배하고 있었는데 남방정책을 추진하던 로마가 시칠리아섬으로 세력 확대를 꾀하면서 결국 이 섬의 지배권을 놓고 두 나라가 충돌했던 것이다. 그래서 1차 포에니 전쟁을 시칠리아 전쟁이라고 부르기도 한다.

사실 당시까지 지중해에서 가장 강한 나라는 갤리선[1]을 가장 많이 보유

---

1 갤리선 : 지중해를 중심으로 사용된 범선으로 주로 노를 저어서 움직이던 배를 지칭한다. 배의 갑판(상갑판 아래) 아래에 수많은 노잡이들을 배치해서 바람이 없거나, 혹은 전투를 할 때 배의 속도를 높이고 추진력을 얻을 수 있도록 만든 배로서 특히 고대 그리스, 페르시아, 카르타고 등의 나라들이 군함으로 적극 활용했다. 노잡이들을 어떻게 배치하느냐에 따라서 2단 갤리선, 3단 갤리선 혹은 5단 갤리선 등으로 불렸다. 기록에는 10단 갤리선, 40단 갤리선까지 있지만 실제로는 3단 이상의 군함은 당시의 기술로는 만들 수 없었을 것이라고 본다. 페르시아 전쟁에서 페르시아가 그리스를 공격하기 위해 동원한 갤리선을 보면 한 개의 단에 보통 50~60명의 노잡이들이 있었고, 그 위에 전투병들이 있는 구조였다. 그러므로 흔히 3단 갤리선이라고 하면 대략 200명 정도의 인원이 탑승할 수 있었다. 갤리선의 생명은 속도였는데, 배의 속도가 중요하다고 가정하면 당연히 2단보다는 3단 그리고 3단보다는 5단 갤리선의 속도가 더 빠르고 위력적이었을 것이다. 고대에는 노잡이들로 주로 노예들을 배치했다고 하는데 실제로는 정식 해군이 배치되었을 것으로 본다. 특히 아테네 갤리선의 경우는 일반 시민들이 훈련을 받고 노 젓기에 동원됐다고 한다. 갤리선은 기원전 6~7세기경, 페니키아인(포에니인)들이 만들었다고 알려졌는데, 무한정 배의 길이를 늘일 수 없게 되자, 원래 노잡이들 위에 한 칸을 더 만들어서 노잡이들을 늘렸는데 이것을 2단 갤리선, 그 위에 한 층을 더 올려서 또 노잡이를 늘리면 3단 갤리선이 되는

하고 있던 해양강국 카르타고였다. 카르타고는 기원전 3세기 무렵 시리아 출신의 페니키아인(포에니인)들이 지금의 북아프리카의 튀니지에 건설한 식민도시로 지중해의 제해권을 장악하고 왕성한 무역 활동을 펼치고 있었다. 또한 카르타고는 더 많은 해상무역로 확보를 위해서 시칠리아섬은 물론이고, 코르시카섬과 사르데냐섬까지 지배하고 있었다. 이처럼 지중해의 최강자로 군림하고 있던 카르타고가 농경민족의 도시국가 로마에게 전쟁에서 의외의 패배를 당한 뒤 로마에 막대한 전쟁배상금과 함께 시칠리아섬을 온전히 내줘야 하는 상황에 몰리게 된 것이다. 결론적으로 로마가 이 전쟁에서 승리한 덕분에 지금의 시칠리아섬이 이탈리아 영토가 될 수 있었다. 1차 포에니 전쟁의 의미는 도시국가였던 로마가 해양강국 카르타고를 물리친 것에서 찾을 수 있다.

그렇다면 전통적으로 해군보다는 육군이 강했던 로마는 어떻게 해군력이 강했던 카르타고를 물리칠 수 있었을까? 이 의문에 대한 대답이 바로 신무기의 등장이다.

군사적인 측면에서 1차 포에니 전쟁에서 로마가 승리할 수 있었던 중요한 이유 중 하나는 로마가 개발한 코르부스(Corbus, 까마귀)[2]라는 일종의 신병

것이다. 이런 군함을 그리스인들은 '트리에레'라고 불렀고, 로마인들은 '트리레메스 (Triremes)'라고 불렀다.

[2] 코르부스 : 아군의 배와 적군의 배 사이에 순식간에 다리를 만들고, 이어서 중무장한 보병들이 상대방 배에 올라타서 싸울 수 있도록 만든 일종의 도개교(跳開橋)다. 기원 전 204~125년 활동했던 그리스의 역사가 폴리비오스가 남긴 기록에 의하면 코르부스의 길이는 약 11미터, 넓이는 약 1.1미터의 크기에 맨 앞에는 송곳 역할을 하는 갈고리가 달려 있었는데 이 장치의 길이는 약 0.65미터였다고 한다. 평소에는 배에 특별하게 만든 약 7미터 정도 높이의 기둥에 약 60도 정도로 매달려 있다가 상대방 배에 접근하면 그 갑판 위로 떨어뜨렸고 송곳 역할을 하는 갈고리가 상대방 배 갑판에 깊이 박히게 만들었던 것이다. 선박의 뱃머리에 설치된 코르부스는 좌우로 자유롭게 방향 전환을 할 수 있었고 까마귀의 날카로운 부리 모양을 한 갈고리가 한번 갑판에 박히면 쉽게 뽑을 수가 없었다고 한다. 이런 코르부스를 로마군이 처음 고안한 것

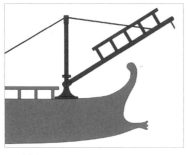

코르부스

기였다. 이 코르부스는 쉽게 말하면 상대방 배로 건너가기 위해서 고안해낸 튼튼한 나무다리였다. 길이 약 12미터에 폭 1.5미터 정도 되는 널빤지로 만든 다리로 로마군의 배 돛에 설치했다가 도르래를 이용해서 상대방 배에 떨어뜨렸다.

로마군이 맨 처음부터 이런 신병기를 쓴 것은 아니었고, 전쟁 초반 몇 차례의 작은 전투에서 자꾸 카르타고군에게 밀리면서 고안해낸 것이다. 사실 로마군의 강점은 해군이 아닌 중장비로 무장한 보병에 있었으나 로마의 최강 보병도 해전에서는 별다른 힘을 쓰지 못했다. 일단 로마가 만든 배와 카르타고가 만든 배는 성능에서 많은 차이가 났고, 해전에서의 싸움 기술도 용병으로 구성된 카르타고군이 앞섰기 때문이었다. 그래서 할 수 없이 새로운 발상의 전환 끝에 나온 도구가 바로 코르부스였던 것이다. 이렇게 만든 나무다리로 로마군의 배와 카르타고군의 배를 연결해서 상대 배에 손쉽게 올라탈 수 있었다.

일단 상대방의 배에 올라타기만 하면 그다음은 육지에서 싸우는 것과 별반 다르지 않았다. 육지에서든 배 위에서든 고정된 장소에 모여서 싸우는 것이야말로 로마군의 특기였기 때문에 로마군의 입장에서는 모든 방법을 동원해서 상대방 배에 올라타야 했다. 상대방 배에 올라탈 수만 있다면 그 다음은 강력한 보병군단인 로마 육군이 나서서 승리를 가져올 수 있었던 것이다.

_____

은 아니고, 펠로폰네소스 전쟁 당시(기원전 431~404), 그리스에서 '코락스'라는 이름으로 불린 공성용 무기가 그 뿌리였다고 본다. 코락스는 적의 성을 공략할 때, 성벽에 갈고리를 걸어 고정시키고 군사들이 기어 올라갔던 일종의 사다리였는데 이것을 로마군이 카르타고 배에 올라갈 때 응용해서 사용했던 것이다.

로마는 전통적으로 육군 보병부대가 강했고, 카르타고는 반대로 근접해서 싸우는 육군보다는 떨어져서 싸우는 해군이 강했다. 배의 갑판 위에서 벌어지는 육탄전 혹은 칼싸움이야말로 로마군의 특기였다. 코르부스야말로 로마군이 가진 강점인 육박전을 십분 활용하기 위한 신병기였고, 이 신병기 덕분에 1차 포에니 전쟁에서 예상을 뒤엎고 로마가 전통적 해양강국인 카르타고에 승리를 거둘 수 있었던 것이다.

2차 포에니 전쟁 : 알프스 산맥을 넘은 한니발의 코끼리 부대(BC 219~201)

시칠리아의 지배권을 두고 벌어졌던 1차 포에니 전쟁에서 로마의 신병기 코르부스로 인해 자신들이 강하다고 자부했던 바다에서 뜻밖의 패배를 당한 카르타고는 2차 포에니 전쟁을 준비한다.

1차 전쟁에서의 패배로 인해 막대한 전쟁 배상금과 시칠리아의 지배권을 빼앗긴 카르타고는 지중해의 최강 해양국인 자신들이 농업국가 로마에게 패했다는 사실에서 더욱 치욕적이고도 심각한 타격을 받았다.

이를 만회하기 위해 오랜 기간 절치부심한 카르타고는 로마의 동맹도시들을 침략하면서 제2차 포에니 전쟁(기원전 219~201)을 일으켰는데 이번에는 카르타고가 자랑하는 고대 최강의 장군 한니발을 27세의 젊은 나이임에도 불구하고 총사령관으로 직접 최선봉에 세운다. 한니발 바르카(Hannibal Barca)는 하밀카르 바르카(Hamilcar Barca)의 맏아들이며, 한니발이라는 이름은 '바알의 은혜', '자비로운 바알', '우리의 주 바알'을 의미하는 것으로 전해진다. 바르카는 '번개'라는 뜻이다.

한니발은 제2차 포에니 전쟁을 일으킨 인물로서, 로마에서는 카르타고가 멸망한 뒤에도 로마 역사상 가장 강한 적이었다고 전해진다. 제1차 포에니 전쟁에서 시칠리아를 로마에 빼앗기자, 하밀카르는 어린 아들 한니발을 바알 신전으로 데리고 가서 아들에게 평생 로마를 원수로 여기며 살 것을 맹세하게 했다고 한다.

로마에서는 카르타고가 해군을 이용해서 이탈리아 본토에 상륙할 것에 대비한 작전이 수립되었는데 한니발은 이를 역이용, 역사상 그 누구도 해보지 않은 중무장한 부대를 이끌고 눈 쌓인 알프스 산맥을 넘어 북쪽으로부터 공격하는 전략을 수립한다.

당시 카르타고가 에스파냐를 통해 지금의 프랑스 남쪽의 해양도시인 마르세유(Marseille)를 경유해서 이탈리아를 공격할 거라 예상한 로마는 보병부대를 보내서 그곳을 지키도록 했다. 이런 상황이었기에 카르타고의 선봉을 맡은 한니발은 마르세유를 경유하지 않고 좀 더 프랑스 내륙으로 들어가서 알프스 산맥을 넘으려는 계획을 짰던 것이다.

한니발은 이탈리아를 공격하기 위해 보병 9만 명과 기병 1만 2천 명, 그리고 전투용 코끼리 40마리로 만든 부대를 이끌고 알프스를 넘었다. 비록 때는 9월이었지만, 이미 알프스산은 눈으로 덮인 겨울이었다. 한겨울에 눈보라가 심하게 치는 알프스 산맥을 중무장한 군사들이 넘는다는 것은 거의 불가능에 가까운 일이었다. 특히 카르타고군이 이끌고 간 전투용 코끼리가 아무리 전투에 특화되도록 훈련받은 동물이라고 할지라도 문제는 코끼리가 추위에 약한 열대동물이라는 것이었다.

게다가 바다를 이용해서 로마로 가면 약 100킬로미터 정도면 됐지만, 한니발의 작전대로 에스파냐와 프랑스를 거쳐서 로마까지 가는 길은 약 3천 킬로미터에 육박하는 대장정이었다. 당연히 엄청난 반대가 있었지만 총사령관 한니발의 의도대로 작전은 시작됐다.

이처럼 무모해 보이는 작전은 한니발을 제외한 대부분의 부하들의 반대와 반발을 불러왔다고 한다. 수많은 부하들의 반대에 대해 한니발은 "길을 찾을 수 없다면 길을 만들면 된다"는 명언을 남기고 결국 눈보라 치는 알프스 산맥을 올랐다.

이탈리아 본토에 도착하기도 전에 알프스 산맥을 넘다가 수많은 군사들이 동사하고, 아사하고, 일부는 탈영까지 해서 6개월 후 이탈리아에 도착했을 때는 약 2만의 군사들만 남았을 정도였다. 카르타고를 출발할 당시는 10만 명이 넘는 대부대였는데 5분의 1도 안 되는 병

〈알프스 산맥을 통과하는 한니발 장군〉, 베네딕트 마송

력만이 추위에 지치고 허기로 탈진한 채로 북부 이탈리아 평원에 도착했던 것이다. 이처럼 최악의 상황에서도 알프스를 넘고 결국 이탈리아를 15년 가까이 유린했던 한니발의 도전과 행군 그리고 승리는 그래서 인류의 전쟁사 가운데서도 가장 뛰어난 업적 가운데 하나로 기록된다.

"Hannibal ad portas(한니발이 문 밖에 와 있다)." 이 말은 로마의 어머니들이 아이의 울음을 멈추기 위해 했던 말이라고 한다. 로마 사람들이 얼마나 한니발을 두려운 존재로 여겼는지를 단적으로 알 수 있는 표현이다. 알프스 산맥을 넘어 이탈리아로 들어온 한니발은 연전연승하면서 무려 15년 가까이 이탈리아를 공포로 몰아넣었고, 게다가 한니발 때문에 로마가 역사에서 거의 사라질 위기까지 몰렸으니 로마 사람들에게 한니발은 공포의 대명사일 수밖에 없었다.

한니발을 숭배했던 나폴레옹은 그에 대해서 "세상에서 가장 위대한 이

사나이는 약관의 나이에 아무도 생각하지 못한 것을 생각해냈다. 아무도 넘을 수 없을 것이라 여겼던 피레네 산맥과 알프스 산맥을 넘어 이탈리아로 내려가 15년간이나 지배했으며, 공포에 떠는 로마를 여러 번 공격했다."고 극찬했다. 아마도 훗날 한니발과 마찬가지로 알프스 산맥을 넘어 이탈리아를 침공한 나폴레옹은 분명히 한니발에게서 크게 영향을 받았을 것이다.

눈보라 치는 알프스 산맥을 넘는다는 무모하고도 획기적인 작전으로 이탈리아를 유린한 한니발의 제2차 포에니 전쟁은 그래서 많은 이야기를 만들어냈고 세계 전쟁사에 길이 남는 전쟁이 되었다. 명성대로 한니발은 최고의 군인이어서 알프스 산맥을 넘어 이탈리아 본토로 들어간 후 티키누스 전투(기원전 218), 트라시메누스 호수 전투(기원전 217) 등에서 연승을 거두면서 로마를 압박한다.

그리고 기원전 216년, 드디어 고대 전쟁사에 길이 남는 명전투를 벌였는데 이것이 바로 그 유명한 칸나에 전투였다. 전투는 로마 남방에 있는 칸나에 평원에서 벌어졌다. 한니발은 로마의 절반밖에 안 되는 적은 인원으로 당시 약 8만에 육박한 로마 최정예 보병군단과 기병들을 거의 전멸시켰다. 이 전투는 미국 육군사관학교 교본에도 나오는 전투의 정석으로 알려져 있다.

칸나에 전투에서 몰살된 로마군의 숫자는 약 6만(혹은 5만 7천 명), 포로로 잡힌 부상병들이 약 1만 명에 육박한 반면, 한니발이 이끄는 카르타고군 희생은 미미했다고 한다. 칸나에 전투가 벌어질 당시 로마군은 약 8만 명, 카르타고군은 5만 명 정도의 숫자로 알려졌다. 희생자 숫자만 봐도 당시 전투

튀니지의 5디나르 지폐. 한니발의 얼굴이 그려져 있다.

에서 한니발이 어떤 활약을 했을지 쉽게 짐작이 간다.

2천 년이 지난 지금도 칸나에 전투에서 보여준 한니발의 작전과 지략은 세계 여러 나라에서 군사적 연구 대상으로 삼고 있고, 튀니지에서는 5디나르 지폐에 한니발의 초상을 새겨서 자신들의 영웅을 기리고 있다.

여기서 한 가지 궁금증이 생긴다. 알프스 산맥을 넘어 이탈리아 본토로 들어왔을 때 불과 2만 명 정도밖에 안 남았던 한니발의 부대는 어떻게 해서 5만 명으로 증가했던 것일까? 그사이에 카르타고 본국에서 증원군을 보낸 것도 아니었고 알프스 산맥을 넘을 때 탈영했던 군사들이 다시 합류한 것도 아닌데 어떻게 한니발은 약 3만 명 정도의 군사들을 모을 수 있었을까?

사실 한니발의 명성을 확인시켜준 칸나에 전투의 대승에는 바로 이 3만 명의 비밀 아닌 비밀이 숨겨져 있고, 바로 이들 덕분에 승리할 수 있었던 것이다. 당시 한니발의 원래 부하들은 힘들게 알프스를 넘느라 이탈리아 본토에 들어왔을 때는 이미 모두 탈진하고 다쳐서 거의 오합지졸이었다. 그렇다면 한니발을 도와주고 승리를 가져다준 이 3만 명은 어디서 왔고, 이들은 도대체 누구였을까?

이 사람들에 대해서는 몇 가지 설이 있는데 그중 한 가지가 바로 검투사들이었다. 로마 남방으로 내려가면 대대로 검투사들을 양성하는 대표적인 도시인 카푸아(Capua)가 있는데, 이곳 출신의 노예들과 검투사들이 평생 자신들을 억압하고 학대했던 로마와 맞서기 위해 한니발군에 힘을 보탰다는 이야기다. 카푸아는 특히 검투사의 상징적인 인물이며 노예들의 반란으로 유명한 스파르타쿠스가 검투사 교육을 받았던 곳이기도 하다. 이들 일당백의 전문 싸움꾼들인 검투사들이 한니발 부대에 합류하면서 알프스를 넘느라 많은 전력의 손실을 가져왔던 한니발 부대가 로마군에 맞설 수 있을 만큼 강력해졌다는 것이다. 결국 이들 검투사 부대가 로마의 정예부대를 물리치는 역사적인 전투를 만들어냈던 것이다.

한니발의 초승달 대형

칸나에 전투는 앞서 언급했듯이 적은 수의 군사들이 훨씬 많은 수의 적을 상대하는 전술의 기본으로 미국 육군사관학교 전략교본에도 나올 정도이다. 육지에서 싸우는 고대의 일반적인 전투는 둘 중 하나였다. 하나는 영화 〈트로이〉에 나온 것과 같은 공성전이다. 상대방의 성을 빼앗기 위한 전투로, 한쪽은 성에서 수비하고, 한쪽은 성을 뺏기 위한 공격을 가한다. 다른 하나는 넓은 평원에서 서로 진영을 구축하고 마주 보며 싸우는 일종의 육탄전 방식의 전투이다.

그래서 고대의 전투에서는 군사의 숫자가 굉장히 중요해서 군사의 숫자가 많다는 건 엄청나게 유리한 것이었다. 특히나 탁 트인 넓은 평원에서의 싸움에서는 군사의 많고 적음이 절대적으로 중요했다. 그러므로 칸나에 전투처럼 로마군이 한니발군에 비해 거의 두 배 정도 많았다는 건 거의 전투의 승패를 가늠할 수 있을 정도의 엄청난 차이였다.

이런 상황에서 아무리 한니발이 카르타고가 자랑하는 최고의 장군이라지만 도대체 그는 어떤 전술과 전략으로 불가능에 가까운 전투에서 대승을 거둘 수 있었을까? 한니발은 어떻게, 어떤 전략과 전술로 싸웠기에 거의 두 배나 많던 로마군에게 로마 역사상 최악의 대패를 가져다줄 수 있었을까?

기원전 216년 7월 30일, 드디어 넓고 넓은 칸나에 평원에 로마의 최정예 군사 8만 이상과 한니발 부대 4~5만 명이 서로 마주 보고 진을 쳤다. 로마군 입장에서 보면 군사들의 숫자가 압도적으로 많았기에 넓은 평지를 택한 것은 지극히 정상적인 전략이었다. 당시 로마가 자랑하는 군사는 최정예 보병이었고, 그들 보병들의 무장 상태도 매우 훌륭했으며 주로 싸움은 보병들에 의해 결정됐기 때문이었다. 게다가 그 수가 한니발 군사에 비해 압도적으로 많았기 때문에 이런 작전은 너무도 당연한 것이었다. 보병이 강하고 또 숫자도 많은 로마의 입장에서 보면 강력한 보병을 최대한 활용할 수 있는 넓은

현재의 칸나에 평원

평원을 전투 장소로 택한 것은 매우 합리적이고 상식적인 작전이었다.

반대로 한니발 군사들은 보병의 수는 적었지만 대신 기병들의 숫자가 로마군의 5천여 명보다 약 두 배 많은 1만여 명 정도였다. 그러나 한니발군의 입장에서는 로마군의 절반밖에 안 되는 적은 수의 군사들로 그렇게 넓은 평지를 택한 것은 합리적이지 않은 작전이었다. 한니발처럼 전투 경험이 풍부한 명장이 무슨 생각으로 저런 장소를 택한 것일까? 일반적으로 군사의 숫자가 많은 부족한 나라들의 경우는 잠복한 상태에서 기습공격을 하거나 아니면 높은 산등성이에 진을 치고 싸우는 게 상식이었기 때문이다.

당시 한니발의 군대는 아프리카, 에스파냐, 갈리아, 누미디아 등에서 온 용병들로 구성된 일명 다국적군으로, 군대의 중앙은 갈리아 용병, 양 끝은 아프리카 용병들이 맡고 있었으며 한니발의 비장의 무기인 기병은 좌측과 우측 끝에 따로 진을 치고 있었다. 한니발은 바로 이 기병부대를 가지고 전투를 승리로 이끌려는 계획이었고, 실제 전투가 벌어졌을 때도 이 기병의 활약 덕분에 로마군에게 대승을 거둘 수 있었다.

고대의 전투는 서로 마주 보고 있던 양 진영의 군사들이 서로 정면충돌해서 상대방 진영의 중앙을 무너뜨리고 적을 섬멸하는 것이 보편적인 전략이었다. 그래서 대부분의 장수들은 진영 중앙에는 가장 강한 군사들을 배치하곤 했다. 진영의 중앙이 무너지면 순식간에 진영 전체가 아수라장으로 변하기에 중앙을 잘 지키는 것이 매우 중요했다.

그러나 한니발은 칸나에 전투에서 보병이 강하기로 유명한 로마군을 상대로 해서 기존의 상식과는 정면으로 배치되는 특이한 진영을 구축했다. 진영 중앙에 가장 강한 군사들을 배치하지 않고 오히려 가장 강한 용병들을 진영의 양 끝에 배치하는 전략을 썼는데 이것은 당시로서는 매우 특이하고도 위험천만한 작전이었다. 왜 한니발은 이런 무모해 보이는 작전을 택했을까?

전투 경험이 풍부한 명장 한니발이 이런 위험천만하고도 비상식적인 진영을 구축한 이유는 바로 자신이 구상한 초승달 대형과 기병을 믿었기 때문이었다. 초승달 대형은 말 그대로 진영을 초승달 모양으로 구축하는 것이었는데, 진의 중앙이 조금 튀어나온 모양이었다. 즉 중앙에 약한 부대를 배치하고 왼쪽과 오른쪽에 강한 부대를 배치해서 마치 초승달 모양으로 보이도록 진영을 구축한 것이다.

한니발이 이런 전략을 구상한 것은 강력한 로마 보병이 한니발군의 중앙으로 밀고 들어오면 의도적으로 밀려주면서 자신의 진영 깊숙이 유인하기 위해서였다. 그렇게 유인한 로마군을 중앙에 가둬놓고 앞에는 갈리아 보병이 양옆에는 긴 창을 가진 리비아 용병들이 그리고 뒤에서는 누미디아 기병들이 포위해서 역공을 가하기 위함이었다. 결국 한니발의 작전에 빠진 로마 보병들은 순식간에 네 군데의 적군을 맞아 싸워야 하는 신세가 됐고, 그로 인해 로마군의 철옹성 같던 보병들의 대열이 무너지면서 혼비백산하게 됐던 것이다. 긴박한 전투에서 한번 무너진 대열은 다시 회복하기 불가능하고 시간이 지날수록 공포감과 혼란함으로 인해 자중지란에 빠질 수밖에 없었을 것이다.

불과 4시간이라는 짧은 시간 동안 벌어진 칸나에 전투에서 한니발군은 약 6천 명 정도가 죽은 반면, 로마군은 열 배가 넘는 숫자가 거의 몰살을 당하면서 고대 전투 중 하루에 죽은 군인들의 숫자가 가장 많은 전투로 기록되었다. 로마 입장에서는 역사상 최악의 대패이자 가장 치욕스런 전투가 될 수밖에 없다.

당시 로마군을 지휘했던 최고 사령관이자 집정관은 바로와 파울루스였는데, 바로는 초승달 대형에서 극적으로 탈출해서 간신히 목숨을 부지했지만, 파울루스는 빠져나오지 못하고 한니발군의 긴 창에 찔려 전사한다.

한니발군의 초승달 대형에 갇힌 로마군의 공포감이 얼마나 컸고, 그 피해가 얼마나 막대했는지를 역사가 리비우스는 이렇게 묘사했다.

> 너무도 많은 로마군이 계속 살해당하고 있었다. 간신히 죽음을 면한 부상자들은 산더미처럼 쌓인 로마군 동료들의 시체를 목격하고 모두들 공포에 떨고 있었다. 로마군 전사자들 중 몇몇은 특이하게도 자신의 머리를 땅에 묻고 죽은 채로 발견되었는데 아마도 극도의 공포심을 이기지 못하고 스스로 죽음을 택하기 위해 땅을 파고 자신의 머리를 묻은 것처럼 보였다.

초승달 대형에 갇혀 사방에서 날아오는 한니발군의 칼과 창을 온몸으로 받으며 죽은 로마군 입장에서는 이것은 이미 대등한 전투가 아니었고 일방적인 학살에 가까웠을 것이다. 칸나에 전투에 참전한 로마군의 숫자가 약 8만 명인데 초승달 대형에 갇혀서 죽은 숫자가 거의 6만 명 정도이니 그날의 피해가 얼마나 극심했을지 짐작할 수 있다. 그러니 로마 역사에서 가장 치욕적이고 치명적인 대패였다는 말이 나오는 것이다. 대략 1분당 600명 정도, 1초당 10명 정도가 죽었다는 계산이 나오니 대등한 전투가 아닌 일방적인 학살에 가까웠다는 말도 과장이 아니다.

결론적으로 제2차 포에니 전쟁 중 한니발이 이끄는 카르타고군과 로마군이 맞섰던 칸나에 전투에서 로마군은 거의 전멸에 가까운 대패를 경험한다. 한니발은 이후 약 15년 가까이 이탈리아를 초토화시키고 유린하며 로마를 역사에서 거의 사라지기 일보 직전까지 몰아붙였다.

로마와 카르타고의 운명을 가른 자마 전투(BC 201)

칸나에 전투에서 로마 역사상 최악의 대패를 경험하고 몰락 직전까지 갔던 로마는 원로원 회의를 소집해서 대응책을 논의하는데, 여기서 약관 20대의 젊은 장수 스키피오[3]가 등장하면서 한니발의 본국인 카르타고를 직접 공

---

3 스키피오 아프리카누스(Scipio Africanus) : 로마의 위대한 장군이자 정치가. 한마디로 규정하면 '영웅 한니발을 이기고 젊은 로마를 세계의 제국으로 키워낸 남자'. 그는 2차 포에니 전쟁에서 위기에 놓인 조국 로마를 구하고 장차 지중해를 지배하는 패권국가의 초석을 닦은 위대한 사령관이었다. 또한 그는 승리자이면서도 결국 조국에 배신당했던 비운의 인물이기도 했다. 로마 역사상 최초로 자신이 정복한 지역의 지명을 따서 이름을 만들 수 있게 했던 장본인이며 그 이름만으로도 우는 아이의 울음을 뚝 그치게 했던, 로마인에게는 존재만으로도 공포 자체였던 한니발을 무너뜨리고 지중해 세계의 평화를 만들어내고 결국 로마가 거대한 제국으로 갈 수 있는 교두보를 만들었다. 아프리카의 정복자라는 의미에서 아프리카누스란 별명이 붙었는데, 한니발에 비해서 그 명성이 많이 저평가된 면이 있다. 나중에 로마 제국의 포용과 관용 정책은 율리우스 카이사르에 앞서 이미 스키피오에 의해 완성이 되었다고 해도 과언이 아닐 만큼 큰 영향력을 준 인물이기도 하다. 그가 역사의 무대에 화려하게 등장하게 된 계기와 시기는 로마와 카르타고가 지중해의 패권을 놓고 다툰 세 차례의 포에니 전쟁 중 특히 제2차 포에니 전쟁에서 명장 한니발에 의해 이탈리아 본토가 유린당하던 시기였는데 당시 그의 나이는 약 24세 전후였다. 로마의 카이사르가 독재자로서 원하는 모든 것을 얻었던 반면, 스키피오는 로마 원로원의 끝없는 시기와 질투로 카르타고와의 전쟁에서도 원로원의 지원은커녕 견제의 대상이었다. 선봉에서 로마군을 이끄는 장수로서 스키피오가 뛰어났던 것은 한니발군의 보급기지가 에스파냐라는 것을 간파하고 로마군 사령관으로 에스파냐 공략에 나섰다는 점이다. 에스파냐의 주요 거점인 카르타헤나를 기습공격으로 함락시킨 스키피오는 한니발군의 물자와 증원군 양성을 위한 병참기지로서 매우 중요한 역할을 감당하던 에스파냐를 장악하면서 전쟁의 승기를 한순간에 카르타고에서 로마로 돌림으로써 최후의 승리자가 될 수 있었다.

격하는 작전을 짠다.

눈 쌓인 알프스를 넘어서 로마를 공격한다는 다소 황당한 작전을 들고 카르타고를 떠난 한니발은, 출정 13년 만인 기원전 203년 본국으로 돌아가서 카르타고를 지키는 입장에 서게 된다. 결국 그 다음 해인 기원전 202년에 벌어진 자마(Zama) 전투[4]에서 한니발은 스키피오가 중심이 된 로마군과 조국 카르타고의 배신으로 인해 전투에서도 패하고 쫓기는 신세가 된다. 이후 결국 한니발은 지금의 터키 지역까지 도망간 끝에 자살로 삶을 마감한다.

칸나에 전투의 대승 이후에도 연전연승하며 명성을 떨치던 한니발이 목표로 했던 로마를 완전히 멸망시키지 못하고 급히 본국 카르타고로 돌아간 데는 어쩔 수 없는 이유가 있었다. 로마 원로원과 스키피오가 구상한 도박에 가까운 작전 때문이었다. 로마의 운명을 짊어진 스키피오의 작전을 한마디로 요약하면 이탈리아 본토가 아닌 카르타고 영토 안에서 한니발과 싸우겠다는 것이었다. 지난 칸나에 전투를 겪으면서 이탈리아 본토에서 싸우는 것이 승패에 상관없이 얼마나 처참한 결과를 가져오는지를 몸소 깨달았기에

---

4   자마 전투(Battle of Zama) : 기원전 202년 10월 19일, 카르타고의 남서쪽 자마 평원에서 벌어져 카르타고와 로마의 운명을 바꾼 전투. 제2차 포에니 전쟁 개시 이후 카르타고의 장군 한니발은 이탈리아를 공략, 로마를 곤경에 빠뜨렸으나, 로마의 장군 스키피오 아프리카누스는 카르타고의 적인 누미디아 마시니사의 기병을 이끌고 카르타고 본국을 침공했다. 본국의 급전을 받은 한니발은 로마 공격을 중지하고 급거 귀국, 결전에 임했으나 스키피오의 전술에 말려 대패하여 전쟁은 끝났다. 이 전투에서 카르타고군의 피해는 전사자와 포로를 합해 약 4만여 명 이상이었고, 로마군은 약 4천여 명이었다고 한다. 이 전투로 16년을 끌어온 제2차 포에니 전쟁은 로마군의 대승으로 막을 내린다. 카르타고 의회도 로마가 제시한 굴욕적인 강화 조건을 모두 승인하고 막대한 배상금을 물어준다는 조건으로 전쟁을 종결시켰다. 자마 전투 이후, 로마가 제시한 강화 조건으로 인해 카르타고는 다시는 지중해에서 무역강국과 군사강국이 될 수 없었다. 약 70년 후, 제3차 포에니 전쟁이 발발하지만 그때도 카르타고는 자신의 영토를 간신히 지킬 만한 군사력만 가지고 있었을 뿐이었다. 결국 이 전투의 영향으로 인하여 카르타고는 쇠락과 멸망의 길로 가게 된다.

〈자마 전투〉, 헨리 폴 모트(Henri-Paul Motte)

이번에는 카르타고 본토에서 싸우는 것을 계획했던 것이다.

이 작전의 핵심은 한니발을 카르타고로 불러들이는 것이었다. 이를 위해 스키피오는 한니발군의 병참기지인 에스파냐와 카르타고 본국을 공격해서 카르타고 지배층들이 한니발을 불러들이도록 만들었다.

10여 년 이상 이탈리아 곳곳을 누비며 위협을 가하던 한니발은 결국 본국이 위험에 처했다는 급보를 받자 원정을 중단하고 즉시 귀국길에 올랐는데 이것이야말로 철저하게 스키피오가 파놓은 함정에 빠져드는 길이었다. 어쩌면 이때 이미 한니발의 운명은 결정되었는지도 모른다. 스키피오가 급거 귀국한 한니발과 운명을 건 대회전을 벌인 곳이 자마 평원인데, 이 전투는 결국 한니발의 전술을 역으로 이용한 스키피오의 승리로 끝나게 되었다.

카르타고의 한니발이 자랑하던 정예부대는 누미디아 기병이었는데 자마 전투에서는 이 정예기병을 제대로 활용할 수 없었다. 그 이유는 누미디아의 왕자가 스키피오의 로마군에 포로로 잡히면서 한니발의 구상에 치명적인 차질이 빚어졌기 때문이었다. 결국 한니발은 누미디아 기병 대신 약 80여 마리에 이르는 코끼리 부대를 적극적으로 활용했는데, 결과적으로 이 코끼리 부대의 활용이 한니발에게 치명타가 되었다.

그림에서 보는 것처럼 한니발의 카르타고군은 엄청난 크기를 자랑하는 코끼리들을 타고 로마군을 공격했는데, 이에 맞서 로마군은 긴 창을 활용해서 코끼리를 찌르는 작전을 펼쳤다. 로마군의 반격에 놀란 코끼리들이 방향을 잃고 우왕좌왕하면서 오히려 카르타고 진영을 혼란에 빠뜨렸고 이게 치명타 역할을 했다.

자마 전투에서의 역전승으로 인해 사라져가던 로마는 다시 일어서고, 한니발을 누른 로마의 젊은 장수 스키피오는 역사에 자신의 이름을 각인시키며 새로운 영웅으로 등장한다. 로마는 두 차례의 포에니 전쟁을 통해 기원전 201년 지중해 서부의 강대국 카르타고를 무너뜨렸다. 이어서 지중해 동부의 강대국들을 차례로 굴복시켰으며 기원전 197년에 마케도니아, 기원전 190년에는 시리아까지 정복하며 명실상부한 지중해의 패권국가가 된다.

3차 포에니 전쟁과 카르타고의 멸망(BC 149~146)

지중해의 최고 지배자가 된 로마는 향후 50년 동안 자신들이 지배한 속주국가에 관용 정책을 시행했다. 관용과 포용 정책은 카르타고에도 적용되었는데, 로마의 원로원과 지배층들은 관용 정책을 싫어했고 특히 카르타고의 완전한 멸망을 요구했다. 그중에서도 당시 로마 정치계의 거물인 카토가 가장 주동이 되어 관용 정책의 폐지를 앞장서서 주장했다. "카르타고에 제2의 한니발이 태어나지 않는다고 누가 장담할 수 있겠는가? 카르타고를 완전히 멸망시켜 지구상에서 사라지게 해야 한다."

그러나 로마가 각계의 관용 정책 폐지 목소리에 응답하고 카르타고를 완전히 멸망시키기 위해서는 무엇인가 정치적인 명분과 빌미가 필요했다. 그래서 로마가 만든 전쟁 빌미는 로마와 카르타고가 맺었던 강화조약이었다. 로마의 허가 없이는 그 어디서도 전쟁 준비를 하지 않는다는 강화조약을 카르타고가 위반했다는 핑계를 댔던 것이다. 카르타고가 공공연하게 용병을 모집하여 새로운 전쟁을 준비하고 있다는 빌미를 잡아 강화조약을 위반했다는 이유로 기원전 149년 제3차 포에니 전쟁을 일으켰다.

제2차 포에니 전쟁과 달리 카르타고 최고의 명장 한니발이 사라진 카르타고는 무기력하고 힘없는 소국에 불과했다. 결국 기원전 146년, 로마는 예상대로 손쉽게 카르타고를 함락시켰고 이어서 카르타고 땅을 가래로 평평하게 고른 다음 굵은 소금을 뿌려 '신들에게 저주받은 땅'으로 낙인 찍어 역사에서 완전하게 사라지게 만들었다.

그런 의미에서 제3차 포에니 전쟁(기원전 149~146)은 지중해와 그리스 그리고 중동을 제패한 대제국 로마가 이미 3류 국가로 전락한 카르타고를 완전히 역사 속으로 사라지게 만든 마지막 전쟁이었던 것이다. 세 차례에 걸친 포에니 전쟁을 승리로 이끌면서 로마는 지중해를 지배하는 명실상부한 최강 국가로 부상한다.

제2부

중세의 위대한 전쟁

〈투르 푸아티에 전투를 지휘하는 칼 마르텔〉, 샤를 드 슈토이벤, 1837, 파리 베르사유 미술관

05

유럽의 이슬람화를 저지하다
: 투르-푸아티에 전투(AD 732)

투르-푸아티에 전투와 프랑크 민족

세계사를 뒤바꾼 전쟁과 전투들은 많았지만 그중에서도 기억해야 할 전투가 바로 서기 732년 10월, 프랑스 중부 투르(Tour)와 푸아티에(Poitiers)에서 벌어진 전쟁이다. 이 전쟁은 역사가 에드워드 기번이 "세계사를 바꾸는 조우(遭遇)"라고 했던 것처럼 서유럽 기독교 세계를 이슬람화의 위기에서 구출한 사건으로 중시되고 있다. 투르-푸아티에 전투(Battle of Tours- Poitiers)는 기독교 교권과 이슬람 교권이 역사상 최초로 대규모 충돌을 벌였던 전투였다.

서기 732년 알 안달루시아[1] 총독 압둘 라흐만(Abdul Rahman Al Ghafiqi)이 이끄는 이슬람군은 피레네 산맥을 넘어 현재 프랑스 남서부의 보르도(Bordeaux) 지방을 함락시키고 아키텐공(Aquitaine公) 오도(Odo the Great)를 격파한 후 서프랑스의 투르 근방까지 도달하였다. 오도의 요청으로 프랑크 민족을 중심으로 한 연합군을 이끈 칼 마르텔(Charles Martel)은 10월에 투르와 푸아티에 사

---

1   알 안달루시아 : 이슬람의 통치 기간 동안 에스파냐를 비롯한 지금의 이베리아 반도를 지칭하는 이름.

이에서 이슬람 대군에게 치명적 타격을 주었고 압둘 라흐만은 이 전투에서 전사한다.

종교적으로 이렇게 중요했던 전투에서 이슬람군과 싸운 당사자는 고대 최강의 제국이었던 로마나 그리스가 아닌 지금의 프랑스인들인 프랑크족이었다. 그 이유가 무엇이었을까?

5세기(476)에 서로마 제국이 무너진 후 서유럽에서는 게르만족의 소국들 간에 크고 작은 많은 전쟁이 있었다. 이에 종지부를 찍고 현재의 프랑스에서 독일에 이르는 광대한 지역을 지배한 세력이 바로 프랑크족이었고 이들이 다스린 나라를 당시에는 프랑크 왕국이라고 했다. 프랑크 왕국은 서로마가 붕괴된 이후에 서유럽을 기독교 문화권으로 재편하는 데 가장 큰 영향력을 끼쳤다. 그런 이유로 인해 이슬람군이 서유럽에 들어왔을 때 기독교를 신봉하는 프랑크 민족이 주축이 돼서 기독교 사수를 위해 이슬람군과 싸웠던 것이다.

서기 7세기에 아라비아에서 이슬람교가 발원한 이후 서아시아 전역부터 북아프리카 그리고 에스파냐와 포르투갈이 있는 이베리아 반도까지 이슬람교가 확산되고 있었다. 이슬람의 확장은 필연적으로 기독교를 믿는 유럽과의 정면충돌로 이어졌다.

북아프리카와 에스파냐, 포르투갈을 점령하며 승승장구하던 이슬람 세력은 서기 711년 에스파냐를 점령했고, 반대로 서기 714년 프랑크 왕국의 궁재(재상)가 된 칼 마르텔[2]은 주변 게르만 민족들을 토벌하고 교회령을 몰수해서 부하들에게 나눠주는 방식으로 영향력을 확대하고 있었다.

---

2 칼 마르텔(Charles Martel, 689~714) : 투르-푸아티에 전투에서 궁재(지금의 재상)였으나, 프랑크군을 이끌고 이슬람 세력을 물리쳐서 명성을 높이고 프랑크 왕국을 지켰다. 이 전투 이후, 카롤링거 가문의 프랑크 왕국을 일으켜 서유럽 봉건왕제의 기초를 만들었다. 훗날 칼 마르텔의 손자는 프랑크 왕국의 카를 대제(샤를 마뉴)가 되어 서유럽의 재편을 서두르게 된다.

한마디로 투르-푸아티에 전투는 유럽을 상징하는 프랑크 왕국(현 프랑스)과 무서운 속도로 에스파냐와 포르투갈을 점령하고 유럽 정복에 나섰던 이슬람의 상징 옴미아드 왕조(우마이야 왕조)[3]의 대결이었다. 에스파냐를 점령해서 이슬람화시킨 옴미아드 왕조는 기세를 몰아서 피레네 산맥을 넘어 프랑스 남부지역을 휩쓸고 중부의 아키텐 지방(지금의 보르도 지역)을 공격한다. 이슬람가 여기까지 세력을 뻗어오자 기독교 신자들이 중심이 된 전 유럽은 두려움에 휩싸인다.

또한 투르-푸아티에 전투는 종교전쟁이기도 했다. 기독교 국가들과 이슬람의 싸움이었기에 그냥 단순한 국가 간의 전쟁이 아니었던 것이다. 전 유럽의 이슬람화를 목표로 유럽 정벌에 나섰던 이슬람의 옴미아드 왕조는 8만 이상의 대군을 동원했다. 이에 위기에 몰린 프랑크 민족은 3만 명 정도의 군사를 소집했고 총책임을 칼 마르텔에게 맡기게 된다.

드디어 732년 10월, 유럽의 모든 기독교의 지원을 받는 프랑크 왕국의 군대와 이슬람 군대는 현재의 프랑스 북서부에 해당하는 루아르강과 앙드레강을 사이에 두고 있는 두 도시 투르와 푸아티에 사이에서 최후의 결전을 치른다. 당시 이슬람군은 프랑크 왕국군에 비해 군사들의 숫자(3만 대 8만)는 물

---

3 옴미아드(Ommiad) 왕조 : 우마이야 왕조라고도 한다. 이슬람 창시자인 예언자 마호메트가 사망하고 이후 종교 지도자인 칼리프를 선출하던 이슬람 세계는 4대 칼리프 시기에 다마스쿠스 총독 무아위야가 칼리프의 권위에 정면으로 도전하고 권력을 쟁취함으로써 본격적으로 세습왕조 시기가 열리게 된다. 즉 옴미아드 왕조는 마호메트 사후 4대 칼리프까지 선출로 칼리프를 선출하던 시기를 종식시키고 세속과 세습 칼리프 시대를 연 최초의 왕조로서 새로운 형태의 신정일치 왕조이다. 서기 668년에는 당시 강국이었던 비잔틴 제국(동로마 제국)을 침공하기도 했던 옴미아드 왕조는 5대 칼리프인 아브드 알 말리크와 6대 칼리프인 왈리드 1세 때 전성기를 맞이하는데 이때 영토가 지금의 아프가니스탄 지방과 북아프리카, 그리고 에스파냐 지방에까지 확대된다. 에스파냐를 포함한 이베리아 반도를 이슬람화시킨 옴미아드 왕조는 아예 전 유럽을 이슬람 국가로 만들 야망으로 프랑스 중부지방인 투르-푸아티에 지방까지 올라가서 일전을 벌이고 패배했다.

등자. 말을 탈 때 꼭 필요한 도구로 우리나라 고대 역사에도 등장한다.

론이고 특히 기병의 운용에서 강점이 많았다. 이슬람군의 기병이 강한 이유는 그들이 서유럽 기병에는 없는 '등자(鐙子)'[4]라는 것을 발명해서 사용하고 있었기 때문이었다. 기병은 프랑크군이나 이슬람군 양쪽 모두 주력군으로 활용되었지만. 그 위력에서는 이슬람군이 월등하게 앞섰다.

　군사의 숫자에서도 이슬람군이 압도적으로 많았고, 게다가 이슬람군의 기병들은 프랑크 기병대에는 없는 등자를 쓰고 있었는데도 불구하고 칼 마르텔이 이끄는 프랑크군은 어떻게 대승을 거둘 수 있었을까? 알다시피 고대

4　등자 : 말을 타고 달릴 때 발을 끼울 수 있게 만든 도구. 말에 올라탈 때 이 등자를 밟고 올라타게 된다. 이 작은 도구가 중요했던 것은 등자의 등장으로 인해 기병들의 전투력이 몰라보게 향상됐기 때문이다. 등자가 있음으로 해서 이슬람 기병들은 발을 등자에 끼우고 달리면서도 자유자재로 활을 쏘고 창을 던질 수 있게 되었다. 그동안은 등자가 없어서 말을 타고 활을 쏘려면 앉아서 쏴야 했는데, 등자로 인해서 서서도 쏠 수 있었던 것이다. 그러니 이 등자야말로 기병들의 전투력 향상을 위한 일등공신이라고 할 수 있다.

로부터 전쟁에서는 우선적으로 군사들의 숫자가 매우 중요했고, 그다음이 중요한 요인이 신무기의 활용이었다. 이슬람군은 이 두 가지 모두에서 월등히 앞서고 있었다. 그런데 전쟁의 승리는 이슬람군이 아닌 모든 면에서 불리했던 프랑크군에게 돌아갔다.

프랑크군이 승리하게 된 결정적인 계기는 아이러니하게도 열악했던 기병들의 활약 덕분이었다. 물론 이는 프랑크군을 이끈 칼 마르텔의 도박에 가까운 지략이 있었기에 가능했다.

칼 마르텔은 프랑크군의 기병들이 이슬람 기병들에 비해 전력에서 열세라는 것을 일찍이 간파하고 승부수를 던진다. 등자를 활용하는 이슬람 기병들은 말을 타고 달리면서도 자유자재로 활을 쏘고 창을 던질 수 있었기에 프랑크 기병은 상대가 되지 않았다. 결국 그가 택한 방법은 일반적인 전투에서의 기병 활용법이 아니었다.

대부분의 전투에서 기병의 역할은 두 가지로 한정된다. 하나는 말을 이용한 빠른 기동력으로 상대방 보병을 물리치는 역할이고, 다른 하나는 상대방 기병과 말을 타고 달리면서 싸우는 것이었다. 그런데 이번 전투에서는 이런 일반적인 기병 활용법으로는 승산이 적다고 생각한 칼 마르텔은 기병들을 모두 말에서 내리도록 했다. 과감하게 아군의 기병들을 모두 말에서 내리게 한 뒤, 견고한 보병 밀집진형을 갖추고 검과 창, 도끼를 휘두르며 이슬람 기병들과 그들이 탄 말을 집중공격하도록 했다.

이는 페르시아 전쟁에서 그리스 보병들이 팔랑크스 대형을 갖추고 자신들보다 훨씬 많은 수의 페르시아 대군을 맞아 싸웠던 것과 흡사한 전법이었다. 이 승부수가 먹히면서 이슬람 기병들은 혼란에 빠졌다. 결국 이슬람군은 전투에서도 패배하고 압둘 라흐만도 현장에서 전사하면서 후퇴할 수밖에 없었다.

이로써 칼 마르텔의 프랑크군은 승리를 거두고 전 유럽의 이슬람화 위기에서 가톨릭을 수호할 수 있게 됐다. 전투에서 패한 이슬람군은 피레네 산맥을 넘어 에스파냐로 돌아갔고, 다시는 유럽을 침략할 수 없었다. 결국 서기 9세기 들어 이슬람의 지배를 받던 에스파냐에서 일명 '레콘키스타(Reconquista)'⁵가 본격화되기까지 서유럽은 피레네 산맥을 경계로 기독교 세력과 이슬람 세력으로 양분되었다.

투르–푸아티에 전투의 의의

투르–푸아티에 전투는 일반인들에게는 조금 생소할 수도 있지만 역사적인 의미에서는 매우 중요하다. 특히 유럽의 기독교 세력 입장에서는 아마도 역사상 가장 중요하다고 볼 수도 있을 정도다. 유럽의 기독교 국가들에게 이 전투의 승리가 어떤 의미가 있는지를 하나씩 살펴보도록 하자.

가장 먼저 생각할 수 있는 큰 의미는 유럽 대부분의 국가들이 중세부터 지켜오던 기독교를 계속 믿을 수 있게 됐다는 것이다. 이 전투의 결과로 프랑크 왕국은 중동과 북아프리카 그리고 에스파냐와 포르투갈까지 점령하고 전 유럽의 이슬람화를 노렸던 이슬람의 옴미아드 왕조의 야망을 분쇄했으며

---

5   레콘키스타(국토회복운동) : 718년부터 1492년까지, 약 800년에 걸쳐서 이베리아 반도 북부의 기독교 왕국들이 남부의 이슬람 국가를 몰아내고 다시 기독교의 땅으로 되돌리려는 운동. 즉 기독교를 중심으로 한 국토 회복을 위한 움직임. 서기 476년 서로마 제국이 멸망한 뒤 가는 곳마다 이슬람화시키며 승승장구하던 이슬람 세력이 유럽 여러 지역을 점령했는데, 특히 오늘날의 에스파냐와 포르투갈에 해당하는 이베리아 반도가 이슬람 세력에 점령당한다. 이베리아 반도를 이슬람이 정복했다는 것은, 즉 서유럽 전체를 이슬람이 점령할 수 있는 토대를 마련했다는 것으로 유럽에게는 큰 위기였다. 에스파냐에서 기독교를 믿던 유럽 세력이 점차 안정되어 힘을 되찾자, 이베리아 반도 지역을 다시 되찾자는 움직임이 생겨난다. 레콘키스타는 에스파냐어와 포르투갈어로 '재정복'을 뜻한다. 이는 우마이야 왕조의 이베리아 정복으로 잃어버린 기독교 국가의 영토를 기독교가 회복했다는 의미를 갖는다.

동시에 칼 마르텔은 유럽에서 가톨릭의 수호자라는 칭송을 얻게 됐다.

투르-푸아티에 전투의 또 다른 의의를 찾자면 아마도 콘스탄티노플 방어를 들 수 있을 것이다. 이슬람 세력의 서유럽 침략을 물리치고 유럽에서 기독교를 사수할 수 있게 만든 프랑크군의 승리로 인해 비잔틴 제국(동로마 제국)의 수도인 콘스탄티노플도 사수할 수 있게 됐다. 이 전투의 승리로 인해 서유럽의 기독교 문화권은 14세기, 셀주크 투르크 왕조[6]의 확대와 몽골 제국의 침략이 있기 전까지 국력을 충실히 할 수 있는 토대를 마련했다.

한편 이 전투의 최고 영웅 칼 마르텔의 아들 피핀은 카롤링거 왕조를 부흥시키고 로마 교황에게 영토를 바침으로써 이후 로마 교회의 권위를 세우는 데 일조한다. 이어서 피핀의 아들 샤를마뉴[7](칼 마르텔의 손자)는 옛 서로마

---

6 셀주크 투르크 왕조 : 투르크족은 본래 중앙아시아의 유목민족으로 어떤 특정한 민족을 지칭하기보다는 투르크어를 사용하던 사람들 전체를 가리켰으며 정치, 경제, 사회적으로는 다양하게 구성된 민족이었다. 서기 6~8세기경, 중국 북구의 몽골고원과 알타이산맥을 중심으로 강대한 세력을 형성했던 돌궐도 투르크족의 일원이었다. 특별히 셀주크 투르크족은 10세기경 투르크족의 일원인 오구즈 투르크에서 족장 셀주크가 이끄는 한 무리가 독립하면서 생겨났다. 셀주크는 자신이 이끄는 부족원들을 데리고 지금의 중앙아시아의 남쪽인 이란 지역으로 이동해서 정착했으며 아마도 이 시기에 이슬람교로 개종했으리라 여겨진다. 터키인들은 지금도 자신들을 투르크라고 부르면서 많은 애정을 보이는데 투르크의 의미는 '힘센' '강력한'이라는 뜻을 갖고 있다. 이런 투르크를 한문으로 표현한 게 바로 우리에게 친숙한 용어인 돌궐인 것이다. 돌궐은 7세기경 동돌궐과 서돌궐로 분열되는데, 이중 서돌궐족이 중앙아시아로 이주한 것이 바로 셀주크 투르크의 기원이 되었다. 서기 10세기부터 13세기까지 이어지던 셀주크 투르크가 몰락하면서 그 뒤를 이은 것이 바로 그 유명한 오스만 투르크로 13세기부터 20세기까지 이어지게 되는데 이 투르크가 바로 지금의 터키이다.

7 샤를마뉴(Charlemagme, 768~814) : 샤를마뉴 대제 혹은 독일어로 카를 대제라고도 불린 카롤링거 왕조의 제2대 프랑크 국왕으로 프랑크 왕국을 제국으로 확장하고 서유럽의 정치적 통일을 이룩했다. 특히 로마 교황권과 결탁해서 서유럽의 종교적 통일을 이루었고 카롤링거 왕조의 전성기를 열었다. 서기 476년, 서로마 제국이 몰락하면서 무주공산이 된 로마 제국의 영토에 야만인들이 중심이 된 롬바르드 왕국이 북이탈리아에 세워진다. 비록 서로마 제국은 몰락했지만 당시 대부분의 유럽은 기독교 국가

〈샤를마뉴 황제의 대관식〉 라파엘로, 바티칸 박물관. 예수성탄대축일 미사 참석을 위해 성 베드로 대성당을 방문했던 샤를마뉴는 레오 교황에 의해 서로마 제국 황제로 추대된다. 미사에 참석한 로마 귀족들이 그를 '아우구스투스'로 환호하는 모습을 묘사했다.

제국 영토의 대부분을 통일해서 신성로마제국의 기초를 닦았는데 이것도 결국은 투르-푸아티에 전투의 승리에 기인한 것이었다.

였기에 새로운 왕조는 교황의 인정을 받아야 그 정통성을 확립할 수 있을 정도로 교황의 권위는 변함없이 컸다. 그런 교황에게도 한 가지 근심이 있었는데 바로 북이탈리아에서 호시탐탐 로마를 위협하는 롬바르드 왕국이었다. 불안을 제거하고자 교황은 기독교 국가인 프랑크 왕국의 피핀 왕에게 군사적 도움을 요청하고, 피핀 왕은 교황을 지키고자 교황이 있는 로마를 신성불가침 지역으로 만든다. 이곳이 바로 지금의 바티칸인데 이런 과정으로 샤를마뉴와 그 아버지인 피핀 왕과 교황의 인연이 시작된다. 이 인연이 샤를마뉴 시대에 와서 더욱 밀접해지는데, 샤를마뉴는 아버지에 이어 북이탈리아 야만인을 물리치고 로마 제국 이후 유럽에서 가장 큰 영토를 차지하는 왕이 된다. 서기 800년, 샤를마뉴 대제는 당시 로마 교황 레오 3세에 의해 로마 제국의 황제로 추대되고, 이렇게 해서 천 년 이상 이어질 신성로마제국의 초대 황제로 등극한다. 교황에게 정통성을 인정받고 신성로마제국의 초대 황제가 되면서 전 유럽에서 가장 영향력 있는 위치에 오른 샤를마뉴 대제였지만, 교황은 이런 샤를마뉴를 황제의 반열에 올릴 수 있는 권위를 가졌다는 것을 만방에 알릴 수 있게 되는 효과를 얻으면서 자연스럽게 교황의 영향력과 권위도 올라가게 됐다.

투르-푸아티에 전투에서 보듯 이슬람 세력과의 빈번하고도 중요했던 전쟁이 결과적으로는 서유럽을 새롭게 재편하는 계기를 만들었기 때문에 훗날 벨기에의 역사학자 헨리 피렌(Henry Pirenne)은 "무하마드가 없이는 샤를마뉴도 없다."는 유명한 말을 했다.

또한 투르-푸아티에 전투에서 비록 서유럽 기독교 세력이 최후의 승리를 거두기는 했지만, 앞에서도 언급했듯이 기병이나 준마, 각종 무기 등에 있어서 이슬람군에 비해서 발전도 늦었고 열악했던 게 사실이었다. 그런 서유럽 국가들이 이 전투를 계기로 이슬람군과 그들 기병이 사용해서 위력을 떨쳤던 등자를 말에 부착해서 사용하는 방법을 강구하게 되면서 군사적인 발전을 하게 된 것도 이 전투가 가져다준 의미 있는 현상이었다.

결론적으로 이슬람군은 그들이 의도했든 의도하지 않았든 서유럽의 이슬람화를 위해 유럽을 침략해서 전쟁을 하면서 자신들의 선진 군사문화를 유럽에 전수해준 결과를 가져다주었던 것이 사실이다.

쉬어가기 : 역사에 만약이 있다면?

만약 투르-푸아티에 전투에서 이슬람이 이겼다면? 지금 우리나라도 이슬람 국가가 되지 않았을까?

대한민국은 종교의 자유를 확실히 보장하는 나라다. 그래서 현재 우리나라에는 개신교, 가톨릭, 불교, 그리고 통일교 등등 수많은 종교들이 자유롭게 포교활동을 하고 있다. 즉 현재 우리나라는 개인이 어떤 종교를 믿는지에 대해 아무런 제약이 없는 완전한 종교의 자유를 누리고 있다. 그중에서도 크게 보면 기독교로 묶을 수 있는 개신교와 가톨릭을 합치면 전체 종교의 절반을 약간 상회할 정도로 기독교의 위세가 강하다.

그러나 이슬람이 지배하는 국가, 대표적으로 사우디아라비아, 이란 등에서는 종교의 자유를 구가할 수 없다. 표면적으로는 종교의 자유가 있다고 하지만 실제로는 개인이 원하는 종교를 마음대로 믿는다는 것이 불가능하다.

특히 이란이나 사우디아라비아 등의 많은 이슬람 근본주의 국가들은 실질적인 종교의 자유가 없는 것은 물론이고 여성들의 인권마저도 매우 취약하다. 많은 여성들이 혼자 밖으로 외출하기도 어렵고, 나간다 해도 히잡, 부르카, 니캅 등으로 신체를 가려야만 한다.

역사에 만약은 없다고 하지만, 그래도 만약 투르-푸아티에 전투에서 기독교의 지원을 받은 프랑크군이 아닌 이슬람군이 승리했더라면 과연 어떤 일이 일어났을까? 학자들에 의하면 투르-푸아티에 전투에서 이슬람군이 이겼다면 아마도 유럽의 종교지도는 분명히 지금과는 크게 다르게 변화했을 게 확실하다고 한다.

투르-푸아티에 전투에서 기독교 세력이 패하고 이슬람이 승리했더라면 혹시 우리나라도 이슬람을 신봉하는 이슬람 근본주의 국가가 되지 않았을까? 그랬더라면 아마도 한국 여성들은 외출할 때 히잡이나 차도르 등을 의무적으로 착용해야 하지 않았을까 하는 재미난 상상도 가능하다.

아마도 그랬더라면 지금 우리나라에서 개신교와 가톨릭으로 대표되는 기독교의 자리를 이슬람이 차지하고 있을지도 모를 일이다. 물론 불교나 통일교 등등의 종교는 모두 사라졌을 수도 있다. 이슬람 근본주의 국가에서 국가가 국교로 정한 이슬람 외의 종교를 믿는다는 것은 상상할 수 없는 일이기 때문이다.

우리나라에 기독교가 들어오게 된 상황을 떠올려보자. 우리나라 기독교, 특히 개신교의 역사와 수용은 미국에서 온 선교사들의 영향에 힘입은 바 크다. 특히 1884년 9월에 최초의 개신교 공식 선교사 알렌[8]이 인천을 통해 우

---

8   알렌(Horace Newton Allen, 1858~1932) : 조선 주재 외교관이자 미국 북장로교가 파견한 의료 선교사로 한국어 이름은 안련(安連)이다. 1884년 9월 20일 알렌이 인천에

리나라에 발을 디딘 것을 시작으로 12월에는 우리나라 최초의 근대식 병원인 제중원(후에 세브란스 병원이 됨)[9]을 세웠고, 이어서 1885년 4월에는 아펜젤

도착한 것을 시작으로 한국 교회는 선교 130년의 시작을 맞는다. 의사였던 알렌이 외교관의 지위를 얻은 것은 당시 우리나라의 미개했던 상황과 무관치 않다. 당시 주한 미국 대사였던 루시어스 푸트는 종교의 자유가 보장되지 않은 조선 땅에서 이방 종교인 기독교를 전하는 선교사 신분을 가지고 선교를 하는 것은 매우 위험하다고 봤다. 그래서 알렌을 '미국공사관부 무급의사(Physician to the Legation with No pay)'에 임명했고 이것이 알렌이 의사이면서 외교관의 신분으로 우리나라에 들어오게 된 이유였다. 미국 오하이오주 델라웨어에서 출생, 웨슬리언대학교 신학과를 거쳐 마이애미 의과대학교에서 의학사 학위를 취득한 알렌은 우리나라에 오기 전에 1883년 미국 장로교회 의료 선교사로 중국 상하이에 나갔다. 중국에서의 선교를 뒤로하고 다시 미국 장로회 본부에 조선행을 요구하여 1884년 조선에 왔다. 한국 개신교 선교의 역사는 의료 선교사 알렌이 입국한 1884년 9월 20일로부터 시작되었는데, 특히 그가 가난하고 병든 우리나라 사람들을 치료하면서 복음을 전하기 위해 세운 제중원은 단순한 의료기관을 넘어 신앙공동체였다. 1885년 6월 21일, 우리나라에서 처음으로 이곳에서 공식적인 주일예배를 드림으로 기독교 신앙공동체가 자연스럽게 형성되었고, 제중원에서 예배를 인도하고 성찬식을 인도하던 언더우드와 아펜젤러에 의하여 최초의 장로교회와 감리교회가 세워진 만큼 제중원 신앙공동체는 단순한 병원사역의 역사가 아니고 한국 개신교회의 역사라는 점이 중요하다.

9 제중원 : 서양의학이 우리나라에 처음 소개된 것은 17세기 무렵이었으나 본격적인 서양의학의 수용은 1876년 조선이 개항되면서 비로소 이루어질 수 있었다. 개항과 함께 서양문물의 도입에 대한 필요성이 커져가고 있을 무렵인 1884년 12월, 최초의 선교하는 의사로 한국에 온 알렌은 갑신정변에서 심하게 부상을 당한 당시의 정계 실력자였던 민영익을 살려내었고, 이것을 계기로 서양의학의 효과는 우리나라 사람들에게 인정받게 되었다. 그 결과, 1885년 4월 10일 의료선교사인 알렌의 건의로 우리나라 최초의 서양식 병원인 광혜원이 서울 재동(현재 헌법재판소 자리)에 세워졌다. 이후 광혜원은 제중원으로 이름을 바꾼 후 왕실에서부터 평민에 이르기까지 다양한 사람들을 진료하는 기관으로 성장했다. 제중원의 의미는 널리 베풀어 사람을 구제한다는 뜻을 갖고 있다. 제중원에 이어 알렌은 한국 내 의료진 양성을 위해 의학교육을 추진, 고종은 제중원 북쪽에 위치한 가옥을 구입해 학교 교사로 사용하게 했다. 이런 과정을 거쳐 1886년 3월 29일 선발된 16명의 학생을 대상으로 한국 최초의 서양의학교육 기관인 제중원의학교가 문을 열었다. 그러나 1887년 9월, 알렌이 주미 한국 공사관의 참찬관으로 취임하자 제중원의 책임은 새로 부임한 에비슨이 맡게 되었고, 그는

왼쪽부터 최초의 선교사 알렌, 연세대학교를 세운 언더우드, 정동교회를 세운 아펜젤러

러 선교사가 언더우드, 스크랜턴 선교사와 함께 제물포 포구를 통해 입국함으로써 우리나라 개신교 선교 역사가 시작됐다. 아펜젤러 선교사는 정동교회와 배재학당(後에 배재대학교)을 세웠고, 언더우드 선교사가 새문안교회와 연희전문학교(後에 연세대학교)를 세웠다.

한마디로 정의하면 한국 개신교의 역사는 다른 나라가 아닌 미국에서 온 개신교 선교사들에 의해서 시작되었다. 그 후 1895년 청일전쟁 이후부터 개신교가 급속도로 우리나라에 영향력을 확대하게 된다.

청일전쟁과 개신교 선교가 무슨 연관성이 있을까? 청일전쟁에서 우리나라 사람들은 당연히 대국인 청나라가 가볍게 일본에 승리할 거라 믿었는데, 조총을 비롯한 신식 무기와 서양 군사체제로 무장한 일본이 오히려 청나라를 물리쳤다. 모두의 예상을 뒤집은 일본의 승리를 목도한 우리나라는 일본이 청나라보다 먼저 서양문물과 접촉한 것이 승리의 직접적인 원인이라고 생각했고, 이런 의미에서 서양에서 온 개신교야말로 손쉽게 서양과 접촉할 수 있는 통로가 됐던 것이다.

미국에서 만난 세브란스씨의 재정적 도움으로 남대문 밖 복숭아골에 병원을 세웠다. 광해원에서 제중원을 거쳐 1904년 처음으로 세브란스 병원이라는 이름으로 서양병원이 시작됐던 것이 한국 병원의 시작이었다.

1885년 12월 알렌 선교사에 의해 세워진 최초의 서양식 병원 제중원. 연세대학교 내에 복원되어 있다.

1904년 시작된 세브란스 병원. 사진은 1928년의 모습.

때마침 미국 개신교계에서도 적극적으로 해외 선교를 시작하고 있었기 때문에 미국의 상황과 우리나라의 상황이 절묘하게 잘 맞아떨어진 것도 우리나라에 미국 선교사들이 들어오게 된 하나의 이유였다.

그렇다면 만약에 미국에서 우리나라에 온 선교사들이 기독교가 아닌 이슬람 선교사들이었다면 이후 우리나라에는 어떤 일이 벌어졌을까? 아마도 미국 선교사들이 개신교가 아닌 이슬람이라는 종교를 가지고 들어왔다면 당연히 우리나라는 이슬람을 받아들였을 것이라고 상상하는 게 합리적이다. 그랬더라면 지금 우리나라는 종교의 자유를 인정하는 나라가 아닌 오직 이슬람만을 국교로 인정하는 나라가 됐을 것이고, 대부분의 이슬람 국가들처럼 여성들의 인권이나 처우 등에서 지금과는 상당히 다른 현실이 정착되었을 것이다.

물론 실제 역사에서 미국 선교사들은 이슬람 선교사들이 아닌 개신교 선교사였다. 미국이 이슬람 국가가 아닌 기독교 국가였기 때문이었다. 미국의

〈플리머스 항구의 메이플라워호〉 윌리엄 핼샐, 1882, 미국 매사추세츠, 필그림홀 박물관

개신교 역사를 말하기 위해서는 필연적으로 영국에서 종교의 자유를 찾아 신대륙인 북아메리카로 목숨을 건 항해를 한 메이플라워호[10]를 생각해야 할

---

10 메이플라워호 : '5월의 꽃'이라는 낭만적인 이름을 가진 이 배는 길이가 겨우 27미터, 무게는 180톤밖에 안 나가는 작은 범선이었다. 신대륙 개척의 상징으로 유명한 이 배가 종교적 탄압을 피해 영국을 탈출한 것이 1620년 9월 16일이었다. 영국 상인들에게서 빌린 배에 독실한 신자들인 청교도들(필그림) 100명 이상이 타고 무려 66일간을 거친 바다를 항해한 끝에 같은 해 11월 21일, 메사추세츠 프라빈스 타운인 케이프 코드에 상륙했다. 원래 청교도들이 영국을 탈출할 때 계획했던 곳은 이곳이 아니라 지금의 버지니아 지역이었는데 거친 파도와 폭풍우로 인해 버지니아에 닻을 내리지 못하고 예정에 없던 장소에 내린 것이다. 그곳에서 겨울을 나는 동안 추위와 배고픔과 질병으로 많은 사람들이 죽었고 겨우 102명의 사람들만이 플리머스에 도착해 최초의 식민지를 개척하게 됐다. 그 이전, 41명의 사람들이 메이플라워 서약을 하고 자신들이 믿고 섬기는 하나님이 통치하는 공의로운 세상을 만들기를 꿈꿨는데, 결국 이들 청교도들의 꿈과 서약이 지금까지 미국의 정치, 경제, 문화, 종교의 토대가 되었고,

것이다. 왜냐하면 초기 미국 이민사는 곧 미국 개신교 역사이기 때문이다.

영국을 탈출해서 메이플라워호를 타고 미국이라는 신대륙에 도착한 개신교도들이 자신들이 꿈꾸던 나라를 만들고 개신교를 전파한 덕분에 지금의 미국이 이슬람 국가가 아닌 기독교 국가가 될 수 있었다.

메이플라워호가 미국의 플리머스에 도착한 1620년부터 수세기 동안 미국은 기독교 국가로서 세계 선교를 이끌어가는 최다 선교사 배출 국가가 되었고(우리나라가 2위의 선교사 파송 국가), 그런 연유로 알렌, 언더우드, 아펜젤러 그리고 스크랜턴 등의 열정적인 선교사들이 당시 아무도 모르던 동방의 작은 나라 조선에 들어올 수 있었던 것이다. 조선을 찾아온 이들 선교사들의 목숨을 건 선교와 복음 전파로 인해 우리나라도 기독교를 받아들였다. 당시 우리나라에 와서 복음을 전했던 대부분의 선교사들은 질병과 탄압으로 대부분 한국에서 생을 마감했고, 그런 그들을 기리기 위해 서울 양화진에 그들 선교사들을 위한 공동묘지를 작게 만들어놓았다.

외국인 선교사 묘지가 조성된 것은 1885년에 입국하여 알렌과 함께 광혜원(廣蕙院)에서 의료사업을 하던 선교사 헤론이 내한 5년 만인 1890년 7월 26일 급환(이질)으로 세상을 떠나면서 서울에서 숨진 최초의 서구인이 되었던 것이 계기였다. 당시 1883년에 개항한 인천에 외국인 묘지가 있었으나 거리가 멀어 그곳까지 시신을 옮겨 장례를 치를 수 없었다. 이런 사정으로 조정에 서울 가까운 곳에 묘지를 지정해달라고 요청하자 당시 조정에서는 한강 건너 야산 기슭 모래밭을 제공했다. 그러나 외국인 시신을 묻으면 재앙이 내린다고 두려워하던 지역 백성들의 반대와 왕궁에서 30리 이내에는 묘를 쓰지 못하도록 법으로 금지되어 있는 사정으로 인해 새로운 곳을 찾을 수밖에

세계 선교를 이끌어가는 원동력이 되었다. 영국 청교도들이 영국을 떠나 신앙의 자유를 찾아 미국에 도착한 후, 농사를 지어 첫 열매를 하나님께 바치던 데서 지금의 추수감사절이 유래되었다.

양화진 외국인 선교사
묘역

없었다. 이같이 묘지 마련을 못해 어려움에 처하자 조정과 미국 공사관과 친밀한 관계를 맺고 있던 알렌이 절충을 맡아 양화진을 묘지로 사용토록 허가를 얻어서 사용하면서 이곳에 외국인을 위한 전용 묘지가 마련되기에 이르렀던 것이다. 이때부터 헤론의 묘를 비롯해 최초의 장로교 선교사 언더우드의 가족묘지, 최초의 감리교 선교사 아펜젤러의 가족묘지, 헤이그에 밀사로 파송되었던 헐버트, 그리고 세브란스 병원장이었던 에비슨 박사의 묘 등 약 480여 개의 무덤이 만들어졌다.

양화진 외국인 선교사 묘지에서 순수 선교사들의 무덤은 약 111기인데 이 중에서 약 36기가 어린이, 즉 선교사 자녀들의 묘이다. 어린 선교사 자녀들은 당시 너무도 열악한 환경인 우리나라에 부모를 따라 아무것도 모른 채 와서 병으로, 혹은 사고로 숨져 이곳에 묻혔던 것이다. 현재 양화진은 서울시 마포구 합정동 143번지 일대로 미국인을 비롯한 13개국의 외국인 약 480여 명이 안장되어 있다. 이들은 선교활동 및 한국 사회사업의 유공자들이며, 대표적인 사람으로는 알렌, 헐버트, 언더우드, 아펜젤러 등이 있다. 현재 한국기독교1백주년기념사업회가 관리하고 있으며, 묘지 기념관 교회에 200여 명의 외국인들이 예배드리는 교회가 세워져 있다. 현재 양화진 묘지에서 한

강 쪽은 천주교 선교사들의 묘지이고, 그 북쪽은 개신교 선교사들의 묘지로 조성되어 있으며, 어린아이들의 묘지는 따로 조성되어 있다.

결론적으로, 투르–푸아티에 전투에서 이슬람군을 물리치고 기독교를 사수했던 유럽의 여러 나라 중 하나였던 영국에서 종교의 자유를 찾아 미국으로 간 청교도들이 미국을 기독교 국가로 만들었고, 기독교가 뿌리내린 미국의 선교사들이 한국에 기독교를 전파했다는 것이다.

그러니 만약 투르–푸아티에 전투에서 이슬람 세력이 승리했더라면 영국은 물론이고 모든 유럽은 당연히 이슬람 국가가 됐을 것이고, 그랬다면 영국에서 청교도들이 아닌 이슬람교도들이 신대륙으로 갈 수도 있었을 것이다. 그랬다면 미국은 아마도 지금쯤 이슬람 국가가 됐을 것이고, 한국에 온 선교사들도 기독교가 아닌 이슬람 전파를 위해 왔을 것이며, 결국 우리나라는 종교의 자유가 없는 이슬람 국가가 될 수도 있지 않았을까.

〈콘스탄티노플에 입성하는 십자군〉, 외젠 들라크루아, 루브르 박물관

06

기독교와 이슬람의 대립

: 십자군전쟁(AD 1096~1270)

거장 들라크루아는 무슨 말을 하고 싶었을까?

앞의 그림은 여덟 차례의 십자군원정 중에서도 가장 악명 높았던 제4차 십자군원정을 소재로 한 것이다. 2세기에 걸쳐 여덟 차례나 진행된 십자군원정 중에서도 가장 문제가 많았고 또한 교황의 심기까지 건드렸던 원정이 바로 제4차 원정이었다.

제4차 십자군원정에는 영국, 프랑스, 독일의 연합군으로 이집트를 함락시키려는 교황의 당초 의도와 달리 프랑스 북부의 일부 기사들만이 참여했다. 이들은 당시 비잔틴 제국의 수도 콘스탄티노플에 입성했는데, 들라크루아의 이 그림은 바로 이때를 상상하며 그린 것이다.

그림을 보면, 기세등등하게 말을 타고 십자군 병사들이 콘스탄티노플로 입성하는데, 말 아래 있는 한 노인은 마치 아내와 딸의 목숨을 구걸하는 듯 간절한 손짓을 하고 있다. 그림의 오른편 아래엔 십자군들에게 이미 유린을 당한 듯 머리가 다 풀어헤쳐지고 윗옷이 벗겨진 한 여인이 죽어 있는 여인을 바라보며 슬픔에 빠져 있다. 전면에 보이는 군마 오른편의 한 남성은 두 손이 결박당한 채 십자군에게 자비를 구하고 있다.

한편 결박당한 남자 뒤로 오른편의 한 남자는 고통에 신음하고 있고 그와 함께 십자군의 칼을 피해 필사적으로 도망치는 한 남성이 보인다. 또한 그림 왼쪽의 개선문 아래로는 긴 창을 든 젊은 병사가 나이 든 노인의 멱살을 잡고 끌고 나오는 모습도 보인다. 그들의 발밑에는 이미 숨이 끊어져서 죽어 있는 파란 옷의 여인도 보이는데, 당시 4차 십자군원정대가 전투 후에 상대방 적군은 물론이고 나이 많은 노인이나 젊은 여성들처럼 전투에 임하지 않았던 사람들까지 학살했던 참혹한 상황을 보여준다.

군마를 탄 십자군들의 뒤로 멀리 보이는 콘스탄티노플은 이미 불길에 휩싸여 검은 연기가 자욱하다, 불타는 도시 뒤로 보이는 보스포러스 해협과 맞닿은 하늘은 온통 시커먼 연기와 먹구름으로 뒤덮여 이 4차 십자군원정이 공의와 정당한 명분으로 무장한 정의로운 전쟁이 아닌 참혹한 비극의 역사임을 들라크루아는 그림을 통해서 후대에게 암시하고 있다.

들라크루아는 왜 이런 처참한 그림을 그렸던 것일까? 한눈에 봐도 끔찍한 모습으로 전쟁의 참상이 묘사되어 있는 이 그림의 주문자가 바로 당시 프랑스 제2공화정을 이끈 국왕 루이 필리프였기 때문이다. 그는 과거 화려했던 프랑스의 영광을 그림을 비롯한 화려한 예술로 재현하여 베르사유 궁전을 멋지게 장식하고 싶었다. 그래서 당시 프랑스 미술계의 거장이었던 들라크루아에게 몇몇 역사적 승전을 기록한 매우 특별한 전쟁화를 주문했다.

그러나 들라크루아는 야심 많은 권력자 루이 필리프의 뜻대로 작품을 완성하지 않았다. 들라크루아는 정복자들의 영웅적인 모습보다는 오히려 전쟁의 현장에서 자행되는 무자비한 약탈과 살육을 매우 사실적으로 표현했다. 이 그림은 1841년 베르사유 궁전에 전시되었다가 50여 년 후인 1885년에 루브르 박물관으로 옮겨져 현재에 이르고 있다.

제4차 십자군원정은 왜 교황의 분노를 샀는가?

들라크루아가 그림으로 표현했듯이 제4차 십자군원정은 가장 참혹한 전쟁이자 가장 명분이 약한 전쟁이었다. 특히 원정에 참가했던 십자군들은 십자군전쟁을 명했던 교황의 분노를 사서 집단 파문[1]을 당하기까지 했다. 교황 인노켄티우스 3세는 1202년 4차 십자군원정을 직접 승인했으면서 왜 정작 원정에 나선 십자군을 얼마 지나지 않아 자신의 손으로 파문했을까? 십자군들은 왜 교황의 진노를 샀고, 왜 파문을 당했으며, 왜 콘스탄티노플에서 온갖 만행을 저질렀던 것인가?

제4차 십자군원정에서 인노켄티우스 3세의 진노를 산 부분은 첫째로 돈

---

[1] 파문(excommunication) : 교회의 징계 형식. 출교라고도 한다. 파문을 당한 사람은 신자공동체에서 쫓겨나 교회의 의식이나 성례전에 참석할 권리를 빼앗기지만 그렇다고 반드시 교인 자격까지 뺏기는 것은 아니었다. 보통 파문을 두 가지로 구분했는데 하나는 '톨레라투스'(관용을 베푸는 것)로서 비교적 가벼운 죄를 저지른 경우 회개하면 용서해준다. 다른 하나는 '비탄두스'라고 해서 좀 더 엄중한 죄를 지었을 경우에 해당한다. 특히 두 번째 파문인 비탄두스는 대단히 큰 범죄에 한정되었다. 두 종류의 파문 모두 교회의 성사들뿐만 아니라 교회의 장례식에도 참여하지 못하게 했기 때문에 교회가 모든 일상을 주도하고 지배하던 중세 유럽에서 누군가가 파문을 당한다는 것은 매우 심각한 일이었다. 가톨릭 교회에서 신자들은 구원을 받기 위한 필수 조건으로 성사를 받을 것을 규정하고 있는데 파문으로 인하여 성사를 받을 수 없다는 것은 곧 신자들이 죽어서 구원을 받을 수 없다는 말이기 때문에 실상 가장 무서운 징계였다. 게다가 파문이 가장 무서운 징계가 됐던 또 다른 이유는 파문당한 사람과는 일체의 교류나 접촉을 금했기 때문이었다. 만약 다른 신자들이 파문된 사람과 왕래하거나 접촉할 시 마찬가지로 접촉한 사람도 파문을 당했던 것이다. 이 말은 만약 가족 내에 파문당한 식구가 있으면 다른 가족들이 그 사람과 접촉하면 안 되니까 결국 집에서 내보내야 한다는 말이었다. 또한 파문된 사람은 죽은 후에도 교회 묘지에 묻힐 수 없었고, 사회와 법의 보호를 받을 수도 없었다. 만약 군주나 제후가 교황에게 파문당할 시 그의 영지 전역에 집단 파문령이 내려졌으며, 이는 군주나 제후를 여론의 압력으로써 통제하기 위한 방법으로 사용되었다. 서양사에서 유명한 '카노사의 굴욕'이 바로 교황에게 파문당한 황제에게 일어난 사건이다.

과 관련된 부분이었고, 둘째로는 교황의 재가 없이 십자군 마음대로 원정지를 변경한 부분이었다. 제2차 십자군원정 이후 예루살렘을 점령한 나라는 이집트였다. 다시 예루살렘을 탈환하기 위해 3차 십자군원정을 감행했지만 실패했고, 그래서 이번 4차 십자군원정이 이뤄졌다.

십자군들의 목적은 단 하나 기독교의 성지 예루살렘을 점령하고 있는 이집트를 몰아내고 성지를 탈환하는 것이었다. 그러나 십자군전쟁은 시간이 지남에 따라 교황의 의도와는 전혀 다른 이상한 방향으로 전개되었는데 문제는 위에 언급한 돈이었다. 전쟁, 그중에서도 먼 거리로 원정을 가는 전쟁에서는 군사들의 전투력 못지않게 중요한 것이 바로 보급이었다. 필요한 보급이 얼마나 원활하게 이루어지느냐가 전쟁의 승패를 좌우할 정도로 보급은 매우 중요했다. 그런데 문제는 이 보급이라는 것이 모두 돈으로 이루어진다는 것이었다.

제4차 십자군전쟁을 위해 집결한 원정대에게는 전쟁을 수행하기 위한 막대한 재물과 보급이 필요했는데 그 보급품들을 완벽히 갖추기가 어려웠다. 제대로 된 원정군이 출발하지 못하고 지체하면서 기지에 머무는 사이, 4차 십자군이 지게 된 빚은 천문학적으로 증가했다. 이유는 엄청난 인원들이 기지에 머물고만 있어도 많은 비용이 소요됐기 때문이다. 늘어나는 빚으로 난감한 상태에 빠진 원정대에게 베네치아 당국이 기발한 제안을 한다. 헝가리 기독교인들이 점령한 자라를 탈환해주면 모든 빚을 탕감해주겠다는 것이었다. 베네치아 당국은 자라를 점령해 지중해 동부 지역의 교역권을 독점하고자 하는 속셈이 있었던 것이다.

1202년, 4차 십자군은 이런 제안을 넙죽 받아 성지 예루살렘이 아닌 자라를 어렵지 않게 점령한다. 하지만 이내 곤경에 빠지는데, 엉뚱한 도시를 공격한 십자군에게 분노한 교황이 '십자군 전원 파문령'을 내렸기 때문이다. 자라는 교황과도 매우 밀접하고 가까운 동맹도시였기 때문에 4차 십자군의 자라 공격을 교황이 그냥 묵인할 수가 없었던 것이다.

4차 십자군이 교황에게 파문당한 과정을 요약하면 이렇다. 원정대는 전쟁에 필수적인 군사력과 자금을 조달할 길이 없자 당시 비교적 부강한 나라였던 베네치아 공화국의 총독에게 전쟁에 필요한 보급품과 군사들의 수송을 의뢰하기에 이른다. 베네치아 공화국의 총독은 엔리코 단돌로였는데 그는 전쟁 참여의 대가를 놓고 십자군과 협상을 벌여 은화 약 8만 4천 마르크와 정복지의 절반을 원하는 협상안을 관철시켰다. 협상에 성공한 단돌로는 50여 척의 선박을 건조했고 군사들을 추가로 모집했다.

어느덧 약속한 출정일이 되었으나 십자군은 초라한 병력으로 베네치아에 도착했고 그나마 약속된 은화는 가져오지도 않았다. 이에 단돌로는 다시 협상을 벌여 같은 가톨릭 국가인 헝가리의 항구도시 자라를 접수해줄 것을 요청하고, 나머지 은화는 원정이 끝난 후 점령지에서 받기로 합의했다. 우여곡절 끝에 4차 십자군은 당초 목적지인 이집트가 아닌 헝가리의 자라로 향했고 1202년 1월 그곳을 점령한 후 통치권을 베네치아 공화국에 넘겼다.

그러니 이 소식을 들은 교황이 분노했던 건 당연한 반응이었다. 교황이 원했던 점령지는 같은 가톨릭 국가인 헝가리가 아닌 예루살렘을 점령하고 있는 이집트였다. 그런데 4차 십자군이 독단적으로 점령지를 이집트에서 헝가리로 변경했으니 교황의 입장에서 이것은 용인할 수 없는 문제였다. 자라 공격은 교황 자신의 의지와는 전혀 관계없는 일이었고 게다가 헝가리는 오히려 동맹이었기 때문이다. 결국 분노한 교황은 자신이 행사할 수 있는 가장 큰 무기이자 가장 강력한 효과를 발휘하는 '파문'을 들고 나와, 4차 십자군 모두를 파문해버리는 초강수를 뒀던 것이다.

이로써 4차 십자군은 성지를 탈환한다는 성스러운 전쟁을 수행하는 용사에서 하루아침에 그저 자신들의 탐욕을 채우기 위한 명분 없는 전쟁을 수행하고 같은 가톨릭 국가를 공격한 오합지졸들로 전락해버렸다.

4차 십자군은 왜 예루살렘이 아닌 콘스탄티노플을 공격했는가?(AD 1202)

다시 들라크루아의 그림을 보면 약간 의아한 것이 있는데 바로 그림의 제목에 나오는 콘스탄티노플이라는 도시의 이름이다. 들라크루아는 자신의 그림 제목을 왜 〈예루살렘에 입성하는 십자군〉이라고 하지 않고 〈콘스탄티노플에 입성하는 십자군〉이라고 했을까?

주지하다시피 십자군전쟁의 최종 목적 중 하나는 다른 나라가 아닌 기독교의 성지인 예루살렘을 탈환하는 것이었지 콘스탄티노플을 점령하는 것이 아니었다. 성지 예루살렘 탈환이라는 성스러운 명분을 내걸고 200여 년에 걸쳐서 여덟 차례나 원정대가 꾸려져서 전쟁을 했던 것인데, 왜 4차 십자군들은 예루살렘이 아닌 콘스탄티노플을 공격해서 초토화시켰을까?

이런 합리적인 의구심에 대한 대답은 바로 교황이 십자군들에게 내린 파문과 연관이 있다. 교황이 4차 십자군에게 바랐던 것은 단 하나, 즉 예루살렘을 점령하고 있는 이집트를 몰아내고 성지를 탈환하라는 것이었다. 그런데 위에서 언급했듯이 이집트가 아닌 다른 동맹국을 공격하자 분노한 교황이 내린 최고의 징계가 바로 파문이었다. 당시 4차 십자군원정에 참여했다가 졸지에 교황에게 최악의 징계를 받은 십자군들은 엄청난 충격에 빠졌을 것이다. 고대로부터 기독교 신자들에게 내리는 징계 중에서 파문이 가장 두렵고 무서운 형벌이었기 때문이다.

고대와 중세 사람들은 힘든 현실을 잘 견디고 믿음을 잘 지키면 죽은 이후에 구원을 얻어서 영원한 천국에 들어간다고 믿었는데, 파문을 당하게 되면 이런 구원을 얻을 수 없다고 생각했기에 가장 두려워한 것이다. 파문을 두려워한 또 다른 이유는 누군가가 파문을 당하게 되면 파문당한 사람과 접촉하는 사람도 같이 파문을 당할 수 있었기 때문이다. 예를 들어, 한 마을에 누군가 파문을 당하면 그 파문당한 사람을 마을 공동체에 둘 수가 없었다. 그래서 파문당한 사람은 강제로 공동체로부터 배척당하고, 가족들에게조차

버림받았다.

기독교를 믿는 신자들에게는 가장 위력적이자 두려운 형벌이었던 파문을 집단으로 당하게 된 4차 십자군들의 상태가 어땠을지는 쉽게 짐작할 수 있을 것이다. 파문이라는 징계는 일반 신자들은 물론이고 일국의 황제라고 해도 예외가 아니었다. 그 누구도 파문에서 자유로울 수 없었던 시대가 바로 중세시대였다. 파문이 얼마나 무서운 징계였는지는 중세 역사에서 유명한 '카노사의 굴욕'2으로 이해할 수 있다.

---

2 카노사의 굴욕 : 1077년 신성로마제국의 황제 하인리히 4세가 교황 그레고리우스 7세에게 참회하여 파문을 철회받았던 사건. 흔히 '서임권 투쟁'이라고도 한다. 그레고리우스 7세와 하인리히 4세는 둘 다 강성 기질을 가진 사람들이었고 개혁 성향이 매우 강한 정치와 종교계의 우두머리였다. 이런 두 사람이 평신도의 성직 임명권(군주들이 성직 임명을 받는 사람들에게 성직의 권위를 상징하는 특별한 물건을 주는 권리)을 놓고 정면 대립하였다. 교황 입장에서는 사제들 중에서 누가 쾰른이나 뮌헨, 마인츠의 주교가 될지를 황제가 결정한다는 것을 더 이상 수수방관할 수 없었다. 사제는 교회의 직책이니 황제가 아닌 교황이 결정해야 한다고 생각했던 것이다. 그러나 황제의 입장에서는 사제나 주교는 단순히 교회의 직책만이 아니라고 생각했다. 쾰른이나 마인츠의 주교는 사제였지만 동시에 이 지역을 지배하는 영주이기도 했기 때문이었다. 그러므로 누가 사제이자 영주가 될지는 당연히 황제가 임명해야 한다고 생각했던 것이다. 문제는 교황이나 황제 두 사람의 입장이 모두 타당성이 있다는 것이었다. 그러므로 두 사람은 이 문제에 있어서 조금도 양보할 수 없었고, 일종의 권력투쟁이 된 것이다. 결국 갈등이 극에 달했던 1076년 1월 1일, 하인리히 4세가 교황 불복종 운동을 시작하고 전격 폐위시키면서 돌이킬 수 없는 대결을 벌이게 됐다. 하인리히 4세의 교황 폐위에 맞서 교황과 교회회의는 자신들이 할 수 있는 합법적이면서도 가장 강력한 무기를 뽑아들었는데, 그게 바로 파문이었다. 교황은 하인리히 4세를 파문하고 그 사실을 전국에 공포했다. 군주 하인리히 4세에게 파문이 내려짐에 따라 군주를 따르던 신하들에게 비상이 내렸는데 바로 파문당한 사람과 접촉하면 함께 파문을 당한다는 사실 때문이었다. 군주와 접촉하지 못하게 되자 결국 1076년 10월 지역의 신하들과 영주들이 모여 새로운 국왕 선출을 의논하기에 이르렀다. 궁지에 몰린 하인리히 4세는 1년 이내에 교황으로부터 용서와 함께 파문을 해제받겠다고 약속함으로써 새로운 국왕 선출을 미루게 할 수 있었다. 고립무원에 빠진 군주가 할 수 있는 일은 별로 없었다. 결국 하인리히 4세는 최측근들만 데리고 몰래 이탈리아 북부의

교황에게 무릎 꿇는 하인리히 4세 황제

　파문을 당한 사람의 반응은 대부분 두 가지로 귀결된다. 한 부류는 자포자기해서 더 막 사는 반응을 보이고, 다른 부류는 교황에게서 파문을 철회받기 위해서 잘못을 회개하고 더 열심히 신앙 생활을 한다. 카노사의 굴욕에서 파문을 당한 신성로마제국의 황제 하인리히 4세도 교황에게서 파문 철회를 받기 위해서 그 모진 굴욕을 감내했다.

　4차 십자군원정에 참여했다가 졸지에 교황으로부터 파문을 당한 십자군들의 반응은 어떠했을까? 그들이 파문을 당한 후에 철회를 얻기 위해 잘못

카노사로 가서 교황 그레고리우스 7세 앞에서 참회함으로써 간신히 파문을 철회받고 군주 자리를 유지할 수 있게 됐다. 당시 카노사는 이탈리아 북부의 작은 도시였는데 대대로 교황들이 휴양을 하는 곳으로 알려졌고, 또한 겨울에는 눈이 많이 오는 지역이기도 했다. 이런 악조건의 카노사에 하인리히 4세가 교황을 직접 찾아왔는데도 불구하고 눈보라치는 벌판에 3일이나 있도록 하면서 성문을 열어주지 않았다고 한다. 천하의 신성로마제국 황제에게 이 사건은 너무도 치욕적인 일이었고 그래서 훗날 역사는 이 사건을 '카노사의 굴욕'이라고 부르게 된 것이다.

을 회개하고 올바른 삶을 살았더라면 들라크루아의 저 그림은 아마도 나오지 않았을 것이다.

당시 십자군들은 파문의 충격에서 쉽게 헤어 나오지 못했던 것으로 보인다. 들라크루아가 그림에서 보여주는 것처럼 4차 십자군들은 파문의 충격 때문이었는지 원래의 목표였던 예루살렘이 아닌 엉뚱한 도시인 콘스탄티노플을 공격해서 온갖 만행을 저지른 것이다. 그 온갖 만행을 그림으로 그려서 들라크루아는 자신이 할 수 있는 최고의 비판을 가했다.

파문으로 충격을 받은 십자군들은 한술 더 떠 더욱 어처구니없는 결정을 내린다. 당시 동로마 제국에서는 이사키오스 2세가 폐위되고 그의 형 알렉시오스 3세가 황제로 재위하고 있었다. 이사키오스 2세의 아들 알렉시오스는 추방당해 유럽에 머물며 다시 돌아갈 날을 노리다가 십자군에게 달콤한 제안을 한다. 십자군이 그곳을 점령, 자신을 황제로 만들어주면 이집트 원정 자금과 베네치아에 진 빚 모두를 변제해주고 동로마 교회를 바티칸으로 갖다 바치겠다는 솔깃한 제안이었다. 그래서 십자군들은 기수를 콘스탄티노플로 돌렸던 것이다.

당시 이슬람이 차지하고 있던 비잔틴 제국의 수도 콘스탄티노플은 삼면이 바다로 둘러싸인 난공불락의 요새였지만 수개월에 걸친 목숨을 건 사투 끝에 1204년 4월 12일 마침내 프랑스군이 주축이 된 십자군에 의해 함락됐다. 콘스탄티노플에 입성한 십자군은 3일 밤낮에 걸쳐 도시를 파괴했고 심지어 여성들을 성당으로 끌고 와 유린하기도 했다. 또한 이때 비잔틴 문화의 찬란한 꽃으로 불렸던 성 소피아 대성당은 철저히 파괴되었고, 화려한 예술품들도 파손되었다.

현재 베네치아 산마르코 대성당의 정문을 장식하고 있는 네 마리의 청동 말도 이때 약탈한 전리품이었다(나폴레옹은 이탈리아 정복 당시 이 말들을 떼어내 루브르 궁전 광장의 개선문에 올려놓았다가 패전 후 반환했다). 십자군과 이들을 후원했던 베네치아 상인들은 막대한 전리품을 챙기고 콘스탄티노플을 분할 통치하기로 합의했다.

이후 당초 약속했던 알렉시오스가 아닌 플랑드르 출신의 보드앵이 황제로 추대되며 라틴 제국(1204~1261)이 세워졌다(얼마 못 가 투르크인들에게 무너지긴 했지만). 눈치 빠른 이들은 자신들을 파문했던 교황을 위해 진귀한 보물과 성유물을 진상했고 예상대로 교황은 이들을 용서했다.

제4차 십자군원정은 그야말로 아무런 명분도 없는 문명의 파괴 그 자체였다. 더구나 동방정교회를 국교로 하던 콘스탄티노플의 정복은 이후 동서교회 분열의 깊은 상처를 남기게 되었다.

십자군전쟁의 의미

십자군전쟁은 십자군원정이라고도 하는데 요약하면 이슬람교도들에게 빼앗긴 기독교도들의 최대 성지 예루살렘과 안티오크 등의 도시들을 탈환하기 위한 전쟁이었다. 특히 11세기 후반 교황 우르반 2세[3]가 주도하여 모든

---

3 우르반 2세(Urban II[영어], Urbanus II[라틴어], 1064~1099) : 제159대 교황으로 중세사에 큰 획을 그은 교황이자 유명한 십자군전쟁을 일으킨 장본인. 프랑스인으로는 두 번째 교황. 1035년 프랑스 상파뉴의 귀족 가문에서 태어나 랭스에서 성 브루노의 제자로서 1064년 수도자가 되어 클뤼니 수도원의 원장이 되었다. 그 후 로마에서 교황 그레고리우스 7세의 교회 개혁을 도왔고, 1078년에는 오스티아의 주교가 되었다. 1089년 주교회의에서는 교황의 평신도에 대한 성직 수여, 성직 매매와 성직자의 혼인을 금지하는 칙서를 반포하였다. 오늘날의 로마 교황청 조직의 기틀을 만들었다고 인정받는다. 또한 1095년 프랑스의 클레르몽에서 공의회를 다시 소집하여 이전의 칙서를 더 강화하는 한편, 그리스도인끼리 서로 싸우지 않을 것을 교회법으로 선포하였다. 또한 본처를 두고 다른 여자와 결혼한 프랑스 왕 필리프 1세를 크게 질책하고 그의 파문을 논의하기도 했을 정도로 강력한 교황으로 군림했었다. 우르반 2세 사후, 그의 복자 시복식은 사후 800년이 지난 1881년 7월 14일, 교황 레오 13세에 의해 거행되었다.

기독교도들이 약 200여 년 동안 여덟 차례에 걸쳐 감행한 대이슬람 전쟁을 말한다.

십자군전쟁에는 유럽 여러 나라들의 왕과 제후, 기사들은 물론이고 많은 농민들도 참가했다. 그러나 이 원정이 순수하게 종교적인 열망과 하나님에 대한 사랑만으로 이루어진 것은 아니었다. 당시의 서유럽, 특히 독일의 경우 인구가 급속히 증가하여 경작지가 많이 필요했다. 그러므로 십자군원정은 농민들의 입장에서는 개척이민운동의 성격이 강했고, 지중해에서 물건을 사고파는 교역상인들의 입장에서는 비즈니스 성격이 강했다. 물론 봉건제후들과 각 나라의 기사들에게는 운이 좋으면 점령지에서 영주가 될 수도 있는 기회였기 때문에 다양한 계층의 사람들이 십자군원정에 호응했다.

당시 예루살렘은 이슬람 국가인 셀주크 투르크가 점령하고 있었다. 유럽의 기독교도들에게는 한 가지 소원이 있었는데 바로 죽기 전에 한번은 예루살렘에 가서 성지순례를 하는 것이었다. 그래서 많은 신자들이 예루살렘을 향한 여정을 떠나곤 했다. 그러나 서로마와 동로마가 나눠진 이후, 더 이상 기독교도들은 마음 놓고 성지 예루살렘으로 순례를 가기가 어려워졌다. 동로마 제국의 점령지였던 아나톨리아 반도(지금의 터키)에 이슬람을 믿는 투르크족이 자주 침입하여, 성지순례를 오는 기독교도들에 대한 위협이 커졌기 때문이었다. 특히 11세기 들어 서아시아에서 세력을 확대하던 투르크로 인해 예루살렘으로 가는 성지순례로가 큰 위협을 받았다.

점점 증가하는 서유럽 기독교도들의 원망과 불편은 결국 기독교의 수장인 교황에 대한 원망으로 비화됐고, 여러 문제들에 봉착한 교황 우르반 2세는 성지 회복을 명분으로 한 군사적 원정을 단행한다. 물론 성지 회복이라는 위대한 명분은 말 그대로 표면에 내세우는 명분에 지나지 않았고, 실제로는 몇 가지 현실적인 야심이 있었다. 하나는 동서로 갈라진 교회와 교파를 통합하는 것으로, 동로마 제국의 정교회를 로마 가톨릭 교회와 교황 자신의 영향권 아래 두려는 의도가 깊게 깔려 있었다. 다른 하나는 각 나라들의 황제들을 비롯한 세속군주를 지배하기 위해서였다는 것이 정설이다. 왜냐하면 중세는 천상의 왕이었던 교황과 속세의 왕이었던 황제 사이에 끊임없이 갈등과 반목이 이어지던 시대였기 때문이다. 대표적인 게 바로 앞에서 언급했던 카노사의 굴욕이었다.

서로마와 동로마로 나눠진 이후, 서로마가 서기 476년 몰락하면서 동로마는 비잔틴 제국의 동방정교회가 점령하고, 서유럽은 가톨릭이 지배하면서 서로 사이가 좋지 못했다. 그런데 비잔틴 제국의 황제 알렉시오스 1세가 로마 교황 우르반 2세에게 도움을 요청하면서 십자군원정이 시작된 것이다. 십자군전쟁을 흔히 말하는 기독교와 이슬람교의 대결이라는 종교적 관점이 아닌 정치적 관점에서 본다면 알렉시오스 1세가 뛰어난 정치적 수완을 발휘해 서유럽 기독교 국가들을 끌어들여 셀주크 왕조에 빼앗긴 영토를 회복하기 위한 전쟁이었다고 볼 수도 있다.

사실 공식적으로 집계된 십자군원정은 8회이지만, 작은 전투들까지 합치면 수십 건 이상인 것으로 알려져 있고, 최초 십자군원정은 공식적으로 십자군 역사에 포함되지 않는다. 그 이유는 최초 십자군은 전투병들은 거의 없었고, 대부분 농민들로 구성되었기 때문이었다. 이들은 군중 십자군으로서, 예루살렘의 위치조차 제대로 알지 못했고 더구나 무기를 들고 싸울 줄도 모르던 사람들이었다. 무조건 예루살렘이 있다고 들은 동쪽으로 진군했던 군중 십자군은 식량을 약탈하고 양민들을 살해하기도 했다. 결국 군중 십자군은 예루살렘 근처에 도착했지만, 이슬람군에 의해 전멸하였다.

이런 이유로 최초의 십자군원정은 공식 원정으로 인정하지 않아서 어떤 책은 일곱 차례의 십자군원정, 또 다른 책은 여덟 차례의 십자군원정으로 서술하는데 바로 이 최초의 군중 십자군 원정의 포함 여부에 따라 달라진다.

"예루살렘, 안티오크 및 그 밖의 도시들에서 기독교도가 박해를 받고 있다. 신을 믿지 않는 투르크인들의 진출은 멈출 줄 모르고 일곱 차례나 기독

클레르몽 종교회의에서 십자군 원정을 호소하는 교황 우르반 2세. 당시 청중들은 교황의 연설에 감격한 나머지 "이건 하나님의 뜻이다"라고 외치며 성지 회복을 위해 싸울 것을 맹세했다고 한다.

교도들을 격파하고 콘스탄티노플로 다가오고 있다. 성지의 형제들을 구하라. 서유럽의 기독교도들이여, 하나님이 그것을 원하신다. 지위가 높건 낮건, 재산이 많건 적건 근동의 기독교도들의 구원에 힘써라. 하나님은 그대들을 인도하실 것이다. 하나님의 정의를 위해 싸우다 죽는 자는 죄 사함을 받으리라."

우르반 2세 교황은 1096년 클레르몽 공의회[4]에서 이렇게 이슬람교도들을 향한 성스러운 전쟁(기독교도의 입장에서는)을 선포했는데, 교황의 연설에

---

4 클레르몽 공의회 : 1095년 11월 18일부터 11월 28일까지 프랑스 클레르몽 지방의 교회에서 성직자와 평신도의 합동 주재로 열렸던 로마 가톨릭의 교회회의. 이 회의를 주재한 교황 우르반 2세는 11월 27일, 공의회 연설에서 제1차 십자군원정을 호소하였다. 회의는 11월 18일부터 28일까지 열렸으며, 약 300여 명의 성직자가 참석하였는데 우르반 2세는 여기서 서방의 그리스도 교회가 이슬람교에 의해 정복당한 성지를 해방시키고, 이슬람 제국의 공격으로 인하여 위험에 처한 비잔틴 제국을 구원해야 한다고 열변을 토했던 것이다. 클레르몽 공의회에서 행한 교황의 연설은 대단한 호응을 얻었고, 그곳에 모였던 대부분의 성직자와 평신도들은 교황의 연설을 하나님의 뜻으로 받아들이면서 전격적으로 1차 십자군원정이 실행되었다.

가난한 농민들을 비롯해서 어린이들까지 호응했다고 한다. 그중에서도 특히 마지막 구절인 "죄 사함이 있으리라"는 구절과 "하나님이 그것을 원하신다"는 두 구절이 수많은 기독교도들을 전쟁의 소용돌이 속으로 몰아넣었다.

우르반 2세 교황의 선언을 들은 많은 기독교도들은 자신들의 옷에 십자가를 새겨 넣었고 그래서 십자군이라는 이름으로 불리게 됐으며 그런 십자군들이 주동이 된 전쟁이어서 십자군전쟁이라고 한 것이다.

하나님이 그것을 원하신다는 말에 따라 결의에 찬 모습으로 십자군원정에 나섰지만 만족할 만한 승리를 거둔 것은 단지 1차 십자군원정뿐이었다. 제1차 원정군은 1096년 교황과 주교의 주도하에 4개 군단을 조직, 안티오크 탈환을 위해 떠났다. 그리고 3년 후, 기어이 예루살렘을 탈환하는 데 성공했고 이어서 예루살렘 왕국까지 세우는 결실을 맺었다.

그러나 약 50여 년이 지난 후인 1147년 제2차 원정은 십자군 내부의 갈등과 대립으로 인해 실패했고, 새로운 지원 없이는 예루살렘 왕국을 유지하기도 어려운 상황에 봉착하였다. 얼마 후, 이집트가 예루살렘 왕국을 점령했다는 소식을 듣고 1189년 제3차 원정군이 조직되었지만 역시 실패하게 된다. 특히 3차 원정군은 신성로마제국 황제 프리드리히 바르바로사(붉은 수염왕), 프랑스 왕 필리프 1세, 영국 왕 리처드 1세(사자왕)가 힘을 합쳐 무려 10만 명이 넘는 대부대가 참가했던, 십자군 역사상 최대 규모의 원정이었다.

그럼에도 불구하고 신성로마제국 황제는 원정 도중에 사고로 죽고, 프랑스 왕과 영국 왕은 불화했으며, 게다가 이슬람 진영에는 살라흐딘(살라딘)[5]이

---

5 살라딘(1137~1193) : 지금의 이라크 티크리트에서 귀족의 아들로 태어난 살라딘의 원래 이름은 살라흐 앗딘 유수프 이븐 아이유부인데 십자군전쟁 당시 그에게 패배하며 고통을 당했던 기독교도들의 발음으로 살라딘으로 불리게 됐다. 탁월한 군사 지도자이자 뛰어난 정치가였으며 이집트와 시리아의 술탄이기도 했다. 관대하고 합리적인 인물로 알려졌으며, 제3차 십자군전쟁에서는 기독교도들의 성지인 예루살렘을 거의 무혈입성하고도 포로들과 패잔병들을 정중하게 대우하는 관용으로 유명했다. 특

〈하틴 전투 후의 살라딘과 기 드 뤼지냥〉, 사이드 타쉰, 1187. 예루살렘 왕국의 왕 기 드 뤼지냥은 하틴 전투에서 살라딘에게 패하고 포로가 되었으나, 퇴위를 조건으로 석방된다. 이때 살라딘은 자신의 막사로 끌려온 기 드 뤼지냥에게 얼음물을 주면서 환대했다고 한다.

라는 영웅이 등장하면서 3차 원정도 실패했던 것이다. 특히 살라딘은 탁월한 전략은 물론이고 사로잡은 기독교 포로들을 정중하게 대하고 휴전협상에서는 기독교도들의 성지순례의 권리를 인정하면서 오히려 이슬람 진영의 관용을 보여주기도 했다.

제4차 십자군원정이 바로 가장 참혹했고 명분도 없었으며 종교적 갈등의 불씨만 남겼던 원정으로 베네치아 상인들이 주동이 되어 상업적으로 경

히 그의 지도력과 군사적 역량으로 이슬람 세계는 물론이고 기독교계 모두에게 알려졌으며, 탐욕스럽고 무자비했던 십자군의 군주들에 비해 온건하고 약속을 잘 지키는 자비로운 군주로 덕망이 높았다. 십자군전쟁에서 그가 보인 기사도 정신과 자비심은 서방세계에 널리 전해져 수많은 전설과 기록으로 남았다. 살라딘이라는 그의 이름은 아랍어로 '정의와 신념'을 의미한다. 평소 금욕적인 생활을 즐겼고, 특히 자신의 장례조차도 최대한 검소하게 치르게 했을 만큼 검소한 이슬람의 영웅으로 알려졌다. 지금도 이슬람 세계에서는 십자군의 침략에 맞서 아랍인의 자존심을 지킨 지하드의 영웅이자 저항과 독립의 상징적인 인물로 칭송되고 있다.

쟁 관계에 있던 콘스탄티노플을 점령해서 많은 문제를 일으켰다. 이 장을 시작한 들라크루아의 그림의 배경이 된 것이 바로 가장 문제가 많았던 4차 원정이었다.

제5차 십자군원정에서는 일시적으로 예루살렘 성지를 탈환했지만 곧바로 다시 빼앗기면서 결국 실패로 끝났고, 제6차 원정에서도 예루살렘을 지배하던 이집트를 공격했으나 역시 실패했다. 이어서 1270년, 마지막 7차 원정에서는 원정을 주도한 프랑스의 루이 9세가 튀니스에서 사망하면서 사실상 200여 년에 걸쳐 이루어졌던 십자군원정은 대단원의 막을 내리게 된다.

왜 4차 십자군은 같은 기독교 국가를 공격하게 되었는가?

십자군원정은 익히 알려진 대로 11세기부터 13세기까지 약 200년 동안 8차에 걸쳐 치러졌다. 원정 초기에는 이슬람에 맞서 기독교의 성지인 예루살렘을 되찾자는 의미의 성스러운 전쟁으로 시작했지만, 점점 이권이 개입되고 타락하면서 어처구니없는 약탈전쟁으로 변해갔다. 특히 군사와 민간인을 가리지 않고 무차별적으로 저질렀던 약탈과 광기의 절정이 바로 4차 원정의 특징이었다.

4차 십자군원정의 가장 큰 문제는 당시 모든 유럽인들을 경악시켰고, 기독교 국가들은 물론이고 교황조차 분노하게 만들었던 것으로 같은 기독교 국가였던 헝가리를 침략했다는 것이었다. 당시 헝가리는 기독교 국가였던 것은 물론이고 특히 교황에게 절대적인 충성과 협조를 하고 있던 국가였다. 그런 충성스런 기독교 국가를 십자군들이 공격하고, 약탈하고 민간인들까지 학살하는 엄청난 만행을 저질렀으니 십자군전쟁 중 가장 최악의 원정이자 미치광이 원정이었다는 말이 따라다닌다.

거룩한 '성전'을 표방하며 거창하게 출발했던 십자군들은 왜 하필이면 4

차 원정에서 초유의 행위(기독교 국가를 침략하는)를 저지르는 야만적 행위를 저질렀던 것일까?

처음 원정을 떠날 때만 해도 4차 십자군의 목표는 기존 1차, 2차, 3차 원정군과 다를 바 없이 이슬람에게 점령당한 성지 예루살렘을 탈환하는 것이었는데, 도대체 그사이에 무슨 일이 있었기에 십자군들의 목표가 변질되고 역사상 최악의 만행을 저질렀을까?

십자군원정은 기독교 국가들의 이기적인 종교전쟁일 뿐이라는 평가도 물론 있지만, 그럼에도 불구하고 1차부터 3차까지의 십자군원정은 확실한 정치적인 명분도 있었고 특히 이슬람이라는 적군과 기독교라는 아군의 구별이 명확했다. 그러나 제4차 십자군원정은 13세기 초에 2년간 진행되었는데 완전히 막장의 길을 간다.

4차 십자군원정에는 소아시아를 정복하고 한몫을 크게 챙기려는 생각으로 똘똘 뭉친 봉건영주의 차남들이 많이 참가했다. 이들 차남들이 위험한 전쟁에 참가했던 이유는 당시 서유럽 대부분의 나라에서는 장자에게 모든 상속이 이루어졌기 때문이었다.

중세에 장자에게 집안의 모든 경제적 재산이 전해지던 것을 '장남상속제'라고 했는데 이 제도가 장남을 제외한 다른 형제들에게는 큰 불만이었다. 그 불만들이 점점 커지고 확대되면서 종국에는 교황에게까지 전해지게 됐다. 교황이 이 경제적 불만들을 잠재우기 위해서는 그들에게 나눠줄 영토가 많이 필요했는데, 서유럽 내에서는 그런 영토를 확보하기가 어려웠다는 게 새로운 문제였다. 이와 같은 불만들을 잠재우고 문제를 해결하기 위해서는 서유럽이 아닌 다른 지역의 영토가 필요했고, 그래서 이슬람들이 점령하고 있던 예루살렘으로 눈을 돌리게 됐던 것이다. 이게 십자군원정의 경제적 이유 중 하나였다.

그렇다면 4차 십자군원정의 문제는 도대체 무엇이었는가? 무엇이 문제였기에 그런 무지막지한 살육의 전쟁을 이슬람 국가도 아닌 같은 기독교 국

예루살렘에서의 민간인 학살

가를 상대로 자행했던 것일까?

사실 4차 십자군원정의 처음 계획은 이탈리아 항구에 모여 배를 타고 출발하는 것이었는데 이 시작부터 문제가 발생했다. 1차, 2차, 3차 원정처럼 투철한 종교심과 믿음으로 무장한 많은 기독교 전사들이 4차 원정에도 당연히 참여할 줄 알았는데 이게 잘못된 기대였던 것이다. 3차까지 이루어진 십자군원정에서 패배감과 피로감을 느꼈는지 지원자들이 생각보다 너무도 적게 모였다. 이렇게 4차 원정은 시작부터 삐걱거린다.

4차 원정에 참전하려는 지원군이 많이 모자라자 항구에 모인 십자군은 제 시간에 원정길에 오를 수 없었고 새로운 지원자들이 오기를 기대하며 항구에 머물러 시간만 허비하는 상황이 되었던 것이다.

4차 십자군원정에 필요한 보급물자 및 병력 이동은 베네치아에게 의뢰되었는데, 기약 없이 시간만 지체되면서 십자군은 그곳에서 먹고 마시고 체류하는 모든 비용 때문에 베네치아에게 예정에 없는 막대한 빚을 지게 된다. 계획에 없는 베네치아 체류가 길어지며 발생하는 숙식 비용뿐 아니라 이동하는 뱃삯까지 지불해야 했기에, 오래 지나지 않아 십자군과 베네치아의 관계는 채권채무 관계로 변해버렸다.

그러나 4차 십자군에게는 채무를 청산할 능력이 없었다. 이것이 결국 4차 원정군이 베네치아의 제안을 거부하지 못하고 같은 기독교 국가를 공격하는 어처구니없는 결과로 이어진 것이다. 즉 제4차 십자군원정이 기독교 국가들 간의 내분에 이용된 것이다.

그런데 여기서 자연스럽게 드는 한 가지 의문점이 있다. 기독교 국가 베네치아는 왜 같은 기독교 국가 헝가리를 공격하려 했고, 그런 공격에 4차 십자군들을 이용하려 했던 것일까? 주된 이유는 당연하게도 경제적 주도권을 차지해서 더 부유한 나라가 되려는 욕심이었다. 경제적 주도권이라는 현실 앞에서 같은 기독교를 믿는다는 종교적 동질감은 그리 중요하지 않았던 것이었다.

도시국가 베네치아는 헝가리를 제치고 동지중해의 경제권과 무역권을 완전히 독차지하고 싶었다. 그런데 헝가리가 자라를 점령하고 방해하니 베네치아 입장에서는 눈엣가시였던 것이다. 그래서 베네치아는 경제적인 이득을 위해 같은 기독교 국가인 헝가리를 공격하자고 4차 십자군들을 회유했고, 이것이 결국 엉뚱하게도 4차 십자군원정이 같은 편을 침략하고 약탈하는 전쟁으로 변질되게 만들었던 것이다.

물론 애당초 원정을 떠나올 때는 이런 엉뚱한 결과를 생각하지는 않았을 것이다. 그러나 처음 의도와 목적과는 달리 4차 십자군원정은 같은 기독교 국가를 공격하고 약탈하고 민간인들까지 학살하는 최악의 원정이라는 오명에서 벗어날 수 없었다. 그래서 분노한 교황에 의해 4차 원정군 전체가 파문이라는 엄청난 징계를 받았던 것인데, 이게 또 다른 불행의 씨앗이 되었다.

교황에게 역사상 최초의 집단 파문을 당한 4차 원정군들의 충격은 상상

이상이었을 것이다. 파문은 기독교 국가에서 교황이 신자에게 내릴 수 있는 사실상 가장 큰 징계이고, 파문을 당하면 가족을 비롯한 주변 사람들에게까지 피해가 발생하므로 아무리 사제나 교황이라도 함부로 쉽게 내리는 징계가 아니다. 이처럼 엄청난 징계를 받았으니 원정군들이 제정신을 차리고 이성적인 행동을 하기가 쉽지 않았을 것이다.

교회에서 내리는 징계에는 파문보다 약한 출교[6]도 있었지만, 출교나 파문을 당한 사람은 흔히 두 가지 선택의 기로에 놓이게 된다. 하나는 자신의 잘못과 죄를 되돌아보고 사제나 교황으로부터 징계를 철회받기 위해 최선의 노력을 경주하는 것이다. 카노사의 굴욕에서 교황과 황제의 갈등이 극에 달하자 신성로마제국의 황제였던 하인리히 4세가 자신에게 파문을 선언한 교황 그레고리우스 7세에 굴복, 무릎을 꿇은 뒤 결국 파문을 철회받았던 역사가 있었다. 다른 하나는 파문을 당한 후 아예 교회와 교황에 맞서 끝까지 지저분한 싸움을 이어가는 것이다.

교황에게 전원 파문이라는 초유의 일을 당한 원정군들은 어떤 선택을 했을까? 불행히도 그들은 교황에게 맞서 싸우는 후자를 택했고, 그래서 콘스탄티노플을 공격, 잔혹한 일들을 자행했던 것이다. 그러나 4차 원정군들이 같은 기독교 국가로 비잔틴 제국의 수도 콘스탄티노플을 공격해서 약탈하게 된 데는 비잔틴 제국의 권력다툼에서 밀려난 알렉시오스가 배후에 있었다. 알렉시오스는 4차 원정군에게 콘스탄티노플을 점령해주면 막대한 사례를 하겠다는 은밀한 제안을 했던 것이다.

---

6   출교, 출교하다(put out of the synagogue) : 때로는 파문과 출교가 비슷한 의미로 사용되기도 했지만 굳이 두 단어의 차이를 말하자면 출교는 헬라어 '아포시나고스'라는 단어에서 비롯했는데 '아포'는 '~으로부터'라는 의미이고, '시나고스'는 '회당'을 뜻한다. 그러므로 출교는 사전적으로 '회당에서 내쫓음'이라는 의미이다. 한편 기독교에서 말하는 출교는 큰 잘못을 범한 교인을 교적에서 제하여 신앙공동체, 즉 예배나 교회 모임에서 내쫓는 것을 말하는데 종종 파문과 같은 의미로 사용되기도 했다.

내분으로 무너진 철옹성 콘스탄티노플

당시 콘스탄티노플은 비잔틴 제국의 수도이자 가장 거대한 도시였고, 수차례에 걸친 이슬람의 공격마저 막아낸 요새였다. 이슬람 세력이 그리스와 로마 등의 서유럽으로 넘어가기 위해서는 반드시 점령해야만 했던 요지였다. 이렇게 중요한 지정학적 거점으로서 기독교 국가들을 지키던 콘스탄티노플 덕분에 서유럽은 이슬람의 공격에서 살아남을 수 있었다. 알렉시오스는 그 콘스탄티노플을 함께 공격하자고 부추겼던 것이다.

마침 교황으로부터 집단 파문을 당한 충격으로 아예 약탈이나 하려고 마음먹고 있던 원정군에게 알렉시오스의 은밀한 부추김은 거부하기 힘든 유혹이었을 것이다. 4차 원정을 위해 베네치아에 머물 때 막대한 빚을 졌던 4차 원정군에게는 재물도 필요했기에 더욱더 알렉시오스의 회유에 넘어갔을 것이다.

결국 4차 원정군은 계획에 없었던 콘스탄티노플을 향해 말머리를 돌렸다. 같은 기독교 군대가 자신들을 공격해온다는 것이 많이 당황스럽긴 했지만, 대규모 이슬람군을 여러 차례에 걸쳐 물리쳐온 경험이 있는 콘스탄티노플에게 사실상 큰 위협이 될 정도는 아니었다. 게다가 콘스탄티노플을 함락하기 위해서는 콘스탄티노플성을 공격해야 하는데, 이 성이 워낙 견고해서 함락시키기가 쉽지 않았기 때문에 그다지 걱정하지 않았다.

콘스탄티노플성은 3중 성벽으로 에워싸여 있었다. 성벽이 2중이고 그 앞에 폭이 20미터나 되는 해자[7]가 있어서 난공불락의 위용을 자랑했다. 해자는

---

7 해자 : 동물이나 외부인, 특히 외적으로부터의 침입을 방어하기 위해 고대부터 근세에 이르기까지 성(城)의 주위를 파 경계로 삼은 구덩이. 방어의 효과를 더욱 높이기 위해 해자에 물을 채워 넣어 연못으로 만든 경우가 많았다. 이런 해자를 특히 외호(外濠)라고 부르기도 한다. 영어로는 Moat라고 하며, 서양의 해자는 주로 중세시대에 발전하였다. 외적의 침입으로부터 영주의 거처인 성을 방어하기 위해, 주위에 해자를

콘스탄티노플 성벽. 성벽이 2중으로 둘러쳐져 있다.

성벽 방어를 쉽게 하기 위해서 흔히 성벽 앞에 땅을 파서 물을 채워 넣은 것을 말한다. 해자가 크고 넓을수록 수비하는 입장에서는 훨씬 수월하게 성을 방어할 수 있다. 공격군이 해자를 건너려면 사다리를 걸쳐놓아야 했는데 이때 수비하는 군인들이 화살을 쏘면서 방어했던 것이다.

넓은 해자와 2중으로 된 견고한 성벽이 있었기에 콘스탄티노플은 그동안 수차례에 걸친 대규모 이슬람군의 공격을 다 막아낼 수 있었다. 하지만 콘스탄티노플이 당면한 문제는 성벽이나 4차 원정군이 아닌 권력다툼에 의한 내분이었다.

4차 원정군이 콘스탄티노플을 공격한 이후, 뜻하지 않은 일이 발생해서 4차 원정군을 거의 패닉 상태로 몰아간다. 콘스틴타노플의 황제 알렉시오스 3세는 십자군의 공격에 겁을 먹고 재물을 챙겨 달아나고, 이사키오스 2세와 함께 공동황제로 즉위한 알렉시오스 4세는 독재적인 인물이라 제국의 시민들에게 미움을 받은 끝에 시민들에게 잡혀 죽은 것이다. 자신들을 배후에서

파고 물을 채워 넣었다.

조종했던 알렉시오스가 사라지자 갑자기 목표를 상실하고 할일이 사라진 4 차 원정군은 기왕 콘스탄티노플까지 왔으니 그래도 막대한 배상금을 지불하라고 요구했고, 비잔틴 제국의 시민들은 그런 원정군의 요구를 들어줄 수 없어 그냥 무시하고 거부한다. 이게 바로 불행의 씨앗이었다.

이때부터 4차 원정군들은 이성을 잃었다. 자신들의 요구가 거부당하자 즉시 콘스탄티노플을 점령하고 약탈하기로 결정한 것이다. 어이없게도 수많은 이슬람의 대군을 물리쳐온 천혜의 요새 콘스탄티노플은 권력다툼에 의한 내분과 같은 기독교도인 4차 원정군의 광기에 찬 공격으로 함락되고 만다. 결국 제4차 십자군원정은 아무런 의미도 명분도 없는 살육전쟁으로 바뀌었고 십자군은 닥치는 대로 무고한 기독교 시민들을 죽이며 약탈한다. 얼마나 많은 사람들을 죽였는지, 조금 과장을 보태면 당시 콘스탄티노플에서 죽임을 당한 무고한 사람들의 피가 발목까지 차오를 정도였다고 했다.

광기에 찬 4차 원정군들이 콘스탄티노플에서 저지른 만행과 학살에 대해 들라크루아가 비판하는 의미로 그린 작품이 이 장을 시작한 〈콘스탄티노플에 입성하는 십자군〉이었다.

제4차 십자군원정의 결과가 같은 기독교 국가끼리의 무자비한 살육전이 되어버림으로써 베네치아만 이득을 얻었다. 동지중해의 무역을 놓고 경쟁하던 비잔틴 제국이 사라지자 베네치아는 향후 수백 년 동안 호황을 누리며 번성했다. 그리고 베네치아를 중심으로 한 경제적인 호황은 14세기의 르네상스가 베네치아, 피렌체 등의 이탈리아에서 먼저 꽃피게 되는 원동력이 된다.

제4차 십자군원정은 이성을 상실한 인간들에게 강력한 군사력과 권력이 생겼을 때 종교를 핑계 삼아 어디까지 악해질 수 있는가를 선명하게 보여준 불행의 역사이기도 하다.

〈샤를 7세 대관식에서의 잔 다르크〉, 장 오귀스트 도미니크 앵그르, 1851∼1854, 루브르 박물관

07

프랑스와 영국의 대립
: 백년전쟁(AD 1337~1453)과 잔 다르크

도미니크 앵그르는 무엇을 말하고 싶었는가?

앞의 그림은 프랑스를 전쟁 패배의 위기에서 구해낸 구국의 영웅 잔 다르크(Jeanne d'Arc)를 그린 유명한 작품이다. 잔 다르크를 주인공으로 그려진 작품들은 많이 있지만 그중에서도 특히 이 그림은 잔 다르크의 영웅적인 모습을 묘사한 매우 상징적인 그림이기도 하다.

그림의 배경은 영국과 백년전쟁을 치르면서 수많은 위기에 빠졌던 프랑스가 결국 잔 다르크의 활약에 힘입어 국가적 위기를 극복하고 샤를 7세[1]라

---

1 샤를 7세(Charles Ⅶ, 1403~1461) : 잔 다르크 이야기를 하면 반드시 등장하는 프랑스의 왕. 백년전쟁이 끝나가던 1422년, 19세의 나이로 발루아 왕조의 다섯 번째 왕으로 등극했다. 잔 다르크의 도움으로 영국인들을 프랑스 땅에서 몰아내고 군주국의 행정을 강화하는 데 성공했다. 그는 왕세자 시절부터 흔하지 않게 부왕을 대신해서 섭정하면서 권력의 생리를 잘 알았던 인물이었다. 일국의 왕은 하늘이 내린다고 했던 것처럼 사실 샤를 7세에 앞서 그의 친형이 있어서 사실은 샤를 7세에게까지 왕위가 오기가 쉽지 않았는데, 형이 1417년 사망하게 되면서 샤를 7세가 왕세자에 오를 수 있었던 것이다. 이때 그의 나이가 불과 14세였다. 그는 왕위에 오르기 전인 1418년부터 정신이상이었던 아버지 샤를 6세를 대신해서 섭정을 맡았다. 그의 나이 불과 19세밖

는 새로운 왕을 세우는 역사적인 현장이다. 그래서 제목도 〈샤를 7세 대관식에서의 잔 다르크〉라고 한다.

샤를 7세의 대관식이야말로 프랑스의 입장에서는 너무도 의미 있는 행사였으므로 프랑스의 화가 도미니크 앵그르는 당시의 상황을 큰 화폭에 담았다. 가로 178센티미터, 세로 240센티미터에 달하는 커다란 그림을 그리면서 제목을 〈샤를 7세 대관식에서의 잔 다르크〉라고 정확히 적었다. 그러나 이 그림을 보면 의아하게 여겨지는 게 있다. 특히 그림 속의 잔 다르크와 그림의 제목을 함께 보다 보면 자연스럽게 의문점이 든다.

그림 아래에 적힌 제목을 보지 않고 그냥 그림만 본다면 그 누구도 이 장면이 샤를 7세의 대관식이란 것을 알기가 쉽지 않을 것이다. 오히려 '잔 다르크의 대관식' 혹은 '영웅이 된 잔 다르크' 등의 제목이 더 어울릴 것 같다. 한마디로 그림만 보아서는 도저히 새로운 왕의 대관식이 거행되고 있다는 사실을 알 수가 없다는 것이다.

이것이 바로 이 그림을 보면서 드는 자연스러운 의문점이다. 일반적으로는 거의 대부분의 그림들은 제목을 붙일 때 그림의 상황과 직접적으로 관련된 제목을 붙이는 게 보통이다. 그래서 제목만 보거나 혹은 그림만 보면 어떤 상황을 그렸는지를 짐작할 수 있다. 그런데 앵그르는 이 그림을 그리면서 조금은 특이한 방식으로 제목과 그림을 매치시킨 듯하다. 앵그르는 분명히 제목을 〈샤를 7세 대관식에서의 잔 다르크〉라고 했는데, 그렇다면 당연히

에 안 됐던 1422년 10월 21일, 부왕인 샤를 6세가 세상을 떠나면서 비로소 프랑스 왕이라는 칭호를 쓰기 시작했다. 프랑스의 새로운 왕으로 공식 즉위한 그의 가장 큰 어려움은 경제적인 문제였고 이것이 결국 영국과의 갈등을 만들게 된다. 전통적으로 프랑스 국왕들의 대관식을 거행하던 랭스 지방을 영국군이 점령하고 있어서 대관식을 못했는데 천사의 계시를 받은 잔 다르크의 도움으로 랭스를 되찾고 무사히 대관식을 거행함으로서 공식적인 군주가 될 수 있었다. 이렇게 그 누구보다 잔 다르크의 도움에 힘입어 프랑스의 공식 군주가 됐음에도 불구하고 나중에 잔 다르크가 마녀로 몰려 화형에 처해질 때는 도움의 손길을 내밀지 않은 냉혹한 군주이기도 했다.

대관식의 주인공인 샤를 7세의 멋진 모습을 그리거나 아니면 적어도 대관식이 벌어지는 현장을 그리는 게 정상이다. 그런데 그림 어디에서도 그런 모습을 찾아볼 수 없다. 제목과 달리 이 그림을 봐서는 도저히 샤를 7세의 대관식에 대한 그 어떤 정보를 얻거나 상상도 할 수 없고 오로지 당당히 서서 깃발을 들고 있는 잔 다르크의 모습만 보인다.

모든 글에는 글쓴이의 의도가 들어가 있고, 그림에는 그림을 그린 화가의 의도나 메시지가 들어가 있다고 보는 것이 합당한 생각일 것이다. 〈샤를 7세 대관식에서의 잔 다르크〉라는 그림을 그린 앵그르는 왜 그림과 제목을 불일치하게 붙였던 것일까? 왜 앵그르는 제목에는 샤를 7세 대관식을 언급했으면서, 실제 그림에서는 전혀 대관식장의 모습을 그리지 않았을까? 그림과 제목을 통해서 우리는 앵그르의 의도를 알 수 있지 않을까?

이 그림은 파리 루브르 박물관에 있는 것으로 1851~1854년에 그려졌다. 앵그르는 영웅 잔 다르크가 중앙에 우뚝 서 있고, 그 뒤에는 수도사와 신도들이 경배의 몸짓을 하고 모습으로 묘사했다. 샤를 7세의 영광스러운 대관식 광경을 그린 것으로 제목에서도 분명하게 샤를 7세의 대관식이 거행되는 현장이라는 것을 알려주고 있다. 그러나 앵그르는 영광스런 대관식을 주제로 삼지 않고 잔 다르크의 영웅적인 모습만을 전면에 부각시키고 있다.

단 위에 놓인 촛대와 여러 가지 성물들, 몸에 부착된 도끼, 칼, 철갑 마스크, 장갑 등은 매우 사실적으로 세밀하게 그려져 있으며, 어둡고 차가운 색채감으로 전반적인 분위기는 가라앉아 있고 정적인 느낌이 강하다. 어두운 배경과 대비되는 반짝이는 금속 갑옷의 질감은 차가우면서도 단단한 이미지를 주고, 한 손에 들고 있는 깃발과 머리 뒤에 입혀진 후광은 잔 다르크를 현실적인 여인의 모습이 아닌, 이상화된 신비한 존재로 표현하고 있다.

앵그르가 잔 다르크를 이런 모습으로 그린 것은 경건하면서도 영웅적인 기독교의 영광을 재현하려는 목적으로 오를레앙의 처녀 잔 다르크를 성녀의 이미지로 표현하였던 것이다. 결론적으로 앵그르에게 있어서 정작 중요한 것은 국왕인 샤를 7세도 아니었고, 국왕의 대관식이라는 멋진 행사와 장소도 아니었던 것이다. 반짝이는 금속 갑옷과 잔 다르크 뒤에 비친 후광을 통해서 화가는 대관식의 주인공인 샤를 7세보다 더욱 영웅적인 인물로 프랑스를 구한 잔 다르크를 부각시키려 했다. 프랑스를 구한 인물이 평범한 사람이 아니라 신의 축복과 은총을 받은 아주 특별한 사람이었고, 프랑스는 결국 특별한 신의 은총을 받은 나라였다는 것을 말하려던 것을 아닐까.

백년전쟁의 명분

유럽의 고대 세계를 마무리하는 전쟁이 로마와 카르타고 사이에 벌어진 포에니 전쟁이었다면, 중세 유럽을 시작하는 큰 전쟁 중 하나가 바로 프랑스와 영국이 100여 년에 걸쳐 벌인 백년전쟁이었다. 물론 이 전쟁 이전에 그 유명한 십자군전쟁이 있었지만, 십자군전쟁이 기독교와 이슬람이 서로 운명을 걸고 벌였던 전 유럽적인 전쟁이었다면, 백년전쟁은 유럽을 대표하는 두 나라 사이에 벌어진 것으로 약간 성격을 달리한다고 볼 수 있다.

명칭은 백년전쟁이지만 실제로는 1337년부터 1453년까지 약 116년 동안 프랑스 영토에서 싸움과 휴전을 반복했던 길고 지루한 전쟁이었다. 이 전쟁 이후로 프랑스와 영국은 유럽에서 가장 치열하게 다투는 라이벌 국가가 됐고, 이런 라이벌 의식은 지금 이 시대까지도 이어지고 있다.

프랑스와 영국은 왜 전쟁에 돌입했던 것일까? 무슨 원한과 악연이 있었기에 무려 116년 동안이나 국가의 명운을 걸고 전쟁을 벌여야만 했던 것일까? 두 나라가 이렇게 오랫동안 전쟁을 벌이기 위해서는 다양하고도 엄청난 원인이 있어야만 할 것이다.

백년전쟁의 1차적인 원인은 왕위계승을 둘러싼 갈등이었다. 유럽 역사에서 왕위계승은 매우 민감한 문제라서 여러 전쟁의 원인으로 작용한다. 결론적으로 백년전쟁은 프랑스 국왕 샤를 4세가 왕위를 이을 아들을 두지 못하고 죽으면서 시작된 것이다. 아들이 없이 국왕이 사망하면 보통은 국왕의 동생 가문에서 후사

에드워드 2세

에드워드 3세

를 잇는 것이 보편적인데 이것이 왜 문제가 됐을까? 더구나 샤를 4세에게는 여동생이 있었고, 여동생의 아들이 국왕이 되면 간단한데 말이다. 그런데 이게 바로 직접적인 문제였는데, 특히 샤를 4세 여동생의 남편이 핵심이었다.

즉 샤를 4세의 여동생의 남편 때문에 프랑스에서는 여동생의 아들에게 왕권을 물려줄 수가 없었던 것이다. 왜냐하면 여동생의 남편이 바로 에드워드 2세(1284~1327)로, 영국의 국왕이었기 때문이다. 관례대로 프랑스 국왕의 여동생의 아들이 왕위를 이어받게 되면 이후부터는 영국의 혈통을 따라야 하는 게 문제가 되었다. 영국 국왕 에드워드 2세의 아들인 에드워드 3세가 프랑스 국왕이 된다면 프랑스 왕가에 영국의 피가 흐르게 되기 때문에 프랑스 왕가에서는 이를 도저히 수용할 수 없었던 것이다. 그리하여 프랑스 왕가에서는 샤를 4세의 사촌형제를 왕위에 올리려고 한다. 그래서 새롭게 프랑스 국왕으로 즉위한 사람이 바로 발루아 가문의 필리프 6세였다.

우여곡절을 거쳐 프랑스 왕가 혈통에 영국 혈통이 섞이는 것을 막았지만, 이번에는 프랑스의 결정을 영국이 그대로 수용하지 않고 크게 반발하였다. 이처럼 프랑스 국왕 자리를 놓고 영국과 프랑스가 치열하게 물밑싸움을 벌였고, 이것이 곧바로 큰 전쟁으로 확대된다. 백년전쟁의 주된 원인은 바로 이것이었다.

그러나 모든 전쟁에는 명분 문제와 함께 실제적인 이익이 얽혀 있다. 흔히 전쟁을 준비하는 비용의 열 배 정도의 이익이 있어야 실제로 전쟁이 발발한다고 한다.

백년전쟁의 실질적인 원인

흔히 정치에는 명분이 가장 중요하다고 하는데, 전쟁에서는 명분도 중요하지만 정작 더 중요한 것이 바로 실익이다. 아무리 명분이 그럴듯해도 승리해서 얻을 이익이 전쟁 준비 비용의 열 배 정도가 되지 않으면 결코 전쟁은 발발하지 않는다고 한다. 예컨대 다른 나라와 전쟁을 준비하는 데 들어가는 비용이 백만 원이면, 이겼을 때 적어도 천만 원 정도의 이익이 있어야 전쟁을 결심하고 선포한다는 것이다. 그런 의미에서 전쟁에서 꼭 필요한 명분이라는 것은 실익이 큰 전쟁을 어떻게 해서든지 일으키기 위한 하나의 구실에 지나지 않는 경우가 많다.

그렇다면 프랑스와 영국이 백년전쟁을 통해서 얻을 수 있는 실제적인 이익은 무엇이었을까? 얼마나 큰 이익이 걸려 있었기에 두 나라는 백년전쟁이라 불릴 정도로 오랜 기간 전쟁을 했던 것일까? 백년전쟁을 위한 명분이 프랑스 왕위계승이었다면, 실제적인 이익은 프랑스 영토를 획득한다는 것이었다. 이것이야말로 영국이 백년전쟁에 그토록 매달리고 온 국력을 모아서 전쟁을 해야만 했던 이유였기도 하다.

영국의 입장에서는 바다 건너 유럽 대륙인 프랑스 땅에서 싸우는 전쟁을 통해서 얻을 수 있는 것이 프랑스에 비해서 아주 많았다. 백년전쟁 승리를 통해 가장 먼저 생각할 수 있는 실익은 위에서 말한 대로 프랑스 땅을 차지하는 것이었다. 또한 싸움이 영국 영토가 아닌 프랑스 영토에서 주로 벌어졌기에 영국 영토가 황폐화되는 걸 막을 수도 있었다. 게다가 국가의 운명을 걸고 전쟁을 해서 승리하게 되면 패전국가로부터 막대한 배상금을 받는 것은 물론이고, 영토까지 할양받는 경우는 역사에서 매우 흔했던 것이다.

반면 프랑스 입장에서 전쟁에서 이기면 얻을 수 있는 실제적인 이익은 무엇이었을까? 오래전부터 프랑스에게는 와인의 본고장으로 유명한 보르도 지방이 눈엣가시였다. 당시 아키텐이라 불리던 지금의 보르도 지방은 오래전부터 영국의 관할지역으로 영국이 사실상 지배하던 곳이었다. 별로 넓은 땅은 아니었지만 와인과 다양한 술로 유명했는데 전통적으로 와인과 술에는 막대한 세금이 붙는다. 즉 프랑스에게 보르도 지방은 작은 영토임에도 불구하고 많은 세금을 거둘 수 있는 중요한 지역이었던 것이다. 그래서 프랑스는 이번 백년전쟁을 통해 영국이 지배하던 보르도를 완전히 차지하고자 하는 마음이 있었고 이것이 전쟁에 나서는 한 가지 실제적인 이유가 됐다.

보르도 지방 말고도 당시 프랑스에게 골칫거리였던 지역이 또 하나 있었는데 바로 북쪽에 있던 플랑드르 지방이었다. 플랑드르 지방은 프랑스는 물론이고 전 유럽에서도 첫손에 꼽히던 모직물로 유명한 지역이었다. 플랑드르가 모직물 산업의 발달로 인해 경제적인 윤택을 누릴 수 있었던 것은 프랑스의 도움 때문이 아니라 영국의 도움 때문이었다. 영국인들이 양을 키워서 좋은 품질의 양털을 얻었고, 그 고품질 양털을 가져와서 모직물을 생산한 곳이 바로 영국과도 지리적으로 가까운 플랑드르 지역이었다. 그래서 플랑드르 지역은 프랑스 영토임에도 불구하고 영국과 매우 친밀한 관계였고, 영국의 양털 산업 덕분에 부유한 삶을 유지할 수 있었다. 이런 경제적인 이유로 플랑드르 사람들은 영국과 영국 사람들은 원수가 아닌 자신들에게 도움을 주는 사람들로 생각했다. 그리하여 두 나라 사이에 백년전쟁이 발발하자 플랑드르는 프랑스가 아닌 영국의 편을 들었다.

프랑스 입장에서는 분명히 프랑스 영토이면서도 영국이 관할하거나, 영국과 친밀한 지역이었던 보르도와 플랑드르 지방을 백년전쟁을 통해 온전히 프랑스 영토로 만들고 막대한 경제적 이득을 얻고자 했다. 이것이 바로 프랑스가 백년전쟁의 승리를 통해 얻을 수 있었던 실제적이고도 경제적인 이득이었다. 백년전쟁은 프랑스와 영국 두 나라 모두에게 실제적이고도 막대한 이득을 가져다 줄 수 있었기에 그렇게 오랜 기간(무려 116년간) 전쟁을 할 수 있었을 것이다.

영국의 첫 번째 대승 : 크레시 전투(AD 1346)

백년전쟁 하면 흔히 위기에 빠진 프랑스를 구해낸 구국의 여인이자 비정한 정치의 희생양 잔 다르크를 떠올리는데, 그녀가 본격적으로 등장하기 이전에 영국군은 프랑스군을 상대로 역사적인 대승을 거두게 된다. 그중 가장 첫 번째 대승을 거둔 전투가 크레시 전투였다. 그러나 크레시 전투가 발발하게 된 원인은 조금은 특별했다.

전쟁은 명분보다 실제적인 이득이 중요하다고 했지만 명분과 이득 외에 백년전쟁이 발발한 또 다른 원인이 있었다. 이번에는 영국과는 전통적으로 사이가 좋지 않았던 스코틀랜드가 그 주인공이다.

영국, 즉 잉글랜드와 전통적으로 앙숙인 스코틀랜드는 여러 차례에 걸쳐서 영국을 상대로 크고 작은 전쟁을 많이 치렀다. 그런데 문제는 전쟁을 하면 대부분 영국이 승리했다는 것이다. 이번에는 전쟁에서 패한 스코틀랜드 국왕이 아예 영국의 추격을 피해 프랑스로 도망친다. 요즘으로 치면 전쟁에서 패한 나라의 대통령이 이웃 나라로 정치적 망명을 한 것과 흡사하다. 전쟁에서 이긴 나라는 당연히 패전국 대통령의 인도를 요구하지만 망명한 사람을 넘겨주는 경우는 흔치 않다. 패전국 스코틀랜드 국왕을 돌려달라는 영국의 요청을 프랑스는 당연히 거부한다. 이런 상황 역시 요즘의 국제정세와 매우 흡사해서, 정치적 핍박을 피해 자신의 나라로 망명해온 사람을 돌려보내지 않고 보호하는 것과 마찬가지다.

프랑스로부터 공식적인 거부를 당한 영국은 외교적인 방법 대신 군사적인 방법을 도모한다. 스코틀랜드 국왕도 데려오고, 영국의 외교적 요청을 무시한 프랑스에 대한 징계도 할 겸해서 영국은 약 1만 2천여 명의 군사들을 모아서 약 4만여 명이 맞선 프랑스군과 운명적인 일전을 치르게 된다. 이 전투가 바로 크레시 전투[2]인데, 이 전투로 인해 두 나라 사이에 백년전쟁의 서막을 열렸다. 그러니까 크레시 전투는 엄밀히 말하면 프랑스와 영국의 문제보다는 스코틀랜드 국왕 때문에 벌어졌던 것이다. 스코틀랜드 국왕이 영국과의 전쟁에서 패하지 않았더라면, 혹은 패했더라도 프랑스로 도망오지 않았더라면 아마도 발발하지 않았을 수도 있는 전투였다.

크레시 전투는 백년전쟁 최초의 대규모 전투였으며 이 전투의 승리로 영국은 전쟁 초반 우위를 점할 수 있었다. 병력의 숫자에서 절대적인 열세에 놓였던 영국군이 크레시 전투에서 뜻밖의 대승을 거둔 것은 지리적인 이점과 장궁이라는 긴 활을 잘 활용한 덕분이었다.

크레시는 파리 북쪽, 플랑드르 지방에 있는 소도시로 주변에 언덕과 구릉이 많았다. 이런 지형에서의 전투는 어느 쪽이 먼저 높은 고지대를 선점하느냐가 전투의 승패를 가른다. 1346년 8월 25일, 이곳에 도착한 영국 국왕

2　크레시 전투(Battle of Crécy) : 1346년 노르망디에 상륙한 영국 왕 에드워드 3세와 에드워드 흑태자(黑太子)의 군대는 프랑스 북부도시인 캉(Caen)을 공략한 후에 플랑드르를 향하여 진격했다. 병력은 최대 약 1만 2천여 명이었다. 프랑스 국왕 필리프 6세는 영국군의 세 배가 넘는 약 4만여 명의 대군을 거느리고 맞서 싸웠으나 영국군을 물리치는 데 실패하고 오히려 8월 26일 크레시(아미앵 북서쪽 약 50킬로미터) 언덕 위에 포진한 영국군에게 대패를 당했다. 프랑스군이 사용했던 파괴력 높은 석궁과 달리 좀 더 길이가 긴 화살인 장궁을 사용하는 군사들로 이루어진 영국군의 작전이 프랑스군의 석궁 부대와 기사들을 혼란시켜 프랑스군은 큰 타격을 받았던 것이다. 이 크레시 전투의 승리를 통해 프랑스 북부지방에서의 확실한 우위를 확보한 영국군은 나아가 영국 도버 항구와 가장 가까운 거리에 있는 프랑스 항구도시인 칼레 포위작전을 펼친다. 크레시 전투는 백년전쟁에서 영국군이 프랑스군에 대승을 거둔 푸아티에 전투(1356), 아쟁쿠르 전투(1415)과 함께 3대 대승 전투로 불린다.

에드워드 3세가 이끄는 1만 2천여 명의 본진은 다음 날인 8월 26일 아침 일찍 중앙과 좌우익으로 넓게 진을 치고 높은 구릉을 선점하고 있었다.

이렇게 영국군은 이미 오전부터 주요 고지를 선점하고 대비하고 있었는데, 프랑스군은 한가하게 오후 늦게 모습을 나타냈다. 병력은 영국군의 세 배에 달하는 약 4만 명에 달했으며, 특히 당시 주력군은 유럽 최강을 자랑하는 중장갑 기사단 1만 2천 명과 제노바 석궁수[3] 1만 5천여 명이었다.

크레시 전투를 보면 전쟁이나 전투에서 중요한 고지를 선점하는 것이 얼마나 중요한지를 알 수 있다. 세 배 이상 압도적인 전력을 가졌던 프랑스군이 의외로 이 전투에서 대패했던 것이다. 여기에는 영국군이 자랑하던 장궁(longbow)이 위력을 발휘했는데, 파괴력이 앞서던 프랑스의 석궁(crossbow)에 비해서 영국의 장궁은 연속발사에서 확실한 우위에 있었다. 이 차이가 결국 영국군에겐 승리를, 프랑스 군에겐 패배를 가져왔다. 프랑스의 석궁수들이 1분에 평균 두세 발, 최대 다섯 발의 화살을 날릴 수 있었다면, 영국의 장궁수들은 1분에 평균 열 발, 최대 스무 발 정도를 날렸다.

크레시 전투에서 프랑스가 대패하기 전까지, 프랑스군에게는 강력한 무기가 두 가지 있었다. 하나는 앞에서 말한 석궁이었고, 다른 하나는 중무장한 기사들이었다. 중세 이래로 연전연승을 하며 프랑스에 수많은 승전을 안겨다줬던 두 가지 무기가 크레시 전투에서는 전혀 빛을 보지 못했다. 높은

---

3   제노바 석궁수 : 석궁은 1차 십자군(1095~1099)을 계기로 전 유럽으로 확산된다. 십자군원정에 참전한 제노바 석궁수들은 예루살렘 공성전(1099)에서 대활약, 십자군에 깊은 인상을 남겼다. 8차례의 십자군원정 중에서 유일하게 기독교군이 이슬람군을 이긴 게 바로 1차 십자군원정이었고, 이때 크게 활약했던 사람들이 바로 제노바 석궁수들이었던 것이다. 곧 이들의 명성은 높아져갔고 유럽의 많은 왕족들과 영주들이 석궁수들을 필요로 하게 되면서 제노바 석궁수들이 전 유럽으로 퍼졌다. 이들은 크고 작은 전투에서 명성을 얻게 되었고, 12세기에 들면서 프랑스를 비롯한 유럽 전장의 대부분의 궁수들은 석궁수로 교체된다. 이런 과정을 거쳐서 백년전쟁에서도 프랑스의 주력부대로서 제노바 석궁수들이 크레시 전투의 선봉에 서게 되었다.

크레시 전투에서의 영국군(오른쪽)과 프랑스군(왼쪽). 장궁과 석궁의 모양이 완전히 다르다.

고지를 선점하고 있던 영국군을 향해 프랑스 기사들과 보병들이 무려 열여섯 차례에 걸쳐 돌격을 했는데도 불구하고 영국의 장궁에 의해 추풍낙엽처럼 떨어져 나갔던 것이다.

이 전투의 결과 프랑스군은 전투에 앞장섰던 프랑스 왕자들은 물론이고 국왕 필리프 6세도 부상을 당하며 약 2~3만 명의 군사를 잃었다. 반면 영국군은 겨우 300여 명의 전사자만 있었다고 하니 이날의 전투가 얼마나 일방적이었는지 짐작할 수 있다.

크레시 전투는 푸아티에 전투(1356), 아쟁쿠르 전투(1415)와 함께 백년전쟁(1337~1453)에서 영국이 프랑스를 이긴 3대 전투로 꼽힌다. 크레시 전투에서 영국이 장궁을 사용한 것을 계기로 중세 이래 수백 년 동안 전장을 주름잡던 기사의 위력이 상실되고 보병의 중요성이 대두되었다. 특히 중요한 것은 중세부터 이어져오던 전쟁의 질서가 무너졌다는 사실이다.

중세 군주들의 군비 경쟁에서 가장 중요했던 것은 항상 용맹한 기사들의 양성이었다. 중세 이후부터 용맹한 기사들이 존중받고 대우받으며 기사 계급을 형성했는데, 크레시 전투에서 생생하게 드러난 기사들의 약점은 기사 계급의 몰락을 촉진시켰다. 이러한 양상은 결국 중세의 계급 질서를 변화시켜 근대로 넘어가는 길을 열게 만든 하나의 원동력이 되었다. 게다가 이번 크레시 전투에서의 대패는 프랑스가 정신을 차리고 장궁을 능가하는 새로운 신식 무기를 만드는 계기가 되기도 했다.

프랑스의 석궁과 기사들을 무력화시킨 영국군의 장궁을 누르기 위해서 프랑스는 드디어 새로운 무기 개발에 나서, 마침내 화약을 장착한 대포 개발에 성공했던 것이다. 새로운 신식 무기인 대포의 등장으로 장궁으로 무장한 영국군의 연전연승을 중단시키고 116년간 지속된 백년전쟁을 종식시킬 수 있었다. 신식무기 대포가 프랑스 구국의 영웅 잔 다르크가 이끄는 민중군대와 합쳐져 프랑스군은 결국 영국군을 물리칠 수 있었던 것이다.

영국의 장궁과 프랑스의 석궁

백년전쟁 초기의 크레시 전투에서 프랑스와 영국의 승패를 결정지은 활과 화살에 대해 더 자세히 알아보자. 영국은 길이가 거의 2미터에 육박하는 긴 활인 장궁을 썼고, 프랑스는 길이는 짧지만 좀 더 파괴력이 있는 석궁을 사용했다. 장궁과 석궁은 각각의 장점이 확연히 달랐는데, 결국은 이 장점의 차이가 전투의 승패에 중요한 영향을 미쳤던 것이다. 여기서는 장궁과 석궁을 비롯한 활과 화살에 대해 알아보기로 하자.

동서양을 막론하고 활과 화살은 대부분 사냥을 위한 필수품으로 사용되기 시작했다. 그러다가 전투에서 사용되면서 군사들의 입장에서 꼭 필요하고 중요한 무기가 됐다. 활은 모양과 구조에 따라 다양한 이름으로 불리는데, 가장 흔한 긴 나무 막대기에 줄을 건 단순궁(單純弓), 활의 몸통에 끈 같은 것을 감아 저항력을 높인 강화궁(强化弓), 나무와 뿔 또는 동물의 힘줄 등을 붙여 성능을 개량한 합성궁(合成弓)으로 나뉜다. 활의 길이와 크기에 따라서는 길이가 긴 장궁과 길이가 짧은 단궁으로 나뉠 수 있으며, 형태로는 직궁이라는 이름으로 불린 곧은 활과 만궁으로 불린 굽은 활 등이 있었다.

우리나라에서도 사냥과 전투에서 활과 화살은 필수품으로 쓰였는데, 서양과 달리 한국의 대표적인 전통 활은 각궁(角弓)이라고 불렸다. 각궁은 물소의 뿔, 소의 힘줄 등을 이용한 합성궁으로 서양의 활과 비교해도 가장 진보한 형태의 활로 꼽힌다. 각궁은 일반적으로 길이가 1미터 정도로 짧았지만 대신 탄력성이 엄청나게 뛰어나서 평균적으로 화살이 300미터 이상의 거리를 날아갔다고 한다. 또한 활을 쏘는 사람이 힘을 적게 들이고도 멀리 쏠 수 있는 것이 각궁의 최대 장점이라고 알려져 있다.

활은 동양, 특히 동북아 거의 모든 나라들에서 사용됐는데 우리나라의 활의 길이는 다른 활에 비해 매우 짧았다. 특히 길이가 길었던 영국의 장궁에 비하면 길이가 거의 절반밖에 되지 않았다.

유럽에서는 백년전쟁 이전까지는 프랑스의 석궁이 엄청난 위력을 자랑했었다. 그러나 백년전쟁에서 특히 크레시 전투를 치르면서 프랑스의 석궁보다 영국의 장궁이 더욱 뛰어난 위력을 떨침으로써 석궁에서 장궁으로 주도권이 넘어가게 됐다. 영국군이 사용한 장궁은 나무를 길게 깎아 양끝을 시위로 이어 만든 원시적인 형태였는데, 길이가 평균 1.8미터에서 2미터에 이르렀다고 한다. 길이가 길어지게 된 것은 프랑스의 석궁에 비해 떨어지는 파괴력과 사정거리를 늘리기 위한 조치였다. 장궁은 당시로서는 혁신적인 거리였던 200미터 이상의 사정거리를 자랑했다고 전해진다.

장궁이 가진 위력은 사실 파괴력이 아니었다. 파괴력은 오히려 프랑스의 석궁이 훨씬 더 뛰어났는데, 대신 장궁의 뛰어난 점은 바로 연사, 즉 연속발사 능력에 있었다. 크레시 전투의 승패를 가른 것도 바로 이 연사 능력이었다. 프랑스의 석궁이 평균적으로 1분에 최대 다섯 발 정도를 쏠 수 있었던 것에 비해 장궁은 최대 스무 발까지도 발사가 가능했으니 장궁의 연속발사 능력 앞에 프랑스가 자랑하던 용맹한 기사들이 추풍낙엽처럼 쓰러질 수밖에 없었던 것이다.

중무장한 기사들의 갑옷을 쉽게 뚫을 수 있을 정도로 파괴력이 엄청난 석궁은 11세기(1066)부터 각종 전투에서 노르만족이 가장 먼저 사용한 것으로 전해진다. 당시 싸움에 나가는 기사들이 입었던 갑옷은 사슬로 만들어진 갑옷이었는데, 이런 사슬갑옷마저도 뚫을 정도로 위력이 뛰어났다.

파괴력이 무시무시하고 살상력이 높아서 12세기(1139)에 접어들면서 바티칸이 이 무기의 사용에 대해 직접 개입할 정도였다. 바티칸은 기독교 국가들 사이의 전투에서는 이처럼 야만적인 무기를 사용하지 말고 이교도들과의 전투에서만 사용하도록 공표했다. 그러나 석궁은 장궁에 비해서 별다른 훈련이 필요하지 않았기 때문에 바티칸의 바람과 상관없이 기독교 영주들은 같은 기독교 국가들과의 전투에서 서로를 상대로 서슴없이 석궁을 사용했다고 한다.

영국의 장궁에 비해 조준이 쉽고 사거리가 길고 위력이 뛰어났지만 석궁의 치명적인 약점은 따로 있었다. 게다가 치명적인 약점은 하나가 아니고 두가지나 있었다. 첫 번째 약점은 영국의 장궁에 비해 화살을 다시 장전하는 데 시간이 오래 걸린다는 것이었다. 화살을 장전하는 데 오래 걸린다는 것은 치열한 전투에서 엄청난 손실이었다. 게다가 기계적으로 정교한 도구였던 석궁은 활시위를 당기기 위해 레버를 사용하거나 크랭크와 톱니바퀴를 이용하였다.

프랑스군이 사용했던 석궁의 사거리와 정확성 그리고 파괴력은 영국군의 장궁을 능가했지만, 한 발을 쏘고 나서 또 한 발을 쏘기 위해 활시위를 당겨주는 크랭크를 감아야 하는 성가신 과정이 문제였던 것이다. 만약 무방비 상태로 석궁을 들고 앞으로 나섰다가는 활시 위를 당기기 위한 크랭크를 감느라 상대방에 게 공격을 받을 수 있었기 때문에 석궁을 사 용하기 위해서는 반드시 석궁수를 보호할 수 있는 방패나 엄폐물이 필요했다.

활시위를 당기기 위해 크랭크를 돌 리고 있는 프랑스 석궁수. 바로 이 때가 상대의 공격에 무방비로 노출 될 수 있는 가장 위험한 순간이다.

　석궁이 가진 또 하나의 치명적인 약점은 화살을 쏘고 다른 화살을 장전하는 동안 역습 을 받을 확률이 높았다는 것이다. 그래서 궁 수를 보호하기 위한 커다란 방패가 필요했는 데 이를 '파비스(Pavise)'라고 했다. 결국 프랑 스의 석궁이 위력을 발휘하기 위해서는 활을 쏘는 궁수와 큰 방패인 파비스를 들고 궁수를 보호하는 방패수 2인 체제로 운영했어야 했다.

　크레시 전투에서 프랑스의 석궁병들이었던 제노바 석궁수들이 영국군에 비해 세 배나 많은 압도적인 숫자에도 불구하고 대패를 하게 된 것도 바로 파비스 없이 전투에 나섰기 때문이었다.

장궁이 만들어낸 새로운 현상

　크레시 전투 이후 석궁이나 장궁이 보편적으로 사용되면서 몇 가지 새로 운 현상 혹은 새로운 발전이 일어난다. 장궁이 가져다 준 첫 번째 발전은 바 로 기사들이 입는 갑옷의 발달이었다. 기존에 입었던 쇠사슬로 만들어진 사 슬갑옷은 장궁이나 석궁의 화살을 견디지 못했기 때문이다.

　중세 이래 사용되던 사슬갑옷이 점점 두꺼워지거나 혹은 사슬의 강도가 좀더 뛰어난 중세 말에 접어들면 판금갑옷이라고 해서 판금으로 만들어진

사슬갑옷　　　　　　　　　　중세 말부터 등장한 판금갑옷

갑옷이 등장하게 된다.

　　강력한 활과 화살의 등장은 싸움에 나가는 기사는 물론이고 기사가 타는 말에게도 상당한 위협이었다. 전장에서 기사의 말이 쓰러진다는 것은 곧 그 말을 탄 기사가 적의 공격에 고스란히 노출되는 위기를 맞는다는 말이기 때문이었다. 그래서 등장한 방법이 바로 기사가 타는 말도 갑옷으로 중무장시키는 것이었다. 최대한 적의 화살로부터 말을 보호하는 것이 곧 기사를 보호하는 것이었기 때문에 말 갑옷도 점차로 두꺼워지게 됐다. 한창 전쟁과 전투가 많았던 16세기 기사들의 갑옷은 엄청나게 무겁고 두꺼워서 거의 50킬로그램에 육박할 정도였다.

　　중세 당시 성인의 체격은 지금의 성인들에 비해 훨씬 작고 가벼웠는데, 이런 기사들에게 50킬로미터에 육박하는 갑옷을 입게 했다니 약간 과장한다면 자기 몸무게와 비슷한 사람 한 명을 머리에 이고 말을 타고 나가는 격이었을 것이다. 이런 상황이 되자 생각지 않았던 심각한 문제가 하나 새롭게 대두되었는데, 바로 기사들의 기동성과 속도가 현저히 줄어들게 됐다는 것이다.

전투에 임하는 군사들에게 기동성과 속도는 생명과 좌우될 만큼 중요한 것이었으므로 기동성이 떨어진다는 것은 정말 심각한 문제였다. 그동안 말을 타고 전장에 나왔던 기사들이 두려웠던 이유는 바로 그들이 가진 스피

기사와 말이 함께 갑옷으로 무장한 모습

드와 기동성 때문이었는데, 기사들이 무거운 갑옷을 입고 말에게도 무거운 갑옷을 입힌다는 것은 기사들이 가진 가장 큰 장점을 제거하는 것이었다. 기동성과 스피드를 잃어버린 기사는 전투에서 별로 두려운 존재가 아니었다. 영주 입장에서는 적에게 크게 두려움을 줄 수 없는 기사나 군사들을 최고의 정예군으로 우대할 이유가 사라졌던 것이다. 이 말은 즉 이제 기사들이 전장의 주인공이 아니란 의미였다.

석궁이나 장궁처럼 강력한 활과 화살이 전투에 등장함으로 해서 기사들과 말의 갑옷이 두꺼워지거나 사슬보다 더 무겁고 강한 재료로 만들어지게 되고, 이것이 기사들의 기동성과 스피드를 감소시키면서 기사들의 전투력을 감소시켰다. 그리고 기동성과 스피드가 없는 기사들은 더 이상 전투에서 상대에게 두려움을 줄 수 없었고, 이런 기사들은 더 이상 영주나 국왕의 비호와 예우를 받을 수 없게 된 것이다.

한마디로 장궁이나 석궁의 등장으로 인해 중세 이후로 위력을 뽐내는 전투의 주인공이었던 기사들의 입장과 지위가 크게 변화한 것이다.

푸아티에 전투(AD 1356)와 프랑스 왕위 수호

1346년의 크레시 전투에서 프랑스의 석궁을 누르고 예상외로 영국의 장궁이 대승을 거둔 지 10년이 흐른 후, 영국과 프랑스는 다시 한번 전면전에 돌입한다. 이 전투를 역사가들은 푸아티에 전투(Battle of Poitiers, 1356)라고 하는데, 크레시 전투 당시와 마찬가지로 이번에도 군사의 규모 면에서 프랑스가 압도적으로 우위에 있었다. 당시 프랑스군은 2만 명 이상이었고 영국군의 규모는 겨우 7천 명 정도에 불과했었다. 이 정도 병력의 차이가 나면 군사들이 많은 나라가 전쟁에서 이길 확률이 훨씬 높다. 그러나 10년 전 크레시 전투와 마찬가지로 이번 푸아티에 전투에서도 이변이 발생하는데, 영국군이 이번에도 대승을 거두게 된 것이다. 게다가 이번 푸아티에 전투는 프랑스군에게 매우 치명적인 결과를 안겨주었는데, 바로 전투를 지휘했던 프랑스 국왕 장 2세(Jean II, 1319~1364)[4]가 영국군에게 포로로 잡힌 것이다.

푸아티에 전투는 백년전쟁의 여러 전투 중 영국에게 결정적 승리를 안겨준 전투로서 영국군에게는 두 번째 대승이었다. 1356년 8월 8일 영국의 흑태자 에드워드(Edward, the Black Prince)는 대규모 기병 약탈전을 영국령 아키텐(Aquitaine) 지방에서부터 시작해서 북쪽으로 수행하기 시작했다. 이는 중부 프랑스 곳곳에 포진해 있는 프랑스 수비군들을 정벌하고 프랑스 농촌 지방을 노략질하려는 의도였다. 영국군 약탈부대는 아무런 군사적 저항을 받지 않고 수월하게 진격할 수 있었다. 결국 에드워드의 영국군은 수많은 프랑스 농촌들을 불태워 없애고, 철저히 약탈하며 프랑스 중부에 위치한 루아르강 인근의 도시 투르(Tours)에 이르렀다. 영국군이 무장하지 않은 평범한 마을을 노략질하고 약탈하는 것은 일종의 사기 진작 전술이었다. 영국군은 노략질

---

4 장 2세 : 프랑스 발루아 왕가의 제2대 국왕(재위 1350~1364)으로 초대 국왕 필리프 6세의 아들. 심성이 선한 왕이어서 선량왕(le Bon)이라고도 불렸다.

과 약탈로 인해 개인적인 부를 충족할 수 있었고, 이것은 곧 노략질을 허락한 국왕에 대한 충성으로 열매 맺었던 것이다. 푸아티에 전투에서도 영국 국왕은 충성심 고취를 위해 군사들의 노략질과 약탈을 허가했고 그래서 더욱 손쉽게 승승장구하면서 투르까지 올 수 있었다.

에드워드 3세

그러나 승승장구하던 흑태자 에드워드의 영국군은 때마침 집중 폭우로 인해 발이 묶이면서 작전에 차질이 발생했다. 이에 프랑스의 왕 장 2세는 에드워드의 영국군을 추격해서 모두 물리칠 수 있으리라는 자신감을 가지게 된다. 그러나 여기서 장 2세는 결정적인 실책을 저지르는데, 폭우가 내리는 가운데 영국군을 추격하기 위해 프랑스 군사들의 기동력을 높인다는 이유로 거의 1만이 넘는 군사들을 해산해버린 것이었다. 장 2세가 해산시켜버린 군사들은 비록 숙련도와 달리기 등이 부족한 하급 병사들이었지만 결론적으로 장 2세의 판단미스가 결국은 푸아티에 전투의 승패를 가르는 결정적인 요소가 됐다. 영국군에 비해 프랑스군이 유일하게 우위에 있던 부분이 바로 프랑스 영토에서 벌어지는 전투라서 프랑스군이 지역을 잘 안다는 것과, 군사들의 숫자가 훨씬 많다는 것이었다. 그러나 장 2세가 하급병사들을 대거 해산시켜버림으로써 프랑스 군사에 비해 숫자상 열세에 있었던 영국군의 결정적인 핸디캡이 크게 줄었다. 결국 이런 무모한 결정을 내린 장 2세는 물론이고 그의 측근들도 모두 영국군의 포로가 되면서 10년 전의 크레시 전투에 이어 다시 한번 영국에 패배하고 만다.

프랑스의 왕, 장 2세

전쟁이나 전투에서 국왕이나 왕자가 포로로 잡힌다는 것은 국가의 운명이 걸린 중요한 사안이다. 일단 국왕이나 왕자가 포로로 잡히면 그 전투는 거의 승패가 결정되고, 승패보다 더 치욕스런 것은 상대방이 원하는 것은 그 무엇이든 다 들어줘야 한다는 것이다. 푸아티에 전투에서 프랑스 국왕 장 2세와 그의 최측근들이 포로로 잡히면서 프랑스 입장에서는 선택의 여지 없이 영국과 굴욕적인 강화조약을 맺을 수밖에 없게 된다. 그래서 체결된 프랑스와 영국의 강화조약이 브르타뉴-칼레 조약이었다. 프랑스가 영국의 요구에 굴복해서 강화조약을 체결했다는 것은 곧 패배에 이은 항복을 의미했다.

전쟁에서 패배한 나라는 일반적으로 승전국이 요구하는 막대한 배상금을 물어야 하고, 또 상대방이 원하는 영토를 넘겨줘야 한다. 브르타뉴-칼레 조약에서도 프랑스는 엄청난 배상금과 함께 많은 영토를 영국에 양도할 수밖에 없게 된다.

브르타뉴-칼레 조약에 의거해서 프랑스 정부가 국왕 장 2세의 무사귀환을 위해서 영국에 지불한 배상금은 당시 화폐로 약 300만 크라운이라고 한다. 당시의 300만 크라운은 프랑스 전체의 1년치 소득의 거의 두 배에 육박하는 엄청난 거액이었다.

막대한 배상금도 문제였지만, 더 크고 치욕적인 문제는 영국이 원하는 프랑스 영토를 강제로 넘겨줘야 한다는 사실이었다. 결국 프랑스는 서쪽 지방인 보르도 지방은 물론이고 중부 지역인 아키텐 지방 그리고 북부 지역인 칼레 지방까지 모조리 영국에 넘겨주게 됐다.

백년전쟁 초기에는 프랑스 서쪽에 있는 보르도 지방만 영국 영향권이었

포로로 잡히는 프랑스
선량왕 장 2세와
측근들

는데, 푸아티에 전투에서 패배한 후로는 영국령이 엄청나게 늘어났다. 그렇다면 프랑스는 막대한 배상금과 엄청난 영토를 영국에 넘겨주는 대신 무엇을 얻거나 지킬 수 있었을까? 사실 프랑스가 지킨 것도 결코 작은 것이 아니었다. 막대한 배상금과 영토를 넘겨주는 대가로 프랑스 왕가에게는 가장 중요하다고 할 수 있는 왕위를 지킬 수 있게 되었기 때문이다. 즉 승전국인 영국이 원하는 사람을 억지로 프랑스 왕으로 앉히지 않아도 되면서 프랑스 왕족의 혈통을 지킬 수 있었던 것이다. 이게 바로 크레시 전투에 이어 영국이 다시 한번 프랑스에게 대승을 거둔 푸아티에 전투의 핵심적인 내용이었다.

아쟁쿠르 전투(AD 1415)

크레시 전투와 푸아티에 전투를 승리로 이끈 영국은 막대한 배상금과 더불어 엄청난 프랑스 영토까지 차지하면서 더욱더 승승장구한다. 거의 세 배나 더 많은 군사력을 가지고도 연달아 영국에 패배하면서 온갖 수모를 감내한 프랑스 입장에서는 이대로 영국의 기세를 인정하고 놔둔다면 향후 어떤 일이 일어날지 알 수 없었다. 지난 푸아티에 전투에서 배상금과 프랑스 영토를 넘겨주고 국왕 장 2세와 측근들을 되찾아왔지만 당시의 치욕은 프랑스의 불만이었고, 이런 불만들이 쌓여 결국 새로운 전투가 발발한다.

좀 더 정확하게 말하자면, 영국 왕 헨리 5세(Henry 5, 1386~1422)가 프랑스의 왕위계승권이나 푸아티에 전투에서 포로가 된 장 2세의 미납된 몸값, 혹은 프랑스 내 영국령(현 보르도 지역)의 영구적인 인정 중의 하나를 선택하라고 프랑스 왕실에 요구했으나 받아들여지지 않자 프랑스를 침공하면서 벌어진 전투다.

프랑스 왕실에서도 이 기회에 영국의 기세를 꺾기 위해서라도 전쟁을 할 필요가 있었다. 영국에서는 국왕 헨리 5세가 직접 참전했지만, 프랑스에서는 국왕 샤를 6세가 우울증과 정신병에 시달리고 있어서 국왕 대신 샤를 달브레(Charles d'Albret)가 전투를 지휘하게 됐다.

이 새로운 전투가 바로 1415년 발발한 아쟁쿠르 전투(Battle of Agincourt, 1415)였다. 푸아티에 전투가 끝난 것이 1360년이었고, 아쟁쿠르 전투 발발이 1415년이니 그 55년간 프랑스가 영국에 복수를 하기 위해 얼마나 준비를 했을지 짐작할 수 있다. 드디어 1415년 10월, 프랑스군 3만여 명과 영국군 6천여 명이 프랑스 북쪽의 작은 마을 아쟁쿠르에서 또다시 결전을 벌이게 된다.

양국의 병력 차이는 사료마다 조금씩 달라서 정확히는 알 수 없지만, 영국 측 자료에서는 최소 3배, 최대 10배까지 프랑스군이 우세였다고 하고, 프랑스 측 자료에는 최대 4배, 최소는 약 1.2배로 역시 프랑스군의 우세였다고 한다. 대체적으로 현대의 서양 사가들은 아무리 적어도 대략 프랑스군 병력은 최소 3배 이상이었던 것으로 보고 있다. 과거 크레시 전투나 푸아티에 전투보다도 군사적 숫자에 있어서 더 많은 격차가 벌어져서 무려 프랑스군이 5배나 더 많았다고 보는 역사가들도 있다.

아쟁쿠르 전투 당시의 프랑스군과 영국군의 구성을 보면 프랑스는 석궁병이 5천여 명, 기사가 약 2만 5천 여 명이었고, 영국은 위력을 뽐냈던 장궁병이 5천여 명, 하마(下馬)기사가 약 1천여 명이었다. 하마기사란 평소에는 말을 타고 싸움에 임하다가 위기의 순간이 오면 말에서 내려 싸울 수 있도록 특별히 훈련된 기사를 의미한다. 즉 기병과 보병의 역할 모두에 능숙한 군인들이다.

5배나 많은 군사적 우위와 영국에 대한 복수심과 군사적 준비 등을 보면 당연히 프랑스가 손쉽게 이겨야만 하는 전투였다. 그렇다면 결과는 어떻게 됐을까? 당연히 프랑스가 이겨야 할 전투였음에도 불구하고 이번 전투에서도 영국군이 대승을 거둔다. 게다가 이 전투의 패배로 인해 프랑스는 지난번 푸아티에 전투에서 간신히 지켰던 왕위계승권까지 빼앗기는 치욕을 경험한다. 아쟁쿠르 전투 후에 영국의 헨리 5세가 프랑스 공주와 결혼하면서 그의 아들 헨리 6세가 드디어 프랑스의 왕위계승권을 갖게 된 것이다. 물론 나중에 프랑스가 계승권을 인정하지 않고 무시하면서 왕위를 넘겨주는 일은 발생하지 않았지만, 어쨌든 이런 상황까지 몰렸다는 것 자체가 프랑스로서는 매우 치욕적인 상황이었다.

특히나 치욕스런 것은 과거 크레시 전투나 푸아티에 전투에 이어 매번 군사적인 우위와 지리적으로 익숙한 프랑스 영토, 즉 홈그라운드에서 싸우는데도 불구하고 패배를 당한다는 사실이었다. 이번 아쟁쿠르 전투에서도 영국군은 6천여 명의 군사들 중 겨우 150명 미만이 전사했는데, 프랑스는 3만여 명의 군사들 중 무려 1만에 가까운 병사들이 전사했다.

현대의 전쟁이나 전투는 첨단무기를 포함한 화력이 핵심하기에 군사들의 숫자가 많고 적음이 옛날보다 그렇게 중요하지 않지만, 과거 전투에서는 양쪽의 무기 수준이 비슷했기에 군사들의 많고 적음이 전투의 승패에 절대적으로 중요했다. 그런데 어떻게 프랑스는 크레시, 푸아티에, 그리고 이번 아쟁쿠르 전투까지 매번 몇 배(3배에서 5배)나 많은 병력을 가지고도 그렇게 대패를 한 걸까?

크레시 전투나 푸아티에 전투도 그랬지만 이번 아쟁쿠르 전투에서도 영국군이 프랑스군에 비해 절대적인 전력의 열세를 뒤집고 대승을 거둘 수 있었던 이유 중 하나는 두 나라의 주력부대인 기사들이 달랐다는 것이다. 앞에서 살펴본 영국의 장궁과 프랑스의 석궁의 차이도 하나의 이유가 됐지만 이들 기사들도 중요한 이유였다.

우선 프랑스군의 기사들은 일반적인 기사들이었다. 즉 주로 말을 타고 전장에 나가 싸우는 기병의 역할을 했다. 그러나 영국군의 기사들은 하마기사여서 말을 타고 전장을 누비며 싸우다가 긴급한 상황이 오면 말에서 내려서 마치 보병들처럼 싸울 수 있었다. 프랑스 기사들이 전형적인 기병의 역할에 그쳤다면, 영국의 기사들은 전통적인 기병의 역할은 물론이고 보병의 역할까지 겸비했으니 긴급한 전투에서 큰 위력을 발휘할 수 있었던 것이다.

기사들 외에도 아쟁쿠르 전투 당시 영국군이 택한 전술도 한몫을 했다. 사실 영국군의 전략과 전술은 간단했다. 영국의 장궁병들이 활을 쏘아서 프랑스의 기사들을 말에서 내리게 한 다음 손쉽게 죽이는 것이었다. 프랑스의 기사들은 대부분 말 위에서 싸우던 군인들이라 말에서 내리면 전투력이 급속히 줄었기 때문이다. 이를 위해 영국군들은 약 8피트에 이르는 말뚝을 항상 가지고 다녔다고 한다. 이들 말뚝을 전투지 곳곳에 박아놓으면 프랑스 기사들이 탄 말이 제대로 전진을 못하게 되고, 그러면 말에서 내릴 수밖에 없었던 것이다. 이때를 노려 집중공격을 해서 손쉽게 대승을 거두었던 것이다.

헨리 5세가 택한 일명 말뚝작전은 대성공을 거두어 영국은 아쟁쿠르 전투에서 승리한다. 이때부터 영국군은 크고 작은 전투를 할 때면 항상 말뚝을 가지고 다녔는데 이것은 헨리 8세 시절까지 이어졌다.

잔 다르크의 등장과 환상 체험(AD 1429)

크레시, 푸아티에 전투에 이은 아쟁쿠르 전투에서도 영국에 대패를 당한 프랑스의 운명이 풍전등화처럼 위태로울 때 혜성같이 등장해서 위기의 프랑스를 구한 어린 영웅이 바로 잔 다르크(Jeanne d'Arc, 1412~1431)였다.

프랑스의 국민적 영웅이자 로마 가톨릭교회의 성인으로 오를레앙의 성처녀(la Pucelle d'Orléans)라고도 불린다. 그녀는 프랑스 북동부의 동레미라는 작고 보잘것없는 농촌마을에서 태어난 평범한 소녀였는데 당시 16세밖에 안 된 어린 소녀가 천사의 계시를 받았다고 하면서 1429년 프랑스 역사에 혜성처럼 등장했던 것이다.

이 부분을 좀 더 자세히 보면 잔 다르크의 인생에서 아마도 가장 극적이고 드라마틱한 장면은 그녀의 나이 13세 때인 1425년에 경험한 환시(환상) 체험일 것이다. 그녀의 증언에 따르면, 하루는 들판에 혼자 있었는데 성 미카엘과 성녀 카타리나 그리고 성녀 마르가리타가 나타나 영국군을 몰아내고 왕세자 샤를을 대관식을 위해 랭스로 데려가라는 하나님의 말씀을 전해주었다고 한다. 혹자들은 잔 다르크가 경험했다고 주장하는 환상 체험이 프랑스 정부에서 만들어낸 허구에 불과하다고 주장하지만 재미있는 것은 영국 왕실

동레미에 있는 잔 다르크의 생가. 현재는 박물관으로 사용되고 있다.

성 미카엘과 성녀 카타리나, 성녀 마르가리타로부터 하나님의 계시를 받는 잔 다르크

도서관 사본에 잔 다르크가 재판을 받을 당시의 진술 내용이 씌어 있다는 것이다.

    13세 때 동레미에 있는 아버지 집 정원에서 나는 어떤 목소리를 들었다. 그것은 성당이 있는 오른쪽에서 엄청난 광채에 휩싸여 내 쪽으로 오고 있었다. 처음에는 겁을 먹었으나, 나는 곧 그것이 내 주위에서 나를 따라다니며 지시를 내려주던 천사의 목소리임을 깨달았다. 그는 성 미카엘이었다. 나는 성녀 카타리나와 마르가리타 역시 보았는데, 그들은 나에게 말을 걸고 훈계하며 내가 취할 행동을 알려주었다. 나는 어느 것이 어떤 성인의 말인지 쉽사리 분간해낼 수 있었다. 항상 그런 것은 아니었지만, 대개의 경우 그들은 광채를 동반하고 있었다. 그들의 목소리는 친절하고 다정했으며 사람의 모습으로 내 눈앞에 나타났다. 나는 그들을 눈으로 똑똑히 보았고, 지금도 그들을 보고 있다.

이렇게 잔 다르크는 성 미카엘과 성녀 카타리나 그리고 성녀 마르가리타로부터 영국군을 물리치고 프랑스를 구하라는 계시를 받고, 당시 프랑스 왕세자 샤를 7세를 찾아가면서 백년전쟁의 주인공으로 부상하게 된다. 잔 다르크는 하나님의 계시를 받아 백년전쟁에 참전, 프랑스군을 승리로 이끌었으며 왕세자 샤를 7세가 프랑스의 국왕으로서 대관식을 치를 수 있게 도와

주었다.

백년전쟁 당시 프랑스의 상황이 얼마나 위태했는지, 대대로 프랑스 국왕의 대관식을 치르던 랭스 지방마저 영국에 넘어가서 샤를 왕세자가 즉위식도 못하고 남부의 시농(Chinon) 지방으로 피신을 가야 할 정도였다.

이러한 위기의 순간에 나타난 어린 소녀가 조국을 지켰지만 나중에 부르고뉴 시민들에게 사로잡혀 현상금과 맞바꾸어 영국 측에 넘겨지게 된다. 그리고 영국은 잔 다르

랭스 대성당. 전통적으로 이곳은 역대 프랑스 왕들의 대관식이 열렸던 곳으로 샤를 7세의 대관식도 거행되었다.

크를 재판장에 세워 반역과 이단의 혐의를 씌운 후에 말뚝에 묶어 화형에 처하였다. 당시 그녀의 나이는 겨우 19세였다. 전장에 뛰어들어 프랑스를 구한 어린 소녀가 정치적인 음모에 의해 국가의 희생양이 됐던 것이다.

잔 다르크의 신비한 능력과 군사 지휘권

특별한 환상을 경험한 잔 다르크에게 주어진 과제는 어떻게 샤를 왕세자를 직접 대면하느냐였다. 비록 프랑스의 운명이 풍전등화처럼 위태롭고 잔 다르크가 하나님의 특별한 계시를 들었다고 하더라도 16세의 평범한 소녀가 프랑스의 왕세자를 만난다는 건 거의 불가능한 일이었기 때문이었다.

잔 다르크는 친척 뒤랑(Durant)에게 동레미 인근의 보쿨뢰르로 데려가 달라고 요청하였다. 그곳에 있는 프랑스군 경비대 대장인 보드리쿠르(Baudricourt)에게 시농에 피신해 있는 왕세자를 방문할 수 있게 해달라고 요청하기 위해서였다. 잔 다르크를 무시하던 경비대 대장은 지속적으로 찾아오는 잔 다르크의 열정에 감복하여, 함께 왕세자가 머물던 시농까지 가게 된다.

경비대 대장 보드리쿠르도 그랬지만 샤를 왕세자 역시 16세의 어린 소녀가 프랑스를 구할 수 있다고 찾아오자 당연히 믿지 못하고 무시한다. 그러나 주변 사람들의 조언을 들은 샤를 왕세자는 잔 다르크가 정말 하나님의 계시를 받았는지를 시험하기에 이른다.

이 부분은 이미 잔 다르크를 다루는 영화에서도 빠지지 않고 나오는 유명한 장면인데, 접견장에 들어선 왕세자는 왕세자의 화려한 의복이 아닌 시종의 낡은 옷을 입고 군중 속에 숨어서 살펴본다. 그리고 왕세자의 자리에는 가짜를 앉혔는데 잔 다르크는 가짜는 쳐다보지도 않고 군중 속에 숨어 있던 진짜 왕세자 앞에 가서 무릎을 꿇는다. 이것이 바로 구국의 여인 잔 다르크와 샤를 왕세자의 드라마틱한 첫 만남이었다.

이 일로 인해 샤를 왕세자는 잔 다르크가 하나님의 계시를 받은 특별한 여인임을 믿게 되고, 잔 다르크는 결국 백년전쟁의 한복판에 뛰어든다.

샤를 왕세자의 믿음을 얻은 잔 다르크는 자신에게 기사가 착용하는 갑옷과 무기는 물론 군대를 이끌 수 있는 지휘권까지 달라고 요청하였다. 갑옷과 말 그리고 개인무기를 지급받는 것은 별 문제가 없지만 군대의 지휘권을 넘겨받는 것은 중차대한 일이다. 아무리 잔 다르크가 특별한 능력을 보여줘서 샤를 왕세자의 신뢰를 얻었다고 하더라도 지휘권까지 넘겨주는 것에 대한 반발이 없을 수가 없다. 군대 지휘권이란 것은 말 그대로 군사들을 마음대로 움직일 수 있는 권한이기 때문에 지휘권을 가진 사람이 역모를 꾸미면 속수무책으로 권력을 넘겨줄 수도 있다.

샤를 왕세자가 그토록 중요한 군대 지휘권까지 일개 16세 소녀에게 넘긴

왕세자에게 출정 검을
하사받는 잔 다르크

이유는 무엇일까? 역사학자 스티븐 W. 리키는 당시 상황을 이렇게 말한다. 프랑스 왕실이 군대 지휘권을 달라는 잔 다르크의 무리한 요구에 동조, 전폭적으로 지원한 이유는 당시 거의 붕괴 일보 직전에 있었던 프랑스 왕실에게 잔 다르크가 이러한 난국을 타개해줄 유일한 희망으로 보였기 때문이라는 것이다.

샤를 왕세자의 신뢰와 지원을 얻은 잔 다르크는 영국과 프랑스 간의 분쟁을 종교전쟁으로 전환시켰다. 그러나 이런 그녀의 결정에는 위험이 따라서 샤를의 신하들은 잔 다르크가 이단자나 마녀가 아니라는 확신 없이 그녀를 도와주면, 이단 숭배자라는 비난을 받을 수 있다고 조언하였다. 그리하여 샤를은 잔 다르크의 신원과 신앙심 그리고 도덕성 등을 알아보기 위해 푸아티에에서 종교적 심사를 할 것을 지시하였다.

1429년 4월 조사단은 잔 다르크가 '독실한 기독교 신자이며, 겸손함과 정직함 그리고 소박함의 덕목을 갖추었다'고 보고하였다. 그러나 푸아티에의 신학자들은 잔 다르크가 받았다고 주장한 하나님의 계시에 대해서는 판단을 유보하였다. 다만 그녀의 주장에서 이단적인 요소는 발견되지 않았으며, 따라서 그녀가 하나님으로부터 특별히 거룩한 임무를 받았다고 봐도 큰 무리는 없다는 의견을 샤를 왕세자에게 전달하였다.

푸아티에 신학자들의 검사 결과는 샤를 왕세자를 안심시켰지만 신하들까지 안심시키지는 못해서 여전히 잔 다르크를 의심하며 신뢰하지 말라고 조언하였다. 결국 잔 다르크의 주장의 진실성은 오를레앙에 대한 영국군의 포위공격을 물리치고 실력으로 오를레앙을 되찾는 것으로 증명할 수밖에 없었다.

우여곡절을 거쳐 드디어 잔 다르크는 1429년 4월 29일, 영국군에 포위된 오를레앙에 도착하였다. 비록 샤를 왕세자의 신뢰와 군대 지휘권까지 차지하고 오를레앙에 도착했지만 그곳에 있던 프랑스 군사들의 신뢰를 얻지는 못했다. 특히 오를레앙을 지키는 프랑스군의 지휘관이었던 장 도를레앙은 작전회의도, 전투도 잔 다르크에게 알리지 않을 정도로 그녀를 불신했다. 그러나 목에 화살을 맞고도 용감히 싸움에 임하는 그녀의 모습을 보고 비로소 불신을 풀고 그녀를 프랑스를 구할 구국의 영웅으로 전폭적으로 신뢰하게 됐다고 한다.

잔 다르크의 전략과 전술은 오로지 믿음

크레시 전투, 푸아티에 전투, 아쟁쿠르 전투까지 이어지는 프랑스군의 대패는 생각보다 더 심각한 결과를 초래했다. 그것은 바로 프랑스군이 더 이상 싸울 희망과 의지를 잃었다는 것이었다. 전쟁에서 강인한 정신력과 의지 그리고 희망이 얼마나 중요한지는 설명이 필요치 않지만 당시 프랑스군의 무기력과 의욕 상실은 상상 이상이었다. 잔 다르크의 등장이 프랑스 입장에서는 너무도 중요했던 이유가 바로 이것이었다. 그녀가 혜성처럼 등장해서 오를레앙성을 탈환한 것이 매우 중요한 이유는 잃어버린 희망과 의지를 프랑스군에게 준 사실 때문이었다. 특히 아쟁쿠르 전투에서 대패를 당한 이후부터 프랑스군에게는 더 이상의 전략도 없었고 다시 싸울 만한 강한 병력도 없었다. 남은 것이라곤 패배감에 찌들어서 소심해진 군사들과 프랑스 내부의 분열밖에는 없을 정도였다.

이어지는 전투의 패배로 인한 당시 프랑스 내부의 분열이 얼마나 심각했느냐 하면 헨리 5세가 이끄는 영국군이 연전연승하는 것을 본 프랑스 부르고뉴 지역은 아예 자신들의 조국 프랑스가 아닌 영국군을 후방에서 지원해줄 정도였다. 특히 이런 내부분열이 치명적이었던 것은 부르고뉴의 배신을 본 다른 소도시들이 영국군의 직접적인 공격을 받지 않았는데도 불구하고 자발적으로 영국과 부르고뉴에게 항복했다는 것이다.

소도시들의 입장에서는 프랑스 왕실의 지원도 없고, 자신들을 지켜줄 군대도 없는데 알량한 애국심만 믿고 영국군에 저항하다가 받을 보복을 피하고 싶었던 것이다. 그러나 후대 역사가 스스로 항복한 프랑스 소도시들을 무턱대고 비난할 수 없는 것이 사실상 프랑스군에게는 그들을 이끌어줄 리더십은 물론, 싸움에 임할 군사들도 든든한 군수품도 어느 것 하나 제대로 남아 있지 않았기 때문이었다. 반면에 군사들이 얼마 안 되는 영국군은 헨리 5세의 뛰어난 전략과 리더십 덕분에 1415~1422년까지 7년 동안 노르망디, 브르타뉴, 르망, 그리고 파리 근교지역인 일 드 프랑스(Ile-de-France)까지 점령하기에 이르렀다.

프랑스 북부지역이 스스로 항복하는 중에도 홀로 영국군의 침략에 맞서 버티는 지역들도 있어서 그 대표적인 도시들이 바로 몽생미셸(Mont-Saint-Michel)과 오를레앙(Orléans)이었다. 특히 오를레앙 지역이 성공적으로 영국군의 공격을 막아내고 있었고, 이런 오를레앙의 용기는 패배감과 무력감에 찌든 많은 프랑스인들에게 영국군이 천하무적이 아니라는 작은 희망의 불씨가 되어주었다.

그러나 문제는 다른 곳에 있어서, 프랑스의 많은 귀족과 지휘관들이 영국군을 물리칠 수 있다는 자신감을 가지기 시작했지만 그 자신감을 하나로 이끌어낼 강한 리더십과 지도력이 없다는 것이었다. 정신병 증세가 있는 국왕 샤를 6세는 물론이고 샤를 왕세자도 그런 힘을 보여주지 못했고 주변의 어떠한 인물에게도 그런 능력이 없었다는 것이었다.

영국군에 맞서 싸워 이길 수 있다는 자신감이라는 도화선은 마련됐지만 그 누구도 도화선에 불을 붙이지 못하고 있을 때 어느 누구도 예상하지 못했던 농촌 소녀 잔 다르크가 그 불을 붙였다. 이게 바로 영국군에게 포위됐던 오를레앙을 되찾는 위대한 여정의 시작이었다. 그렇게 잔 다르크는 프랑스를 승리로 이끌었다.

그렇다면 왜소한 농촌 출신 소녀에 불과했고 아무런 군사적 지식도 없었던 잔 다르크는 도대체 어떤 전략과 전술을 사용해서 프랑스군을 승리로 이끌었을까? 주지하다시피 잔 다르크는 역사에 이름을 남긴 다른 지휘관처럼 뚜렷한 전략이나 전술이 없었다. 그러나 그녀에게는 다른 지휘관들에게 없는 뚜렷한 신념과 사명이 있었고 특히 생생한 환상 체험이 있었다.

신에게서 받은 "위기에 빠진 프랑스를 구하라"는 신탁이 그녀에게 있는 유일한 전략이자 전술이었다. 그녀는 신이 자신에게 명령한 모든 결정과 행동이 옳다는 믿음을 가지고 전투에 임했고 그런 믿음에 걸맞은 승리를 거뒀다. 그리고 신의 뜻에 따라 용감하게 싸우다가 죽으면 천국에 갈 수 있다는 믿음이 퍼진 프랑스군은 참담한 패전 이전의 용기와 희망을 되찾았다. 마치 십자군전쟁에서 당시 교황 우르반 2세가 성전을 촉구하면서 기독교인들에게 심어줬던 신념과 흡사한 것이었다. 결과를 떠나서 굳은 신념과 희망을 심어줬다는 것이야말로 잔 다르크가 프랑스군에게 끼친 가장 긍정적인 영향이었고 최후의 승리를 가져온 원동력이었던 것이다.

영국군들에게 포위되어 곧 함락의 위기에 처한 오를레앙성을 구하기 위해 잔 다르크가 선봉에 서게 되지만 그렇다고 해서 모든 사람들에게 환영을 받은 것은 아니었다. 당시 오를레앙성을 지키고 영국군을 물리치기 위해 프랑스군 사령관으로 임명된 장 드 뒤누아(Jean de Dunois)는 특히 보잘것없는 농촌 소녀에 불과한 잔 다르크를 신뢰하지 않았었다. 실제로도 그는 영국군을 공격할 준비를 하지 않았고 오히려 겨우 5천 명밖에 안 되는 영국군에게 아예 오를레앙을 내주고 군사들을 빼낼 생각까지 하고 있었다. 잔 다르크는 그의 소극적인 의도를 신탁을 받은 자신은 물론이고 신에 대한 도전으로 받아들였으며 더구나 후퇴할 이유도 없다고 생각했다. 실제로 영국군은 오를레앙성을 완전히 포위할 병력이 없어서 오를레앙으로 이르는 4개 지역에 거점을 마련하고 주둔 중이었던 것이다.

프랑스군 사령관 뒤누아가 오를레앙을 포기하고 후퇴할 생각을 했던 것은 다음의 두 가지 이유에서였다. 하나는 당시 오를레앙성 앞에는 루아르강이 있었고, 레 투렐(Les Tourelles)이라는 다리가 있었다. 이 다리가 오를레앙으로 통하는 거의 유일한 길이었는데 영국군이 바로 이 지역에 요새를 구축하고 있었다. 이 요새의 이름은 레 투렐 다리 근처의 큰길인 오귀스틴(Augustine)의 이름을 따서 오귀스틴 요새라고 했다. 오귀스틴 요새는 비록 흙과 나무로 만든 단순한 형태였지만 당시 기준으로는 막강한 요새였기에 뒤누아는 많은 피해를 감수하면서 공격을 하려고 하지 않았다. 후퇴하고자 한 두 번째 이유는 오를레앙성에서 가까운 거리에 있던 영국의 존 패스톨프(John Fastolf)가 이끄는 영국군이 오를레앙성으로 향했다는 소문이 퍼졌기 때문이었다.

위기에 빠진 오를레앙성을 구원하기 위해서는 반드시 오귀스틴 요새를 무너뜨리고 레 투렐 다리를 차지해야만 했다. 잔 다르크는 당연히 뒤누아의 후퇴 계획에 크게 반발했고 본인이 직접 선봉에 나선다. 사실 잔 다르크에게는 특별한 전략이나 전술이 있을 수 없었다. 그랬기에 군사전문가들이 보기에 그녀의 계획은 무모했다. 잘 무장된 영국군이 강력한 요새 안에서 기다리고 있는데 정면공격을 한다는 것은 엄청난 피해를 각오해야 했기 때문이다.

잔 다르크는 신이 자신과 함께한다고 굳게 믿었기 때문에 조금의 의심도

큰 깃발을 흔들며 프랑스 군사들을 독려하는
잔 다르크

대승을 거두고 큰 환영을 받으며 오를레앙성으로
입성하는 잔 다르크

없었고, 그런 잔 다르크를 보면서 프랑스 군사들도 용기를 얻었다. 또 하나
그들이 확실히 믿었던 것은 신의 도움으로 허망하게 전사하지 않을 것이며
설사 죽더라도 구원을 얻으리라는 생각이었다. 이 믿음과 신념이 오합지졸
에 불과했던 프랑스군을 강력한 군사로 만들었다.

드디어 1429년 5월 7일, 아쟁쿠르 전투 이후 가장 치열하고 격렬한 오를
레앙 전투가 벌어졌다. 이 전투의 승리가 결국은 백년전쟁을 프랑스가 승리
로 마무리하는 데 가장 중요한 역할을 했다.

7일은 토요일이었는데 이른 아침, 잔 다르크를 선봉으로 한 프랑스군이
오귀스틴 요새를 공격했고 강력한 병사를 많이 보유하고 방어기술도 뛰어났
던 영국군은 요새를 잘 방어했다. 프랑스군이 여러 곳에 사다리를 걸치고 요

새 가장 높은 곳에서 공격했지만 영국군은 오히려 많은 프랑스 병사를 죽이거나 다치게 만들었다. 잔 다르크도 공격을 이끌면서 심각한 부상을 입었지만 그녀는 오히려 오를레앙으로 향하는 큰길에 신의 이름으로 큰 깃발을 꽂겠다고 독려했고 프랑스 군사들은 큰 고함 소리로 호응하며 다시 요새로 달려들었다.

강력하게 저항하던 레 투렐과 오귀스틴 요새는 결국 '신의 이름으로' 목숨을 걸고 돌진했던 프랑스군에게 무너졌다. 잔 다르크는 오를레앙의 숙녀(Mademoiselle d' Oreléans)라는 칭송과 함께 도시에 들어섰다. 이후 프랑스군을 선두에서 지휘하면서 영국군이 점령 중이던 생루 요새, 오귀스틴 요새, 레 투렐 요새 등을 잇달아 함락시켰다. 오를레앙 전투를 통해 승기를 잡은 잔 다르크와 프랑스군은 기세를 몰아 전통적으로 프랑스 국왕들이 대관식을 거행하던 랭스(Reims) 지방까지 진격하게 된다.

1429년 7월 17일, 샤를 왕세자가 랭스에서 샤를 7세로 즉위할 때에도 그 곁을 지켰다. 잔 다르크는 랭스 대성당[5]에서 왕세자 샤를 7세의 대관식을 거

---

5 랭스 대성당(Cathedral of Reims) : 프랑스에서 랭스 대성당만큼 프랑스 왕권과 밀접하게 연결되어 있는 성당은 없다. 프랑스의 전신인 프랑크 왕국의 초대 군주였던 클로비스가 기독교로 개종한 다음, 한창 기독교식 세례식을 하고 있는데, 하늘에서 성스런 모습의 비둘기 한 마리가 내려와 대주교에게 성유(聖油)를 건네주었다는 전설이 있다. 클로비스가 가장 먼저 랭스 대성당에서 세례를 받았고, 이어서 그의 수행원들이 같은 기독교식 세례를 받았다. 이어서 프랑크 왕국 전체가 기독교를 받아들이게 됐던 것이다. 이후 어 역대 프랑스 국왕의 대관식은 랭스 대성당에서 대주교에 의해 이 성유를 사용해서 성대하게 거행했다. 이렇게 조용히 프랑스 국왕들의 대관식을 치르던 랭스 대성당이 다시 한번 역사의 무대에 화려하게 등장한 것이 바로 잔 다르크 당시였다. 1429년 7월 17일, 랭스 대성당에서 대관식을 마친 샤를 7세 앞으로 뛰쳐나온 잔 다르크는 감격에 찬 목소리로 이렇게 외쳤다고 한다. "폐하, 이제 하느님의 소망이 이루어졌나이다. 하느님은 폐하께서 랭스 대성당에서 대관식을 치러, 프랑스의 진정한 군주임을 만백성 앞에 보여주기를 바라셨나이다." 클로비스의 개종과 세례 이후, 1223년 루이 8세부터 샤를 7세, 그리고 프랑스 대혁명의 광풍에 밀려 단두대의 이슬로 사라진 루이 16세 등이 이곳에서 대관식을 치렀으며 랭스 대성당에서 마지막

샤를 7세의 대관식에
참석한 잔 다르크

으로 대관식을 치른 왕은 샤를 10세였다. 샤를 10세의 대관식과 관련해서는 재미있는 일화가 전해 내려온다. 대관식이 성대하게 거행되던 1824년, 프랑스의 대문호 빅토르 위고가 이 대성당을 방문했고, 마침 근처에 있는 생레미(Saint-Rémi) 수도원도 찾았다고 한다. 생레미 수도원이 역사에 알려지게 된 것은 두 가지 이유 때문인데, 하나는 이곳 부속 성당에 클로비스에게 세례를 준 생레미 대주교의 무덤이 있었기 때문이었다. 다른 하나는 빅토르 위고의 걸작인 『노트르담의 꼽추』와 관련된 것이었는데, 일설에는 당시 생레미 수도원에는 몸이 많이 불편한 종지기가 실제로 살고 있었는데, 어느 날 이 종지기가 힘들게 성당의 종을 치는 모습을 본 빅토르 위고가 종지기의 모습에서 『노트르담의 꼽추』의 주인공 콰지모도를 착안해냈다는 것이다. 이처럼 프랑스에게는 매우 특별했던 랭스 대성당은 제1차 세계대전이 한창이던 1914년 9월, 나치 독일군의 집중 포격으로 중세부터 이어져오던 아름다운 스테인드글라스가 거의 다 깨지고, 벽은 불에 타는 큰 피해를 입었다. 다행히도 1918년, 미국 록펠러 재단의 후원으로 랭스 대성당 복구공사가 이루어져 지금의 멋진 모습을 유지하게 되었다.

행토록 했는데, 이를 계기로 샤를 7세는 모든 프랑스 국민들이 인정하는 적법한 프랑스 국왕으로서의 정통성을 가지게 되었다.

영웅에서 부담스런 존재가 된 잔 다르크

한번 영웅은 영원히 영웅으로 남을 수 있을까? 이 영웅이 만약 한 나라의 국왕이거나 혹은 대사제 정도의 위치에 있는 사람이라면 아마도 가능할 것이다. 그러나 평범한 사람이 영웅의 위치에 올라 온 국민의 칭송을 받는 경우라면 상황은 얼마든지 달라질 수 있는 것이 냉혹한 정치의 단면이다. 한 나라를 이끌어가는 지배계층은 나라가 위기의 순간에 빠지게 되면 영웅을 필요로 한다. 그러나 만약 정치와 정세가 안정된다면 지배계층은 그런 영웅을 그대로 두지 않는다는 것을 우리는 역사에서 수없이 많이 보았다. 왜냐하면 한 나라의 영웅은 반드시 국왕이어야지 다른 평범한 사람이 국왕을 제치고 국민들의 칭송을 받는 것을 지배계층은 절대로 원하지 않기 때문이다. 이런 냉혹한 정치세계의 일면을 잘 보여주는 것이 바로 잔 다르크의 죽음과 관련되어 벌어진 일들이다.

영국군에 연전연패하면서 자칫 몰락의 위기로 치닫던 프랑스를 구한 잔 다르크는 전쟁에서 세운 공로로 인해 1429년 10월, 귀족 작위까지 받고 프랑스 국민들의 영웅이 되었다. 가난하고 평범한 시골 출신의 연약한 소녀 잔 다르크가 '조국 프랑스를 구하라'는 신의 계시를 직접 듣고 전장에 뛰어들어 프랑스를 구했다는 것은 절체절명 위기상황의 프랑스에게만 필요했던 것이다. 즉 위기가 해소된 이후의 프랑스에 필요한 게 아니었다.

국가의 위기가 진정되고 난 지금은 국민들의 관심과 칭송이 오로지 국왕에게로만 향해야 했다. 그런데 이런 관심과 칭송이 국왕인 샤를 7세보다는 잔 다르크에게로 더 많이 향했으니 프랑스의 지배계층에게 잔 다르크는 더 이상 반드시 필요한 존재도, 계속 영웅으로 남겨둬야 하는 인물도 아니었다. 이게 바로 당시 프랑스의 냉혹한 정치계의 상황이었다.

잔 다르크의 경우를 보더라도 한 나라의 영웅이 끝까지 영웅으로 존재하기란 결코 쉬운 일이 아니다. 특히 그 영웅의 출신이 미약하거나 종교계가 원하지 않는 인물이라면 더욱더 그는 자신의 명성을 유지하기 쉽지 않다.

당시 프랑스 왕가와 종교계가 잔 다르크를 어느 정도로 부담스러워했는지는 정확히 알려지지 않았지만, 국왕이나 대사제보다도 국민들에게 더 영웅처럼 비쳐지고 받들어지는 모습이 프랑스 지배계층에게는 썩 좋은 일이 아니었을 것이다. 앞장서서 조국을 구한 잔 다르크를 해칠 수는 없었겠지만 백년전쟁이 마무리될 시점에서 프랑스가 잔 다르크를 그다지 필요로 하지 않았다는 것은 너무도 확실하다. 이런 정황을 어떻게 알 수 있는가 하면 잔 다르크가 귀족 작위를 받은 그 다음 해인 1430년, 콩피에뉴 전투[6]가 발발하는데 여기서 잔 다르크는 포로로 붙잡히게 되었기 때문이다.

이 전투는 프랑스가 영국군과 영국군에 동조하는 부르고뉴군을 맞아 치렀던 싸움이다. 전투 도중 불리한 상황에 놓인 프랑스 군사들을 잔 다르크가 나서서 콩피에뉴성으로 안전하게 피신시키고 그 자신은 포로로 붙잡혔다. 특히 잔 다르크를 직접 체포했던 군사들은 영국군이 아닌 부르고뉴파[7] 군사

---

6 콩피에뉴 전투(Battle of Compiegne) : 콩피에뉴는 파리에서 북동쪽으로 약 80킬로미터 정도 떨어진 작은 도시이다. 이곳은 숲과 정원, 왕궁 등이 유명하지만 사실은 잔 다르크로 인해 더욱 유명해졌다. 1429년 위기에 빠진 프랑스를 구했던 잔 다르크가 다음 해인 1430년 이곳에서 벌어진 전투에서 영국군과 동맹을 맺은 부르고뉴 연합군에게 체포되어 돈을 받고 영국으로 넘겨진 것이다. 전쟁을 수행하다가 적군에게 포로로 잡힌 장수나 주요 인물을 위해서는 정부에서 금전적인 배상을 하고 데리고 오는 게 관례였음에도 불구하고 잔 다르크를 껄끄럽게 여겼던 샤를 7세는 그녀를 위한 몸값 지급을 거부한다. 그 일로 인해 잔 다르크는 그 다음 해인 1431년 화형에 처해졌다. 즉 콩피에뉴 전투는 승승장구하던 잔 다르크에게 패배를 가져다준 전투였다.

7 부르고뉴파(Bourguignons) : 부르고뉴공을 비롯한 프랑스 귀족의 한 당파로 백년전쟁

들이었는데 이들은 돈을 받고 잔 다르크를 영국으로 넘겼다.

잔 다르크를 넘겨받은 영국은 프랑스 국왕 샤를 7세에게 잔 다르크를 풀어주는 조건으로 막대한 몸값을 요구한다. 모든 프랑스 국민들과 영국에서 조차도 당연히 샤를 7세가 몸값을 지불하고 잔 다르크를 데려갈 것이라 예상했는데, 여기서 뜻밖의 상황이 전개된다. 바로 샤를 7세를 비롯한 프랑스의 무관심이었다. 특히 샤를 7세는 전적으로 잔 다르크의 도움에 힘입어 국왕의 자리에 올랐던 인물이었는데도 불구하고 그녀를 구출하기 위한 아무런 조치도, 명령도, 행동도 하지 않았다.

국왕이 되기 어려웠던 샤를 왕세자가 혜성처럼 등장한 잔 다르크 덕분에 샤를 7세로 등극하고 적법한 프랑스 국왕이 됐음에도 불구하고 샤를 7세의 잔 다르크에 대한 믿음과 신뢰는 생각처럼 단단하지 않았다. 어쩌면 믿음과 신뢰가 단단하지 않았던 것이 아니고 오히려 프랑스 지배계층은 프랑스의 국민적 영웅의 길에 들어선 잔 다르크를 부담스러워했던 것으로 보인다.

우리 속담에 '울고 싶은데 뺨 때려준다'는 말이 있다. 아마도 당시 프랑스 정치계의 상황이 이런 우리 속담과 딱 맞는 상황이었을 것이다. 샤를 7세를 중심으로 한 프랑스 지배계층에게는 점점 부담스러운 인물이 되어가던 잔 다르크였는데, 그런 그녀를 적국인 영국이 포로로 붙잡았으니 속으로는 쾌재를 불렀을 만한 상황이었다. 이런 상황에서 막대한 몸값을 지불하고 잔 다르크를 데려가라는 영국의 요구에 적극적으로 응할 이유가 없었다. 그래서 프랑스 정부는 영국의 요구에 아무런 대답을 하지 않았고, 잔 다르크를 구하기 위한 아무런 조치도 하지 않는 무관심 전략으로 나갔다.

후기에 아르마냐크파와 싸웠다. 부르고뉴파는 파리를 비롯한 북프랑스 여러 도시의 지지를 얻고, 영국과 내통하여 헨리 5세의 프랑스 침략을 도왔으며 공공연히 영국과 동맹하여 공동으로 프랑스 북부지역을 지배하였다. 그러나 결국 1435년 아르마냐크파가 지지하는 샤를 7세와 화약(和約)을 맺음으로써 양파의 항쟁은 종식되었다.

프랑스의 정치적인 무관심과 질투심으로 인해 결국 잔 다르크는 종교재판에 회부됐다. 영국과 부르고뉴의 주도로 이루어진 종교재판은 모두 일곱 차례에 걸쳐서 벌어졌다. 처음부터 결과가 정해져 있던 불공정한 재판에서 잔 다르크가 받았던 죄목은 마녀, 이단, 우상숭배자 등이었다.

잔 다르크가 재판을 받던 15세기 초반은(1430~1431) 교회의 영향력과 힘이 매우 막강하던 시절이어서, 일반인이라면 잔 다르크에게 붙여진 저런 죄목들 중에서 단 한 가지만 걸려도 살아남을 수 없었다. 잔 다르크의 처형을 위해서 종교계가 더욱 들고 일어났는데, 특히 그들이 문제 삼았던 것이 바로 잔 다르크가 직접 받았다고 주장한 '신의 계시'였다.

종교가 세상을 지배하던 시절에 평범한 소녀가 유명한 사제나 제사장을 거치지 않고 직접 신의 말을 들었다는 것을 그들은 도저히 받아들일 수 없었다. 신의 말을 직접 듣고 직접 계시를 받았다는 잔 다르크의 주장을 그대로 인정한다면 그동안 영향력을 유지하던 종교의 권위가 한꺼번에 무너질 수도 있었기 때문에 종교계의 입장에서는 잔 다르크를 도저히 살려둘 수 없었을 것이다.

결국 1431년 5월 29일 종교재판에서 이단으로 몰렸던 잔 다르크는 화형을 선고받았고, 그 다음 날인 5월 30일 프랑스 중소도시인 루앙(Rouen)[8]의 광장에 모인 수많은 사람들이 보는 앞에서 나무기둥에 묶여 화형을 당해 죽음을 맞는다. 그녀의 나이 겨우 19세였고, 화형당한 장소는 지금의 구시가 광

---

8   루앙(Rouen); 로마 시대부터 있었던 도시로 문헌에 기록되어 있지만, 본격적으로 역사에 등장하게 된 것은 10세기경 바이킹의 침입 때부터이다. 파리에서 북서쪽으로 자동차를 타고 가면 약 1시간 30분 정도 걸리는 거리에 있으며, 노르망디 지역에서 가장 중요한 도시이다. 노르망디 북쪽에 있는 도시를 오트 노르망디(Haute Normandie), 남쪽에 있는 도시를 바스 노르망디(Basse Normandie)라고 부르는데, 루앙은 북쪽 노르망디의 주도로 유명하다. 참고로 노르망디는 프랑스에서 가장 북쪽에 있는 지역으로 대서양을 사이에 두고 영국과 가장 가까이에서 마주 보고 있는 위치에 있다.

장이다.

바지를 입어서 죽음을 당한 잔 다르크?

당시 잔 다르크가 받은 재판은 일종의 종교재판의 이름을 쓴 실질적인 마녀재판[9]이었는데, 마녀재판은 당시 유럽 대부분의 국가에서 가장 악명 높은 재판이었고 그 누구라도 일단 마녀재판에 내몰리면 대부분 고문이나 화

---

9   마녀재판 : 현대에는 불특정 다수가 한 사람이나 소수를 일방적으로 몰아붙이는 것을 흔히 '마녀사냥'이라고도 하는데, 중세 이후 빈번하게 자행됐던 마녀사냥은 놀라울 정도로 미개하고 잔인했다. 마녀재판 혹은 마녀사냥은 중세는 물론이고 근세인 16~17세기에도 매우 흔하게 일어났던 일이었다. 특히 유럽에서 가장 많은 마녀사냥이 있었는데 주로 가톨릭과 개신교 등 종교계에서 마녀사냥을 자주 진행했고 그 결과는 거의 다 죽음이거나 학살 수준이었다. 본래 많은 공동체 내에는 의료 기능을 담당하거나 점을 치고 묘약을 만드는 주술적 기능을 수행하던 집단이 있었는데, 주로 14세기 후반 들어 이들을 마녀로 규정하고 두려워하게 된 것이다. 중세 이후 유럽 대부분의 국가에서 마녀사냥이 있었는데 대략적인 희생자의 숫자만 해도 50~60만여 명이 넘었다고 추정하니 당시 마녀사냥이 얼마나 빈번하게 일어났는지 짐작할 수 있다. 마녀사냥의 배후에는 당시 교회와 왕권에 대한 불신이 커지던 상황에서 공공의 적을 만들어 사람들을 교회 아래 결집시키고 자신들의 부패로부터 사람들의 눈을 돌리게 하려던 정치적인 배경이 있었다. 일단 누군가가 마녀라고 신고를 받으면 잡아서 단순히 고문을 하고 화형을 한 것만이 아니라 전 재산까지 몰수했기 때문에 실상은 부유한 여성들이나 유명한 여성들이 신고를 당하는 경우가 많았다. 그래서 중세 시대 가장 흔했던 마녀 용의자는 주로 부유한 과부들과 무신론적 지식을 갖고 있는 미혼 여성들이었다. 특히 가족이나 친척이 없으면서 돈은 엄청나게 많은 여자들이 마녀로 잡혀가는 경우가 많았다. 이는 과부는 가족이 없기에 재판에 증인을 서줄 사람이 없었기 때문이었다. 누군가에 의해 마녀로 지목된 여성은 자신이 마녀가 아님을 증명할 수 있는 방법도 별로 없었기 때문에 신고를 당하면 그냥 말 그대로 마녀사냥을 당해서 죽임을 당하는 것이 보통이었다. 그렇기에 당시 마녀재판이나 마녀사냥이 특정인을 제거하고 재산을 탈취하기 위해서 엄청나게 악용되었던 것이다. 잔 다르크의 경우는 마녀재판에서 마녀보다는 이단으로 몰려서 화형을 당했다.

화형당하는 잔 다르크

형, 죽음 등 큰 곤욕을 치르게 됐다.

어린 소녀의 몸으로 신에게서 '조국을 구하라'는 일종의 신탁을 받고 아무 사심 없이 무너져가던 조국 프랑스를 구하는 일에 온 열정을 다 쏟았고, 샤를 왕세자를 국왕으로 만드는 데 가장 큰 공헌을 했던 잔 다르크였는데 왜 그런 그녀가 그토록 어이없는 마녀재판을 받은 것일까? 잔다르크는 이단으로 몰려 온갖 억지 죄를 뒤집어쓰고 화형을 당했는데 그녀가 이단으로 몰린 건 무슨 이유였을까?

잔 다르크에게 씌워진 이단과 마녀[10] 그리고 우상숭배자라는 죄명은 사

---

10 마녀 : 마녀(魔女)는 그 이름처럼 유럽의 전통적 미신으로, 초자연적인 악마의 힘으로 사람들이나 가축들을 해하는 여성을 가리킨다. 이들은 신을 배반하고 악마와 교통하여, 불가사의한 주술이나 약물을 다루어 전염병이나 역병 등의 불행을 퍼트리는 존

실 영국 측과 잔 다르크를 시기하고 질투했던 프랑스의 종교계에 의해 조작된 것이었고. 그녀의 진짜 죄명은 어쩌면 남성들의 전유물인 바지와 갑옷 착용이었을지도 모른다.

많은 역사에서 보듯이 종교재판이나 정치재판은 승자의 입맛에 맞게 이루어지는 경우가 부지기수였다. 그래서 역사는 승자의 기록이라는 말이 있는 것이다. 그렇다면 잔 다르크가 받았던 종교재판도 승자의 입맛에 맞게 이뤄졌던 것이라고 볼 수 있을 것이다. 왜냐하면 우리가 아는 잔 다르크는 결코 이단도 마녀도 우상숭배자도 아닌 그냥 신의 계시를 받고 조국을 위해 싸움에 임한 평범한 소녀였기 때문이었다. 결론적으로 잔 다르크가 무시무시한 종교적 죄목을 받고 화형을 당해 죽을 수밖에 없었던 것은 특별히 두 가

재로 여겨졌다. 마녀가 마치 악의 화신처럼 여겨진 것은 도미니코 수도회 때문이었는데, 그들은 중세 이후 타락하고 부패하기 시작한 교회를 질타하기 위해 예수와 대립된 존재로 마녀를 만들어냈다. 마녀사냥은 1484년 교황이 '긴급요청 회칙'을 발표해 마녀가 실제로 세상에 있다고 한 데 이어, 1487년 도미니코 수도회 성직자 두 명이 『마녀의 망치』라는 마녀사냥 지침서를 내면서 본격화되기 시작했다. 마녀 식별법을 담은 책인 『마녀의 망치』는 구텐베르크가 발명한 금속활자와 인쇄술이라는 최신기술 덕분에 대량으로 제작돼 전 유럽으로 불티나게 팔려나갔고 이것이 마녀사냥을 가속화시키는 결과를 초래했다. 지금 보면 말도 안 되는 내용이었지만 그 당시에는 이런 엉터리 내용이 사람들에게 먹혔다. 이 책에서 말하는 마녀를 구별하는 방법을 보면 가령 "교회에 가기 싫어하는 여자는 마녀다. 혹은 너무 열심히 다니는 사람도 마녀일지 모른다."는 식이다. 결국 1490년 교황청과 종교재판 본부에서 이 책의 내용이 오류투성이라는 공식 비난 입장을 발표했음에도 불구하고 『마녀의 망치』는 글을 읽는 사람이 많지 않던 당시에도 무려 20쇄를 거듭해서 발간될 정도로 큰 인기를 누렸다. 마녀로 지목된 사람은 재판관들 앞에서 진짜 마녀인지 아닌지를 판가름 받아야 했는데, 흔히 눈물시험, 바늘시험, 불시험, 마지막으로 물시험 등 네 가지 시험이 행해졌다. 마녀는 눈물을 안 흘리고, 바늘로 찔러도 피가 나지 않으며, 불이나 뜨겁게 지진 인두로 몸을 지져도 고통을 느끼지 않는다고 생각했기 때문이었다. 물시험은 물은 깨끗함의 상징이기에 더러운 마녀를 담그면 물 밖으로 튕겨낸다고 믿었기 때문이었다. 물속에서 익사하지 않으면 물이 튕겨낸 마녀가 되는 것이고, 아니면 물속에서 그냥 죽는 것으로, 결국 무조건 죽을 수밖에 없었던 것이다.

지 이유에서였다.

첫 번째, 그녀에게 이단과 마녀, 우상숭배자 등의 죄가 붙은 것은 잔 다르크가 정식 신학 교육을 받은 사제가 아니었기 때문이었다. 당시 사회에서는 정식 사제만이 신의 말을 받을 수 있다고 여겨졌는데 정식 사제가 아닌 그녀가, 게다가 나이도 어리고 신학 교육은커녕 아무런 교육도 받은 적 없는 소녀가 명확하게 신의 계시를 받았다고 주장했던 게 문제였다.

한마디로 잔 다르크는 당시 기득권층이었던 프랑스 왕가는 물론이고 종교계의 미움을 살 만한 일종의 괘씸죄를 저질렀던 것이다. 신탁을 받았다는 그녀의 주장에 대해 종교계 인사들은 그녀가 마녀이자 이교도이기 때문에 사탄의 지시를 받은 것이라고 몰아붙였다. 이것이 바로 잔 다르크에게 이단과 마녀, 우상숭배자라는 오명이 붙었던 첫 번째 이유였다.

두 번째, 그녀가 온갖 죄를 뒤집어쓴 또 다른 이유는 당시 시대적인 규범을 어겼기 때문이었다. 프랑스는 물론이고 종교가 득세하던 당시 유럽에서는 여자와 남자의 구별이 매우 명확했고, 그것이 바로 인간을 창조한 신의 뜻에 부합하는 것이라고 믿었던 시대였다.

> 하나님이 자기 형상 곧 하나님의 형상대로 사람을 창조하시되 남자와 여자를 창조하시고(창세기 1장 27절)

성경의 「창세기」에서 저렇게 명확하게 남자와 여자를 구분해놓았기 때문에 남자는 남자답게, 여자는 여자답게 사는 게 당연한 의무이자 사회의 미덕이었다. 남자다움과 여자다움을 가르는 가장 대표적인 기준이 바로 의상이었다. 즉 남자는 남자답게 옷을 입어야 하고, 여자는 여자답게 옷을 입어야 했던 것이다. 그런데 잔 다르크는 어떠했는가? 군대를 이끌고 앞장서 말을 타고 달리고, 깃발을 휘두르고, 군사들을 독려하며 프랑스의 승리를 가져왔던 여성인데, 그런 그녀가 설마 일반적인 여자답게 코르셋에 치마를 입고 전장을 누볐을까? 당연히 남성들이 입는 바지를 착용했다.

이것이 바로 잔 다르크가 마녀라는 죄명 못지않게 중요한 사회규범을 어겼다고 여겨진 이유였고, 이것으로 인해 그녀가 죽음을 당했던 것이다. 하나님이 여자로 창조한 잔 다르크가 신의 뜻을 어기고 자신의 뜻대로 남장을 한 게 문제였다는 것이다. 남녀평등이 당연한 지금 우리 시대에는 '탈코르셋'[11]이라는 주장도 나와 있지만, 백년전쟁이 한창이었고 종교가 세상을 지배하던 14~15세기에 여자가 바지를 입는 것은 상당히 큰 죄악에 속했다.

중세나 그 이후 유럽 사회의 모습을 그린 영화나 그림들을 보면 여성들은 하나같이 코르셋을 착용하고 치마를 입고 있다. 당시 유럽 여성들이 입던 일반적인 의상은 비록 가슴은 노출되더라도 맨 다리는 드러내지 않는 것이었다. 당시에는 여성이 맨 다리를 타인들에게 보인다는 것은 자신의 모든 것을 다 허용하고 보여준다는 의미였기 때문이다.

잔 다르크가 전장에서 착용한 복장은 당연히 치마가 아닌 활동하기 편한 남자 복장이었을 것이고, 아마도 잔 다르크는 남성용 재킷과 바지 차림에 갑옷을 입었을 것이다. 잔 다르크를 그린 많은 그림들을 보면 잔 다르크가 어떤 복장을 하고 있는지 쉽게 알 수 있다.

---

11 탈코르셋(Corset-free movement) : 요즘 우리 사회도 여성들의 인권 강화와 평등에 대한 관심이 점점 고조되고 있다. 이런 상황에서 여성사회를 중심으로 여성들의 존재감과 당당함을 내세우는 자주적 삶을 위한 운동이 호응을 얻고 있다. 대표적인 것이 바로 여성들의 속옷의 상징인 코르셋에 관한 것으로, 여성들을 옥죄었던 코르셋을 벗어버리자는 의미에서 탈코르셋 운동이라는 이름으로 전개되었다. 탈코르셋 운동은 벗어나자는 뜻의 '탈(脫)'과 여성 억압의 상징 '코르셋'(체형 보정 속옷)을 결합한 말로 다이어트, 미용, 화장, 색조렌즈 등 '꾸밈노동'으로 상징되는 여성억압적 문화로부터의 해방을 부르짖는 운동이다. 탈코르셋 운동은 여성들에게 그동안 암묵적으로 강요됐던 남성들이 만든 아름다움의 기준을 버리고 타인의 시선에 신경 쓰지 않는 것을 목표로 한다. 여성들이 과거 아름답게 꾸밀 자유를 주장한 것과 마찬가지로 꾸미지 않을 자유를 주장하여 여성 자신이 진정으로 원하는 모습으로 다닐 자유를 확대하기 위한 것이다.

전투를 위해 갑옷과 바지를 착용했던 잔 다르크도 당시의 사회적 규범을 상당히 의식했던 것으로 보인다. 당시 바지를 고정하는 끈은 평균 일곱 개 정도였는데 그녀는 이 끈을 스무 개나 묶었다고 한다. 무려 스무 개나 되는 끈을 사용했던 것은 여자로서 남성들의 전유물인 바지와 갑옷을 착용했기 때문이었을 것이다. 그러나 아무리 스무 개나 되는 끈을 사용했더라도 당시 사회에서 여자가 남자들이 입는 바지를 입었다는 것은 쉽게 용서될 수 없는 일이었다. 이것이 바로 그녀가 마녀, 이단, 우상숭배자라는 오명을 받았던 이유였다.

그리하여 잔 다르크는 마녀와 이단으로 몰려 마녀재판 같은 종교재판에 회부되었다. 특히 영국의 종교재판에서 잔 다르크가 계속해서 자신이 직접 신의 계시를 받은 것이 사실이고, 지금도 신을 보고 있다는 주장을 굽히지 않자 결국 이단으로 몰고 갔다.

> 나는 어느 것이 어떤 성인의 말인지 쉽사리 분간해낼 수 있었다. 항상 그런 것은 아니었지만, 대개의 경우 그들은 광휘를 동반하고 있었다. 그들의 목소리는 친절하고 다정했다. 그들은 사람의 모습으로 내 눈앞에 나타났다. 나는 그들을 눈으로 똑똑히 보았고, 지금도 그들을 보고 있다.

잔 다르크의 항변 중에서도 마지막 구절인 "지금도 그들을 보고 있다"는 주장만으로도 종교계를 위해서도 또는 종교인 자신들의 권위를 위해서도 그녀가 이단이나 마녀가 되어야 할 이유가 충분했던 것이다.

당시 잔 다르크를 심문하는 책임을 맡았던 심판관 피에르 코숑은 잔 다르크에게서 이단과 우상숭배자라는 자백을 받으려고 온갖 고문과 회유로 그녀를 달랬고, 특히 수감 생활 중인 잔 다르크에게는 전통적인 치마를 지급했다. 이만큼 당시 종교계를 중심으로 한 사회적 규범은 여성은 당연히 치마를 입어야지 남성들의 전유물인 바지를 입으면 절대로 안 된다는 것이었다.

치마를 지급받은 잔 다르크는 그것을 입기를 거부했고 끝까지 바지를 달라고 요청했다고 한다. 지급된 치마를 거부하고 끝까지 바지를 입겠다고 고집하는 그녀의 행동은 가뜩이나 꼬투리를 잡기 위해 안달이 난 종교재판관들에게 그녀를 죽음으로 몰 적당한 핑곗거리가 되었었다. 여성인 잔 다르크가 남성들의 상징인 바지를 고집한 것도 당시 재판을 맡았던 종교계 인사들의 입장에서는 그대로 받아들이기 어려웠을 것이다. 그들의 입장에서는 잔 다르크의 바지 착용과 치마 거부는 그동안 오랜 기간 종교계가 중심이 되어 만들어온 억압적 사회규범에 대한 도전으로 보일 수도 있었기에 종교재판에서 이단이라는 죄목을 붙여 화형에 처했던 것이다.

1431년 1월 9일, 잔 다르크는 영국군이 점령하고 있던 프랑스 중소도시 루앙에서 종교재판을 받았다. 당시의 종교재판은 연륜 있는 주교들과 신학자들이 주도했는데, 1431년 5월 29일 잔 다르크는 화형을 선고받았고, 그 다음 날인 5월 30일 루앙의 비외 마르셰(Vieux marché) 광장에서 화형에 처해졌다. 지금 루앙에는 잔 다르크가 화형당한 자리에 잔 다르크 교회[12]가 만들어져서 그 자리를 지키고 있다.

백년전쟁은 잔 다르크가 화형당하고 22년 뒤인 1453년 끝이 났고, 1456년 교황 갈리스토 3세에 의해 잔 다르크의 무죄가 선언되면서 그녀는 명예를 회복할 수 있었다.

---

12 잔 다르크 교회 : 1979년 건축가인 루이 아레취(Louis Arreche)가 지어서 잔 다르크에게 헌납한 교회. 특이한 지붕 모양으로도 유명하다. 지붕이 곡선 모양인데, 잔 다르크를 불태운 뜨거운 불꽃을 형상화한 것이라는 얘기와, 옛날 루앙을 침입했던 바이킹이 타던 배를 뒤집은 모양이라는 얘기가 있다.

〈1492년, 그라나다의 항복〉, 프란치스코 프라디야 오르티즈, 1882, 에스파냐 상원의사당. 그라나다가 기독교 세력에게 항복하는 장면을 그린 것으로, 이슬람 최후의 왕이었던 보아브딜이 전쟁에서 패한 후, 알함브라 궁전의 열쇠를 페르난도 2세와 이사벨 여왕에게 바치는 장면을 묘사했다.

08 기독교와 이슬람교의 반복되는 대결

: 레콘키스타(AD 718~1492)

정녕 기독교와 이슬람교는 앙숙인가? 역사가 지속되는 한 기독교와 이슬람교의 대립과 갈등은 절대로 멈추지 않을 것인가? 도대체 기독교와 이슬람교의 대결은 언제부터 시작됐는데 이렇게 오랜 기간 계속되는 것인가?

역사를 돌아보면 고대 근동에서부터 시작된 기독교와 이슬람교의 악연은 지금 우리가 사는 21세기까지 계속되고 있다. 특히 20세기에 이르러 서방 기독교를 대표하는 국가인 미국과 서유럽 대부분 국가들의 주도에 의해 이라크와 이란을 비롯한 이슬람 국가들을 '악의 축'으로 규정한 이후부터 양 종교의 대결은 더욱더 심각해지는 양상을 보인다.

지난 20세기 말, 미국의 주도로 이라크와 사담 후세인이 제거된 이후에는 'IS'라는 이슬람 원리주의자들이 등장해서 자신들을 이슬람 국가로 칭하면서 기독교 국가들인 서방세계를 향한 테러를 자행하고 있는데 이것도 크게 보면 기독교와 이슬람교의 대결로 볼 수 있다.

사실 기독교와 이슬람교의 대결만큼 역사가 오랜 대립도 흔하지 않다. 전 세계에서 지금도 가장 팔리는 스테디셀러인 성서의 첫 번째 챕터인 구약의 「창세기」를 펼치면 왜 기독교와 이슬람교가 오랜 대립의 길로 들어서게 됐는지 알 수 있다. 성서에서는 기독교에서 믿음의 조상이라고 칭송하는 아브라함의 두 아들인 이삭과 이스마엘의 갈등에서 두 종교의 악연이 시작됐다고 말하고 있다.

참고로 이삭은 아브라함이 정실부인인 사라에게서 얻은 아들이었고, 이스마엘은 아브라함이 부인의 하녀 하갈과 동침하여 얻은 아들이었다. 이삭과 이스마엘의 나이 차이는 대략 열네 살 정도로 이스마엘이 먼저 태어난 배다른 형이었다.

성서 속 배다른 형제 이삭과 이스마엘에서부터 시작된 기독교와 이슬람교의 갈등은 기독교(개신교+가톨릭)의 창시자인 예수와, 이슬람교의 창시자인 마호메트를 거치며 더욱 확고히 굳어진다. 이후 이어지는 역사에서는 여러 차례에 걸쳐 기독교와 이슬람교의 대결이 등장했다. 중세 이후로 한정해서 굵직한 대결만 봐도 서기 8세기의 투르-푸아티에 전투를 시작으로, 11~13세기의 십자군전쟁, 그리고 8~15세기까지 이어진 에스파냐의 국토회복전쟁 레콘키스타, 16세기에 바다에서 벌어졌던 레판토 해전까지 이어진다.

여기 8장에서는 그중에서 기독교가 이슬람 세력을 완전히 몰아내고 에스파냐 국토를 회복한 레콘키스타를 중심으로 살펴보도록 하자.

레콘키스타란 무엇인가?

레콘키스타(Reconquista)는 서기 718년부터 1492년까지, 거의 800년에 걸쳐서 지금의 에스파냐 영토인 이베리아 반도 북부의 기독교(가톨릭) 왕국들이 이베리아 반도 남부(특히 그라나다 지역)의 이슬람 국가를 몰아내고 다시 기독교도들의 땅으로 되돌린 운동을 말한다. 즉 기독교를 중심으로 한 에스파냐 국민들의 에스파냐 국토회복운동이었다.

이슬람 세력을 완전히 몰아내고 온전한 에스파냐 영토를 회복한다는 원대한 꿈을 꾸고 이를 실행에 옮긴 주인공은 에스파냐 통일의 어머니로 유명한 이사벨 여왕[1]과 그녀의 남편 페르난도 국왕[2]이었다. 이사벨과 페르난도가 레콘키스타를 선언할 당시 에스파냐는 지금 같은 통일국가가 아니라 여러 개의 공국으로 쪼개진 상태였다. 가장 큰 영토를 차지한 공국이 바로 이사벨의 고향인 카스티야 왕국이었고, 페르난도의 고향인 아라곤 왕국이었으며,

---

1   이사벨 여왕(Isabella 1, 1451~1504) : 콜럼버스의 항해를 후원해 에스파냐의 황금기를 연 인물로 에스파냐는 물론이고 전 유럽의 근대 경제사에 가장 많은 영향을 끼친 여성으로 꼽힌다. 1451년 4월 22일, 이베리아 반도에서 가장 큰 영토를 가졌던 카스티야 왕국의 공주로 태어난 그녀는 3세 때 부왕인 후안 2세를 여읜 뒤부터 수많은 견제 속에서 살았다. 정적들의 오랜 견제는 결국 그녀가 정략결혼을 선택하도록 이끌었다. 그녀가 자신의 방패막이가 되어줄 배우자로 선택한 인물이 바로 아라곤 왕국의 페르난도 왕자였다. 18세에 한 살 연하의 페르난도 2세와 결혼한 지 5년 뒤(1474) 배다른 오빠인 국왕 엔리케 4세가 사망하자 이사벨은 스스로 왕위 승계와 아라곤 왕국과의 통합을 선언하며 남편과 공동군주에 오르면서 여왕의 자리를 차지한다. 이사벨 여왕의 업적은 공과가 뚜렷해서 콜럼버스의 신대륙 발견을 후원한 것과 이베리아 반도에 남은 마지막 이슬람 국가인 그라나다 왕국을 내쫓고 레콘키스타로 유럽의 완전 기독교화라는 숙원을 이룬 것은 큰 공이었다. 반면 1492년 유대인 추방령 시행은 큰 과로 기억될 수 있는데 그 이유는 에스파냐에서 쫓겨난 유대인 23만 명 중 전문 인력과 재산가들이 포르투갈과 네덜란드, 영국을 거쳐 미국에 정착하면서 세계 경제 패권의 이동이 일어났기 때문이었다. 만약 당시 유대인 추방령이 없었더라면 주변 국가로 흘러들어간 경제적 이익이 에스파냐에 계속 남으면서 에스파냐가 더욱 오랜 기간 유럽의 패권국가로 남았을 수도 있었을 것이다.

2   페르난도 2세(Fernando II, 1452~1516) : 이사벨 여왕의 남편으로 1479년부터 공동군주로서 카스티야의 왕(페르난도 5세)을 겸했다. 또한 이탈리아 남부를 다스린 에스파냐 통치자로서, 다양한 이름으로도 불렸는데, 이탈리아 나폴리에서는 페르디난도 3세, 시칠리아에서는 페르디난도 2세로 불렸다. 그는 에스파냐의 여러 왕국을 통일하여 에스파냐를 단일국가로 만들었고, 이때부터 에스파냐는 근대 제국주의 팽창기에 들어서기 시작했다. 그가 이사벨 공주와 결혼한 것은 1469년 10월인데, 이것은 사랑의 결합보다는 정략결혼이었다. 당시 아라곤 왕국은 카스티야로 복귀할 꿈을 꾸었고, 이사벨 공주는 카스티야의 왕위계승권이 필요했기에 양측의 이해관계가 잘 맞았던 것이다. 카스티야와 아라곤 왕국의 시작은 이처럼 정략결혼이었지만 페르난도는 이사벨을 진심으로 사랑했고 결국 에스파냐는 이슬람 왕국인 그라나다를 완전히 몰아내고 에스파냐의 완전화 기독교화를 이룰 수 있었다.

그 남쪽에는 이슬람 왕국인 그라나다가 있었다.

유럽 세력은 서기 476년 서로마 제국이 몰락한 뒤 쇠퇴 일로를 걷는다. 그 틈을 타서 이슬람 세력이 가는 곳곳마다 이슬람화시키며 승승장구하면서 유럽 여러 지역을 점령했는데, 특히 오늘날의 에스파냐와 포르투갈에 해당하는 이베리아 반도가 이슬람 세력에 점령당한다. 이베리아 반도를 이슬람이 정복했다는 것은 서유럽 전체를 이슬람이 점령할 수 있는 토대를 마련했다는 것으로, 기독교(가톨릭) 세력인 유럽에게는 큰 위기였다. 5장에서 살펴보았던 대로 투르-푸아티에 전투에서의 승리 덕분에 유럽 전체의 이슬람화는 이루어지지 않았지만, 이베리아 반도는 수백 년 동안 이슬람의 세력권이었다. 그러다가 에스파냐에서 기독교를 믿는 유럽 세력이 점차 안정되어 힘을 되찾자, 이베리아 반도 지역을 다시 되찾자는 움직임이 생겨난다. 레콘키스타는 에스파냐어와 포르투갈어로 '재정복'을 뜻하며 그래서 우리말로는 '국토회복운동'으로 주로 번역한다.

이베리아 반도 북부인 에스파냐 북쪽에서부터 서서히 이슬람 세력을 몰아대던 기독교 세력은 최종적으로 서기 1492년 에스파냐 남쪽 도시인 그라나다를 탈환한다. 기독교 세력이 그라나다를 탈환했다는 것은 이슬람 옴미아드 왕조의 이베리아 정복으로 잃어버린 기독교 국가의 영토를 기독교가 온전히 회복하고 이슬람을 몰아냈다는 의미이다.

레콘키스타로 인해 이베리아 반도에서 물러난 이슬람 세력은 다시는 유럽을 넘보지 못하게 되고, 이런 양상은 그 후 21세기인 지금 기독교 국가들이 중심이 된 유럽과 이슬람 국가들이 중심이 된 북아프리카로 고착화된다.

레콘키스타 이후 에스파냐의 영토

역사적으로는 서기 711년에 공식적으로 레콘키스타가 선포되어, 1236년에 코르도바, 1248년에는 세비야를 탈환했고 마침내 1492년 그라나다 왕국을 기독교 세력이 완전히 점령하면서 완수되었다고 인정받는다.

거의 800년 동안이나 이슬람 세계의 지배를 받고, 게다가 이슬람의 수도 역할을 했던 그라나다를 드디어 함락시킨 기독교 세력의 수장은 에스파냐 아라곤 왕국의 페르난도 2세와 카스티야 왕국의 이사벨 1세였다. 아라곤과 카스티야는 에스파냐에서 가장 영향력이 큰 왕국이었는데, 아라곤 왕국의 페르난도 2세와 카스티야 왕국의 이사벨 1세가 혼인하면서 드디어 두 왕국은 통합되었고 막강한 힘을 갖게 된 것이다. 혼인을 통한 통합의 힘을 바탕으로 그라나다를 되찾은 것은 물론, 이슬람 세력이 점령했던 이베리아 반도의 나머지 지역도 완전히 되찾는데 성공했다.

그라나다 수복 이후 그들 후손이 기독교로 통합된 국토를 물려받는데, 이것이 바로 오늘날 에스파냐의 전신이다. 그러므로 에스파냐 사람들은 에스파냐 영토를 회복하고 종교적 통일을 이룬 이사벨 여왕을 '에스파냐 통일의 어머니'라는 이름으로 존경한다. 교황청에서는 이 부부의 신앙심과 레콘키스타 완수 등의 업적을 칭송해서 '가톨릭 부부왕'이라는 명예로운 호칭을 내리기도 했다.

이사벨 1세는 나중에 크리스토퍼 콜럼버스를 적극 후원한 것으로 유명한 바로 그 여왕이며, 당시 이사벨 여왕의 통일 에스파냐 제국은 콜럼버스의 활약으로 남아메리카에 식민지를 대거 건설하면서 에스파냐 역사상 최고의 전성기를 구가하게 된다.

이슬람의 상징이었던 그라나다 왕국을 점령하는 데 성공하면서 레콘키스타를 완수한 기독교 세력은 전리품의 일환으로 이슬람의 본산이었던 그라나다 왕국의 알함브라 궁전[3]을 파괴하지 않고 보존했다. 유럽에 현존하는 모

---

3   알함브라 궁전 : 에스파냐 그라나다 지방에 세워진 이 궁전은 중세에 에스파냐를 지
    배했던 이슬람의 나스르 왕조가 14세기에 완성한 건축물로 지금까지도 유럽에 있는

든 이슬람 건축물 중 가장 뛰어나다고 칭송받고, 1984년 유네스코 세계문화
유산으로 지정되었으며, 〈알함브라 궁전의 추억〉이라는 유명한 기타음악의
배경인 바로 그 궁전이다.

알함브라 궁전은 이슬람 색채가 매우 강한 건축물로, 이슬람을 상징하는
궁전이 파괴되지 않고 온전히 보존됐다는 것은 당시 관례로 보면 매우 이례
적이었다. 왜냐하면 당시 이슬람 문화권에서는 한 나라가 함락되면 정복 세
력이 이전에 있던 궁전을 완벽하게 철거하는 관습이 있었기 때문이다.

이슬람 건축물 중 아름다움에서 최고로 손꼽힌다. '알함브라'는 아랍어로 '진홍빛'이
라는 뜻인데 바닥과 기둥, 천장 등을 수놓은 아랍풍의 기하학적인 무늬와 태양빛에
따라 시시때때로 변하는 성벽의 묘한 빛깔이 매우 독특한 아름다움을 풍긴다. 알함브
라 궁전은 에스파냐가 국토회복운동인 레콩키스타를 완수한 이후, 이슬람 세력이 모
두 에스파냐를 떠난 다음에는 에스파냐 왕실의 별궁 역할을 했다. 수많은 관광객들을
유혹하는 알함브라 궁전은 1984년 유네스코 세계문화유산으로 지정되면서 그 가치
를 더욱 높이고 있다. 여행 중에 알함브라 궁전을 보고 그 아름다움에 매료된 에스파
냐의 작곡가 겸 기타리스트였던 프란치스코 타레가(1852~1909, '클래식 기타의 아버
지')가 만든 유명한 클래식 기타곡이 바로 〈알함브라 궁전의 추억〉이라는 명곡이다.
〈로망스〉 〈카바티나〉와 더불어 세계 3대 클래식 기타 연주곡으로 불리는 이 곡이 바
로 알함브라 궁전을 보고 만든 곡이니 그 아름다움을 짐작할 수 있다.

알함브라 궁전의 전경과 정원

성서에서 말하는 기독교와 이슬람교의 갈등의 시작

기독교와 이슬람교의 뿌리 깊은 대결과 갈등의 역사를 보기 위해서는 반드시 두 종교의 뿌리인 성서(특히 구약의 「창세기」)를 먼저 살펴봐야 한다. 그 이유는 성서에 이 두 종교의 갈등의 씨앗이 될 이야기들이 나오기 때문이다.

하나님의 약속의 자녀 이삭이 태어났을 때 이미 열네 살 소년이 된 이스마엘은 이복동생 이삭을 희롱하였다(창 21:9). 이 일로 사래는 아브람에게 이스마엘과 그 어미 하갈을 내어 쫓으라고 요구하자 아브람은 마음에 근심이 되었다. 이때 여호와께서 아브라함에게 나타나 사래의 말을 따르라고 일러 주었다. 그러나 여종의 아들도 네 씨니 내가 그로 한 민족을 이루게 하실 것이라고 하셨다(창 21:18).

이렇게 믿음의 조상이라는 아브라함과 그의 적자 이삭, 그리고 이삭의 형 되는 이스마엘로부터 두 종교의 갈등은 시작된다. 이삭의 후예가 이스라엘 민족이고, 이스마엘의 후예가 아랍인이다. 이스라엘의 유대교에 연원한 종교가 기독교이고, 아랍인의 종교가 이슬람이다.

아브라함이 아내의 여종인 하갈에게서 얻은 서자 이스마엘이 이복동생이자 적자인 이삭을 희롱하자, 이삭의 어머니이자 아브라함의 부인인 사라가 하갈과 이스마엘을 내쫓으라고 한다. 역사에 만약은 없지만 그럼에도 불구하고, 만약 이스마엘이 이삭을 희롱하지 않았고, 그래서 사라가 여종 하갈과 이스마엘을 광야로 내치라고 요구하지 않았더라면 지금 이스라엘과 아랍 국가들의 대결과 갈등은 발생하지 않았을지도 모르기 때문이다.

아마도 아브라함은 저런 상황이 몹시 당혹스러웠을 것이고, 이스마엘을 그 험한 광야로 내치고 싶지 않았을지도 모른다. 이유 불문하고 이스마엘도 아브라함에게는 아들이기 때문이다. 특히 아브라함은 그동안 가나안 땅에서 살아가며 그곳 광야가 어떤 곳인지, 그곳이 얼마나 험하고 무서운 곳인지를 몸으로 체험했기에 그의 마음은 더욱 무거웠을 것이다.

고통스런 상황에 빠진 하갈과 이스마엘을 찾아온 천사. 멀리 탈진한 이스마엘의 모습이 보인다.

더구나 이스마엘이 비록 이삭보다는 형이지만 그래도 홀로 그 험한 광야에서 안전하게 일가를 이루며 살기에는 아직 많이 어린 나이였다. 그럼에도 아브라함이 하갈과 이스마엘을 광야로 내칠 수 있었던 것은 아마도 하나님이 자신에게 주신, 이스마엘에게도 한 민족을 이루게 할 것이라는 약속을 굳건히 믿었기 때문이었을 것이다. 아브라함의 별명이 바로 '믿음의 조상' 아니었던가.

이스마엘과 하갈을 향한 그의 안타까운 심정은 이어지는 그의 행동을 보면 충분히 짐작할 수 있다. 아브라함은 아침 일찍 일어나 떡과 물 한 가죽부대를 가져다가 하갈의 어깨에 메워주고 그들을 내보냈다. 뜨거운 광야에서 하갈과 이스마엘은 길을 잃었고 가죽부대의 물은 곧 떨어졌다. 하갈은 어린 이스마엘을 관목 덤불 아래에 두고 화살 한 바탕 거리 떨어져 마주 앉아 바라보며 소리 내어 울었다(창 21:15~16).

광야로 내쳐질 때 아버지인 아브라함이 준 떡과 물 한 자루는 아마도 반나절도 되지 않아서 바닥을 드러냈을 것이다. 그늘을 만들어줄 큰 나무도 변변히 없고, 돌과 흙먼지투성이인 척박한 땅에 태양만 뜨겁게 내리쬐는 곳이 광야이니 고작 떡과 물 한 자루로는 반나절을 버티기도 어려웠을 것이다.

배고픔과 목마름으로 탈진한 아들을 바라보는 하갈은 아마도 크게 상심하였을 것이다. 그러니 모든 것을 다 포기하고 서럽게 울고 있었을 하갈의 모습을 상상하기는 어렵지 않다. 그런 그들에게 하나님은 천사를 보내 위로한다. 하나님은 이스마엘을 죽음의 길에서 구해주셨을 뿐 아니라 그가 거친 광야에서 활 쏘는 자가 되어 스스로 살아갈 수 있도록 보살펴주셨다(창 21:17~20). 그는 애굽(이집트) 여자를 취하여 열두 방백을 낳았다(창 25:13).

모든 것을 포기하고 죽음의 위기에서 절규하던 여인 하갈의 고통에 하나님이 응답한 것은 하갈이 불쌍해서가 아니고 이스마엘 때문이었다. 이스마엘이 비록 아브라함의 계보를 이을 적자는 아니었지만 분명한 그의 아들이었기 때문이다. 그래서 이스마엘을 죽음의 길에서 구해주고, 더 나아가 광야에서 활 쏘는 자가 되고, 애굽 여인을 얻어 열두 방백을 낳아 큰 일가를 이루도록 은혜를 베푼 것이었다.

그리하여 하갈과 이스마엘의 후손들은 훗날 아라비아, 시리아, 팔레스타인 지역 유목민들의 조상이 되었으며 이들 혈통에서 바로 이슬람교의 창시자로 알려진 마호메트가 출생했다. 「창세기」의 내용에 의거하면 마호메트는 물론이고, 그를 숭상하는 이슬람 지역의 사람들은 모두 아브라함의 서자 이스마엘의 후손들이 되는 것이다. 그리고 이들은 아브라함의 적자 이삭과 그의 어머니인 사라 때문에 아브라함을 떠나 그 험하고 척박한 광야로 쫓겨났던 것이다.

오늘날 이슬람교를 믿는 대부분의 아랍인들은 아브라함의 서자 이스마엘이 자기들의 조상이므로 팔레스타인을 자신들의 땅이라고 주장한다. 이것이 바로 팔레스타인과 예루살렘에서 지금 이 시간에도 매일 끊임없이 기독교와 이슬람교가 이 땅을 차지하고자 치열하게 다투는 이유이기도 하다.

이사벨 여왕과 위대한 탐험가 콜럼버스

에스파냐 역사에 지대한 영향을 준 위대한 인물들을 언급할 때 에스파냐 국민들의 입에 가장 자주 언급되는 인물 중 한 사람이 바로 이사벨 여왕과 신대륙 발견으로 유명한 크리스토퍼 콜럼버스[4]다. 에스파냐 역사에서 가장 많은 식민지 국가들을 거느리고 강력한 위세를 뽐냈던 시기가 바로 탐험가 콜럼버스가 아메리카를 발견한 이후부터이기 때문이다. 에스파냐가 역사상 가장 부강한 국가로서 최전성기를 구가할 수 있었던 원동력이 바로 콜럼버스가 발견한 해외 식민지에서 보내온 엄청난 금은보화와 노예였다는 의미

---

4 크리스토퍼 콜럼버스(Christopher Columbus) : 그의 신상에 대해서 정확하게 알려지지는 않았지만 대체로 1446년 이탈리아의 제노바에 거주하던 유대계 에스파냐 사람인 콜론일 가능성이 높다고 한다. 콜럼버스는 외국어 습득에 재주를 보여 이탈리아어는 물론이고, 에스파냐어, 포르투갈어, 라틴어 등을 자유자재로 구사할 수 있었다고 알려졌는데, 이런 탁월했던 그의 외국어 실력이 그가 여러 나라의 군주들에게 자신의 탐험을 설득하는 데 크게 도움이 됐을 것이다. 콜럼버스는 14세 때 처음 바다로 나갔고, 32세 때인 1478년 포르투갈에서 이탈리아 명문가의 딸과 결혼했는데 그녀는 콜럼버스가 포르투갈과 에스파냐 상류사회에 진출하는 큰 발판이 되었다. 그가 에스파냐에 와서 이사벨 여왕에게 자신의 탐험 후원을 부탁하기 전, 포르투갈로 먼저 간 것은 마르코 폴로의『동방견문록』의 영향으로 값비싼 후추가 생산되는 인도와 황금이 있는 '지팡구(일본)'를 발견하려는 열망에서였다. 당시 후추는 고기를 저장하기 위한 필수적인 첨가물로 금처럼 비싸게 거래되었기 때문이었다. 콜럼버스는 마르코 폴로와는 달리 육로를 통하지 않고도 바다를 통해 인도로 가는 것이 가능하다고 생각했는데, 이것은 그가 지구는 일반인들의 생각처럼 평평하지 않고 둥글기 때문에 서쪽으로 계속 나가면 향료의 나라인 인도를 발견할 수 있다고 믿었기 때문이었다. 에스파냐의 후원을 얻어낸 콜럼버스는 드디어 1492년 8월 3일, 기함 산타마리아호(100톤), 핀타호(60톤), 니나호(50톤)에 죄수 출신 선원 120명을 태우고 에스파냐의 팔로스 항구를 출발했다. 70여 일의 지루한 항해 끝에 드디어 10월 12일 마침내 콜럼버스는 육지에 닿았고 신대륙 발견이라는 성과를 거두었다. 원래 콜럼버스는 약 3,200킬로미터쯤 항해하면 인도에 도착하고 4천 킬로미터를 항해하면 일본에 도착할 것으로 생각했다. 세계 지리에 대한 정보가 부족했던 탓이었다.

이다. 그 콜럼버스를 주변의 강력한 반대에도 불구하고 적극 후원하고 세 척의 범선까지 지원하며 도와줬던 인물이 바로 당시 에스파냐의 공동 통치자 이사벨 여왕이었다.

일개 탐험가에 불과했던 콜럼버스는 어떻게 당대 최고의 권력자인 이사벨 여왕을 만날 수 있었을까? 콜럼버스는 이사벨 여왕과 같은 카스티야 왕국 출신이기는커녕, 에스파냐 사람도 아닌 이탈리아 출신이었는데 말이다.

1486년 5월의 첫날, 이탈리아 제노바 출신의 탐험가이자 항해사 콜럼버스는 에스파냐의 공동 통치자 페르난도 2세와 이사벨 1세 여왕을 만난다. 콜럼버스는 탐험과 모험에 필요한 재정적 후원을 받기 위해 진작부터 이사벨 여왕을 만나고 싶어 했다. 오래전부터 대서양을 횡단해서 동방에 있는 미지의 땅인 향료의 나라 인도에 도달하겠다는 야심찬 계획을 세웠기 때문에 많은 재정적 지원이 절대적으로 필요했던 것이다. 사실 콜럼버스에게는 이사벨 여왕 말고는 선택의 여지가 없었는데, 이미 이사벨 여왕을 접견하기 1년 전에 포르투갈의 국왕 주앙 2세(Juáo II)에게 탐험 계획서를 제출했다가 보기 좋게 거절당한 뒤였기 때문이었다. 정확히는 주앙 2세는 물론이고 영국의 헨리 7세(Henry VII)에게도 같은 내용의 계획서를 제출했지만, 영국으로부터는 아예 그 어떠한 답변도 없었다. 그러므로 콜럼버스에게 이사벨 여왕은 자신의 꿈을 위해 반드시 붙잡아야 하는 사람이었다.

콜럼버스를 만난 이사벨 여왕은 그에 대해 좋은 이미지를 갖고 후원할 결심을 하게 된다. 물론 당장 그의 제안과 후원 요청을 수락하지는 않았는데 그 이유는 콜럼버스가 황당하고도 까다로운 조건을 제시했기 때문이었다. 측근 대신들은 이사벨 여왕에게 콜럼버스를 절대로 후원하지 말도록 온갖 압력을 넣었었다.

포르투갈의 주앙 2세나 영국의 헨리 7세 그리고 이사벨 여왕의 대신들이 하나같이 황당하고 허풍스럽다고 생각한 콜럼버스의 항해 계획이란 과연 어떤 것이었을까? 그들이 콜럼버스의 계획이 현실성 없고 성공할 수 없다고

고대인들이 생각했던 평평한 지구와 바다

생각했던 것은 콜럼버스가 계산한 항해거리에 큰 오차가 있었기 때문이었다. 일설에는 콜럼버스의 항해 계획이 황당하다고 여겨졌던 게, 당시 사람들은 지구가 둥글다고 생각하지 않았고 반대로 평평하다고 여겼기 때문이라는 의견이 있지만 그보다는 항해거리 오차 때문이 더 컸다.

즉 많은 사람들이 콜럼버스의 계획을 비판한 것은 '세상이 평평해서 계속 앞으로 나아가면 큰 절벽 밑으로 추락한다'는 무지와 선입견 때문이 아니었던 것이다. 콜럼버스는 지구의 둘레를 실제보다 너무 적게 생각해서 항해거리 또한 그만큼 짧게 계산했는데, 당시 포르투갈이나 영국의 지식인들은 그 계산을 신뢰하지 못했다. 더구나 콜럼버스가 잘못 계산한 거리가 무려 지구 반 바퀴 정도의 거리였기 때문에 당시 지식인들과 관료들은 콜럼버스의 계획이 너무도 터무니없다고 생각했던 것이다.

그들은 콜럼버스를 그냥 놔두면 항해거리 계산 미스로 보나마나 바다 한복판에 침몰해서 죽을 것이라고 여겼다. 사실 콜럼버스의 계산대로라면 현재 아메리카 대륙의 위치에 인도가 있어야 했다. 그래서 콜럼버스는 자신이 발견한 아메리카 신대륙을 끝까지 서인도라고 믿었고, 그곳에 살던 원주민들을 인도 사람이라는 의미로 인디언(인도인)이라고 불렀다. 그렇다면 콜럼버스와 당시 그의 계획을 반대하던 지식인들 중 누구의 생각이 옳았던 것일까? 결론적으로 보면 당시 지식인들의 의견이 더 정확했다고 볼 수 있는데, 콜럼버스가 처음 도착한 곳은 인도가 아니고 지금의 중남미인 카리브해 연안이었기 때문이다.

이처럼 말도 안 되는 항해거리 계산 착오를 하고서도 이사벨 여왕에게 탐험을 위한 엄청난 비용과 대가를 요구한 콜럼버스는 여왕의 측근들이 보기에는 한 명의 사기꾼에 불과했다. 그러니 그들이 콜럼버스를 멀리하라고 조언했던 것은 그 당시 관점으로 보면 매우 당연한 일이었다.

그 외에도 당시 콜럼버스가 이사벨 여왕에게 제시한 조건들이 측근들의 심기를 불편하게 했다고 한다. 자신을 에스파냐의 대서양 함대 제독으로 임명해달라, 새로운 영토를 발견하게 되면 그곳의 총독으로 임명해달라, 새로운 영토에서 에스파냐 왕실로 보내는 재물의 10퍼센트를 보장해달라는 등등 무리한 요구를 했기 때문이었다.

이사벨 여왕은 당연히 그 황당한 제의를 단칼에 거절하면서도 그에게 관심을 보여서 우선적으로 그에게 상당한 액수의 연금을 제공했다. 첫 번째 만남이 있은 지 3년 후인 1489년, 두 번째 만남이 이루어졌는데 이번에도 이사벨 여왕은 콜럼버스에게 상당한 호의를 베푼다. 새로운 탐험과 모험을 위해 콜럼버스가 에스파냐 어느 곳을 가더라도 그의 숙식 비용을 왕실에서 전액 부담하겠다는 것이었다. 콜럼버스의 입장에서도 호의였지만, 이사벨 여왕 입장에서는 미지의 땅인 인도를 찾아나서는 것보다 더 중요한 현실이 그녀 앞에 놓여 있었기 때문에 사실상 여유가 없었으므로 그에게 그 정도의 호의를 베푸는 것으로 이야기를 끝내려고 했다. 이사벨 여왕에게 콜럼버스의 탐험보다 더 중요하고 시급한 일은 바로 그라나다 지방을 지배하고 있던 이슬람 세력과의 최후의 전쟁이었다.

1492년 이사벨 여왕이 이슬람
세력들의 마지막 거점인 코르도
바를 함락하자 콜럼버스는 그곳
으로 찾아가서 여왕을 다시 만난
다. 이 만남에서 드디어 그토록 원
하던 재정적 지원을 받게 된다. 그
리고 그해 8월 3일 대형선 산타마
리아호와 중형선 핀타호와 산타클
라라호 등 세 척의 범선과 함께 배
위에서 노예처럼 마음껏 부려먹을
수 있는 죄수 100명 이상을 지원
받는다. 이사벨 여왕의 이와 같은

콜럼버스 사후 14년 후에 그려진 초상화,
델 피옴보, 1520

전폭적인 재정적 지원에 힘입어 드디어 콜럼버스의 황당하게만 보였던 인도
항해가 시작된다.

여기서 한 가지 의문점이 드는데, 그동안 콜럼버스와 그가 제시한 계획
에 호의와 관심 정도만 보이던 이사벨 여왕은 왜 갑자기 큰 범선을 세 척이
나 내주고 죄수들을 100명 이상이나 지원하는 통 큰 결정을 한 것일까 하는
점이다. 이는 바로 에스파냐보다 한참 작은 옆 나라 포르투갈 때문이었다.
에스파냐에 앞서 포르투갈에서 아프리카의 남단 희망봉[5]을 먼저 발견하는

---

5   희망봉 : 배를 타고 가다가 이 봉우리가 보이면 늘 꿈에도 그리던 미지의 대륙인 인도
    로 갈 수 있으니 희망을 잃지 말고 꽉 붙잡으라고 해서 붙여진 이름이다. 고대와 중세
    시대의 탐험가들이나 선원들은 이 희망봉이 아프리카 최남단 지역이라 믿었지만 실
    제로는 희망봉에서 남쪽으로 약 150~200킬로미터 정도를 더 가면 대서양과 인도양
    이 만나는 지점에 아굴라스곶이 나오는데 바로 이곳이 최남단이다. 희망봉은 유럽과
    아프리카의 만남, 그리고 유럽과 인도의 교류의 증거이다. 1488년 포르투갈의 항해

대서양과 인도양이 만나는 희망봉

쾌거를 이뤘는데, 이게 이사벨 여왕을 자극했던 것이다.

 그 외에도 콜럼버스가 이사벨 여왕을 설득하는 데 가장 주효했던 미끼는 향료의 나라인 인도로 가는 새로운 지름길을 개발함으로써 그동안 향료를 비롯한 인도의 값비싼 물품 조달에 드는 막대한 비용을 크게 절감할 수 있다

자 바르톨로메우 디아스(B. Diaz)가 처음으로 발견하였다. 디아스의 희망봉 발견이라는 획기적인 대사건이 에스파냐의 이사벨 여왕의 승부욕을 자극했다. 그래서 이사벨 여왕이 조금은 황당한 계획임에도 불구하고 콜럼버스에게 세 척의 범선과 노예들을 비롯해서 막대한 지원을 해주었다. 1497년에는 포르투갈의 바스코 다 가마가 희망봉을 지나 드디어 인도로 가는 동방 항로를 개척하는 데 성공한다. 이로써 금과 향신료를 찾기 위한 포르투갈의 오랜 꿈과 야망이 실현된 것이다. 당시 이 희망봉 주변 해역은 대서양과 인도양이 교차하는 지점이었기에 항상 거친 파도가 자주 쳤다고 한다. 그래서 많은 사람들이 이 지역을 '폭풍의 곳(Cape of Storms)'이라고 불렀다. 대서양과 인도양이 교차하면서 높은 파도를 일으키는 이 지역이 희망봉이란 멋진 이름을 갖게 된 것은 동방 항로의 개척이라는 오랜 꿈을 실현한 포르투갈의 국왕, 주앙 2세가 '희망의 곳'이라고 말하면서부터이다. 주앙 2세가 이름을 바꾸게 된 것은 아마도 인도로 가는 동방 항로를 개척한 기쁨의 의미도 있었겠지만 그보다는 선원들에게 공포심을 심어주는 '폭풍의 곳'이라는 이름보다는 희망과 용기를 주는 이름으로 바꾸려는 의도가 더 컸을 것이다.

는 논리였다.

그렇게 해서 콜럼버스는 그토록 원하던 전폭적인 지원을 받아 인도를 향해 첫 항해를 할 수 있게 되었다. 콜럼버스는 인도로 가기 위해 대서양 서쪽을 따라 계속 가는 항로를 택했는데 그 이유는 그가 이탈리아 피렌체 출신의 천문학자이자 지리학자 토스카넬리의 지구 구형설[6]을 철저히 믿었기 때문이었다.

잘못된 항해거리 계산에 의한 콜럼버스의 황당한 항해가 나중에 전 세계의 바다를 제패하게 될 초강대국 에스파냐가 탄생하는 첫걸음이 되었으니 이것 역시 역사의 아이러니가 아닐 수 없을 것이다.

---

6 지구 구형설 : 우리가 살고 있는 땅(지구)이 평평하지 않고 마치 공처럼 둥글다는 이론이다. 지금 우리 시대에야 우주에서 찍은 지구 사진도 보고 해서 너무도 당연하게 여겨지는 사실이지만 과거 고대와 중세 시대에는 절대로 당연하거나 보편적인 것이 아니었다. 고대 사람들 입장에서는 자신들의 일상적인 경험을 바탕으로 땅은 평평하다고 믿는 것이 오히려 자연스럽고 당연했다. 만약 땅이 평평하지 않고 공처럼 둥글다면 지구 반대편 아래쪽에 사는 사람들은 어떻게 땅에 붙어 사는지 이해하기 힘들었기 때문이다. 그러니까 옛날 대부분의 사람들은 땅이 평평하며, 땅 끝까지 가면 분명히 낭떠러지가 있을 것이라고 믿었고, 또한 해가 동쪽에서 서쪽으로 넘어가면 사람들 눈에 보이지 않는 이유가 바로 해가 낭떠러지 아래로 떨어지기 때문이라고 생각했던 것이다. 사실 지구가 둥글다는 건 보통 사람의 본능적인 생각과 일상적인 경험과는 맞지 않는다. 그래서 옛날 고대인들이나 근대 이전 일반 사람들 중에서 과학적 교육을 배우지 못한 사람들은 땅은 당연히 평평하다고 믿었고 지구가 공처럼 둥글다는 구형설을 받아들일 수 없었다. 그러다가 고대 그리스의 피타고라스(기원전 570~490)와 탈레스(기원전 624~545), 그리고 아리스토텔레스(기원전 384~322) 등의 지식인들이 나서서 땅이 절대로 평평하지 않고 지구는 둥글며 완전한 구형이라고 주장하면서 당시 사람들에게 큰 충격을 주었다. 그중에서도 아리스토텔레스는 월식 때 달에 생기는 지구 그림자가 둥글고, 남쪽 지방으로 가면 북쪽 지방의 하늘에서 볼 수 없었던 별자리가 보이며, 수평선 너머에서 배가 올 때 돛대의 끝이 먼저 보이기 시작한다는 것 등을 증거로 지구는 평평하지 않고 둥글다는 주장을 했다.

콜럼버스의 날과 원주민 저항의 날

콜럼버스는 위대한 탐험가이자 영웅인가 아니면 역사상 최악의 학살자이자 악인인가? 역사에는 수많은 위인들과 악인들이 존재했지만 콜럼버스만큼 후대의 평가가 정반대로 엇갈리는 사람도 드물 것이다.

콜럼버스는 에스파냐 이사벨 여왕의 후원에 힘입어 1492년 8월 3일 첫 항해를 시작해 같은 해 10월 12일에 현재의 카리브해 근처에 있는 바하마 군도에 있는 산살바도르섬(추정)에 도착한 것으로 알려져 있다. 물론 콜럼버스는 이곳을 아메리카가 아닌 향료의 나라 인도로 믿었다. 에스파냐에서 출항한 콜럼버스는 서쪽 바닷길만 따라가면 당연히 인도에 도달할 거라고 믿었던 것 같다. 그러니까 그곳을 서쪽에 있는 인도라는 의미로 서인도라고 불렀던 것이다.

의도했든 의도하지 않았든 역사상 처음으로 지금의 아메리카 대륙에 첫발을 디딘 사람은 콜럼버스라고 알려졌지만 실상 그보다 먼저 이 신대륙에 발을 디뎠던 사람은 따로 있었다. 콜럼버스보다 무려 400년 이상이나 앞선 1000년경, 노르웨이의 탐험가 라이프 에릭슨이 먼저 발견했지만 유럽에 이 신대륙을 제대로 알리지 못했던 것이다. 그 이후 콜럼버스에 의해 다시 신대륙이 알려졌고, 결국 그를 통해서 지금의 아메리카 대륙에 많은 사람들이 건너가게 되었다. 물론 아메리카라는 이름도 콜럼버스가 붙인 이름이 아니었다. 이들이 발견한 신대륙을 아메리카라는 이름으로 부르게 된 것은 1493년 콜럼버스의 2차 항해에도 동참했던 이탈리아 피렌체 출신의 탐험가이자 항해사의 이름에서 유래되었다.

아메리카[7]는 파나마 해협을 경계로 미국, 캐나다와 멕시코를 포함한 북

---

7 아메리카 : 이탈리아 출신의 항해가였던 아메리고 베스푸치가 1499년부터 1502년까지 남아메리카의 대서양 연안 곳곳을 탐험했는데, 비록 시간적으로는 콜럼버스보다

아메리카, 그리고 브라질과 아르헨티나를 포함한 남아메리카로 나눈다. 이 밖에 문화적으로 구분하기도 하는데, 식민지 지배의 영향을 준 나라에 따라서 특히 영국의 영향을 강하게 받은 미국과 캐나다를 앵글로 아메리카, 에스파냐와 포르투갈의 영향을 받은 멕시코를 포함한 지역을 라틴 아메리카라고 부른다. 이와 별개로 여러 문화들이 혼합되면서 발전한 카리브해의 여러 지역을 카리브 아메리카라고 부르며 구별하고 있다.

1492년 10월 12일, 콜럼버스의 아메리카 발견을 계기로 북아메리카에는 프랑스인들과 영국인들이 주로 들어왔고, 남아메리카에는 에스파냐와 포르투갈인들이 많이 들어오게 됐다. 미국과 중앙아메리카 일부 국가에서는 이날을 아메리카 대륙을 발견한 날이라 하여 콜럼버스의 날[8]로 정해 기념한다.

조금 늦었지만, 그는 이 신대륙이 콜럼버스가 믿고 있던 인도가 아니고 완전히 새로운 대륙이라는 것을 알고 세상에 알린다. 그 이후 1507년, 유명 지도 제작자였던 발트 제뮐러가 세계지도를 만들면서 이 신대륙이 인도가 아닌 새로운 대륙이라는 것을 알린 아메리고를 기억하고 그의 이름을 넣은 데서 지금의 아메리카라는 이름이 탄생했다.

8 콜럼버스의 날 : 콜럼버스는 1492년 8월 3일 항해를 시작해 같은 해 10월 12일, 현재의 바하마 제도에 있는 산살바도르섬(추정)에 도착함으로써 처음으로 아메리카 대륙에 발을 디뎠다. 미국과 중앙아메리카 일부 국가에서는 이날을 아메리카 대륙을 발견한 날이라 하여 매년 10월 12일을 '콜럼버스의 날'로 정해 기념한다. '콜럼버스의 날'은 1906년에 콜로라도주의 공식 휴일이 되었으며 1934년에 비로소 연방 휴일로 지정되었다. 1971년부터 '콜럼버스의 날'은 10월 둘째 주 월요일로 변경되었으며 우연히 캐나다의 추수감사절과 같은 날이 되었다. 현재 은행, 우체국, 대부분의 정부 사무실, 학교들은 '콜럼버스의 날'을 공휴일로 정해 휴무한다. 그러나 반대로 대부분의 개인기업들은 쉬지 않으며 미국 내에서도 모든 주가 다 공휴일로 쉬는 것은 아니다. 미국과는 달리 베네수엘라의 차베스 대통령은 "콜럼버스가 1492년 아메리카 대륙에 발을 디딘 것이 150년간 계속된 인종 학살을 촉발했다"면서 중남미 사람들에게 '콜럼버스의 날'을 기념하지 말라고 촉구하기도 했다. 그는 미국에서 공휴일로 기념하는 '콜럼버스의 날'인 10월 12일을 베네수엘라에서는 아예 '원주민 저항의 날'로 바꾸는 대통령령을 2002년에 직접 내리기도 했다. 이런 일을 통해 알 수 있는 것은 콜럼버스를 바라보는 시각이 미국과 중남미에서 완전히 상반된다는 것이다.

미국의 콜럼버스의 날 기념식 행사

특히 미국에서는 매년 10월 두 번째 월요일을 국경일로 지정해 미국의 건국과 번영에 헌신한 이탈리아계(系) 미국인들의 공헌에 감사하고, 이들의 희생을 기리는 행사를 성대히 거행한다. 미국과 중앙아메리카 국가들이 콜럼버스의 날을 제정해서 성대한 축제를 거행한다는 건 그를 위대한 영웅이자 탐험가로 인정한다는 의미이다.

그렇다면 그 반대의 경우도 있을까? 당연히 반대의 경우도 있으니까 이 장의 소제목이 '영웅인가 혹은 악인인가'이다. 미국에서 콜럼버스의 날을 만들어 기념하는 것과 달리 중앙아메리카의 일부 나라들, 특히 쿠바와 볼리비아 그리고 베네수엘라는 콜럼버스에 대한 좋지 않은 감정이 가장 심한 나라이다. 베네수엘라를 비롯한 국가들은 콜럼버스가 서인도라고 착각한 아메리카 대륙에 상륙한 15세기 말부터 약 200년에 걸쳐 엄청난 사람들이 희생됐다고 여긴다. 콜럼버스의 상륙 이후 남북 아메리카에 들어온 유럽의 이주민들은 이미 오래전부터 터전을 일구고 살고 있던 원주민들을 무력으로 진압하고, 그곳에 대규모 농장들을 만들었다. 유럽인들과의 전쟁과 강제노동 그리고 유럽에서 전해진 흑사병을 비롯한 전염병으로 인해 면역력이 매우 약했던 원주민들의 숫자는 급격히 감소했다. 15세기 중반까지만 해도 약 1억 명에 육박하던 아메리카 원주민들의 숫자가 다양한 이유로 인해 500만 명 이하로 줄어들었는데, 이 모두가 콜럼버스의 아메리카 상륙에서 시작된 것

이라고 믿는다. 콜
럼버스가 아메리
카 대륙에 상륙하
기 전까지만 해도
이미 여러 원주민
들이 나름대로 잘
살고 있었는데 그
의 상륙과 함께 비
극의 역사가 시작

베네수엘라의 원주민 저항의 날 행진

됐다는 것이다.

콜럼버스의 상륙에서 시작된 원주민들에 대한 약탈과 살해, 억압 등이
그 이후에도 계속 이어지면서 아메리카 원주민들의 숫자가 저렇게 감소했다
는 것이다. 이 모든 비극적인 역사가 바로 콜럼버스로부터 시작됐다고 생각
하기에 그들에게 콜럼버스는 위대한 탐험가이자 영웅이 아닌 한낱 약탈자에
불과한 것이다.

그러므로 베네수엘라를 비롯한 국가들에서는 콜럼버스는 인류 역사상
가장 큰 학살을 시작한 침략자이자 약탈자이기 때문에 미국에서 거행하는
매년 10월 12일 콜럼버스의 날에 맞춰서 이날을 오히려 '아메리카 원주민 저
항의 날'로 바꾸자는 움직임도 일고 있다. 콜럼버스가 아메리카의 존재를 유
럽에 알리면서 강제로 자원 약탈, 환경 파괴가 시작되었으며 원주민들의 심
각한 피해가 발생한 것이므로 저항의 날을 기념하면서 영원히 기억하자는
것이다.

실제로 미국의 대부분 도시의 초등학교에서는 아직도 콜럼버스를 기리
는 성대한 축제를 열고 있지만, 그에 반해 콜럼버스가 행한 악행에 대한 논
의도 점차 증가하고 있다. 실제로 미국의 도시들 중 대표적으로 시애틀, 버
클리, 미네아폴리스 등이 콜럼버스의 날에 맞춰서 저항의 날 행사를 거행하

고 있다. 특히 콜럼버스의 날을 원주민 저항과 회복의 날로 바꾼 시애틀의 선언[9]은 깊이 생각해볼 여지가 있다. 그들은 콜럼버스의 날을 원주민 저항의 날로 바꾼 것을 두고 사회정의를 바로 세운 결정이었다고 말한다.

콜럼버스는 왜 그토록 인도에 열광했을까?

한 인물에 대한 평가가 후대에 와서 평가가 완전히 달라지는 경우를 쉽게 볼 수 있는데 콜럼버스의 경우가 그렇다. 과거에는 자신의 이상을 실현하려는 용기와 멈추지 않는 모험정신으로 신대륙을 탐험했다고 여겨졌지만 현대로 오면서 개인적인 이상 실현 외에 현실적(경제적)인 문제가 더 있었다는 것이 알려졌다.

일반적으로 콜럼버스의 신대륙 탐험의 목적은 새로운 항로를 개척하기 위해서, 혹은 무궁무진한 황금을 찾아서 정도로 알려졌지만 실상 콜럼버스가 정말로 찾으려고 혈안이 됐던 것은 황금이 아니었다. 새로운 항로 개척이나 황금도 물론 중요했지만 그보다 더 중요하게 여겨서 반드시 찾으려고 했던 것은 바로 인도에서 생산되는 후추로 대표되는 향신료였다. 즉 콜럼버스는 후추를 비롯한 정향(고대부터 잘 알려진 대표적 사랑의 묘약이자 누린내 나는 고기의 잡내를 잡아주는 효능이 빼어난 향신료), 육두구(Nut Meg, 사향향기가 나는 호두라는 뜻) 등 신비한 동양의 향신료들을 손에 넣기 위해서 에스파냐와 포르투갈 그리고 영국의 지도자들에게 자신의 탐험을 지원해달라 요청했던 것이다.

---

9   시애틀 선언 : 시애틀 시의회의 선언. "콜럼버스의 역사를 배우고 이날을 원주민을 기리고 사회 정의를 기리는 날로 바꿈으로 인해 우리는 이 고통스러운 역사와 아직도 계속되는 소외, 차별, 그리고 원주민 커뮤니티가 아직도 겪는 가난을 연관 지어 생각할 수 있게 된다."

후추를 비롯한 향신료가 서유럽 사람들에게 전해져서서 요리에 사용된 것은 고대 마케도니아 시대부터라고 한다. 특히 로마 제국 시대에 들어오면서 본격적으로 후추가 사용되었다고 한다.

유럽인들은 음식의 맛을 더욱 돋구어주는 후추에 열광했다. 전 세계에서 보편적으로 사용되고 있는 향신료 중 하나인 후추의 원산지는 인도 서남부 말라바르 해안지역이다. 아랍 상인들이 후추를 전달한 이후부터 유럽은 후추를 비롯한 향신료 특유의 기묘한 향과 맛에 깊게 빠져들었다. 특히 로마 시대에는 물자 운송이 느리고 음식물이 상하지 않도록 보관하는 냉장 기술이 발달되기 전이어서 상한 음식의 맛과 냄새를 감추기 위해서라도 향이 강한 후추가 유용하게 사용되었다.

후추는 지금은 음식을 만들 때만 쓰이고 가격도 매우 저렴하지만 옛날에는 그냥 요리용으로만 쓰이지 않았다. 유럽인들은 소화를 돕는 것은 물론 식욕을 증가시켜주는 특별한 약으로 여겼고, 다른 한편에서는 남성들의 정력을 증진 시켜주는 강정제로도 여겼다. 그래서 많은 유럽 사람들이 그토록 후추를 특별하게 여겼던 것이다.

그러니 수요와 공급의 법칙에 비추어만 봐도 후추 장사가 얼마나 인기 있는 장사였겠는가. 그러나 여기 문제가 있어서 후추의 가격이 상상을 초월할 정도로 비싸다는 게 문제였던 것이다. 기록에 의하면 당시 통후추 한 알과 진주 한 알이 같은 가격이었다고 하고, 후추 30그램과 여자 노예 한 명의 가치가 같았다고 한다. 또한 후추 한 바구니와 큰 소 일곱 마리가 같은 가격으로 거래됐을 정도로 당시 후추의 가격은 상상 초월이었던 것이다. 인도에서 생산된 후추가 유럽으로 건너오면 평균적으로 30배에서 80배 정도로 가격이 상승했다고 한다.

모든 유럽 사람들이 다양한 용도로 후추를 원하는 데 반해 가격이 엄청나게 비싸니 후추를 마음대로 쓸 수 있는 건 소수의 귀족이나 왕족 같은 특권계층 사람들뿐이었다. 즉 당시 후추를 비롯한 동양의 향신료는 단순한 향신료가 아닌 재력을 자랑하는 수단이었던 것이다.

그렇다면 유럽 사람들은 도대체 왜 그렇게 후추를 원했고, 특히 후추의 어떤 기능에 그토록 매료됐던 것일까? 후추가 가진 다양한 기능 중에서 특히 당시 유럽 사람들이 주목했던 것은 바로 후추가 가진 독특하게 매운 향이었다. 코끝을 찔러서 눈물이 핑 돌게 하는 특이한 향이야말로 유럽인들에게 가장 절실했다. 그렇다면 왜 유럽인들이 특이하고 강한 향을 절실히 요구했던 것인가? 그에 대한 적절한 답은 바로 유럽인들의 주식문화에서 단서를 찾을 수 있다.

중세 초기와 중기로 들면서 유럽인들이 즐기던 밀의 사용이 줄어들고, 밀을 대체한 것이 바로 소, 돼지, 양 등 다양한 육류였다. 유럽인들의 주식이 밀에서 육류로 바뀌게 된 것인데, 문제는 고기는 시간이 지나면 부패하면서 독한 냄새를 풍긴다는 것이었다. 당시 유럽인들에게는 고기를 저장할 만한 특별한 저장시설이 없었기에 12월에 이듬해 봄까지 먹을 고기들을 잡아서 저장하는 게 일반적이었다. 저장을 어떻게 했느냐 하면 대부분 소금에 절여서 보관했다.

유럽인들이 지금도 소금에 절인 고기와 베이컨 등을 좋아하는 것이 바로 이런 역사 때문이다. 말린 고기를 좋아하는 것도 그 때문인 것으로 보인다. 실제로 오늘날에도 에스파냐의 하몽[10] 같은 말린 고기가 유럽 대부분의 나라

---

10 하몽(Jamon) : 에스파냐 전통 음식으로 돼지 뒷다리를 최소 6개월에서 2년 정도 소금에 절인 후 숙성과 건조를 반복하여 만든 생 햄이다. 돼지고기 가공품 중 가장 값비싼 음식으로, 크게 하얀 돼지로 만든 '하몽 세라노(Jamon Serrano)'와 검은 돼지로 만든 '하몽 이베리코(Jamon iberico)'로 구분되는데, 특히 하몽 이베리코가 더 고급종으로 분류된다. 돼지의 여러 부위 중에서도 이베리코 하몽은 오로지 돼지 뒷다리와 바닷소금, 이 두 가지 외에는 아무것도 첨가되지 않는데 이는 에스파냐 법으로도 엄격하게 규정하고 있다. 하몽 이베리코 중에서도 사료를 먹였느냐 도토리를 먹여서 키웠느냐에 따라 등급이 나뉘며, 이베리코 중에서도 검은 발톱을 가진 돼지로 만들어 '검은 발'이라는 뜻을 가진 '파타 네그라(pata negra)'가 최상급 하몽이다.

에서 최고의 식재료로 쓰이고 있다.

저장시설이 변변치 않던 시절 소금에 절인 고기는 오랜 시간이 지나면 역겨운 악취를 풍기기 마련이었다. 아무리 고기를 좋아하는 유럽인들이라고 해도 악취를 맡으며 음식을 먹을 수는 없었다. 악취를 제거할 방법이 절실히 필요했다. 이때 유럽인들의 눈에 들어온 것이 바로 후추를 비롯한 향신료였던 것이다.

이렇게 귀하고 쓸모가 많은 후추를 아랍 상인들을 통해 비싼 값에 사야 한다는 것을 유럽인들은 쉽게 받아들일 수 없었다. 아랍 상인들이 중간에서 쓸데없이 많은 이윤을 챙기는 것은 아닌지 의심스럽기도 하고, 혹은 인도에서 후추를 가져와서 유럽 땅에 직접 심을 수는 없는지, 아니면 아랍 상인을 통하지 말고 직접 인도에 가서 후추를 가져올 수는 없는지 등을 고민하게 됐다. 그러나 안타깝게도 인도가 주산지인 후추는 유럽 땅에서는 제대로 재배될 수 없었다.

그리하여 유럽인들은 직접 후추를 가져오기 위한 방법으로 후추의 나라 인도로 가는 항로를 개척할 꿈을 꾸게 된 것이다. 이런 생각은 특히 유럽 내륙보다는 대서양에 접해 있던 포르투갈과 에스파냐에서 주로 일어나게 됐다. 후추를 위해 인도로 가는 새로운 항로 개척 바람이 불면서 자연스럽게 콜럼버스가 등장할 수 있었던 것이다.

이렇게 해서 에스파냐 이사벨 여왕의 전폭적인 지원을 받은 콜럼버스의 네 차례에 걸쳐 인도를 향한 대항해를 했다. 이사벨 여왕이 내준 세 척의 범선을 거느리고 약 100여 명의 인원을 태우고 에스파냐 깃발을 달고 팔로스(Palos) 항구를 야심차게 떠난 것이 바로 1492년 8월 3일이었다. 출항 후 70일 만에 자신이 나중에 산살바도르(San Salvador)라고 명명한 바하마 제도의 작은 섬에 도착하여 본격적인 대탐험의 시대가 열린 것이다. 이것이 바로 철기문명으로 무장한 유럽인들과 석기문명에 머물러 있던 인디언 원주민들과 역사상 최초의 만남이었다.

아메리카에 첫 발을 딛는 콜럼버스와 일행들

인디언 원주민들과의 첫 만남

후추를 찾아 인도를 향해 출항했던 콜럼버스는 자신이 인도라고 믿었던 신대륙에 도착해서 기대했던 대로 많은 후추를 얻었을까? 신대륙이든 혹은 인도든 일단 항해에 성공한 콜럼버스는 자신의 요구대로 이사벨 여왕으로부터 '대양의 제독'과 '인도의 부왕'이라는 칭호를 받는 데 성공한다. 이제 후추만 찾으면 콜럼버스의 앞길에는 아무런 장애가 없어 보였다. 그런데 문제는 콜럼버스가 인도라고 믿었던 이 신대륙이 실상 인도가 아니었기 때문에 그곳에 후추가 있을 리 만무했다는 것이다. 결국 호언장담과는 달리 후추를 찾을 수 없었던 콜럼버스의 입장은 상당히 난처해지게 된다.

결국 콜럼버스는 그토록 원했던 후추를 찾지 못한 채 빚더미에 쌓여 잊혀진 인물로 전락한다. 그러나 비록 후추를 찾지는 못했지만 콜럼버스가 붙인 이름은 살아남아서 아메리카 대륙의 원주민들을 아직도 '인디언'이라 부르고, 그가 도착한 최초의 섬이 있는 지역을 '서인도 제도'라고 부르고 있다.

〈레판토 해전〉, 작가미상, 벨기에 국립해양박물관

09

16세기 최대의 해전

: 레판토 해전(AD 1571)

레판토 해전의 개요

레판토 해전은 당시 기독교를 신봉한 서유럽 나라들이 지중해를 장악하고 승승장구하던 이슬람의 오스만군을 맞아 싸웠던 16세기 최대의 해전으로 마치 고대 그리스와 페르시아가 최후의 일전을 벌였던 악티움 해전[1]을 연상케 했던 대규모 전투였다. 레판토 해전을 한마디로 정의하면 지중해의 패자로 강력한 위세를 떨치고 있던 이슬람의 오스만 제국[2]과, 로마 교황의 요청

---

1 악티움 해전(Battle of Actium) : 로마의 제2차 삼두정치가 무너진 후인 기원전 31년 9월 2일, 그리스 서북부 악티움 앞바다에서 일어난 해전. 카이사르의 양자 옥타비아누스가 카이사르의 친구이자 부하인 안토니우스와 클레오파트라의 연합군을 격파한 후 로마 황제가 됨으로써 공화정을 제정(帝政)으로 바꾸었다. 안토니우스의 병력은 배 500척과 보병 7만 명 정도였고, 옥타비아누스의 병력은 약 400척의 배와 보병 8만 명이었다. 악티움에서 치열한 해전을 벌이다가, 클레오파트라의 소함대가 이집트 갤리선을 이끌고 도망가기 시작하면서 결국 안토니우스가 패배했다.

2 오스만 제국 : 오스만 가문을 왕가로 하여, 현재 터키의 최대 도시인 이스탄불을 수도로, 서쪽의 모로코부터 동쪽의 아제르바이잔, 북쪽의 우크라이나에서 남쪽의 예멘에 이르는 광대한 영역을 지배했던 제국. 소아시아의 한 지역에서 나와서 발전한 이슬

으로 연합전선을 형성한 기독교 세력이 한판 승부를 벌였던 전투로 요약할 수 있다.

특히 이 전투는 유럽의 기독교 세력에게는 정말 중요한 전투로 기록되고 있다. 지리적으로 보면 레판토는 유럽보다는 오스만 제국이 점령하고 있던 지금의 터키 지역에서 가까운 좁은 해협이었는데 이곳에서 기독교 연합군이 준비한 200여 척의 배와 오스만 제국이 준비한 300여 척, 총 500여 척 이상의 배들이 서로 얽혀서 대접전을 벌였던 것이다.

일반인들에게는 조금은 생소할 수 있는 레판토 해전이 기독교 세력이 중심이 되는 유럽에게는 역사의 전환점이라고 할 만큼 중요한 이유는 이 전투를 기독교 세력이 승리로 이끌면서 이슬람 세력이 장악하고 있던 지중해 패권을 되찾은 전투였기 때문이다.

13세기부터 발흥, 본격적으로 위세를 떨치기 시작한 오스만 제국은 동로마 제국을 함락시키기 위해 유럽에서 동방으로 가는 무역로를 장악하고 급격히 세력을 확장하고 있었다. 특히 레판토 해전에 앞서 16세기 초반인 1538년에 유럽의 기독교 세력과 오스만 제국이 이미 바다 위에서 한바탕 전투를 치른 적이 있었다. 그리스 서부의 프레베자 해안 바다에서 교황의 연합군 함

람 왕조인 오스만 왕조는 동로마 제국 등 남동유럽의 기독교 제국, 맘루크 왕조를 포함한 서아시아와 북아프리카의 이슬람 제국을 동시에 정복하면서 지중해 세계의 과반을 차지한 세계 제국으로 발전하였다. 서구인들이 오스만 제국을 오스만 투르크 혹은 투르크 제국이라고 불렀는데, 이것을 영어로 Ottoman Turks, Turkish Empire라고 표기하게 되었고 우리나라에서는 이 표현을 그대로 따와 오스만 투르크, 투르크 제국, 오스만 투르크 제국 등 다양한 이름으로 불렀다. 그러나 현재는 오스만 제국 또는 오스만 왕조라는 표기가 일반적이고 오스만 투르크는 거의 사용되지 않는다. 레판토 해전에서 기독교 세력에게 패배한 이후 약 70여 년 동안 세력이 한풀 꺾이고 이후에는 지금의 국민국가인 터키 공화국이 되었다. 오스만 제국의 역사는 1299년을 건국 연도로 하는 것이 일반적인 통례이며, 술탄제가 폐지되어 메흐메트 6세가 폐위된 1922년을 제국의 완전한 해체 연도로 본다.

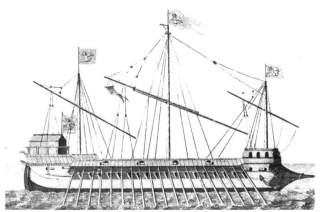

갤리어스선.
베네치아가
주도적으로 건조한
배로, '베네치안
갤리어스'로 불렸다.

대(에스파냐, 베네치아, 로마 주축)에 맞서 오스만 제국이 승리를 거두었고, 이 전투의 승리를 계기로 북아프리카 해안과 키프로스섬을 비롯한 지중해 제해권을 장악했던 것이다. 이처럼 강력한 해상전력을 오랜 기간 유지하던 오스만 제국의 함대를 격파한 선봉에는 베네치아 공화국이 만들어서 실전에 활용했던 큰 범선인 갤리어스선(galleass)[3]이 있었다. 고대 전투에서부터 쓰였던

---

3   갤리어스선 : 대형 갤리선에서 발달하여 해전에 최적화된 큰 군함. 상선에서 출발하여 군용으로 사용되면서 해전에서 조금이라도 더 유리하게 하기 위해서 보통의 갤리선보다 배의 선체가 훨씬 높아지고 커졌다. 물론 선체가 커지고 높이가 높아지는 게 무조건 유리한 것만은 아니었고 명백한 단점도 있었는데 덩치가 커지면서 배의 속도와 회전하는 선회력이 현저히 느려졌다는 것이었다. 갤리어스선 한 척에는 적어도 30개 이상의 노가 있었으며, 각각의 노에 적어도 5명 이상의 노예들이 달라붙어 저었다고 한다. 이렇게 갤리선보다 훨씬 크고 무거운 배를 만들려면 당연히 돈이 많이 들어갔는데, 그래서 갤리어스선은 당시 경제적으로 풍요로운 베네치아 공화국이 주도적으로 만들어서 베네치안 갤리어스선이라고도 했다. 갤리어스선은 대형 갤리선 선수 부분을 원형포탑으로 만들어서 대포 9문을 탑재하고, 배 옆면에도 방패를 세우고 대포를 탑재했다. 평범한 갤리선과 확실히 다른 중요한 점이 있었는데 크기 외에도 포대의 위치가 달랐다는 것이다. 갤리선이 배의 선수에 베르소(verso)라는 함포를 만들어서 사용했다면, 갤리어스선은 배의 선수는 물론이고 양 측면에도 처음으로 포를 배치해서 싸웠기 때문에 상대방에게 훨씬 더 큰 위협감을 주었다. 레판토 해전에서도 기독교 세력이 준비한 6척의 갤리어스선은 배의 양쪽 측면에 1대당 약 30여 개의 대

레판토 해전의 대치도. 6척의 갤리어스선이 선봉에 서 있다. 갤리선과 갤리어스선의 크기를 쉽게 비교할 수 있다.

노 젓는 배인 갤리선을 좀 더 크고 무겁게 만들고 더 많은 대포를 장착한 무서운 배였다.

16세기 초반부터 지중해 해상을 장악하며 차근차근 영향력을 넓혀가던 이슬람의 오스만 제국을 해전을 통해 제압했다는 것은 기독교 세력의 입장에서는 일종의 복수가 될 수도 있는 전투였다. 게다가 잃어버린 지중해 제해권을 다시 되찾아오는 전투였으니 유럽과 기독교 세력에게는 정말 중요한 전투였던 것이다. 레판토 해전에서 참패한 이슬람 세력은 이후 더 이상 지중

포를 장착해서 오스만 제국의 갤리선들에게 엄청난 충격과 공포를 주었던 것으로 알려졌다. 당연히 갤리어스선들이 장착한 수십 개의 대포들이 상대방 갤리선들을 제압하는 데 중요한 역할을 했다. 레판토 해전은 갤리선이 활약한 최대 최후의 전쟁이자 갤리선이 활약한 마지막 전투이기도 했다. 이것은 정확히 17년 뒤인 1588년, 에스파냐가 자랑하던 무적함대가 대영제국 해군에 패배한 '아르마다 해전'을 통해서 다시금 입증되었다. 갤리어스선으로 상징되는 대형 범선과 수십 개의 구멍에서 한번에 뿜어대는 함포사격 앞에서 조그마한 갤리선은 더 이상 자리를 지킬 수 없었다.

해를 통해 유럽 지역으로 진출하지 못하게 되었고, 결국 오스만 투르크는 17세기 말인 1683년 빈 전투와 함께 쇠퇴의 길을 걷게 된다.

16세기 중반에 벌어진 이 레판토 해전의 특별한 점 중 하나는 노를 활용해서 인간의 힘으로만 운행하는 배들을 이용해서 싸웠던 마지막 전투였다는 점이다. 바람의 힘을 이용한 돛으로 가는 배를 범선이라고 하고, 오직 인간의 힘을 이용해서 노를 젓는 방식으로 운행되는 전함들을 갤리선(galley)이라고 하는데, 레판토 해전은 200여 척 이상의 갤리선과 6척의 갤리어스만으로 치러진 전투였다.

갤리선들로 구성된 기독교 연합군 함대와 이슬람 세력의 마지막 해상 전투는 특히 베네치아 공화국, 제노바 공화국, 사보이 공국, 몰타 기사단 그리고 에스파냐 왕국 등의 기독교 국가들이 주축이 되어 신성동맹[4]이라는 거창

---

4 신성동맹(Holy League, 1571~1573) : 1571년 이슬람 오스만군의 위협에 대항하기 위해 만들어진 신성동맹에는 교황 비오(피우스) 5세와 지중해의 거의 모든 주요 기독교 국가가 포함되었다. 이들 기독교 국가들은 동지중해를 지배하는 오스만 제국의 팽창을 저지하기로 뜻을 모으고 1571년 5월 25일 공식적으로 동맹을 선포했다. 교황령, 합스부르크 왕조 시대의 에스파냐 왕국, 나폴리 왕국, 시칠리아 왕국, 베네치아 공화국, 제노바 공화국, 사보이 공국을 비롯한 이탈리아의 대부분 공국들이 참여했고 투철한 신앙심으로 무장한 몰타 기사단이 중심이 되었다. 특이한 것은 같은 기독교 국가로 강한 군사력을 보유하고 있던 프랑스, 신성로마제국 그리고 포르투갈은 가담하지 않았다는 것이다. 여기에는 다양한 이유가 있지만, 그중에서도 신성로마제국은 오히려 오스만 제국과 휴전을 제의하기까지 했었다. 결론적으로 이들 주요 국가를 제외한 나머지 신성동맹 국가들이 이슬람군을 물리치기 위해 준비한 군사력은 대략 200여 척 이상의 갤리선, 100여 척 이상의 중소선박, 5만여 명 이상의 보병, 그리고 4,500여 명 이상의 기병과 포병대 등이었다. 한편 레판토 해전의 선봉에서 신성동맹 국가들의 군사들을 지휘할 최고 지휘관에는 에스파냐의 펠리페 2세의 배다른 동생 돈 후안 데 아우스트리아가 임명되었다. 여러 나라 중 특별히 에스파냐 왕국 출신이 수장을 맡았던 것은 전투에 필요한 재정과 관련이 있었다. 신성동맹이 필요로 하는 재정의 3할을 에스파냐가, 2할은 베네치아 공화국이, 1할은 교황령이 부담했는데 가장 많은 돈을 낸 국가가 입김이 강해지게 됐고, 이것이 결국 레판토 해전의 총사령관을 에스파냐가 맡는 계기가 되었다. 약 2년 정도 유지됐던 신성동맹은 레판토 해전

한 동맹을 맺음으로써 대규모 전투로 확대되었다.

신성동맹의 갤리선 함대가 오스만 제국의 전투용 갤리선 함대를 결정적으로 패배시키면서 기독교 우위의 역사를 써나갈 수 있게 되었다. 레판토 해전의 승리를 통해 이슬람에 대한 기독교 국가들의 힘의 우위를 확인할 수 있었고, 이런 흐름은 그 이후부터 지금까지 이어져오고 있다고 보아도 크게 무리가 없을 것이다.

1571년 10월 7일 일요일 아침, 오스만 함대와 신성동맹의 함대가 그리스 서부의 바깥쪽에 있는 파트라스만의 가장자리에서 대치하면서 약 5시간에 걸친 치열한 해상전투가 벌어지는 것으로 레판토 해전의 막이 올랐다. 이 전투의 승리 이후 신성동맹은 비록 일시적이나마 지중해의 패권을 장악할 수 있었으며, 호시탐탐 이슬람 세력이 넘보던 기독교의 본산인 로마를 지켜내고 유럽 대륙을 향한 오스만 제국의 야욕과 팽창을 저지하였던 것이다.

대규모 전면전이 발발한 이유

각각 기독교와 이슬람을 대표하던 유럽과 오스만 세력이 국가의 명운을 걸고 전면전을 벌였던 이유는 무엇이었을까? 보통은 두 세력이 팽팽한 상태거나 혹은 만에 하나 전쟁에서 패배했을 때 입을 타격을 생각해서라도 전면전은 그리 쉽게 벌어지는 게 아니다. 오히려 위험부담이 많은 전면전보다는 혹시 패하더라도 그리 큰 충격을 받지 않는 국지전 성격의 전투가 벌어지는 경우가 흔한데 왜 이번에는 전면전이 발발했을까? 혹시 전면전이 벌어질 수

에서 오스만 제국의 함대를 궤멸시키는 승리를 거둔 이후 평화조약이 체결될 때까지 유지되었고, 약 2년 후인 1573년 해산하는 것으로 이슬람 세력에 맞선 기독교 국가들의 동맹은 그 역할을 충실히 다하였다.

밖에 없는 어떤 특별한 사정이 있었던 것은 아닐까?

레판토 해전의 직접적인 원인은 키프로스라는 작은 섬이었다. 특히 문제는 이 섬의 위치였다. 키프로스는 유럽 대륙보다도 오스만 제국에 훨씬 더 밀착해 있다. 위치상으로는 오스만 제국의 바로 눈앞에 위치해 있지만, 문제는 저 섬이 엄연히 기독교 국가인 베네치아 공화국의 영토였다는 점이다. 즉 명백히 기독교 세력인 베네치아의 관할하에 있던 작은 섬 키프로스를 이슬람인 오스만 제국이 점령하자 이 섬을 다시 되찾기 위해 교황이 중심이 되어 전 기독교가 똘똘 뭉쳐서 맞서 싸웠던 게 바로 레판토 해전이었던 것이다.

유럽에서도 한참이나 떨어진(거의 2천 킬로미터) 작은 섬이 무엇이 그리 중요할까 싶지만 그 작은 키프로스섬이 베네치아의 대오스만 제국 무역을 위한 최선봉 전초기지 역할을 하고 있었다. 특히 키프로스섬은 레판토 해전이 발발하기 훨씬 이전인 1489년부터 베네치아 공화국의 차지가 되었는데, 대대로 해상무역을 중시하던 베네치아가 지중해의 강자가 될 수 있었던 배경에 바로 키프로스섬이 있었다.

즉 베네치아에게 키프로스섬은 그야말로 없어서는 안 될 중요한 섬이었다. 특히 베네치아 공화국은 오스만과 평화조약을 맺은 1540년 이후부터 마음 놓고 해상무역에만 치중할 수 있게 되면서 나름 중요한 지위를 누리고 있었는데 이 모든 것의 바탕이 바로 키프로스섬이었던 것이다. 이토록 중요한 섬을 이슬람 세력에게 하루아침에 강탈당했으니 당시 베네치아를 중심으로 한 기독교 국가들의 입장에서 이 섬은 반드시 탈환해야만 하는 섬이었고, 이는 또한 기독교의 자존심이 걸린 일이기도 했다.

반면 오스만 제국의 입장은 기독교 진영의 입장과는 조금 달랐다. 물론 키프로스섬이 베네치아령이었지만 오스만 제국의 땅에서 더 가까웠기 때문에 조공이나 통상료 등을 받으며 괜찮은 경제적 이익을 올릴 수 있었다. 자신들이 직접 점령해서 얻을 수 있는 재물과 비교해서도 그리 부족하지 않을 정도였다. 게다가 자신들의 땅 앞에 있는 키프로스가 서유럽의 지배를 받음으로 해서 자연스럽게 서유럽과 오스만 제국을 이어주는 사회적, 문화적 통로 역할까지 해주고 있었던 것이다. 그런데 이처럼 손 안 대고 코 푸는 격으로 많은 경제적, 사회적 이익을 가져다주는 키프로스섬을 왜 갑자기 오스만 제국은 직접 점령하려 했던 것일까?

오스만 제국이 키프로스섬을 점령하고자 한 이유로 일반적으로 알려진 것은 1453년 동로마 제국의 수도 콘스탄티노플을 함락한 오스만 제국이 아예 그 여세를 몰아서 지중해에서의 제해권을 노렸다는 설이다. 키프로스섬은 오스만 제국의 입장에서 볼 때 동지중해 장악을 위한 교두보 역할은 물론이고 전략적 요충지이기도 했기 때문이었다. 그러나 갑자기 키프로스섬을 장악하고자 한 데에는 이러한 알려진 이유 말고도 뭔가 다른 특별한 이유가 있었을 것이다.

그 이유에 대해서는 학자들 사이에도 다양한 설이 있다. 예를 들면, 당시 오스만 제국의 강경파이자 총사령관이었던 알리 파샤(Ali Pasha)가 승리를 장담하면서 오스만 제국의 술탄인 셀림 2세의 신임을 이끌어내려는 부하들이 전쟁을 기획했다는 설이다. 일설에는 포도주를 특히 좋아하던 알코올중독자 술탄이 당시 최고 품질의 포도주를 생산하던 키프로스섬을 아예 자신의 소유로 만들고자 하는 욕심을 부렸기 때문이라고도 한다.

그러나 이 두 가지 설보다 더 타당하게 여겨지는 것은 바로 종교적인 이유이다. 당시 오스만 제국의 왕실에서 중요한 결정을 하던 강경파 이슬람 학자들이 있었는데 이들이 술탄을 부추겼다는 설이다. 그들은 바로 코앞에 있는 작은 섬이 비록 자신들에게 세금을 정기적으로 바치고는 있지만 자신들과 다른 종교를 숭배한다는 것은 제국의 목을 향해 겨눈 칼날과도 같다고 본 것이다.

존귀한 알라 외에 다른 신을 숭배하는 인간들과 타협할 수 없다고 여겼던 강경파 종교인들의 주장 앞에서 경제적, 문화적, 물질적 이득은 전혀 중요하지 않았다. 단지 키프로스섬에서 이교도(오스만의 입장에서는)들을 몰아내고 위대한 알라의 힘을 보여주자는 것이 당시 오스만 왕실의 주류로 떠올랐던 이슬람 강경파 종교인들의 일관된 주장이었다. 그들은 과거 이슬람 제국의 영토이기도 했고, 지금도 베네치아에서는 무려 2천 킬로미터 이상 떨어진 먼 곳인 키프로스섬이 이슬람이 아닌 기독교를 숭배하는 지역이라는 것을 용납할 수 없었다.

고대 이래로 모든 역사에서 가장 중요한 것은 항상 종교였다는 것을 잊으면 안 된다. 모든 국가적인 결정에 앞서 종교가 들어가면 언제나 일은 비합리적으로 굴러가기 마련이었고 그것이 바로 서구의 역사였다. 이것이 바로 키프로스가 비록 많은 경제적인 이득과 함께 오스만 제국과 서유럽을 연결하는 문화적 통로라는 중요한 역할을 하는 곳이었음에도 불구하고 무리해서라도 점령해야만 했던 이유였다는 것이다.

이처럼 종교적인 이유가 개입하면 그 효력은 즉시 발휘되기에 1570년 4월 성전이 선포된다. 이에 앞서 1570년 2월 중순, 오스만 제국에서는 형식적인 사신을 베네치아에 보냈는데 이유는 단 하나, 키프로스섬을 오스만 제국에 양보하라는 어이없는 통보를 하기 위함이었다. 오스만 제국의 사신이 도착해서 전한 오스만 술탄 셀림 2세의 친서는 너무도 간단명료했고 또한 매우 무례했다고 알려졌다. 베네치아에 일방적으로 통보한 내용은 너무도 간단해서 '키프로스섬 반환', 이 한마디가 전부였다고 한다.

무례한 통보문을 수령한 베네치아 의회에서는 당연히 표결에 들어갔고, 당시 의회 참석 인원 220명 중 199명의 반대로 거절이 결정된다. 흥미로운 것은 오스만 제국의 황당하고 무례한 통보에도 불구하고 21명이 찬성했다는 것이었다. 어찌했든 이런 과정을 거쳐 지중해 최후이자 최고의 종교전쟁으로 제2의 십자군전쟁의 성격을 띠었던 레판토 해전이 전면전으로 막을 올리게 되었다.

총사령관이 왜 에스파냐 사람이었나?

레판토 해전에서 교황 비오(피우스) 5세의 궐기에 동조, 유럽 기독교 국가들의 함대를 이끈 수장이자 사령관은 에스파냐의 돈 후안이었다. 즉 레판토 해전을 승리로 이끈 기독교 연합군의 총사령이자 최고 영웅이 베네치아나 교황청 출신이 아닌 에스파냐 사람이라는 말이다. 키프로스섬의 탈환을 위해 교황청과 교황의 호소로 모인 기독교 연합군 총사령관직을 키프로스 출신도, 로마 출신도 그렇다고 교황청 출신도 아닌 에스파냐 사람이 맡았다는 것은 조금은 의아하다. 레판토 해전의 직접적인 목적은 키프로스섬을 탈환하는 것이었는데, 왜 키프로스섬에서 멀리 떨어진 에스파냐가 이 전투에 직접 개입하고, 총사령관직까지 차지할 수 있었을까?

모든 전투나 전쟁을 보면 물론 직접 최전방에서 피 흘리며 싸우는 보병들이 중요하지만, 실상 후대 역사에 명성을 떨치는 사람은 보병이 아닌 전투의 책임을 맡은 사령관이다. 고대로부터 현대까지의 모든 전투와 전쟁을 승리로 이끌어서 우리의 기억에 남은 위대한 인물들은 거의 모두 평범한 보병이 아니라 전쟁이나 전투의 최고 지휘관들이다. 그렇기 때문에 다국적군이나 연합군이 모이면 총사령관을 누가 맡을 것인지를 놓고 많은 경쟁과 갈등이 일어난다. 키프로스섬의 탈환을 놓고 벌어졌던 기독교 세력과 이슬람 세력의 다툼인 레판토 해전에서는 누가 명예로운 총사령관을 맡았을지를 놓고 연합군 사이에는 아무런 갈등도 경쟁도 없었을까?

레판토 해전이 벌어진 시기가 1571년이었는데 이 시기는 마호메트 2세가 이끄는 오스만 제국이 동로마 제국의 수도 콘스탄티노플을 함락하고 (1453)[5] 동로마 제국을 멸망시키고 베네치아의 영향력을 제거하며 베네치아

---

5 콘스탄티노플 함락 : 1453년 5월 29일, 이날은 인류가 중세를 접고 근대로 나아간 역사적인 날이었다. 그날 새벽 1시 반, 오스만 제국의 술탄 메흐메트 2세는 콘스탄티노

공화국의 생존을 위협한 지 어느덧 100년이 지나는 시점이었다.

게다가 베네치아 공화국은 오스만 제국과 세 차례의 전쟁을 하면서 오스만 제국에게 주요 거점지를 빼앗겨 심각한 타격을 받고 있었다. 그래서 베네치아는 서유럽의 다른 나라들에게 정치, 경제적으로 의존할 수밖에 없었는데 문제는 현실적으로 서유럽의 다른 국가들은 베네치아 공화국의 안보와 생존에 큰 관심이 없었다는 것이다.

마호메트 2세.
오스만 제국의 영웅이다.

특히 16세기 후반의 서유럽은 대부분 내부적으로 매우 혼란스러웠다. 그 중에서도 서유럽 기독교 국가를 대표하는 나라로는 전통적으로 프랑스, 영국과 신성로마제국을 들 수 있었는데 이들 나라들도 각자의 사정으로 베네치아 공화국을 도와줄 여력이 별로 없었던 것이다. 특히 정치적 분열기를 겪

플 성벽을 향해 총공격을 명령했다. 불과 7천 명 정도밖에 안 되는 비잔틴 제국의 군사들은 오스만 제국의 10만 명에 맞서 무려 48일 동안 밤낮으로 결사 항전하며 버티던 중이었다. 그러나 비잔틴 제국의 마지막 황제였던 콘스탄티누스 11세는 더 이상 제국을 지킬 수 없다는 것을 알고 있었다. 이슬람 국가인 오스만 제국에게 콘스탄티노플을 함락시키는 것은 오래된 지상과제이기도 했다. 그 이유는 다양했는데, 첫째는 오스만 제국이 유럽으로 진출하기 위해서는 반드시 콘스탄티노플을 점령해야만 했기 때문이었다. 두 번째 이유는 콘스탄티노플과 서유럽이 군사적으로 연합하는 것을 막기 위해서였다. 세 번째 이유는 동방무역의 이익을 독점한 오스만 제국이 지중해와 유럽으로 향하는 교역로를 확보하기 위해서도 콘스탄티노플을 점령하는 것은 필수였다. 이들 이유 외에 오스만 제국이 콘스탄티노플을 공격했던 이유는 종교적인 배경 때문이었다. 이슬람교의 예언자 마호메트의 언행록인 『하디스』에 콘스탄티노플 점령을 당부한 가르침이 있었기 때문이다. 이런 다양한 이유들로 인해 그동안 이슬람 제국들이 힘이 있을 때마다 무려 일곱 차례에 걸쳐 콘스탄티노플을 점령하기 위해 전쟁에 나섰으나 번번이 실패했다. 이처럼 콘스탄티노플 정복은 이슬람 제국들의 오랜 염원이었고 종교적인 사명을 완수한다는 의미도 갖고 있었던 것이다.

으며 혼란 중에 있던 프랑스, 종교전쟁으로 국가 역할을 제대로 수행키 어려웠던 신성로마제국, 내전을 수습하고 있었던 영국 등 서유럽 국가들이 베네치아를 돕고 싶어도 도울 수 없는 처지였다는 것이 바로 오스만 제국이 키프로스섬을 욕심낼 수 있었던 이유이기도 했다.

이런 상황에서 베네치아를 도와줄 수 있는 유일한 나라가 바로 에스파냐였는데 당시 에스파냐는 펠리페 2세 치하에서 서유럽 주요 국가들 중 거의 유일하게 정치사회적으로 안정을 구가하고 있었다. 베네치아 공화국이나 교황청의 입장에서 에스파냐의 도움은 천군만마와 같았기에 당연히 도움을 받아야 했다. 그런데 문제는 에스파냐가 내건 거부할 수 없는 조건이었다.

에스파냐가 내건 유일한 조건은 기독교 국가들로 형성된 연합함대의 총사령관을 에스파냐 측의 장군 조반니 안드레아 도리아로 임명하라는 것이었다. 문제는 이 사람이 베네치아 공화국 입장에서 절대로 받아들일 수 없는 인물이었다는 것이었다. 베네치아 공화국이나 시민들에게 안드레아 도리아라는 이름은 일종의 금기어였는데 조반니 안드레아 도리아는 그와 인척관계였기 때문이었다.

국가가 위기에 빠진 순간에도 왜 베네치아 공화국은 이 인물을 끝까지 거부했던 것일까? 실제적으로 조반니 안드레아 도리아와 베네치아 공화국 사이에 직접적인 원한관계는 없었지만 문제는 그가 안드레아 도리아의 조카손자라는 사실이었다. 안드레아 도리아는 과거 프레베자 해전[6] 당시 제대

---

6   프레베자 해전 : 1538년 9월 28일 그리스의 북서부에 있는 프레베자 근해에서 교황 바오로 3세가 조직한 로마 가톨릭 동맹의 군대와 오스만 함대 간에 벌어진 전투. 1537년 오스만 제국의 대함대가 에게해와 이오니아의 많은 섬들을 점령하고 남부 이탈리아의 해안까지 공격하자 이에 종교적인 위험을 느낀 당시 교황 바오로 3세가 1538년 2월 신성동맹을 조직하면서 기독교와 이슬람의 한판 대결이 바다 위에서 벌어졌다. 당시 오스만 제국의 함대는 약 122척 정도였고, 신성동맹을 맺은 연합군의 함대는 약 302척 정도였음에도 불구하고 전투는 오스만 함대의 손쉬운 승리로 끝난다. 오스만 해군은 프레베자 해전의 승리와 그 후 1560년 제르바섬 해전(Battle of

로 싸워보지도 않고 후퇴했던 사람이었기에 베네치아 공화국은 그를 싫어했고 믿지 못했다. 그래서 베네치아 정부는 국가적인 위기 상황에서도 에스파냐의 참전 조건을 거부했던 것이다. 반면 에스파냐 입장에서는 베네치아가 계속 자신들이 추천한 인물을 거부한다면 돈과 물자를 써가면서 적극적으로 참전할 이유가 별로 없었다.

교황 비오 5세의 적극적인 중재에도 불구하고 에스파냐와 베네치아는 합의점을 찾지 못한 채 시간을 허비했다. 그러는 사이에 1570년 6월 오스만 제국의 함대는 알리 파샤를 총사령관으로 해서 키프로스섬에 도착했고, 3개월에 걸친 공격 끝에 그해 9월 키프로스섬을 점령하게 된다.

키프로스섬이 함락되는 것을 보고 위기의식을 느낀 교황은 당시 에스파냐의 왕 펠리페 2세에게 계속 전투에 참전할 것을 종용했다. 에스파냐는 그런 교황의 요청과 압박에 못 이기는 척 일단 조반니 안드레아 도리아를 지중해로 보냈다. 베네치아 입장에서도 더 이상 자기 주장만 내세우기가 어려워졌다.

이렇게 해서 키프로스섬을 탈환하기 위해 향후 기독교 연합함대의 행보와 작전에 대해 논의하게 되었는데, 여기에서도 베네치아와 에스파냐 사이에 또다시 갈등이 터지게 된다. 에스파냐는 북아프리카로 직접 가서 북아프리카에 있는 이슬람 제국의 해상 전진기지들을 공격하자고 주장한 반면, 베네치아는 계속 지중해에 남아 이슬람 해군을 격파해 지중해를 수호하자고 주장했던 것이다.

총사령관직을 놓고 벌어졌던 베네치아와 에스파냐의 팽팽한 갈등은 이

Djerba)에서 승리해 오스만 제국이 지중해를 장악하는 데 큰 공헌을 한다. 이 해전의 승리로 인해 오스만 제국은 이슬람의 확산을 저지하려는 지중해의 강대국들인 베네치아와 에스파냐의 노력을 격퇴할 수 있었다. 프레베제 해전 승리 이후 오랜 기간 지중해의 제해권을 장악했던 오스만 제국이 지중해의 패권을 상실하는 것은 1571년 레판토 해전에서 패배하면서이다.

신성동맹을 주도한 교황 비오 5세

처럼 모든 작전과 회의에서도 계속 이어지고 이것은 서유럽 기독교 연합군 전체의 분열과 갈등을 초래할 분란의 단초가 됐다. 결국 1571년 5월, 다시 한번 교황이 이 사태에 개입하여, 교황의 중재로 말도 많고 탈도 많았던 기독교 연합군의 총사령관이 전격적으로 교체되기에 이른다.

우여곡절을 거쳐서 결국 총사령관이 된 인물이 바로 돈 후안 데 아우스트리아(Don Juan de Austria, 1547~1578)[7]였다. 베네치아 공화국 입장에서는 돈 후안도 베네치아나 교황청 출신이 아닌 에스파냐 사람이었지만 당시 명장으로 유명했으므로 조반니 안드레아 도리아보다는 훨씬 낫다고 판단했기에 큰 거부감 없이 수락했다.

돈 후안을 보좌할 부사령관으로는 교황청 출신의 마르칸토니오 콜론나(Marcantonio Colonna)가 결정되었다. 키프로스섬이 오스만 제국에게 기습적으로 함락된 것이 1570년 9월이었으니 연합군의 총사령관을 놓고 벌어졌던 베

---

7 돈 후안 데 아우스트리아 : 신성로마제국의 황제 카를 5세의 사생아로, 이복형인 에스파냐 왕 펠리페 2세 밑에서 군사지도자로 근무했고, 특히 1571년 레판토 해전에서 기독교 연합군 총사령관을 맡아 오스만 제국을 물리치는 데 가장 큰 공헌을 했다. 레판토 해전을 승리로 이끌어 유럽에서 기독교를 수호하는 데 공을 세우면서 유럽인들 사이에 돈 후안의 명성은 높아지게 된다. 그에 대한 명망이 얼마나 컸던지 사람들은 돈 후안에게 '전하'라는 존칭을 써서 그를 불렀는데 이는 당시에는 국왕에게만 붙일 수 있는 극존칭이었다. 에스파냐에는 돈 후안의 이복형이자 국왕인 펠리페 2세가 있었기에 처음에 펠리페 2세는 돈 후안에게 '전하'라는 존칭을 쓰지 못하게 했다고 한다. 그러나 국왕이 금지했음에도 불구하고 사람들이 이런 존칭을 그에게 붙였다면 아마도 돈 후안의 위대한 업적을 존경하는 마음에서 사람들이 그에게 존칭을 붙였고, 펠리페 2세가 아마도 이를 묵인했을 가능성이 높다고 본다.

네치아 공화국과 에스파냐 제국과의 팽팽했던 갈등이 봉합되는 데 무려 8개월이나 걸린 셈이었다.

돈 후안을 총사령관으로 세우는 데는 어렵게 합의했지만 한번 시작된 베네치아 공화국과 에스파냐 제국의 갈등은 그 이후에도 계속 이어진다. 예를 들면 에스파냐 측의 장수들은 겨울이 오면 전투가 어려우니 이듬해 봄에 출전하자고 주장한 반면 베네치아 측은 하

레판토 해전의 영웅 돈 후안

루빨리 지중해에서 이슬람 세력을 몰아내야 하니 당장 전투를 하자는 입장이었다. 결국 총사령관 돈 후안은 즉각적인 전투를 결정했고, 그렇게 해서 1571년 9월 동지중해 레판토에 오스만 함대가 있다는 정보가 들어오자 레판토로 향하면서 전투가 시작됐다.

레판토 해협에 들어가기 직전 파트라스만에 진을 친 연합군은 마지막 작전회의를 열었다. 여기서도 두 나라의 갈등은 계속 이어진다. 국적을 불문하고 함대를 섞어 전투 진영을 구성하자는 주장을 놓고 양측은 티격태격했지만 에스파냐와 베네치아의 사이가 워낙 좋지 않았던 점을 고려한 돈 후안은 두 국가의 함대를 각각 따로 편성한다. 중앙은 연합군 총사령관이었던 돈 후안과 부사령관이었던 콜론나가 맡고, 좌측 진영은 에스파냐 측의 총사령관 조반니 안드레아 도리아, 그리고 우측 진영은 베네치아 측의 총사령관 아고스티노 바르바리고(Agostino Barbarigo, 1420~1501)가 지휘하는 편대가 구성됐다. 이렇게 에스파냐 함대와 베네치아 함대를 최대한 멀리 떨어뜨린 형태로 배치된 것은 절묘한 작전이나 전술이 아닌 전적으로 두 나라의 계속되는 갈등과 반목 때문이었다.

전쟁을 비롯한 중요한 현장에서 뛰어난 지휘관이 얼마나 중요한지는 역

사가 증명한다. 레판토 해전 역시 물론 화력에도 차이가 있었지만 그보다는 총사령관의 역량에서 승패가 결정되는 역사의 대표적 한 장면이었다. 특히 목숨에 연연하지 않고 먼저 솔선수범하는 지휘관이 얼마나 위대한지를 생생히 보여줬던 전투였다.

연합군 총사령관 돈 후안은 전투가 시작되기 직전 병사들에게 십자가에 기도를 올리게 한 뒤, 작은 쾌속선으로 갈아타고 교황이 직접 하사한 십자가를 뱃머리에 꽂고 적진을 향해 돌격했다고 한다. 총사령관이 죽음을 두려워하지 않고 선두에서 돌격하는 모습을 보고 사기가 충전되지 않은 군사들이 어디 있는가. 그 순간만큼은 에스파냐와 베네치아의 갈등과 내분은 다 잊고 오로지 기독교를 수호하자는 일념으로 똘똘 뭉친 기독교 연합군이 레판토 해전을 승리로 이끌었다. 이것이 바로 총사령관 돈 후안의 위대함이었다.

레판토 해전에서의 공적은 그 누구보다 총사령관이었던 돈 후안의 공이 컸는데, 돈 후안은 연합군이라는 대규모 함대의 리더로서 반목과 갈등이 잦던 두 개의 세력을 통합시키기 위해 노력했으며 바다에서도 용감한 용병술을 보여 승리를 쟁취했던 것이다.

서구 기독교인들이 생각한 레판토 해전

레판토 해전은 서구 기독교인 입장에서는 제2의 십자군전쟁이나 마찬가지였다. 즉 반드시 승리해서 이슬람에게 받았던 치욕을 갚아야 하는 전투였다는 말이다.

십자군전쟁은 셀주크 투르크에게 위협을 받던 동로마 제국의 수도 콘스탄티노플이 교황에게 도움을 요청했고, 교황은 즉각 전 유럽의 기독교 국가들을 소집하면서 시작되었다. 레판토 해전은 오스만 투르크에게 키프로스섬을 강탈당하고 위협받던 베네치아가 교황에게 도움을 요청하여, 교황이 즉시 유럽의 기독교 국가들을 모아서 신성동맹을 맺으면서 시작된다.

게다가 레판토 해전에 앞서 벌어진 1538년 프레베제 해전에서 오스만 투르크 제국은 핵심 기독교 국가들인 베네치아 공화국, 에스파냐 제국 그리고 교황청이 맺은 신성동맹 함대를 깨뜨리고 지중해를 장악했기에, 기독교 국가들 입장에서 레판토 해전은 더욱더 절실하게 승리를 해야만 하는 전투였다.

서양 역사상 기독교와 이슬람 사이에 치열한 전쟁이 몇 차례 벌어졌는데, 그중 기독교의 입장에서 가장 치욕적인 전쟁은 당연히 십자군전쟁이다. 11세기에서 13세기까지 약 200여 년에 걸쳐 여덟 차례 정도 대격돌을 했는데, 그중 1차 원정만 기독교가 승리했고 나머지는 다 이슬람이 실질적으로 승리했기 때문이다. 그리하여 기독교 입장에서는 언젠가는 반드시 이슬람에게 받았던 치욕을 되갚아줘야만 했다.

레판토 해전을 바라보는 서구 기독교인들의 시각과 생각을 그림으로 잘 표현한 작가들이 있었는데 대표적인 화가가 파올로 베로네세(Paolo Veronese)와 조르지오 바사리(Giorgio Vassari)였다. 다른 르네상스 화가들도 그랬지만 특히 베로네세와 바사리는 위대한 성화를 많이 그렸다. 이들의 그림을 보면 이슬람 제국과의 전쟁을 향한 당시 서구 기독교인들의 바람 혹은 희망을 알 수 있다.

다음 두 장의 그림은 베네치아 화파[8]를 대표하는 네 명의 화가 중 한 명

---

8 베네치아 화파 : 피렌체 화파와 더불어 16세기 중반부터 이탈리아 르네상스를 이끈 미술계의 양대 산맥. 특히 르네상스 시대 이탈리아는 동쪽의 베네치아, 서쪽의 피렌체가 마치 라이벌처럼 각자의 독특한 미술 양식을 꽃피웠다. 피렌체 화파가 소묘와 밑그림, 그리고 윤곽선에 치중하며 인체의 이상화와 고대 그리스 신화의 이상적 재현 등을 추구했다면, 베네치아 화파는 다채롭고 화려한 색채와 따뜻한 빛을 표현하는 좀 더 자연주의적이고 현실적인 그림을 추구하였다. 조반니 벨리니(Giovanni Bellini, 1430~1516), 티치아노(Tiziano Vecellio, 1488~1576), 틴토레토(Jacopo Tintoretto, 1518~1594), 그리고 파올로 베로네세(Paolo Veronese, 1528~1588)까지를 흔히 베네

〈레판토 해전〉, 파올로 베로네세

치아 화파 4대 위인으로 부른다. 베네치아 화파들의 그림은 다른 화가들에 비해 색채가 풍부하고 생생한 걸로 유명하다. 피렌체 화파도 그렇지만 베네치아 화파들이 그림을 그릴 때 그처럼 색을 내는 안료에 구애받지 않고 풍부한 색깔을 낼 수 있었던 것은 그만큼 베네치아에 르네상스로 인해 부와 재물이 넘쳤다는 의미이기도 하다. 르네상스 대표 부자 무역도시답게 세계 각지에서 들어온 다양한 안료들을 마음껏 쓸 수 있었기에 베네치아 화파가 그처럼 생생하고 다양한 색채를 만들 수 있었고 그것이 그들의 명성을 유지해준 원동력이었던 것이다.

<레판토 해전 승전 기념>, 파올로 베로네세

인 파올로 베로네세가 레판토 해전을 상상력과 희망을 함께 섞어서 그린 것이다. <레판토 해전>은 한창 치열한 전투가 벌어지는 바다와 그 위 하늘에서 마리아와 여러 성인 그리고 천사들이 이 전투를 돕는다는 생각을 그린 것이고, <레판토 해전 승전 기념>은 말 그대로 레판토 해전의 승전을 기념해서 신께 감사하는 마음을 담아 그린 것이다. 당시 서구 기독교인들이 레판토 해전을 보는 관점이 잘 드러난 그림들이다.

<레판토 해전>은 한눈에 봐도 특이한 그림인데, 화폭의 절반은 아예 하늘 위 마리아를 비롯한 다양한 신과 성인들의 모습으로 채우고 있다. 바다 위에서는 기독교 함대와 이슬람 함대가 치열하게 싸우고 있는데 전투가 벌어지는 바다 바로 위에서는 저렇게 신들이 바라보면서 기독교 함대를 도와주고 있음을 보여주는 것이다.

서구 기독교인들 입장에서 레판토 해전은 기독교의 예수 그리스도와 이슬람의 알라와의 싸움이기도 했고, 이 전투를 승리로 이끌기 위해서는 반드시 신의 도움이 필요하다고 생각했다. 예수 그리스도가 알라보다 위대하다는 것을 입증하기 위해서라도 레판토 해전은 기독교인들이 반드시 승리로 이끌어야 했던 전투였는데 베로네세는 그런 절박한 마음을 담아 레판토 해

〈레판토 해전〉, 조르지오 바사리, 1572, 바티칸 박물관

전을 소재로 한 두 점의 그림을 그린 것이다.

레판토 해전을 화폭에 옮긴 또 한 사람의 화가는 바사리이다. 그의 그림들 역시 베로네세의 그림처럼 레판토 해전이 기독교 신들과 성인들의 도움으로 이슬람 제국에게 승리했다는 것을 매우 적나라하게 보여주고 있다.

위의 그림은 레판토 해전이 기독교 연합군의 승리로 끝난 그 다음 해에 그려졌다. 어린 천사들이 보이고 해골이 보이는 등, 한눈에도 전투와 신들의 연관성이 느껴진다.

베로네세의 〈레판토 해전〉에서는 기독교 연합군과 이슬람 함대가 뒤엉켜 치열한 싸움을 하고 있었는데, 바사리의 그림에서는 아직 전투가 개시되지는 않고 서로 함대들이 정렬해 있는 상태를 보여주고 있다.

압도적인 크기를 자랑하는 6척의 갤리어스선이 도열해 있는 왼쪽이 기독교 연합군이고 반대쪽이 오스만 함대이다. 사실 이 그림에서 감상자들의 시선을 끄는 것은 갤리어스선이나 갤리선이 아니고 단연 그림 하단에 있는 평범하지 않아 보이는 인물들과 어린 천사들이다.

하단 중앙에 보면 어린 천사들이 지중해 지도를 들고 특정 지점을 가리키고 있는데 바로 그곳이 레판토 해전이 발발한 파트라스만이다. 또한 왼쪽 하단에는 뭔가 특정한 것을 상징하는 듯한 인물 세 명이 팔을 맞잡고 서 있

베네치아의 상징인 날개 달린 사자상

는데 당연히 기독교 연합군의 핵심인 베네치아와 교황청 그리고 에스파냐를 포함한 합스부르크 왕가를 상징하는 것이다.

세 인물 중 멋진 왕관을 쓴 가운데 인물이 교황을 상징하고, 작은 모자를 쓴 오른쪽 인물은 베네치아를 상징한다. 베네치아라는 것을 확실히 알리기 위해 발밑에 웅크리고 있는 사자를 그려 넣었는데 이는 날개 달린 사자가 베네치아 공화국의 상징 동물이었기 때문이다.

한편 세 인물의 머리 위에서는 어린 천사들이 날아다니면서 이들의 연합인 신성동맹을 축복하고 있다. 기독교 연합군이 재물이나 권력을 위해서가 아닌 세상의 평화를 위해서 전투에 나섰다는 것을 보여주기 위해 평화의 상징인 흰 비둘기를 넣는 것도 잊지 않았다. 우측 하단에는 어린 천사들의 공격을 받은 이슬람 사람들이 괴로운 듯이 머리를 감싸쥐고 있고 이미 해골로 변한 인물도 보인다. 어린 천사들이 항아리에서 뭔가를 쏟아 부으면서 공격하는데 자세히 보면 뱀이나 각종 혐오스런 동물이다.

어떻게 사자는 베네치아의 상징이 되었는가?

대부분의 나라에는 그 국가를 상징하는 동물이 있다. 우리나라의 호랑이, 미국의 독수리, 프랑스의 뿔닭처럼 말이다. 레판토 해전 당시인 16세기

세계 3대 영화제 트로피. 왼쪽부터 칸 영화제의 황금종려상, 베를린 영화제의 황금공상,
베니스 영화제의 황금사자상

말에도 각 국가를 상징하는 동물이 있었다. 특히 베네치아의 경우는 날개 달
린 사자를 상징 동물로 삼고 있었다. 베네치아를 다니다 보면 가장 흔하게
볼 수 있는 조각상이나 그림이 바로 날개 달린 사자인데 그 이유가 바로 베
네치아의 상징이기 때문이다.

영화를 좋아하는 사람이라면 세계 3대 영화제를 잘 알 것이다. 칸 영화
제, 베를린 영화제 그리고 나머지 하나가 바로 베니스(베네치아) 영화제인데,
베니스 영화제에서 대상 수상자에게 주는 상이 바로 황금사자상이다. 이것
역시 베네치아에서는 날개 달린 사자를 가장 신성시하고 귀하게 여기기 때
문이다.

왜 베네치아는 많은 동물 중에서 유달리 사자를 좋아하는 것일까? 특히
베네치아가 날개 달린 사자를 상징 동물로 삼게 된 것은 언제부터였고 무슨
연유 때문이었을까? 당연한 말이지만 베네치아가 특별히 사자를 상징으로
삼은 것은 단지 사자가 멋있는 동물이어서가 아니다.

베네치아를 여행하는 관광객이라면 예외 없이 가보는 장소가 산마르코
광장이다. 두칼레 궁전을 비롯한 박물관, 대성당 등이 모두 산마르코 광장에
접해 있기 때문에 필수 관광 코스이다. 베네치아에서 가장 많은 사람들이 몰
리는 장소인 산마르코 광장을 우리말로 직역하면 마가 광장 정도가 될 것이

산마르코광장의 사자와 성 마가

다.

마가는 신약성서 4복음서 중 하나인 「마가복음」의 저자로서 기독교의 성인이다. 그가 바로 베네치아의 수호성인이기도 하다. 위의 사진에서 왼쪽 탑 위에 날개 달린 사자가 있고, 오른쪽 탑 위에 있는 인물이 바로 성 마가로서 두 존재가 베네치아를 수호하고 있다는 의미이다.

그러면 어떻게 해서 많은 성경에 나오는 성인들 중에서 유독 성인 마가가 베네치아의 수호성인이 되었을까? 그리고 성인 마가와 사자는 무슨 관계가 있는 것일까?

여기에는 중세 이래로 부유층들에게 인기가 있었던 유물 수집과 유물 사냥꾼이 등장한다. 성인 마가가 베네치아의 수호성인이 된 데에는 이들 유물 사냥꾼들의 존재가 있었다. 중세의 왕족과 귀족 그리고 고위 성직자들은 유물 수집에 열을 올렸고, 유물 중에서도 성서에 등장하는 유물, 즉 성물의 인기가 높았다.

성 마가는 예수의 다른 제자들처럼 열심히 복음을 전파하다가 순교했고 그의 유골은 이집트의 대도시 알렉산드리아에 안치되었다고 전해졌다. 이집트는 이슬람이 지배하는 나라였고 알렉산드리아에서도 기독교에 대한 탄압이 매우 심했다. 그런 나라와 도시에 예수의 12제자 중 한 명이었던 마가의 유해가 묻혔으니 많은 서구 기독교인들은 무척이나 안타까워했다. 그러나 전쟁을 해서 그곳을 점령하지 않는 한 마가의 유골을 찾아올 수는 없었다. 서기 828년 어느 날, 베네치아의 독실한 기독교 상인 몇 명(두 명의 무명인으로 추정)이 마가의 유해를 찾아올 결심을 한다.그들의 계획은 이집트 알렉산드리아로 가서 마가의 유골을 훔쳐서 베네치아로 가져온다는 것이었다. 매우 위험한 일이었고, 목숨을 걸어야 하는 일이기에 결코 신앙심만으로는 할 수 없었다. 유골을 훔치는 것보다 더욱 큰 문제는 훔친 유물을 검문에 걸리지 않고 어떻게 숨겨서 빠져나오느냐였는데 그들이 생각한 것은 돼지고기였다. 왜 하필이면 돼지고기였는가? 이슬람 종교에서 가장 불결하다고 여기는 동물이 바로 돼지이고 그렇기에 이슬람을 신봉하는 무슬림들은 절대로 돼지고기를 먹지도 않고 접촉하지도 않으려 했기 때문이었다(이것은 지금도 마찬가지다). 무명의 베네치아 상인들은 훔친 마가의 유골을 수레 맨 아래에 놓고 그 위를 절인 돼지고기로 뒤덮었다. 그 덕분에 마가의 유골을 실은 마차는 검문을 제대로 받지 않고 무사히 알렉산드리아를 빠져나올 수 있었다.

마가의 유골을 훔쳐서 베네치아로 가져왔다는 것은 엄청난 사건이었을 것이다. 성서에 나오는 성물 하나만 가져와도 엄청난 일이었는데, 그냥 성물도 아닌 무려 예수의 제자의 유골이었으니 말이다. 그리고 베네치아의 모든 기독교인들에게 아마도 마가의 유골을 훔쳐온 성물 사냥꾼들은 마치 지금의 슈퍼스타와 같은 대우를 받았을 것으로 짐작된다.

아마도 당시 이 사건은 베네치아 전체의 큰 경사였을 것이고 그런 경사를 축하하기 위해 다양한 사업을 벌였다. 우선 가장 먼저 베네치아가 준비한 것은 귀중한 마가의 유골을 분실하지 않고 영원히 잘 보존하기 위한 특별한

마가의 유해가 있는 산마르코 대성당과 산마르코 광장

장소였다. 그렇게 해서 베네치아는 가장 넓은 장소에 그의 이름을 붙여 산마르코 광장이라고 칭하게 됐고, 또한 유골 보존을 위한 대성당을 건축해서 산마르코 대성당이라는 이름을 붙였다.

성 마가와 사자는 무슨 관계인가?

이와 같이 예수의 제자 성 마가가 베네치아의 수호성인이 되는 과정과 베네치아를 상징하는 장소가 산마르코 광장과 산마르코 대성당인 이유를 간단하게 살펴보았다. 그렇다면 성 마가와 사자는 또 무슨 관계가 있을까? 성서에서도 마가와 사자는 그리 연결되어 등장하는 것 같지 않고 마가와 사자의 공통점이 연상되지도 않기 때문이다. 그런데 왜 베네치아의 수호성인 마가와 날개 달린 사자가 산마르코 광장에 나란히 세워져 있는가? 왜 성인 마가는 사자와 연관지어지는가? 그 근거는 바로 구약성서의 「에스겔서」이다.

신약성서에는 예수의 제자들인 마태, 마가, 누가, 요한이 쓴 복음서가 있어서 이를 흔히 '신약 4복음서'라는 이름으로 칭한다. 4복음서의 저자들은 예수의 수제자로 불리는 베드로 그리고 복음을 온 세상에 가장 열정적으로 전한 사도 바울과 더불어 가장 중요한 인물들로 여겨진다.

〈그리스도 보좌와 4생물〉, 부르크살 사본(Codex Bruchsal), 13세기 초, 독일 바덴 도서관

이처럼 중요한 인물들이기에 그들은 하늘나라에서도 특별한 역할을 맡거나 기독교의 수호자로 인식되어 특별한 상징이 각각 부여되었다.

네 성인들에게 부여된 상징 생물이 각각 사람, 사자, 황소, 독수리이며 모두 날개가 달린 매우 신비스런 존재로 형상화되었다. 중세의 성서 필사본이나 기도서에 실린 그림들을 보면 세상을 창조하고 하늘을 지배하는 하나님 보좌 주위에 하나님을 호위하고 따르는 네 가지 특별한 생물이 나온다. 이 네 가지 특별한 생물들은 구약성서의 에스겔 선지자가 환상 속에서 본 그룹천사들의 형상이다.

〈에스겔의 환상〉, 라파엘로,
피렌체 박물관. 날개 달린
사자, 황소, 독수리, 사람의
모습이 그려져 있다.

    하나님의 보좌를 호위하는 중요한 상징이 아무 의미 없이 그냥 권력자들
마음대로 부여된 것은 아니었다. 당연히 「에스겔서」와 「요한계시록」에 바탕
을 둔 것이었다.

    그 속에서 네 생물의 형상이 나타나는데 그들에게 각각 네 얼굴과 네 날
개가 있고 넷의 앞은 사람의 얼굴이요 넷의 오른쪽은 사자의 얼굴이요 넷
의 왼쪽은 소의 얼굴이요 넷의 뒤는 독수리의 얼굴이니(「에스겔서」 1장 5~11
절)

    보좌 앞에 수정과 같은 유리 바다가 있고 보좌 가운데와 보좌 주위에 네

생물이 있는데, 그 첫째 생물은 사자 같고 그 둘째 생물은 송아지 같고 그 셋째 생물은 얼굴이 사람 같고 그 넷째 생물은 날아가는 독수리 같은데 네 생물은 각각 여섯 날개를 가졌고(「요한계시록」 4장 6~7절)

각각의 복음서 저자가 각각의 생물로 상징되는 이유는 이러하다.

신약성서 중 마태복음의 저자인 성 마태(Matthew)는 사람으로 형상화된다. 마태복음은 서두부터 예수님의 인간적 혈통을 묘사하는 등 예수의 인성과 신성 중에서 특히 인성 부분에 초점을 맞추어서 예수님도 인간이었다는 것에 중점을 두고 기술되었기 때문이다.

마가복음의 저자인 성 마가(Mark)는 사자로 상징된다. 마가복음은 세상을 친히 다스리는 왕으로서의 예수님의 자격에 대해 기술했기 때문이다. 서구 문화에서 많은 동물 중 특히 사자는 국왕을 상징하는 동물이다.

누가복음의 저자인 누가(Luke)는 황소로 상징된다. 사자가 왕의 이미지를 상징했다면, 황소는 제물로 쓰이는 동물이라는 이미지를 갖는다. 마태복음, 마가복음과 달리 누가복음은 인간을 구원하기 위해 제물로 드려지는 예수님의 희생에 중점을 두고 쓰였기 때문이다.

요한복음의 저자인 요한(John)은 독수리로 상징된다. 그 이유는 특별히 요한복음이 예수님의 신성을 강조하여 예수님이 하늘로부터 온 인물이라는 것을 강조하기 때문이다. 즉 마태복음이 예수님의 인간적인 부분인 인성에 초점을 맞췄다면, 요한복음은 반대로 예수님의 신적인 이미지인 신성을 중요시하면서 기술됐다는 것이다.

즉 예수의 제자들인 마태, 마가, 누가, 요한이 각각 쓴 4복음서에서 중시한 것이 그들의 이미지가 됐다고 볼 수 있다. 4복음서 저자들에 대한 상징화는 기독교 문화가 깊이 뿌리내린 서구 유럽에서는 어렵지 않게 찾아볼 수 있는 것이고, 베네치아 대성당은 물론이고 그 외의 많은 서구 유럽의 유서 깊은 성당에서도 쉽게 볼 수 있다. 그리고 이 상징화는 예언자 에스겔의 환상에서 비롯된 것이다.

참고로 베네치아의 날개 달린 사자상을 좀 더 자세히 보면 날개만 달린 것이 아니라 책 한 권을 들고 있는데, 그것은 당연히 그 책(마가복음)을 쓴 저자임을 의미하는 것이다.

십자군전쟁, 콘스탄티노플 함락, 레판토 해전은 이슬람교와 기독교가 충돌한 대표적인 전쟁들이다. 그런데 재미있는 것은 각각의 전투의 승패에 따라 기독교 국가와 이슬람 국가가 서로 다르게 표현한다는 것이다.

예를 들어, 콘스탄티노플 함락은 오스만 제국의 입장에서는 매우 자랑스럽고 후대에 반드시 전해야 할 역사이다. 그래서 이 공방전에 대해 오스만 제국의 후손인 터키 이스탄불에 있는 전쟁박물관에 관련 유물을 자랑스럽게 전시하고 있다. 그러나 같은 전투라도 패자 쪽에 속했던 베네치아의 입장에서는 콘스탄티노플 함락은 다시는 생각하기도 싫은 역사이다. 그러니 굳이 나서서 후대에게 전할 필요성도 별로 없다. 그래서 베네치아 역사를 그린 역사화에는 특히 콘스탄티노플 함락에 대한 그림은 단 한 점도 없다.

반대로 이슬람 국가인 오스만 제국이 패하고 베네치아 공화국 중심의 기독교 세력이 승리했던 레판토 해전이라면 이야기가 완전히 달라진다. 이슬람 제국에게는 쓰라린 과거이기 때문에 터키의 교과서에는 1571년에 발발한 레판토 해전에 대해 오늘날까지 한마디 언급도 나오지 않는다. 반대로 레판토 해전에 직접 참전했던 에스파냐는 지금도 '레판토'라는 브랜디를 제조하고 있을 정도로 레판토 해전을 자랑스러운 역사로 여긴다. 물론 독실한 이슬람교도나 터키인들은 이 브랜디를 마시지 않는다. 역사의 기록은 이와 같이 객관적이지 않고 승자의 입맛에 맞게 재단되는 경우가 매우 흔한 것이다.

제3부

근세의 위대한 전쟁

〈베스트 팔렌 조약의 비준〉, 헤라르트 테라보르흐, 1648. 네덜란드 레이크스 미술관,
조약 서명 후 승전국 대표들의 모습을 그렸다.

10

유럽을 뒤바꿔놓은 최후의 종교전쟁

: 30년전쟁(AD 1618~1648)

베스트팔렌 조약의 의미와 가치

베스트팔렌 조약(Peace of Westphalia)이란 베스트팔렌의 작은 소읍인 오스나브뤼크와 뮌스터(각각 1648년 5월 15일과 10월 24일)에서 체결되어 프랑스어로 조문이 쓰인 평화조약을 일컫는다. 영어권에서는 베스트팔렌 혹은 웨스트팔리아로 읽는 이 평화회의를 흔히 '국제법의 출발점'이라고 말하는데 이 베스트팔렌 조약에는 에스파냐, 프랑스, 스웨덴, 네덜란드와 신성로마제국 황제 페르디난트 2세(합스부르크 가문)와 각 동맹국 제후들과 신성로마제국 내 자유도시들이 대거 참여했다.

이 조약이 바로 오늘날 유럽 국민국가 형성의 시초로 일컬어진다. 그 이유는 주권국가, 영토국가와 같은 단어가 처음 공식적으로 사용됐고, 국가와 국가 간 권리와 의무에 관한 중요 규칙들이 이때부터 본격적으로 만들어졌기 때문이다. 영토국가와 특히 주권국가라는 용어의 사용이 의미 있는 것은 이때부터 한 국가 안에서 일어난 일은 그 해당국의 고유한 결정권에 속하며, 다른 국가나 특히 교회의 개입을 인정하지 않는다는 지금은 상식인 내정불간섭의 원칙이 성립되었기 때문이다.

즉 베스트팔렌 조약으로 인해 각 국가에는 자신의 국경 내에서 법률 선포와 해석의 권한, 전쟁 수행의 권한, 그리고 병사 징집의 권한 등이 주어졌고 특히 다른 국가들과 자유롭게 동맹을 맺을 권한도 주어졌다. 이처럼 다른 국가들끼리는 서로의 정치에 대한 내정 간섭을 하지 않는다는 개념이 생겨났기 때문에 베스트팔렌 조약을 국제법의 효시로 인정한다.

또한 중세 이래로 국가 위의 권력이었던 교황과 같은 최상위 권력이 더 이상 존재하지 않게 되었기 때문에 국가 간 외교의 규칙이 중요해졌다. 즉 주권국가들 위로는 더 이상 국가들에게 명령을 내릴 그 어떤 상위 권력도 없기 때문에 국가들 간의 외교관계는 이때부터 세계질서의 균형을 유지하기 위한 매우 중요한 역할을 하게 됐다. 이것이 바로 우리가 말하는 국제법의 시작이었고 그게 바로 이 조약의 위대함이자 진정한 의미이기도 하다.

또 하나 베스트팔렌 조약이 세계 최초의 국제평화조약으로 인정받고 있는 이유는 이 조약이 기존 과거의 조약처럼 승전국의 현상 유지만을 꾀하던 데서 한 발 더 나아가 각국의 세력 균형을 맞추면서 차후의 국제정치적인 변화도 고려한 매우 현실적인 조약이었기 때문이다.

여기서 특이한 것은 조약이 체결된 장소가 각기 다른 지역이라는 것이다. 30년전쟁이 갈수록 점차 유럽 여러 나라들의 영토 확보전쟁의 성격으로 변질되어갔지만 그 시작은 명백히 구교와 신교의 종교전쟁이었다는 것을 잊으면 안 된다. 이 사실을 상기시키듯이 스웨덴은 가톨릭 도시인 오스나브뤼크, 프랑스와 네덜란드는 개신교 도시인 뮌스터에서 조약을 체결하게 되면서 두 개의 도시에서 조약 체결이 이루어졌다.

그러나 두 도시에서 체결된 조약은 서로 상호보완(오스나브뤼크에서는 17개조, 뮌스터에서는 138개조)의 성격을 띠고 있었고 게다가 두 지역 모두 베스트팔렌 지방 내에 있는 지역이기 때문에 조약의 이름을 그냥 베스트팔렌 조약이라고 부르게 되었다.

베스트팔렌 조약의 가치는 과거 고대사회처럼 무력으로 밀어붙인 것이 아니라 승전국과 패전국을 포함한 여러 나라들이 모인 회의를 통해 나왔다는 데 있다. 그래서 베스트팔렌 조약을 세계 최초의 근대적인 외교 회의를 통해 나온 조약으로 인정하며 이 조약으로 말미암아 국가주권 개념에 기반을 둔 새로운 질서를 중부 유럽에 세울 수 있었다.

이 조약을 통해서 비로소 완전한 종교의 자유가 허용되었고, 특히 신교인 개신교 국가들이 구교인 로마 가톨릭 교회의 탄압에서 벗어나 생존의 발판을 마련하게 됐다는 점에서 베스트팔렌 조약은 매우 중요한 의미를 갖는다. 이 조약을 통해 개신교를 믿던 네덜란드와 스위스는 정치적인 독립을 인정받았으며, 프랑스는 이 전쟁을 통해서 지금의 독일과 국경을 맞대고 있는 동북부지방인 알사스-로렌 지방을 획득, 스웨덴은 발트해 북부지방을 얻게 되면서 그들이 원하던 영토를 확장하게 되었다. 또한 이 조약은 독일의 기본법으로 인정되었으며, 1806년 신성로마제국이 해체될 때까지 모든 조약들의 근간을 이루게 된다.

베스트팔렌 조약의 원인을 제공했던 30년전쟁을 다른 말로는 '독일 30년 전쟁'이라고도 하는데 그 이유는 1618년부터 1648년까지 신성로마제국인 독일을 중심으로 신교인 개신교와 구교인 가톨릭이 두 세력으로 나뉘어져 30년 동안 벌인 종교전쟁이었고, 이 끔찍한 전쟁의 주요 싸움터가 독일이었기 때문이다. 30년간 치열하게 싸우던 가톨릭과 개신교가 종전에 합의하면서 1648년에 베스트팔렌 조약이 체결되었고 비로소 독일 내에서 벌어졌던 30년전쟁은 막을 내렸다.

이 조약의 결과로 개신교의 칼뱅파도 정식으로 공인되고 루터파와 동등한 종교적 권리를 인정받게 되었다. 사실 신성로마제국에서는 1555년 아우크스부르크 화의[1] 이후부터 가톨릭과 루터파의 신앙만 인정하고 개혁파 개

---

1   아우구스부르크 화의(1555.9.29) : 독일에서 종교의 존속을 논의하기 위해 아우구스부르크에서 열린 평화화의로 실질적으로 30년전쟁의 근본적인 시작점이라고도 볼 수

아우구스부르크
종교회의를 위해
모인 종교 지도자들

신교의 신앙은 인정하지 않았다. 개혁파 개신교의 신앙을 공식적으로 인정하지 않으면서 개신교를 믿는 신도들에게도 엄청난 핍박이 가해지게 된다.

종교적인 차별과 탄압을 받자 개신교인 칼뱅파 신교도들의 불만이 시간이 갈수록 커진다. 그러다 신성로마제국의 지배하에 있던 보헤미아(지금의 프

있는 종교회의. 아우구스부르크에서 개최된 이 제국회의에서 '아우구스부르크 신앙고백'을 믿는 루터주의자에게만 가톨릭과 동등한 권리가 공식적으로 승인되었다. 그러나 이는 일종의 정치적 타협이며, 일반적인 독일 국민 모두에게 신교의 자유가 보장된 것은 아니었다. 개신교의 대표였던 칼뱅파 등 루터파 이외의 프로테스탄트가 이 결정에서 배제되었기 때문이다. 프로테스탄트들을 배제했다는 사실이 바로 실질적인 30년전쟁의 시발점이자 도화선이 된 것이다. 요약하면, 아우구스부르크 화의의 핵심적인 내용은 바로 신성로마제국 내에서 구교인 가톨릭과 루터파만 종교적으로 인정하고, 칼뱅파를 불허한다는 것이었다. 게다가 더욱 문제가 된 것이 하나 있었는데 바로 종교를 결정하는 자유를 개인이 아닌 개인이 속한 영주에게 주었다는 것이었다. 이 말은 즉 종교상의 모든 결정권은 오로지 제국을 지배하는 제후와 도시당국이 장악하고, 제후의 보호 아래 사는 주민들은 그 제후가 신봉하는 종교를 의무적으로 따라야 한다는 것이었으니 당시 많은 사람들이 반발한 것은 어찌 보면 당연한 일이었던 것이다.

라하) 지방의 왕
으로 선출된 페
르디난트 2세
가 신교도를 가
혹하게 탄압하
자 1618년 신교
의 제후들과 신
도들이 들고 일
어나 같은 신교
인 팔츠 지방의
프리드리히 5세

페르디난트 2세(가톨릭 대표,
보헤미아 왕, 신성로마제국 황제)

프리드리히 5세(개신교 대표,
작센 선제후, 보헤미아 왕)

를 내세워 맞서면서 드디어 독일 30년전쟁이 시작되었다. 즉 개신교도인 프
리드리히 5세를 진압하기 위해 가톨릭교도인 페르디난트 2세가 진압부대를
보내면서 30년전쟁이 시작된 것이다.

보헤미아 지방의 개신교도들에 대한 탄압이 30년전쟁의 직접적인 시작
이라는 것을 좀 더 보충하면, 당시 독실한 가톨릭 신자 페르디난트 2세가 보
헤미아의 왕이 되면서 그곳의 개신교에 대한 탄압이 거세진다. 페르디난트 2
세 이전에는 신성로마제국 입장에서 보헤미아 지방에 비록 개신교도들이 많
았어도 정치적으로 어느 정도 용인해주는 입장이었다. 그 이유는 보헤미아
제후가 선제후[2]로서 황제를 선출하는 투표권을 가지고 있었기 때문이었다.

2　선제후 : 많은 제후들 중에서도 신성로마제국 당시 보헤미아, 마인츠, 작센 지방 등
　을 다스리는 7명의 제후들에게는 제국의 모든 지역을 다스리는 황제를 선출할 수 있
　는 권한과 투표권을 주었는데, 이들을 선제후라고 불렀다. 신성로마제국의 황제는 대
　대로 선제후들의 합의 혹은 투표로 선출되었다. 그러므로 황제가 되고자 하는 사람은
　반드시 선제후들과의 관계에 많은 공을 들이고 신경을 쓸 수밖에 없었다. 종교적 갈
　등이 심해지던 1600년경 당시 신성로마제국의 선제후는 가톨릭을 대표하는 4명(마인

그런데 이번에 새롭게 보헤미아의 왕이자 신성로마제국의 황제가 된 페르디난트 2세가 기존의 정치적 입장 대신 절대적으로 가톨릭만을 강요하면서 문제가 된 것이다. 결국 탄압에 저항하던 보헤미아의 개신교도들은 반란의 깃발을 들고 아예 페르디난트 2세를 인정하지 않고 같은 개신교도인 팔츠 지방의 선제후 프리드리히 5세를 새로운 보헤미아의 왕으로 선출한다. 이에 분노한 페르디난트 2세가 진압군을 보내면서 구교와 신교 모두 전쟁의 소용돌이에 휘말리게 되는 것이다.

아우구스부르크 종교회의에서 시작된 개신교에 대한 억압과 차별은 이후 보헤미아 지방에서 공식적인 차별로 나타났고, 이것에 반발한 개신교도들의 저항이 시작됐다. 이에 맞서 이를 저지하려는 구교(가톨릭)의 강력한 군사적 대응으로 인해 구교와 신교의 30년전쟁이 발발했다가, 드디어 이번 베스트팔렌 조약으로 인해 모든 종교적 불평등과 차별이 없어지게 된 것이다.

근본적인 30년전쟁의 종교적 원인들

오랜 기간 전쟁을 치르기 위해서는 그에 합당한 명분이 반드시 필요하다. 더구나 다른 모든 것보다 더 중요하게 여겨진 종교가 들어가는 전쟁이라면 더욱더 그에 걸맞은 이유가 있어야만 한다. 30년전쟁은 독일에서 신교와 구교 간 종교적 갈등이 표출되어 내전의 양상으로 시작되었으나 점차 시간

츠, 트리어, 쾰른, 보헤미아) 그리고 개신교를 대표하는 3명(작센, 브란덴부르크, 팔츠)으로 구성되어 있었다. 보헤미아의 왕권은 가톨릭인 합스부르크 가문이 항상 독차지했었는데 문제는 세습직이 아닌 선출직이라는 것이었다. 1617년, 보헤미아의 왕권을 위한 투표가 있었는데 이번에도 합스부르크 가문인 페르디난트가 선출되었고, 그는 왕이 되자마자 정치적인 배려 없이 무조건 가톨릭만을 강요하고 개신교를 탄압했는데 이에 개신교도들이 반란을 일으킨 것이 30년전쟁의 시작이다.

이 지나면서 주변국들이 종교를 핑계 삼아 개입했고 여기에 정치적 이해와 경제적인 이해까지 얽히면서 복잡한 국제전 양상으로 발전했다.

이렇게 된 이유는 당시 독일이 신성로마제국이라는 이름으로 외형적인 크기만 컸을 뿐, 내부적으로 300여 개 이상의 크고 작은 나라들로 분열되어 일종의 군웅할거 형태를 띤 국가였기 때문이었다. 이런 가운데 마르틴 루터가 던진 종교개혁의 기치가 30년 종교전쟁에 큰 영향을 주었다.

16세기부터 17세기에 걸쳐 신성로마제국을 비롯한 유럽 각 지역에서는 구교(가톨릭)와 신교(개신교) 사이에 치열한 종교전쟁의 화마가 불어닥쳤다. 여러 차례에 걸친 구교와 신교의 다툼과 전쟁 중에서도 최대이자 최후의 종교전쟁이 된 것이 바로 30년전쟁이었다. 30년이나 전쟁을 하려면 여러 가지 원인과 이유가 있었을 텐데 근본적이고 대표적인 종교적 원인들을 간략히 살펴보도록 하자.

유럽 종교사를 새로 쓰게 만든 30년전쟁의 여러 원인 중에서 먼저 생각할 수 있는 첫 번째 원인은 바로 1517년 독일의 비텐베르크에서 루터가 교황과 교황청에 반발해서 일으켰던 종교개혁[3]이었다. 루터의 종교개혁은 알

---

3 루터의 종교개혁 : 독일의 마르틴 루터가 1517년 「95개항 반박문」을 발표하면서부터 본격적인 종교개혁이 시작됐다. 당시 가톨릭 최고 수장이었던 교황 레오 10세는 교회의 권위를 더욱 강력히 세우기 위해 혈안이 됐다. 이를 위해 그가 생각해낸 것 중 하나가 바로 크고 권위 있어 보이는 대성당을 건축하는 것이었다. 지금의 바티칸에 있는 성 베드로 성당의 건축이 결정되었고, 엄청난 건축 비용을 마련하는 것이 당면 문제로 떠올랐다. 레오 10세는 대성당 건축 비용 마련을 위한 나름의 묘수를 생각해냈는데 그게 바로 그 유명한 면죄부를 판매하는 것이었다. 교황의 의중을 파악한 독일의 마인츠 지역 대주교가 자신이 내야 할 초입세(성직자로 임명받으면 그 첫해 수입을 교황에게 바치는 것으로 당시에는 굳건한 믿음의 표시로 여겨졌고 일종의 관례였다)를 빌려서 낸 뒤, 그 빌린 돈을 갚기 위해 면죄부를 가져다 마구잡이로 팔았다. 루터는 비록 자신도 교황의 명령을 따라야 하는 사제였지만 대성당 건축을 위한 비용 마련을 위해 성경에도 없는 면죄부를 판다는 것에 동의할 수가 없었다. 결국 루터는 면죄부 판매의 부당성을 비판하는 반박문을 95개 항목으로 써서 독일어로 인쇄하여

다시피 대성당 건축을 위해 성경에도 전혀 없는 면죄부를 판매하는 것에 대한 반발에서 비롯됐고, 오히려 루터를 파문하고 화형시키려는 교황청에 맞서 저항했던 개혁이었다.

중세 이래로 지금의 독일 지역은 두 개의 강력한 힘이 지배하고 있었는데, 하나는 교황청으로 대표되는 교권이었고, 다른 하나는 신성로마제국으로 상징되던 세속권이었다. 천상의 대리자인 교황과 지상의 지배자인 황제와의 갈등과 다툼은 유럽에서는 지극히 오래되고 유명한 일이니까 크게 새로울 것도 없다. 중세부터 교황으로 상징되는 교권의 힘이 막강해지면서 많은 군주들과 제후들이 교황의 편에 서게 된다.

특히 30년전쟁 당시 유럽에서 가장 강력한 힘과 권위를 가졌던 신성로마제국은 합스부르크 왕가[4]를 중심으로 무려 300명이 넘는 많은 제후들이 할

비텐베르크 성당의 문에 붙이고 뿌렸다. 교황청에 정면으로 도전한 루터에 대해 교황 레오 10세는 그를 파문하고 화형에 처하라는 명령을 내리게 되고, 이에 반발한 루터는 "신앙의 근거는 교회가 아니라 오로지 성서"라는 주장을 하면서 라틴어로 만들어진 신약성서를 독일어로 번역하여 보급하는 일에 앞장선다. 또한 루터는 아예 자신을 지지하는 사람들을 모아 루터파 교회를 세우고 가톨릭 교회와 정면으로 대결하면서 종교개혁의 기치를 들었다.

4 합스부르크 왕가(The House of Habsburg) : 오스트리아를 비롯한 중부 유럽을 중심으로 막강한 세력을 가졌던 명문 왕가. 아마도 전 유럽의 모든 왕가 중에서도 가장 유명한 왕조로서 독일의 남부지방에서 점점 영향력을 확대하다가 드디어 신성로마제국에서 큰 세력으로 부상하였고 13세기 중반인 1273년에 루돌프 1세가 최초로 신성로마제국의 황제로 즉위한 이래 15세기 초반인 1438년부터 1740년까지 신성로마제국의 왕위는 합스부르크 가문에서 독점적으로 나왔다. 특히 같은 언어를 사용하는 오스트리아의 왕실을 거의 600년 동안 지배한 것으로 유명해서 오스트리아 가문이라고도 불렸다. 20세기 초반인 1918년 카를 1세가 퇴위하기까지 오스트리아와 헝가리를 다스렸으며 독일 황제를 배출하기도 하였다. 합스부르크 왕가는 프랑스의 부르봉 왕가를 제외한 거의 모든 유럽의 왕실과 친인척 관계로 연결되어 있었다. 사실상 프랑스 왕도 외가로는 합스부르크 왕가와 연결되어 있을 정도였으니 그 영향력이 얼마나 컸는지 짐작할 수 있다. 제1차 세계대전은 합스부르크 왕가의 해체를 가져왔다. 마지막 황제이자 왕인 카를의 오스트리아와 헝가리에 대한 주권은 1918년과 1921년에 상실

거하고 있었고 이들이 바로 신성로마제국을 떠받치던 세력들이었는데 문제는 이들이 거의 구교 지지자들이었다는 것이다. 이들이 이렇게 강한 연대와 협력으로 구교를 지지했는데 이런 현상은 루터가 종교개혁의 기치를 들었던 16세기 초(1517~)에도 별로 다르지 않았던 것이다.

종교개혁 당시 루터를 지지하는 소수의 제후들과 도시들은 서로 동맹을 결성하고, 가톨릭을 적극 지지하며 루터를 잡으려는 황제와 적극적으로 맞서 전쟁을 하기도 했다. 결국 이런 적극적인 항거와 지지로 인해 1555년 아우구스부르크 종교회의에서 루터파는 가톨릭교회로부터 정식으로 공인받을 수 있었던 것이다. 이게 바로 서양사에서 매우 중요한 순간이었는데, 이렇게 정식으로 공인받음으로써 더 이상 교황의 지배와 복종을 강요받지 않는 새로운 종교가 탄생했기 때문이다.

이것이 바로 개신교라고 부르는 신교가 탄생하게 된 과정이었고, 신교는 독일의 북부지역과 덴마크, 노르웨이 그리고 스웨덴 등 북유럽으로 급속히 전파되게 된다. 이때부터 신교도들을 교황과 가톨릭에 맞서 저항하는 사람이라는 의미로 '프로테스탄트(항의하는 사람)'라고 부르게 되었다.

그러나 이게 바로 30년전쟁의 화근이 될 줄은 당시에는 아무도 상상하지 못했을 것이다. 1555년 아우구스부르크 종교회의에서 결정한 내용(루터파를 공식적인 종교로 인정한다는) 속에는 일종의 변수가 있었다. 그 변수는 바로 각 지역을 다스리는 제후들에게 자기 영토 안에서의 종교를 선택할 수 있는 일

되었다. 합스부르크라는 이름은 슈트라스부르크 주교인 베르너와 그의 매부인 라트보트 백작이 1020년에 아르강이 내려다보이는 아르가우 지방(현재의 스위스)에 세운 합스부르크성에서 유래한 것으로 본다. 이 위대한 가문의 시조는 10세기 중반인 950년에 독일 왕 오토 1세에 대항해서 반란을 일으킨 군트람 백작으로 추정된다. 합스부르크 가문 출신으로 최초의 왕이었던 루돌프 1세는 1282년 자신의 아들에게 오스트리아를 물려주었는데 이때부터 오스트리아 왕실에 관여하게 되었고 합스부르크 왕가와 오스트리아 왕실의 오랜 관계가 시작되었던 것이다.

종의 선택권만을 준다는 것이었다. 즉 시민 개인을 다스리는 제후들이 원하는 종교를 선택하게 한다는 것이지, 지금 우리 시대처럼 일반 개인에게 종교를 선택하는 자유를 준다는 것이 아니었기 때문이다. 이처럼 일종의 변수가 있다는 것이 바로 30년 종교전쟁의 첫 번째 원인이자 불씨가 되었던 것이다.

30년 종교전쟁의 첫 번째 원인이 루터의 종교개혁이었다면, 두 번째 원인으로 꼽을 수 있는 것은 칼뱅(Jean Calvin)의 종교개혁이었다. 에라스무스[5]와 루터의 영향을 받은 칼뱅은 조국인 프랑스에서 추방되어 스위스로 옮긴 뒤, 제네바와 그곳에 있던 추종자들의 지지를 받아 장로제[6]를 중심으로 하는 새

---

5 에라스무스(Desiderius Erasmus, 1469~1536) : 네덜란드 태생의 가톨릭 성직자이자 인문주의자. 북유럽 르네상스의 가장 위대한 학자로 신약성서를 최초로 편집했고, 교부학과 고전문학에서도 가장 중요한 인물 중 한 명이다. 종교개혁 운동에 큰 영향을 주기도 했다. 에라스무스는 이탈리아 인문주의자들이 개척한 문헌학적 방법을 이용하여 특히 그리스어 신약성서와 교부들에 대한 연구에서 과거에 대한 역사적, 비판적 연구의 토대를 이루어놓았다. 에라스무스가 살았던 시대는 많은 지식인이 서방교회 제도로 발생한 성직자의 권한 남용을 비판하던 때였다. 어떤 비평가들은 교황중심주의의 폐해를 지적했는데 에라스무스도 동시대 주류 서방교회의 신앙과 부정, 관행을 비판하던 교회 개혁가 중 한 사람이었다. 한편 그는 서방교회의 전통인 자유의지 관념을 지지했으므로 종교개혁 사상 중 예정론을 지지하는 칼뱅주의자들과 마찰이 있었다. 그는 신앙고백을 통한 격렬한 논쟁의 시대에 어느 쪽에도 속하지 않는 독자적인 태도(칼뱅의 예정설도 받아들이지 않았고, 교황이 주장하는 권력도 인정하지 않았다)를 유지했기 때문에 양쪽의 지지자들에게는 의혹과 비난의 대상이 되었고, 반면 신앙의 정통성보다 자유를 더 높이 평가하는 사람들에게는 한 줄기 횃불이 되기도 했다. 그의 이러한 중립 노선은 마르틴 루터 같은 서방교회 개혁 찬성파들과 개혁 반대파인 '교황주의자' 양쪽의 실망과 분노를 샀다. 이런 에라스무스의 종교적 성향 때문에 마르틴 루터는『탁상담화』에서 에라스무스를 가리켜 "세상을 욕되게 한 자들 가운데 가장 사악한 자"라고 악평을 하기도 했다. 그럼에도 불구하고 에라스무스는 세계주의적 정신의 소유자, 근대 자유주의의 선구자로 유럽 문화에서 자유주의 전통을 형성하는 데 기여했다는 평가를 받았다. 또한 기독교 복원을 위해 로마 가톨릭교회의 제도를 비판하고, 고대 그리스 학문과 예술을 적극 수용하여 경직된 사고방식을 시정하려 함으로써 르네상스 시대 인문주의가 나아갈 길을 제시했다는 평가를 받았다.

6 장로제 : 칼뱅의 신학과 신앙고백을 중심으로 성립한 기독교 개신교의 한 교파인데,

로운 종교개혁에 성공하였다.

루터의 종교개혁처럼 칼뱅의 종교개혁이 성공한 것은 그가 기존의 종교 관과는 달리 개인의 직업을 존중하고, 돈을 버는 이윤 추구를 인정하였기 때문이다. 루터의 교리와 칼뱅의 교리를 구분한다면, 루터는 '이신칭의' 즉 선행이나 다른 그 무엇이 아닌 오직 믿음으로만 구원에 이른다는 것을 강조했고, 칼뱅은 모든 것은 전적인 하나님의 주권에 속한다는 것을 강조했다.

그는 인간의 구원은 이미 하나님에 의해 미리 정해졌다는 예정설[7]을 주장하면서, 신도들에게 자신의 직업에 충실할 것을 권했다. 그 이유는 인간이 하는 모든 직업은 다 하나님에 의해 허락된 것이고 그렇기에 모든 직업은 다 소중하다고 생각했기 때문이었다.

여기서 장로란 신약성서에 나타나는 감독(bishop), 장로(elder) 등과 같은 의미로서 장로교는 이러한 장로들에 의해 행정과 치리(治理)되는 교파를 말한다. 창시자는 프랑스의 신학자이자 종교개혁가인 칼뱅으로, 그는 16세기 중엽 성경에서 말하는 장로회 제도를 확립하였다. 이후 유럽 전역으로 확산, 1559년에는 프랑스에서만 2천 개가 넘는 교회가 장로 제도를 채택하였고, 이어 네덜란드와 스코틀랜드에서도 많은 장로교회가 생겨났다. 특히 스코틀랜드는 16세기 중반인 1560년 이후 장로교회를 국교회로 지정했고, 이후 영국과 미국으로 전파하는 데 중심지 역할을 하였다. 한국에서는 19세기 말부터 미국인 선교사들에 의한 선교가 이루어지기 시작해서 1882년 「누가복음」과 「요한복음」이 번역, 출간되었고, 1907년에 대한예수교장로회 독노회가, 1912년에 총회가 창설되면서 비로소 뿌리 내리게 됐다.

7 예정설 : 칼뱅의 예정설의 핵심은 하나님이 어떤 사람을 구원하고, 반대로 어떤 사람을 구원하지 않을지는 이미 결정, 예정되어 있다는 것이다. 우리 인간은 내가 구원받을 것인지를 확신할 수는 없지만, 구원을 받으리라는 희망을 가지고 열심히 최선을 다해서 살아야 한다는 것이다. 이를 위한 가장 좋은 방법이 바로 절제와 금욕이며 열심히 일하고 타락하지 않는 생활을 하는 것이 중요하다는 것을 강조했다. 또한 칼뱅은 우리가 하는 모든 직업은 다 하나님이 내린 소명이니 천직으로 알고 열심을 다해야 한다고 보았다. 이렇게 자신의 일에 충실함으로서 경건에 이를 수 있다고 보았다. 이것이 바로 루터주의와 구별되는 칼뱅의 독특한 교리였던 것이다. 루터의 종교 교리와 다른 점은 루터가 오직 믿음으로만 구원에 이른다고 했다면, 칼뱅은 예정설을 주장했다는 것이다.

질문과 답변 형식으로 설명된 예정론, 1589
제네바 성경

칼뱅의 주장 중에서도 특히 열심히 일해서 많은 돈을 버는 것은 절대로 죄악이 아니라는 생각에 상업을 하는 시민들이 적극적으로 호응하고 지지하게 된다. 왜냐하면 그 당시 구교인 가톨릭은 개인이 하나님의 일보다 인간의 일을 더 열심히 해서 많은 돈과 재물을 모으는 것을 탐욕이자 죄악된 행동이라고 여겼기 때문이었다.

그러니 상업을 하는 사람들이 칼뱅의 주장에 열광했던 것은 당시 상황에서는 자연스러운 일이었고, 이들 칼뱅 지지파는 주로 대서양 연안의 상공업이 발달한 지역을 중심으로 급속히 퍼져나갔다. 각 지역에서 칼뱅 지지파는 영국에서는 청교도, 스코틀랜드에서는 장로파, 프랑스에서는 위그노, 그리고 네덜란드에서는 고이센이라는 다양한 이름으로 발전하였다.

그러나 1555년 아우구스부르크 종교회의에서 정식으로 공인을 받은 루터파와 달리, 칼뱅파는 신교로서 공인받지 못하게 된다. 그래서 구교인 가톨릭교회와 갈등과 대립 관계에 놓이게 되었고 이것 때문에 결국 프랑스에서는 '위그노 전쟁'[8]이라는 새로운 종교전쟁까지 일어났던 것이다. 이것이 바

---

8 위그노 전쟁 : 1562년부터 1598년까지 프랑스에서 신교도들이 정부와 가톨릭교회의 탄압에 맞서 저항함으로써 일어난 종교전쟁. 본래 위그노(Huguenot)라는 말은 칼뱅의 교리와 사상을 따르는 프랑스의 신교도들을 가리키는 말인데, 마르틴 루터의 종교개혁이 일어난 뒤 프랑스에서는 상공업 종사자들 중심으로 칼뱅의 사상이 루터의 사상보다 더 큰 호응을 받게 된다. 그 후 영국 등 신교도 국가들은 신교인 위그노를, 에

〈1562년 바시의 학살〉(왼쪽)과 〈성 바르톨로메오 축일의 학살〉.
모두 과격 가톨릭 교도였던 기즈 가문에 의해 자행된 신교도 학살이었다.

로 근본적이고 종교적인 두 번째 원인이라고 볼 수 있다.

　30년 종교전쟁의 세 번째 원인은 로마 가톨릭 교회의 반동종교개혁
(Counter Reformation)을 꼽을 수 있다. 반동종교개혁은 말 그대로 종교개혁의
바람에 맞서 기득권인 가톨릭이 종교개혁을 누그러뜨리기 위해서 내세운 다
양한 정책들을 말하는 것이다. 루터와 칼뱅을 중심으로 한 신교의 다양한 영
향력들이 점차 확산되자 가톨릭교회도 더 이상 가만히 손을 놓고 있을 수 없

　스파냐는 구교인 가톨릭을 지원하면서 위그노 전쟁은 프랑스를 넘어 전 유럽에 걸쳐
분쟁 양상을 띤다. 당시 프랑스에는 서로 다른 종교를 믿는 세 개의 당파가 대립하고
있었는데, 하나는 위그노인 나바르의 왕 부르봉이었고 다른 하나는 광신적 가톨릭 교
도인 로렌의 제후 프랑수아 드 기즈였으며 마지막은 온건한 가톨릭 교도인 몽모랑시
가문이었다. 이 상황에서 독실한 가톨릭 신자인 스코틀랜드의 메리 스튜어트가 새 왕
비가 되자 광신적 가톨릭 교도였던 기즈 가문이 더욱 힘을 얻어 위그노를 탄압하기
시작했다. 이런 과정을 거쳐 신교와 구교의 다툼이 본격적인 살육전으로 번지면서 결
국 전쟁으로까지 비화됐다. 위그노 전쟁은 표면적으로는 신교와 구교의 종교 다툼이
었지만, 실상 거기에는 또 다른 복잡한 원인들이 있었는데 바로 귀족들 간의 세력 다
툼과 귀족과 왕의 대립, 그리고 왕위계승 문제 등이 얽혀 있었다. 갈수록 격화되던 위
그노 전쟁은 신교도였던 프랑스의 국왕 앙리 4세가 국가의 안정을 위해 구교로 개종
하게 되면서 어느 정도 막을 내린다. 그리고 16세기 말인 1598년 위그노들에게도 일
정한 권리의 보장과 종교의 자유를 인정하는 '낭트 칙령'을 반포하면서 오랜 내란을
끝냈다.

게 된다.

가톨릭교회는 1545년, 이탈리아에서 트리엔트 공의회(1545~1563)[9]를 열어 신교인 프로테스탄트가 더 이상 확산되는 것을 막기 위한 특단의 대책을 논의한다. 약 20년 가까운 세월 동안 이탈리아의 트리엔트(지금의 트렌토)에서 세 번에 걸쳐 회의가 열렸다. 이 공의회에서 논의된 대책들은 교회 부패와 성직 매매 금지 등 교회 내부 문제 개선과 기본 교리의 재확인 그리고 프로테스탄트인 신교도들에 대한 엄격한 징계 등이었다. 특히 그중에서도 핵심은 신교도들에 대해 강한 징계를 하겠다는 것이었다.

이를 위해 종교재판소를 설치, 이단자(교리에 어긋나는 사상이나 종교를 믿는 사람)에 대해 일종의 마녀사냥(14~17세기에 유럽에서 흔했음)을 시작하였다. 가톨릭이 벌인 이런 반동종교개혁 운동은 16~17세기에 일어난 유럽의 여러 종교전쟁의 또 하나의 중요한 화근이 되었던 것이다.

30년전쟁이 발발한 17세기 초(1618~)에 이르자 유럽 여러 지역에서 구교

---

9 트리엔트 공의회 : 종교개혁 이후 로마 가톨릭의 문제점을 시정하고 교황의 권위와 교리를 재확인하기 위해 이탈리아의 트렌토에서 열린 종교회의. 가톨릭과 개신교 사이의 화해를 목적으로 열렸으며 1545년부터 1563년까지 18년 동안 세 차례에 걸쳐 진행되었다. 날이 갈수록 커지는 개신교 세력의 확대에 위기를 느낀 로마 가톨릭은 트리엔트 공의회를 열어 여러 가지 문제점을 시정하고 교황의 권위와 교리를 재확인 하였다. 공의회(Council)라는 것은 전 세계의 가톨릭 지도자들이 한곳에 모여 머리를 맞대고 교리와 교회 규칙에 관한 문제를 의논하고 결정하는 회의를 말한다. 기존에는 교황 한 사람이 결정하는 것이 보통이었는데, 종교개혁 이후에는 이런 것이 도전을 받았다. 즉 여러 성직자들이 의견을 모으고 함께 결정하기 때문에 자연히 교황의 권력과 권위는 약화될 수밖에 없었는데 그래서 당시 교황 클레멘스 7세가 공의회를 개최하지 않고 버텼던 것이다. 그러나 그의 뒤를 이은 교황 바오로 3세가 가톨릭 내부의 악습들을 청산하기 위해 내부 개혁과 함께 공의회를 열 것을 제안했다. 당시 신성 로마제국의 강력한 황제 카를 5세도 이에 동의했다. 그러나 가톨릭 교회의 독점적인 권위 자체를 인정하지 않는 개신교도들이 아예 공의회 참석을 하지 않기 때문에 자연히 논의는 가톨릭의 내부 개혁 문제로 귀결되면서 가톨릭 측의 결속이 이루어져 반동종교개혁 운동으로 발전하게 됐다.

1545년부터 1563년까지 이탈리아 북부의 트리엔트(오늘날의 트렌토)에서
종교개혁에 맞서 가톨릭의 교리와 체계를 재정비하는 종교회의가 열렸다.

에 맞선 신교의 저항도 거세졌는데 그중 분쟁이 심했던 곳이 바로 보헤미아
(지금의 프라하)였다. 보헤미아가 문제가 되자 독일을 지배하던 신성로마제국
은 페르디난트 2세를 보헤미아의 왕으로 임명해 보내게 된다. 문제는 보헤
미아는 대부분 개신교(체코의 종교개혁자 얀 후스를 따르는 얀 후스파[10])를 믿는 사

---

10 얀 후스파 : 종교개혁의 선구자로 손꼽히는 체코 출신 얀 후스(Jan Hus, 1369~1415)
　　의 가르침을 따르는 기독교 교파로 사회적 문제들을 매개로 하여 체코 전역에 널리
　　확산되었다. 체코의 카렐대학 교수로 활동하던 얀 후스는 교회의 개선에 대한 개혁
　　적인 노력에 앞장섰고, 일반 대중을 위한 설교가로서 체코의 급진적인 개혁을 추진했
　　다. 이런 개혁을 추진하는 동안 일반 대중 계층에서 큰 영향력을 가졌다. 1412년 얀
　　후스는 공개적으로 교황의 면죄부 판매와 성직 매매 등 당시 교회의 부패의 확산을
　　고발하고 맞섰다. 그 때문에 교황에 의해 교회로부터 추방을 당하고 프라하에서 설교
　　하는 것이 금지되었다. 그의 대표적인 저술은 교황권에 대한 신랄한 비판을 담은「교
　　회에 관해서」였는데 교회 개혁을 주장하는 얀 후스의 주장을 가톨릭은 이단으로 규정
　　하게 된다. 얀 후스를 이단으로 단죄한 콘스탄츠 공의회 이후 가톨릭은 얀 후스를 체

프라하 창문 투척 사건. 분노한 개신교 귀족들이 3명의 행정수반들을 구타하고 창밖으로 던지려 하고 있다.

람들이 있는 곳이었고, 반대로 페르디난트 2세는 독실한 가톨릭 신자였다는 사실이었다. 페르디난트 2세를 보헤미아의 왕으로 보낸 이유는 당연히 점점 거세지는 개신교를 누르고 구교를 수호하라는 이유에서였다.

보헤미아의 왕으로 임명된 페르디난트 2세는 자신보다 먼저 가톨릭을 믿는 귀족 3명을 행정수반대표로 프라하성으로 보낸다. 이들 3명은 프라하로 가서 모든 정책을 가톨릭 위주로만 운영하고 이에 맞서 분노한 보헤미아의 개신교 귀족들이 프라하성으로 가서 이들 3명의 행정수반대표들을 성 밖으로 집어던져버리는 초유의 사건이 발생한다. 흔히 2차 프라하 창문 투척 사건이라고 불리는 것으로 이 모든 충동적인 행동이 발생한 것이 1618년 5월 18일이었다.

포하기 위해 그에게 신변상의 안전을 보장하겠다는 서신을 보내서 속이고 체포하여 1415년 7월 6일 화형에 처했다. 이어서 종교적, 정치적 문제를 이유로 얀 후스파를 토벌하기 위한 일련의 후스 전쟁(1420~1434)을 벌여서 얀 후스파를 탄압하였다.

프라하의 흐라드카니 궁전. 30년전쟁의 첫 단계인 '창문 투척'이 실제 일어난 곳.

한편 페르디난트 2세가 자신의 영토인 보헤미아에서 자신의 종교인 가톨릭만을 강요하게 되자, 개신교도인 귀족 제후들이 강력히 반발하고, 강하게 저항하던 개신교도들이 왕의 대관식에서 저항의 표시로 왕관을 창문 밖으로 던져버리는 일이 발생한다. 이런 초유의 반발 이후에 본격적으로 보헤미아에서는 개신교도들을 중심으로 한 조직적인 저항과 반란이 일어나게 됐는데 이것이 바로 30년 종교전쟁의 직접적인 발단이 되었던 것이다.

이상의 몇 가지 이유들이 30년 종교전쟁을 촉발시켰던 근본적이고 기본적인 종교적인 원인들로 볼 수 있는 것들이었다.

30년 종교전쟁의 양상과 과정

지금까지 30년 종교전쟁의 근본적, 종교적 원인을 살펴보았는데 어쨌든 당시 직접적인 불씨가 된 사건은 바로 보헤미아 지방에서 일어난 군사적 반란이었던 것은 주지의 사실이다. 그렇다면 30년전쟁의 양상은 어떻게 진행됐고 어떤 과정을 거치면서 나중에 베스트팔렌 조약 체결까지 이르게 된 것일까? 30년전쟁은 처음에는 종교적 갈등에서 시작된 전쟁이었다가 나중에는 정치적 갈등으로 전쟁이 점차 확대되는 과정을 거쳤다.

보헤미아 지방, 특히 프라하에서 일어난 창문 투척 사건과 정치적인 반란은 순식간에 주변국인 오스트리아 빈으로 확산됐고, 오스트리아 역시 반란의 소용돌이를 피할 수 없게 된다.

보헤미아의 왕이 된 것에 이어서 신성로마제국의 황제 자리까지 거머쥔 페르디난트 2세는 자신이 요구하는 가톨릭을 거부하고 계속 신교를 주장하는 보헤미아를 용서할 수 없었다. 게다가 더욱더 용서할 수 없는 것은 자신을 폐위시키고 대놓고 작센의 선제후이자 신교도인 프리드리히 5세를 보헤미아의 새로운 왕으로 선출하고 자신에게 맞선 것이었다. 결국 페르디난트 2세는 대규모 군사들을 소집, 보헤미아를 응징하기 위한 원정에 나선다.

가장 먼저 벌어졌던 전투는 1620년 프라하 근교인 빌라-호라(Bílá-hora)에서 벌어져서 그 지명을 따서 빌라-호라 전투[11] 혹은 우리식으로는 백산(白

---

11 빌라-호라 전투 혹은 백산전투(Battle of White Mountain) : 1620년 11월 8일 벌어진 30년전쟁의 초기 전투. 베른부르크 대공 크리스티안 1세가 지휘하는 2만여 명의 보헤미아군과 용병들이 카렐 부퀴이(Karel Buquoy)가 지휘하는 2만 5천여 명의 신성로마제국 황제 페르디난트 2세의 군대와 틸리 백작이 지휘하는 가톨릭 동맹군에게 패배했다. 빌라-호라(Bílá hora)는 현재의 프라하 근처인데, 이 전투의 결과로 30년전쟁에서 보헤미아의 시대는 끝나게 된다. 빌라-호라 전투에서 거둔 가톨릭파의 승리는 로마, 빈, 마드리드에서의 반동종교개혁 운동의 승리를 뜻하기도 하였다. 이 전투에서 패배하면서 보헤미아에서는 수많은 개신교(칼뱅파) 성직자들이 추방되었고, 의회에서는 보헤미아의 대표적인 귀족들 45명이 반란죄로 공개 처형을 당하였다. 반란 책임을 물어 보헤미아의 주요 지도자 27명이 체포, 구 프라하 광장에서 처형되었는데, 이로 인해 이날은 보헤미아 사람들에게 '피의 날'이라 불리게 되었다. 현재는 프라하 광장 바닥에 이들 27명의 희생자들을 기리기 위해 27개의 십자가를 새겨놓았다. 빌라-호라 전투에서 패배한 보헤미아 왕 프리드리히 5세와 그의 아내 엘리자베스는 다행히도 공개 처형을 면하고 국외 추방을 당하는 것으로 마무리되었다. 작센 지방 선제후에서 하루아침에 보헤미아의 왕으로 추대됐던 프리드리히 5세는 이 전투에서 패

빌라-호라 전투

山) 전투라고도 불렸다. 체코어 빌라-호라를 번역하면 하얀 산(White Mountain)이라는 의미이기 때문이다.

결론적으로 이 빌라-호라 전투에서 압도적인 승리를 거둔 신성로마제국 군은 보헤미아 지방을 가톨릭 지배권에 둘 수 있게 된다. 이 전투는 특히 보헤미아 사람들에게는 잊을 수 없는 치욕적인 전투로 기억되는데, 그 이유는 여기서의 패배로 인해 보헤미아 내의 개신교가 몰락한 것은 물론이고 이후 국가 정체성까지 상실됐기 때문이다.

빌라-호라 전투에서 패배함으로써 보헤미아 지역의 개신교의 자유가 갑작스럽게 끝났고, 개신교도들에게는 세 가지 선택이 강요되었다. 하나는 가톨릭으로 개종, 다른 하나는 국외 추방, 그리고 나머지는 죽음이었다. 추방

함으로써 불과 1년 만에 모든 정치적인 권력을 상실하고 간신히 목숨을 구걸하는 신세로 전락한다. 프리드리히 5세가 보헤미아의 왕으로 추대된 것도 겨울이었고, 폐위되어 쫓겨나는 것도 겨울이어서 그에게는 '겨울 왕'이라는 달갑지 않은 조롱의 별명이 붙기도 했다.

당하거나 죽임을 당한 보헤미아 귀족들의 영지는 신성로마제국에서 불러들인 가톨릭 귀족들이 차지했고, 이로 인해 결국 보헤미아 귀족의 몰락으로 보헤미아 국가의 역사와 문화의 전통도 단절되었다. 그래서 보헤미아는 합스부르크 왕가의 세습지로 전락하였고, 합스부르크 군주의 절대주의에 편입함에 따라 20세기 초인 1918년 독립을 되찾을 때까지 무려 300년간 합스부르크 군주국의 지배를 받는다.

사실상 빌라-호라 전투는 구교와 개신교의 전면전이라고 보기는 어려웠고 양측의 피해도 생각보다는 크지 않았다. 전투가 개시되고 불과 2시간 만에 승부의 추가 신성로마제국 쪽으로 기울었지만 당시 보헤미아의 피해는 약 4천여 명, 신성로마제국군의 피해는 불과 700여 명에 불과했기 때문이다. 그러나 승리한 군사들과 패배한 군사들의 피해는 그리 심각하지 않았지만 이 전투의 여파는 이후 300년간 지속됐으니 매우 아이러니한 전투였다.

한편 보헤미아에서 가톨릭인 신성로마제국에게 개신교들이 패배하였다는 것은 서유럽 전체 개신교에게 큰 타격과 불안을 주었고, 그로 인해 북유럽의 개신교 국가들인 스웨덴과 덴마크 등은 이 전투에 개입해야만 하는 필요성을 느끼게 됐다.

빌라-호라 전투에 이어 1625년에는 덴마크의 크리스티안 4세가 영국과 네덜란드의 지원을 받아서 독일의 영토를 빼앗아 개신교 국가로 만들려는 야심으로 침입했지만 역시 신성로마제국군에 크게 패하는 일이 발생한다. 덴마크 입장에서는 북부독일과 국경을 맞대고 있는데 빌라-호라 전투의 승리로 인해 기세가 오른 가톨릭이 점차 개신교를 탄압하는 일이 많아지자 명목상으로는 개신교도 보호를 내세우고 전쟁에 뛰어들었던 것이다. 결국 이 전쟁에서는 덴마크가 패하고, 신성로마제국의 황제 페르디난트 2세는 아우구스부르크의 종교회의를 무효로 선언하고 신교의 교회들이 가지고 있는 영지를 모두 몰수하기에 이른다.

이런 과정을 거치면서 신성로마제국의 영향력과 세력은 점점 확대되게 되고 종국에는 발트해까지 진출하는데, 이렇게 되자 이번에는 개신교 국가인 스웨덴이 더 이상 가만히 있을 수 없게 된다. 결국 스웨덴의 왕 구스타브 2세는 점점 위로 올라오는 신성로마제국과 가톨릭의 영향력을 막고 신교도들을 지원하기 위해 1630년 신성로마제국에 선전포고를 하기에 이른다.

신성로마제국이 보헤미아를 공격할 때는 에스파냐가 지원했는데, 반대로 개신교도들을 보호하기 위해서 덴마크와 영국, 네덜란드에 이어 스웨덴까지 나서게 되면서 처음에는 종교적 성격을 띠었던 30년전쟁이 이제는 전 유럽이 개입하는 정치적인 성격을 띤 전쟁으로 확대된다.

스웨덴의 구스타브 2세는 비록 이 전투에서 전사하지만 스웨덴군은 신성로마제국군에게 나름 상당한 타격을 입혔고, 타격을 받은 신성로마제국의 페르디난트 2세는 어쩔 수 없이 프라하에서 휴전조약을 맺고 이전에 몰수했던 신교의 교회가 가진 영지를 되돌려주는 조치를 취한다.

가톨릭과 신성로마제국이 심각한 상황으로 점차 몰리게 된 것은 주변 강국들이 전쟁에 개입하면서부터였는데 그중에서도 1635년부터 프랑스의 루이 13세가 전쟁에 뛰어들면서 신교를 지원한 것이 가장 문제였다. 조금 아이러니한 것은 프랑스는 당시 개신교가 아닌 가톨릭 국가였다는 사실이다. 그런데 왜 가톨릭이 아닌 개신교 국가인 스웨덴과 손을 잡았을까가 의문스럽다.

프랑스는 남쪽으로는 에스파냐, 동쪽으로는 신성로마제국과 국경을 맞대고 있다. 가톨릭을 믿는 에스파냐와 신성로마제국은 합스부르크 가문이 통치하고 있는 나라들인데 이 가문의 위세가 점점 커지고 유럽에서 영향력을 키우자 프랑스의 부르봉 왕가[12] 입장에서는 오래전부터 상당한 위협을 느

---

12   부르봉 왕가 : 부르봉 왕조는 프랑스에서 1589년부터 1791년까지 그리고 1814년부터 1830년까지 지속되었던 최고의 왕조였다. 부르봉 왕조 시대에 프랑스 역사상 최고의 전성기를 구가했던 태양왕 루이 14세의 17세기가 포함되어 있다. 합스부르크

부르봉 왕가 문장　　　　　합스부르크 왕가 문장

끼고 있었던 것이다.

합스부르크 가문(왕조) 이 어떤 가문인가. 유럽에서 근 600여 년간 프랑스를 제외한 거의 모든 나라는 물론 멀리 아메리카 대륙에까지 그 영향력을 드리웠던 최고의 가문이다.

이런 이유로 인해서 프랑스는 합스부르크 가문을 경계하게 됐고, 아예 이번 종교전쟁을 통해서 합스부르크 가문의 타도까지 염두에 두고 개신교 국가들을 지원했던 것이었다.

사실상 이 시점부터는 이미 30년 종교전쟁은 더 이상 종교가 문제가 아니게 된다. 이미 구교와 신교의 대립이라는 프레임에서 벗어나 유럽에서 더욱 강한 영향력을 확보하려는 합스부르크 왕가와 이에 두려움을 느낀 프랑스를 비롯한 주변국 간의 정치적인 전쟁으로 성격이 바뀐 것이다. 이처럼 프랑스까지 이 전쟁에 개입하면서 30년전쟁의 전황은 날이 갈수록 격렬해진다. 전쟁 초반에는 신성로마제국과 에스파냐의 전력이 우세했으나 전쟁과 전투가 치열해지고 장기화되면서 점차 프랑스가 전력의 우위에 서게 되고, 이런 상태에서 결국 30년전쟁은 휴전에 돌입한다. 그렇게 해서 나온 게 바로 1648년 체결된 베스트팔렌 조약이었던 것이다.

왕가와 더불어 유럽에서도 손꼽히던 왕조로서 프랑스는 물론이고 에스파냐를 비롯한 주변 나라들의 왕위를 독점하기도 했다. 에스파냐에서는 1701년부터 1875년까지 부르봉 왕가 출신이 왕위를 계승하기도 했다. 1870년부터 1년 동안 프랑스와 프로이센(독일)이 벌인 보불전쟁의 원인도 바로 에스파냐 왕위를 부르봉 왕가가 독점하는 데서 생긴 불만이 하나의 원인이 됐을 정도였다. 이외에도 부르봉 왕가는 나바르, 시칠리아, 룩셈부르크, 안도라 등의 여러 나라를 다스렸다.

베스트팔렌 조약의 영향과 결과

국제법상 세계 최초의 국제평화조약으로 인정받는 베스트팔렌 조약은 1648년 체결됐는데, 이 조약의 결과 어떤 일이 유럽에서 벌어졌을까? 베스트팔렌 조약이 체결된 해가 1648년이었는데, 실상 이 조약에 대해 본격적인 논의가 시작된 것은 그보다 한참 전인 1644년부터였다. 그러나 전쟁에 관한 조약이고 워낙 다양한 유럽의 많은 나라들이 개입되다 보니 쉽게 결론을 도출하지 못했던 것이다.

다양한 이견과 이해관계가 얽혀 있었고, 무엇보다도 전쟁의 양상에 따라서 조약의 주도권이 왔다 갔다 하다 보니 이렇게 오래 시간을 끌게 된 것이다. 합스부르크 왕가의 연합이었던 신성로마제국과 에스파냐가 전쟁에서 우세할 땐 신성로마제국이 주도권을 잡았고, 반대로 개신교 국가들이 우세할 땐 신교가 주도권을 잡았다. 이렇게 조약의 주도권을 놓고 지지부진하던 1648년 봄, 30년전쟁의 시작점이었던 보헤미아(현 프라하)가 신교인 스웨덴에게 점령당하고, 프랑스 군대가 에스파냐와 신성로마제국 군대에 크게 이기면서 조약의 속도와 주도권이 완전히 개신교 측으로 넘어간다. 이러면서 베스트팔렌 조약이 극적으로 체결될 수 있었는데 문제는 가장 큰 피해와 타격을 입은 나라들이었다.

베스트팔렌 조약으로 가장 큰 타격을 입은 쪽과 가장 큰 혜택을 받은 나라들은 어디일까? 가장 심각한 타격을 받은 쪽은 다름 아닌 합스부르크 왕가였다. 대대로 신성로마제국의 황제 자리를 독점하면서 수백 년간 유지해온 합스부르크 왕가의 권력은 눈에 띄게 약화됐고, 반대로 다른 나라들의 상황은 크게 개선된다. 대표적으로 스위스와 네덜란드의 경우는 드디어 정치적인 독립을 얻게 됐고, 합스부르크 왕가를 견제하기 위해 30년전쟁에 뛰어들었던 프랑스는 동북부지방으로 독일과 국경을 맞대고 있던 알사스-로렌 지방을 차지한다. 또한 신성로마제국의 다스림을 받던 개신교 제후들의 나라, 특히 프로이센의 경우는 정치적인 독립에 대한 자신감과 계획을 확고히 굳힐 수 있게 됐다.

반대로 독일은 30년전쟁이 자신들의 영토 안에서 치러졌기 때문에 전쟁 동안 전 국토가 황폐화되는 것을 막을 수도 피할 수도 없었다. 정치적으로는 17세기 중반이 다 된 1648년에 체결된 조약으로 인해 향후 수백 년간 재기 하기가 힘들 정도로 큰 타격을 받았다. 무려 30년간이나 자신들의 영토 안에 서 전쟁을 했기 때문에 인구 면에서도 큰 타격을 받았는데, 전쟁 전 약 1,500 만 명 정도였던 인구가 전쟁 후 약 600만 명 정도로 줄어든 것이다. 훗날 신 성로마제국을 계승한 프로이센[13]으로 통일되는 19세기 중반(1871)까지 프랑 스를 비롯한 주변 국가들에게 뒤처지는 결과를 가져온 것이 바로 베스트팔 렌 조약이었다.

한 국가가 중진국에서 선진국으로 나아가기 위해서라도 반드시 필요한 것이 어느 정도 규모의 인구라고 한다면, 1,500만에서 600만으로 인구가 줄 었다는 것은 독일의 입장에서는 오랜 기간 만회가 불가능할 정도의 큰 손실 이었다. 그런 과정과 타격을 받으면서 자연스럽게 독일은 유럽에서 강대국 의 지위를 내려놓게 되고 대신 그 자리를 프랑스가 이어받아 최강대국으로

---

13 프로이센 : 18세기 초인 1701년부터 1918년까지 약 200여 년간 존속한 독일 제국 내 의 왕국으로 처음에는 신성로마제국 동북쪽에 위치한 약소한 왕국에서 시작하였다. 프로이센 왕국으로 승격되기 전에는 제후들 중에서 신성로마제국의 황제를 선출하는 투표권을 가진 선제후국이었으며 그 당시는 프로이센 공국으로 불렸다. 1871년 그 당시까지 유럽에서 가장 강력한 영향력을 자랑했던 프랑스와 보불전쟁을 벌여 모두 의 예상을 뒤집고 승리를 거둔다. 빌헬름 1세 황제와 철혈재상으로 유명했던 비스마 르크 시절 거둔 이 승리로 인해 통일 독일 제국 수립의 토대를 마련했고 현대 독일인 들의 민족적 특성을 만든 현대 독일의 모태라고 인정받는다. 한편으로는 정치적으로 나 체제적으로나 지금의 독일이 가지는 정체성의 뿌리가 되는 나라지만 특유의 군국 주의적 성격으로 독일 제국과 나치 독일의 호전적인 특성이 바로 프로이센에서 기인 한다고 보고 있다.

부상했다. 또한 30년전쟁에서 신성로마제국과 맞서며 개신교도들을 지원했던 네덜란드, 스위스 등의 나라들이 종교적, 정치적 독립을 이루면서 근대국가로 나아가는 계기가 만들어진 것도 베스트팔렌 조약 체결의 의미였다.

베스트팔렌 조약 체결로 인해 특히 프랑스가 유럽에서 정치적으로 한 단계 도약하였고 유럽의 최강대국의 지위를 19세기 중반까지 유지하게 되었다. 물론 1870년 시작된 프로이센과의 대격돌이었던 보불전쟁[14]에서 모든 국가들의 예상을 깨고 프랑스가 패배하면서 200여 년간 향유했던 모든 특권적인 지위를 상실하게 됐지만 베스트팔렌 조약 체결 이후부터 보불전쟁의 패배까지 프랑스의 전성기가 오랫동안 이어진다.

30년전쟁과 베스트팔렌 조약 체결 이후부터는 강대국의 반열에 든 프랑스를 중심으로 전 유럽이 절대왕정(절대주의)[15] 시대로 접어들게 된다.

---

14 보불전쟁 : 1870~1871년 벌어진 프랑스와 프로이센의 전쟁으로, 프랑스가 예상을 뒤집고 패배함으로써 그동안 200년 가까이 누려오던 유럽에서의 절대 지위를 프로이센에게 넘겨주면서 유럽의 판도가 바뀌게 되었다.

15 절대왕정 : 16세기 후반부터 18세기 후반까지 전 유럽에 등장했던 강력한 왕권중심의 정치체제. 중세를 지탱해온 지방분권적인 봉건체제가 무너지면서 강력한 왕권을 중심으로 중앙집권과 국가통일이 진행되어 16세기부터 본격적으로 절대주의가 성립되었다. 이러한 절대왕정을 강력하게 뒷받침했던 사상이 왕권신수설이었다. 즉 왕권이라는 것은 그냥 얻어지는 것이 아니고 신이 특정인에게 부여하는 것으로 신성불가침한 것이기 때문에 모든 국민들은 신에게 권한을 위임받은 왕권에 절대적으로 복종만 해야 된다는 사상이다. 이 왕권신수설로 인해 왕가는 손쉽게 국민들을 통제, 지배하고 왕권을 자식에게만 세습하면서 영세를 누렸다. 절대왕정을 유지하기 위해서는 반드시 두 가지가 구비되어야 했는데, 하나는 관료제였고, 다른 하나는 상비군 제도였다. 관료제는 왕권 강화와 책임 회피를 위해 자신을 대신하는 관료들을 임명해서 행정업무를 보도록 하는 것이었고, 상비군은 왕권을 유지하기 위해서는 강한 군대가 곁에 있다가 수시로 출동할 수 있어야 했기 때문에 필요했다. 대부분의 절대왕정은 상업을 중시하는 중상주의를 표방했다. 국왕의 입장에서는 관료와 상비군을 유지하고 자신에게 철저히 복종하게 하기 위해서는 재정적인 뒷받침이 필요했기 때문이었고, 시민들은 안전한 상업과 무역을 하기 위해서는 국왕의 보호가 필요했기 때문에 중상주의는 절대왕정과 함께 발전하게 되었다.

태양왕 루이 14세   엘리자베스 1세 여왕

그중에서도 프랑스와 영국의 치열한 경쟁이 본격화되면서 식민지 쟁탈전이 전개된다. 프랑스는 태양왕으로 불리며 "짐이 곧 국가다"라고 선언하여 절대왕정의 상징처럼 군림한 루이 14세 이후부터 프랑스 역사상 최전성기를 누리게 되고, 영국은 "짐은 영국과 결혼했다"라고 한 엘리자베스 여왕 시대부터가 바로 그런 절대왕정 전성시대였다.

이때부터 해외 식민지 쟁탈을 통한 국가 간 경쟁이 치열해진다. 특히 대포와 범선의 발달로 인해 원양까지 나갈 수 있는 해양기술이 발전하는데, 조선 산업과 해양기술의 발달이야말로 절대왕정 국가들이 해외 식민지를 개척하는 데 큰 도움이 된 요인이었다.

대부분의 나라들에서 중앙집권적인 절대왕정이 발전하고 군사제도 부분에서도 획기적인 변화가 이루어지는데, 과거 흔했던 제후 휘하의 용병제가 무력화되고 대신 용병제를 대체하는 국왕 직속의 강력한 상비군 체제로 바뀐 것이 베스트팔렌 조약 체결 이후부터 많은 유럽의 국가들이 맞이한 상당히 중요한 변화 중 하나였다.

정치적인 부분에서는 제후를 대신해서 절대왕정이 자리 잡았고, 군사적인 부분에서는 용병제 대신 상비군 체제로 정비되면서 종교적인 부분에서도 큰 변화를 맞게 된다. 그중에서도 칼뱅파 개신교(프로테스탄트)가 주장했던 예정설이 프랑스와 스위스를 중심으로 크게 위세를 떨친다.

특히 이 시대에는 모든 국가들이 해외 식민지 개발을 위해 전쟁까지 불사할 정도로 혈안이 됐는데 문제는 해외 식민지를 개발하기 위해서는 필연적으로 먼저 자리 잡은 원주민들을 눌러야 한다는 것이었다. 이런 식민지 지배가 정당하다는 것과 이런 개발을 통해 나라가 부강해질 수 있다는 논리를 만드는데 개신교의 예정설이 많이 이용된 것이 문제였다.

한마디로 칼뱅파 개신교의 논리(예정설)는 전쟁도 신의 뜻이고, 그런 전쟁을 통한 침략과 결과도 미리 다 예정되어 있다는 해석이었는데, 이게 전형적인 강대국의 논리에 다름 아니었던 것이다. 예정설을 자의적으로 해석한 개신교와 개신교도들이 다른 미개한 인종들과 그들의 땅을 정복하는 것이 큰 죄악이 아니고 신의 의지라고 주장한 것이다. 이것이 바로 베스트팔렌 조약 체결 이후부터 유럽 열강들이 해외 식민지 쟁탈전을 아무런 거리낌 없이 벌일 수 있었던 종교적인 배경이다.

베스트팔렌 조약은 독일의 사망신고서였다?

흔히 베스트팔렌 조약을 일컬어 '독일 제국의 사망신고서'라는 말을 하기도 한다. 그 이유는 당연히 이 조약으로 인해 독일이 향후 상당 기간 재기 불능의 치명적인 피해를 입었기 때문이었다.

앞에서도 말했지만 30년전쟁의 패배에 이은 베스트팔렌 조약의 체결로 인해 가장 큰 피해를 입은 나라는 신성로마제국과 에스파냐였다. 에스파냐는 신성로마제국과 같은 혈통인 합스부르크 가문 출신이 국왕이었기 때문에 함께 손을 잡고 이 전쟁에 참여했는데, 이 전쟁의 패배로 인해 네덜란드 북부지방에 대한 지배권을 상실했다. 또한 독일 제후들에 대한 영향력도 잃었고 알사스 지방에 있던 합스부르크 영토마저 상실했다. 게다가 30년전쟁을 치르는 동안 막대한 재정적인 손실을 입었기에 그 뒤로 유럽의 강대국으로서의 지위를 모두 상실하며 지금의 에스파냐로 이어지게 되었다.

이에 반해 신성로마제국은 자신들의 영토에서 전쟁을 했기에 국토가 황폐해지고, 많은 국민들이 사망해서 인구가 엄청 많이 줄었다는 것은 앞에서 언급했다(1,500만에서 600만으로). 먼저 국토가 황폐화됐다는 말은 그냥 단순히 영토, 말 그대로 땅이 손상됐다는 의미보다는 훨씬 더 심각한 의미이다.

30년전쟁의 특징 중 하나는 전쟁에 참여한 거의 모든 국가의 군대에 다수의 용병[16]들이 있었다는 점이다. 우리가 아는 것처럼 상비군이면 국왕 직속으로 있기 때문에 월급이나 급료를 받는 데 별 문제가 없을 것이다. 그러나 용병은 말 그대로 대부분 돈에 의해서 움직이는 군사들이다. 그런데 많은 군사들이 용병으로 전쟁에 참여했는데 문제는 전쟁의 기간이 생각보다 훨씬 길어졌다는 것이었다. 그러다 보니 용병들에게 줘야 할 돈이 점점 부족해지고 이것은 곧 용병들의 불만으로 돌아왔다.

전쟁 중에 발생하는 용병들의 불만은 정말 위험했다. 국가나 국왕에 대

---

16 용병(mercenary) : 사전적 의미로는 일단의 무력분쟁에 참여하는 사람으로서, 그 분쟁에 직접 관여되는 입장에 속하지 않는데도 오로지 돈을 벌 목적으로 그 분쟁에 개입하는 사람이다. 특히 비슷한 계급이나 비슷한 활동을 하는 다른 군인들에 비해 더 많은 물질적 보상을 받거나 혹은 그 보상을 약속받고 분쟁에 직접 뛰어드는 사람들을 의미한다. 30년전쟁 당시의 양측 병력을 살펴보면, 가톨릭 측과 신교 측 모두가 연인원 40만 명 이상의 병력을 투입했다. 30년전쟁 당시 양측 모두 2만~3만 정도의 인원이 참여하는 전투가 벌어졌지만, 독일 전체를 놓고 보았을 때는 양측이 대부분 10만 이상의 병력을 전개시켰다. 에스파냐령 네덜란드에서 에스파냐군은 야전군 3~4만, 도시 수비군 3~4만을 포함하여 약 10만 명 정도를 항상 전개시켰으며, 이에 맞서는 네덜란드군도 역시 한때 약 11만 명 정도의 병력을 전장에 투입했다. 그렇다면 가톨릭과 신교도 측은 당시에 어떻게 이러한 대규모의 병력을 즉각 원하는 순간에 투입할 수 있었을까 하는 의문이 드는데 바로 대규모의 용병 모집이 있었기 때문에 가능했던 것이다. 용병은 당시로서는 최강의 전투력을 자랑하는 부대원들이었다. 반복되는 체계적인 군사훈련과 전장에서의 다양한 경험, 여러 가지 풍토병에 대한 면역력, 게다가 재물을 벌어야 한다는 확고한 목표의식까지 갖춘 용병대는 급히 징집되어 싸우는 민병대 혹은 시민군보다 월등한 전투력을 자랑했기 때문에 양측은 용병을 많이 모았고, 이들 용병들이 30년전쟁에 투입되어 많은 전투를 벌였다.

30년전쟁의 참상을 묘사한 그림

한 충성심이 깊은 상비군과 달리 충성심보다 돈이 중요한 용병들이라 불만이 쌓이면 그들의 총부리가 어디로 향할지 알 수가 없었다. 용병들의 불만을 잠재우고 계속 전쟁터에 붙잡아두려면 반드시 재물이 필요했는데 오랜 전쟁으로 인해 재물이 충분치 않게 되었다. 결국 신성로마제국이나 에스파냐의 군대에서는 용병들이 전쟁터에서 약탈과 방화, 살인 등 불법을 자행하는 것을 묵인 내지는 방조하게 되었다. 낮에는 전투를 하던 용병들이 밤이 되면 지역 주민들을 죽이고 물건을 약탈하는 등의 범죄를 저지르는 일이 점점 심각해졌는데, 이것이 바로 국토의 황폐화이자 주된 문제 중 하나였던 것이다.

어두운 밤만 되면 용병들이 나와서 일반 주민들의 삶을 망치고 약탈하는 게 마치 밤이면 먹이를 찾아 무리지어 다니는 늑대와 비슷하다고 해서 '늑대 전략'이라는 비아냥과 지탄을 받기도 했다. 학자들마다 약간의 이견은 있지만 30년전쟁 동안 독일 사람들만 약 800만~1,000만 명이 희생됐는데, 이 숫자는 당시 독일 사람 세 명 중 두 명이 죽었다는 이야기다. 물론 살아남은 한 명도 당연히 죽지 못해 사는 삶이 이어졌을 것이니 30년전쟁을 하는 동안 전쟁터였던 신성로마제국의 온 영토가 초토화되었다고 해도 과언이 아니었다.

30년전쟁의 피해가 과장됐다고 보는 시각도 있는데, 당시 사용된 총이나 대포 등의 화력을 생각할 때 온 국토가 초토화되기는 어려울 것이라는 의견들이다. 그러나 매일 전투가 벌어진 것은 아니었지만 그래도 기간이 무려 30년이었다는 것을 기억해야 한다. 그리고 용병들의 불만으로 인해 많은 민간인이 피해를 입은 것도 사실이었고, 밤마다 불필요한 학살이 자행된 것도 사실이었다. 보헤미아의 어느 마을은 전쟁 전 6천 명 정도 인구가 전쟁 후 800여 명만 남았는데, 대부분의 주민들이 무고하게 학살된 것이라고 한다.

그러나 이것보다 더 심각한 피해가 있었고, 이 피해로 인해 결국 베스트팔렌 조약 체결은 독일에게는 사망신고서가 됐다는 말이 나오게 됐는데, 바로 한 국가에서 가장 중요한 계층인 중산층이 완전히 붕괴됐다는 것이었다. 하나의 국가가 정치적, 경제적으로 굳건히 서기 위해서 가장 중요한 계층이 바로 중산층이다. 이들 중산층이 무너졌다는 말은 즉 신성로마제국이 다시 정치, 경제적으로 재기할 수 있는 근본 토대가 무너졌다는 말이기도 했다.

게다가 13세기 이후부터 신성로마제국을 포함한 북유럽 상권의 중요한 경제적, 정치적 세력이었던 한자동맹[17]마저 완전히 붕괴됐기에 신성로마제

---

17 한자동맹(Hanseatic League) : 중세 유럽의 재벌집단. '한자(Hansa)'라고 불리는 편력상인(한 곳에 정착하지 않고 시장을 찾아 먼거리를 이동하던 상인들 무리)들이 기원이 되어 1350년부터 100~200개 도시를 포함하는 경제공동체로 발전했다. 12세기경 유럽에는 한자라고 불리는 상인들의 단체가 많이 있었는데, 14세기 중반에 이르자 그들 사이에서 '독일한자' 또는 '한자동맹'이라는 도시동맹이 성장하여 중세 상업 부문에서 큰 역할을 하게 되었다. 한자동맹을 형성한 전체 상관회의가 열리는 뤼베크와 함부르크가 가장 중요한 도시였고, 뤼베크-브뤼헤-런던을 축으로 북유럽의 해상상권을 독점하면서 영향력을 키워갔으며, 14세기 후반으로 가던 1370년에는 재정적, 군사적 통제권까지 행사하게 되면서 북유럽을 중심으로 가장 막강한 힘을 가진 단체로 성장한다. 한자동맹은 초창기부터 스스로를 '독일 로마 제국의 상인조합'이라고 칭했는데, 당시 독일에는 고대 로마 제국을 계승한다는 의미의 신성로마제국이 있었지만, 황제와 제후들의 영향력이 미진한 사이에 상인들이 자신들의 이해관계에 따라 서로 뭉치면서 점차 영향력을 확대해나갔던 것이다. 나중에는 독일기사단도 한자동맹에 합류할 정도로 이들의 위세는 당당해서, 13세기 후반에는 북유럽의 패권을 노리던 덴마크를 제압할 정도까지 이르렀다. 덴마크는 한자동맹과의 대결에서 패하면서 항행의 자유는 물론, 어획의 자유 부여, 막대한 배상금 지불 등 치욕적인 일을 겪기도 한

국으로서는 국가의 껍데기만 남고 실체가 없는 이름뿐인 국가로 전락하게 된 것이다.

이로 인해 19세기 초인 1806년 프랑스 나폴레옹 1세 군대에 의해 국가가 몰락할 때까지 허울 좋은 이름만 남은 삼류국가의 신세가 됐다. 이 모든 것이 바로 베스트팔렌 조약 체결로 인해 생긴 것이기에 흔히 이 조약을 가리켜 독일 제국의 사망신고서라는 달갑지 않은 이름으로 불렸던 것이다.

것이다. 한자동맹의 실체는 경제적, 정치적 연합이었기 때문에, 한자동맹에 가담해서 특권을 가지는 도시의 수는 상황에 따라 변했다. 흔히 한자동맹에 가입한 도시의 수가 77개 정도라고 했지만, 최성기에는 100여 개를 상회할 정도였다. 한자동맹이 위력을 떨치기 시작한 것은 특히 청어잡이를 통해서였다. 중세에 청어는 거의 모든 사람들의 필수 식품이었고 군대의 비상식량으로도 쓰였다. 유럽을 지배하는 가톨릭에선 종교적인 이유로 육식을 금하는 일이 잦았다. 이럴 때 육식을 대체하는 게 바로 당시 가장 흔하게 잡혔던 청어였다. 그래서 청어를 잡는 데 필요한 배를 만드는 조선산업, 청어를 보관하는 염장산업, 그리고 이런 청어를 운송하는 배송산업 등을 통해 한자동맹이 위력을 발휘했던 것이다. 이렇게 잘 나가던 한자동맹에 치명적 타격을 입힌 것이 30년전쟁이다. 구교와 신교로 나뉘어 싸우느라 한자동맹의 본거지나 마찬가지인 독일 영토가 황폐화됐고, 게다가 이때부터 청어가 잡히지 않게 되었다. 발트해를 가득 채웠던 청어가 14세기 말부터 북해로 이동한 것이다. 이후 영국, 네덜란드 등 신흥국에 밀려서 한자동맹은 점차 쇠퇴하여 16세기 말인 1597년 런던 상관이 폐쇄되고 1669년 한자동맹 회의가 마지막으로 열리면서 역사의 너머로 사라지게 됐다.

〈생 베르나르 고개를 넘는 보나파르트〉, 자크 루이 다비드, 1801, 프랑스 말메종

11

유럽 전체와 맞서다
: 프랑스 대혁명과 나폴레옹 전쟁(AD 1789~1815)

저 그림은 무엇이 문제인가?

"내 사전에 불가능은 없다"라는 말로 유명한 보나파르트 나폴레옹은 프 랑스가 자랑하는 최고의 영웅이자 한때 우리나라 어린이들에게 가장 닮고 싶은 인물 1위에 자주 꼽히기도 했던 인물이다. 그 유명세만큼이나 나폴레 옹을 모델로 그려진 그림도 많다.

나폴레옹을 상징하는 그림이 서양 미술사에 여러 점 있는데, 아마도 가 장 유명한 그림이 바로 이것일 것이다. 이 그림은 또한 잘못 알려진 제목으 로도 유명한데 흔히 〈알프스를 넘는 나폴레옹〉이라고 부르지만 실제 제목은 〈생베르나르 고개를 넘는 보나파르트〉이다.

흰 눈이 쌓인 알프스 산을 배경으로, 화려한 갈기를 휘날리는 백마를 타 고, 최대한 멋진 제복 차림에 망토를 펄럭이며 마치 "나를 따라 저 산을 넘 자!"라고 군사들을 독려하는 듯한 나폴레옹의 늠름한 모습에서 한 위대한 영 웅의 인상이 느껴지지 않는가. 저 그림을 보면서 영웅적이고 멋진 나폴레옹 의 모습이 실감나게 느껴진다면 그런 독자는 그림을 그린 화가의 의도를 충 실히 잘 따르고 있는 것이다.

〈생베르나르 고개를 넘는 보나파르트〉는 프랑스 대혁명 이후 미술계의 최고 실력자였던 자크 루이 다비드[1]가 1805년 그린 그림이다.

다비드는 프랑스 미술계에서 가장 나폴레옹을 신봉하던 화가였고, 누구보다 나폴레옹의 후광을 많이 받았던 사람이었다. 그가 그리는 나폴레옹은 하나같이 최대한 멋지고 영웅적인 모습이다. 그의 〈나폴레옹의 대관식〉은 우리 눈에 아주 친숙한 그림이다. 따로 그림의 제목을 보지 않아도 무슨 특별한 대관식이란 것을 짐작할 수 있을 정도로 어마어마한 위용을 보인다. 유럽의 제후들과 귀족들, 그리고 교황까지 참석하고 있는 와중에 자기 스스로 왕관을 쓴 나폴레옹이 무릎을 꿇은 조세핀 황후에게 왕관을 씌워주기 위해 왕관을 치켜들고 있다. 왕관을 들고 있는 황제의 바로 뒤에는 당시 교황 비오 7세(Pius VII)가 앉아 있고 그림의 정중앙 흐릿한 윤곽을 하고 있는 귀부인은 나폴레옹의 모친이다.

1　자크 루이 다비드(Jacque-Louis David, 1748~1825) : 프랑스 고전주의 회화의 대표자이자 간판스타이다. 살아생전 화가로서는 물론이고 정치가로서도 나폴레옹의 후광에 힘입어 프랑스 정계에서 막강한 영향력을 행사했다. 왕립 아카데미에서 그림을 배웠고 프랑수아 부셰와 조제프 마리 비앙에게서 사사했다. 1774년 그림으로 '로마대상'을 수상한 후 로마 유학을 다녀왔으며, 이탈리아 르네상스 회화에 깊은 감명을 받아 그리스-로마 문화와 그림에 관심을 갖게 되었고 결국 신고전주의를 탐구하게 되었다. 1789년 프랑스 대혁명 때는 좌파 정치인들이 주류를 형성했던 자코뱅파의 일원이 되어 활동했으며, 대혁명 4년 후인 1793년 자코뱅파의 리더였던 장 폴 마라의 암살에 충격을 받고 그 유명한 그림인 〈마라의 죽음〉을 통해 날카로운 현실참여 의식을 표현하기도 했다. 정치의식이 명확한 그림을 많이 그렸던 다비드는 또 하나의 유명한 그림인 〈나폴레옹의 대관식〉을 그렸고, 대혁명 후 실질적인 프랑스 최고지도자였던 나폴레옹의 총애를 받게 된다. 나폴레옹의 후원을 입은 다비드는 어렵지 않게 프랑스 화단의 실력자가 되어 많은 영향을 끼친다. 그러나 나폴레옹의 정치력이 생명을 다하게 되자 다비드의 인생에도 변화가 오게 된다. 결국 나폴레옹의 실각과 함께 당대 최고 화가로 군림했던 다비드는 프랑스를 떠나 벨기에 브뤼셀로 정치적 망명을 떠나게 된다. 그리고 망명 10년 후인 1825년 브뤼셀에서 파란만장한 삶을 마감한다. 나폴레옹과 누구보다 연관이 깊었던 프랑스 최고 화가 중 한 명이었다.

〈나폴레옹의 대관식〉 자크 루이 다비드, 1807, 루브르 박물관

　1804년 12월 2일, 파리 노트르담 대성당에서는 나폴레옹이 황제로 등극하는 대관식이 열렸다. 교황 비오 7세는 내키지 않았지만 시대의 영웅인 나폴레옹을 축복하며 "나폴레옹 황제 만세"라고 외쳤다고 한다. 교황마저 무력화시킬 만큼 막강한 힘을 가졌던 나폴레옹의 대관식을 화가 다비드가 아무 사심 없이 사실적으로만 그리지는 않았을 것이다. 왜냐하면 자크 루이 다비드는 나폴레옹의 전속 화가라고 여겨졌기 때문이다.

　황제의 전속 화가가 그린 그림에서 묘사된 것이 모두 사실일까? 결코 그렇지 않다. 나폴레옹은 자신의 대관식을 최대한 멋지고 웅장하게 묘사하고 싶어 다비드에게 여러 가지 주문을 했는데, 그의 주문을 한마디로 줄이면 있는 사실에다가 없던 사실까지 섞어서 황제의 힘과 위엄을 한없이 드러낼 수 있게 만들라는 것이고 화가 다비드는 그에 충실히 따라 이 그림을 그렸다.

　만약 다비드가 당시 상황을 역사적 사실 그대로 그렸다면 교황이 황제가 되는 나폴레옹에게 신의 축복을 담아 왕관을 씌워주는 장면을 묘사해야 정상이다. 그런데 그림에서 교황은 그냥 뒤에 앉아 있는 힘없는 노인처럼 위축된 모습으로 전락해 있고 그림의 포커스는 역사적 사실과 상관없이 오직 나폴레옹 한 사람에게만 집중되어 있다. 당시 대관식에는 나폴레옹의 모친은 아예 참석조차 하지 않았었다. 그림에서 황후 조세핀은 다소곳이 무릎을 굽히고 있는 아름다운 여인으로 묘사됐지만 실제는 나이도 나폴레옹보다 연상이었고 저렇게 아름다운 자태를 갖지도 않았었다.

그렇다면 다비드는 왜 역사적 사실을 왜곡하고 과장하면서까지 저런 그림을 그렸을까? 그 이유는 그림을 그린 다비드의 의도가 오로지 나폴레옹 황제 한 사람만을 영웅적인 모습으로 부각시키는 데 있었기 때문이었다. 다비드의 이런 의도가 더 잘 나타난 그림이 〈생베르나르 고개를 넘는 보나파르트〉이다.

나폴레옹과 함께 전설이 된 그림이자 우리가 상상하는 작은 영웅 나폴레옹의 이미지를 만드는 데 가장 크게 공헌을 한 〈생베르나르 고개를 넘는 보나파르트〉에는 다비드가 작은 영웅을 위해 집어넣은 다양한 장치들이 있다. 물론 〈나폴레옹의 대관식〉에도 당연히 나폴레옹을 영웅화하기 위한 장치들이 숨어 있다.

다비드가 그림 속에 집어넣은 모든 장치들은 전부 나폴레옹의 심기를 좋게 하고 그의 기분을 맞추기 위한 일종의 트릭이었다. 그 트릭과 장치 덕분에 다비드는 살아생전 나폴레옹이 건재하던 시절에는 프랑스에서 가장 영향력 있는 화가가 될 수 있었다. 그림 화가가 영웅의 기분을 맞춰주기 위해서 그림에 집어넣은 작은 트릭이 무엇인지 간단히 보도록 하자.

우선 〈생베르나르 고개를 넘는 보나파르트〉에서는 가장 눈에 띄는 것 중 하나가 바로 갈기를 휘날리면서 앞발을 치켜든 흰 말이다. 생베르나르는 스위스와 이탈리아를 가로막은 알프스 산맥의 고개이다. 그림을 보면 한겨울이라는 것을 쉽게 알 수 있는데 과연 실제로 말이 저렇게 눈 쌓인 높은 산을 넘어갈 수 있을까? 당연히 불가능하다. 말은 달리기는 잘하는 대신 높은 산을 오르는 데는 매우 취약하다고 알려져 있다. 말을 끌고 알프스 산맥의 높은 고개를 넘는 것도 힘든데 더구나 한겨울에 말을 타고 산을 넘는 것은 불가능하다. 그래서 많은 경우 높은 산을 오르는 데는 작은 노새나 당나귀를 이용한다. 다비드는 그림에서 나폴레옹이 멋지게 말에 올라탄 모습으로 그렸지만 현실에서는 불가능한 상황인 것이다. 물론 나폴레옹이 실제로 생베르나르 고개를 넘어간 때는 1800년 5월로, 그의 나이 31세여서 아직은 나잇살이 붙지 않은 무렵이었겠지만 그렇더라도 저 그림과 같은 구도는 도저히 나올 수 없었다.

그렇다면 현실에서 나폴레옹은 어떤 모습으로 눈 덮인 알프스를 넘어갔을까? 정말 다비드의 멋진 그림처럼 그는 영웅적인 모습으로 산을 넘어갔을까? 아쉽게도 나폴레옹은 전혀 영웅적인 모습으로 산을 넘지 못했다. 오히려 눈길에 위험에 처할 수 있으므로 매우 조심스러운 모습으로 노련한 산지기에게 의지해서 산을 넘은 것으로 전해진다.

게다가 그림처럼 저렇게 멋진 흰 말이 아니고 산을 오르는 데 특화된 작은 노새를 타고 넘었다. 또한 그림처럼 병사들에게 "나를 따르라" 하고 선두에서 지휘한 게 전혀 아니고, 오히려 프랑스군이 산을 다 넘고 나서 4일이 지나서야 어렵게 산을 넘었다고 알려졌다. 그런 나폴레옹의 모습을 비교적 정확하고 사실적으로 그렸던 화가가 있었는데 바로 폴 들라로슈라는 화가이다. 그가 그린 〈노새를 타고 알프스를 넘는 나폴레옹〉이라는 그림이야말로 당시 알프스를 넘던 나폴레옹의 모습과 거의 일치하는 그림이다. 나폴레옹을 영웅처럼 보이게 하는 요소가 거의 없이 너무도 지극히 사실적으로 그린 그림이어서 오히려 당혹스러울 정도다.

이것 외에도 다비드는 나폴레옹을 역사상의 다른 영웅들보다도 위

〈노새를 타고 알프스를 넘는 나폴레옹〉,
폴 들라로슈, 1850, 런던 세인트 제임스 궁전

대한 인물로 그림을 통해 표현했다. 그림 왼쪽 아래의 바위를 자세히 보면 무슨 글씨가 쓰여 있는 것을 볼 수 있다. 나폴레옹의 성인 보나파르트, 그리고 한니발과 카롤루스(샤를마뉴) 대제의 이름이다. 나폴레옹의 기분을 좋게 하기 위해서 다비드는 보나파르트라는 이름을 다른 두 사람의 이름보다 위에 썼다. 즉 고대의 영웅 한니발이나 카롤루스 대제보다도 나폴레옹이 더 위대한 인물이라는 것을 그림을 통해 표현했던 것이다. 이런 의미 깊은 그림을 보고 나폴레옹이 다비드를 얼마나 총애했을지 충분히 짐작이 간다.

혹자는 이런 것을 두고 다비드가 너무 권력자에게 아부한 것 아니냐고 비판할 수 있겠지만 당시 상황에서 다비드는 그럴 수밖에 없었을 것이다.

나폴레옹은 어떻게 정계의 실력자가 되었는가?

파리의 유력한 가문 출신도 아니고, 특정 귀족이나 왕족이 뒤를 봐준 것도 아니고, 그렇다고 가난한 민중이 처음부터 지지한 것도 아니었는데 파리에서 1천 킬로미터도 더 떨어진 코르시카[2]의 촌뜨기로 놀림 받던 나폴레옹은 어떻게 해서 한순간 프랑스 정계에 등장할 수 있었을까? 어떻게 해서 마침내 프랑스 정계의 실력자로 등극할 수 있었을까?

---

2 코르시카 : 원래는 프랑스가 아닌 이탈리아 영토에 속하는 작은 섬이었다. 1768년 이탈리아 제노아 공국이 프랑스에 이 섬을 매각하면서 비로소 프랑스 영토가 되었다. 만약 이때 이탈리아가 프랑스에 섬을 팔지 않았더라면 이탈리아는 아마도 나폴레옹이라는 영웅을 배출한 나라가 될 수 있었을 것이다. 그러나 정치적인 결정에 의해 코르시카는 이탈리아에서 프랑스 영토가 되었고, 그래서 어린 아기였을 때 나폴레옹의 이름이 두 개가 된 것이다. 하나는 이탈리아식 이름인 나폴레오네 부오나파르테, 다른 하나는 프랑스식 이름인 나폴레옹 보나파르트였다. 나폴레옹은 1779년 아버지를 따라 프랑스 본토로 건너갔고, 1784년 파리 육군사관학교에 입학했으며 그 이듬해 만 16세의 어린 나이에 포병 장교로 임관하면서 영웅의 길에 들어선다.

<민중을 이끄는 자유, 1830년 7월 28일>, 외젠 들라크루아, 1830, 루브르 박물관

그의 화려한 등장을 말하기 위해서는 먼저 유명한 그림 하나를 보는 게 좋다. 바로 외젠 들라크루아의 대표작 <민중을 이끄는 자유>이다.

미술을 모르는 사람이라도 이 그림은 많이 봤을 것이다. 자세한 배경과 역사는 잘 몰라도 이 그림이 대충 무엇을 표현하는 그림인지는 대부분 알 것이다. 또한 이 그림은 유명한 만큼 많은 독자 혹은 관람객들이 착각 내지는 오해를 하는 대표적인 그림이기도 하다. 사람들은 이 그림이 1789년 프랑스 대혁명을 배경으로 그려졌다고 생각한다. 그것이 바로 오해이다.

이 그림의 시대적인 배경은 1789년의 프랑스 대혁명이 아니다. 이 유명한 그림은 프랑스 대혁명 이후 41년이 지난 후에 발발한 1830년의 '7월혁명'[3]을 묘사한 것이다. 그러나 많은 사람들이 프랑스 대혁명을 배경으로 했

---

3 7월혁명 : 프랑스는 나폴레옹 시대에 유럽에서 가장 방대한 영토를 차지하였지만, 오스트리아 빈 회의의 결정에 따라 정복한 땅을 모두 원래의 국가에 돌려주고 1789년 프랑스 대혁명 이전의 상태로 돌아갔다. 특히 프랑스에서는 루이 18세의 뒤를 이은

을 거라고 착각하는 것은 아마도 두 가지 이유 때문일 것이다. 첫째로 프랑스 대혁명의 상징이었던 삼색기가 등장하고, 여신이 전투를 독려하는 등, 그림의 전반적인 분위기가 자연스럽게 프랑스 대혁명을 연상시킨다는 점이다. 둘째로 그림의 인물들이 하나같이 힘없는 여인이거나 어린 소년 혹은 남루한 옷차림을 한 가난한 사람들이라는 점이다. 힘없고 가난하고 소외당하는 사람들이 프랑스의 삼색기를 들고 등장하니 그림을 보는 사람들은 당연히 대혁명을 떠올렸던 것이다.

그 외에도 일반적으로 많은 사람들이 유럽의 혁명이라고 하면 당연하게도 프랑스 대혁명이 워낙 유명하니까 자연스럽게 프랑스 대혁명을 떠올리는 것도 이 그림에 대한 오해를 불러일으켰을 것이다. 이런 이유들 말고 굳이 다른 이유를 하나 더 들자면 대부분의 사람들이 프랑스 대혁명에 대해서

샤를 10세가 가장 문제였는데, 민중의 힘으로 권좌에 올랐던 사람이 지금은 다시 민중이 아닌 귀족과 가진 자들의 편에 서려 했던 것이다. 샤를 10세는 빈 체제하에서 프랑스의 자유주의를 억압하고, 가진 자들의 상징이기도 한 성직자와 귀족을 보호하는 반동정치를 실시하려 했다. 이에 프랑스의 민중 세력은 샤를 10세의 반동정치에 크게 반감을 갖게 되었고, 반감과 불만은 곧이어 실시한 1830년 5월 총선거로 나타나게 되었다. 총선거 개표 결과 샤를 10세와 기득권층이 원하는 결과가 아닌 민중의 승리로 돌아갔던 것이다. 샤를 10세의 반동정치에 반대하는 자유주의자(자유당)들이 의회에서 다수를 차지하며 많은 의석을 차지하는 정치적 대이변이 일어났던 것인데, 이에 불안감을 가진 샤를 10세는 기득권층의 조언대로 의회를 강제로 해산시키고 선거법을 아예 기득권층이 유리하게 개정하려 하였다. 국왕의 이와 같은 생각과 행동은 돌아올 수 없는 강을 건넌 것이어서 파리 민중을 크게 격분시켜, 드디어 같은 해인 1830년 7월 28일에 대규모 혁명이 일어났다. 이에 크게 놀란 샤를 10세는 서둘러 영국으로 정치적 망명을 하게 되고 샤를 10세에 이어서 파리 민중의 절대적인 지지를 받던 루이 필리프가 새로운 프랑스의 국왕이 되었다. 역사는 당시 파리에서 일어났던 일련의 상황들을 7월혁명이라는 이름으로 부른다. 파리에서 벌어진 7월혁명의 성공은 유럽 여러 나라의 민중에게 큰 용기와 자극을 주어 폴란드, 독일, 이탈리아 등에서도 민중이 주도한 자유주의 운동이 일어나게 되었다. 그러나 아쉽게도 대부분의 나라에서는 기존 보수 세력에 의해 혁명은 실패로 돌아가고, 다만 1831년, 네덜란드에 합병되었던 벨기에가 이때 정치적 독립을 달성하는 큰 열매를 맺었다.

는 이런저런 지식들이 있어서 잘 아는 반면, 1830년 7월혁명에 대해서는 많이 생소하다는 것도 이 그림을 프랑스 대혁명을 상징하는 그림으로 오해하게 만들었을 것으로 여겨진다.

프랑스 대혁명의 시작은 1789년 7월 14일이고, 7월혁명은 1830년이니 이 두 혁명 사이에는 41년이라는 결코 짧지 않은 시간의 간극이 있다. 먼저 누구나 다 아는 프랑스 대혁명부터 간단히 살펴보도록 하자. 대혁명의 여파로 인해 잠자던 작은 영웅 나폴레옹이 정계의 전면에 등장하게 됐으니 사실 프랑스 대혁명과 나폴레옹의 등장은 밀접한 관련이 있다고 볼 수도 있다.

오늘날 프랑스 대혁명 기념일이기도 한 7월 14일은 파리 시민들이 파리 한복판에 있던 바스티유 감옥을 습격했던 날이다. 이곳에 양심적이고 민중의 편에 서 있는 정치인들이 많이 수감되어 있다는 소문을 듣고 민중이 행동에 나선 것이었다. 그러나 소문과는 달리 바스티유 감옥에는 시민들을 억압하기 위한 막대한 양의 무기도, 억울하게 구금되어 있는 억압받는 시민들과 정치인들도 없었고 특별하지 않은 잡범들만 몇 명 있을 뿐이었다. 이처럼 민중이 의도했던 결과를 얻지는 못했지만 그럼에도 불구하고 7월 14일, 이날이 중요하고 이날을 프랑스 대혁명의 시작일로 꼽는 이유는 바로 바스티유 감옥이 가지고 있는 정치적인 상징성 때문이다.

파리 한복판에 웅장하게 솟아 있던 바스티유 감옥은 앙시앙 레짐(구체제)과 절대군주제의 상징이었다. "짐이 곧 국가다(L'état c'est moi)"라고 선포하며 절대왕정의 기틀을 다졌던 태양왕 루이 14세 이후 절대로 무너지지 않고 영원할 것 같던 구체제와 절대왕정이 아무런 힘도 없던 민중이라는 거대한 물결에 의해 붕괴된 것이 프랑스 대혁명이므로, 구체제의 상징 바스티유를 습격한 것은 혁명의 시작으로서 의미를 지닌다.

결과적으로 아무런 소득도 없던 이 작은 행동이 대혁명의 기폭제가 되었다. 그러니 프랑스 대혁명을 말할 때면 7월 14일이 갖는 상징성과 의미가 매우 클 수밖에 없다. 바스티유 감옥 습격 후 파리 곳곳에는 정부에 의해 바리

〈바스티유 습격〉, 장피에르 루이 로랑 위엘

케이드가 설치됐고, 파리 시민들의 저항 소식은 프랑스 전역으로 퍼져나간
다. 이 소식을 들은 프랑스 전국 각지의 가난한 농민들을 중심으로 지역의
성을 공격, 방화하면서 순식간에 전국을 혁명의 도가니로 만들었던 것이다.

혁명의 들불에 당황한 국민의회는 8월 4일 봉건제를 폐지하고 이어서 8
월 26일에는 '모든 인간은 평등하고 자유롭게 태어났다'로 시작하는 '인간과
시민의 권리선언'을 발표하여 혁명의 이념을 온 세상에 선포하는 결실을 맺
게 된다.

국민의회의 개혁이 한창인 1791년 큰 사건이 발생, 프랑스 국민들을 분
노케 하는데 바로 국왕 루이 16세 일가가 조국 프랑스를 버리고 오스트리아
로 도망가다가 국경 근방인 바렌 지방에서 체포되어 파리로 압송된 일이었
다. 입법의회는 입헌군주제를 주장하는 온건파인 지롱드파⁴와 공화정을 원

---

4 지롱드파 : 지롱드도(道) 출신의 의원들이 특히 많았기 때문에 이런 이름이 붙었다.

하는 급진파인 자코뱅파[5]로 나뉘어져 있었는데, 1792년 9월 자코뱅파가 득세하며 국민공회가 구성된다. 국민공회는 왕정을 폐지하고 프랑스 역사상 처음으로 공화제를 채택했으며, 이후 급진파가 주장하던 대로 근소한 차이로 루이 16세와 마리 앙투아네트의 처형이 결정되고, 드디어 1793년 1월 21일 루이 16세를 단두대에 보내 처형하면서 대혁명의 많은 부분이 일단락된다. 그 이후 로베스피에르와 당통, 마라 그리고 생쥐스트로 상징되는 공안위원회가 수많은 사람들을 단두대로 보내는 공포정치[6]를 실시한다.

1793년 7월 17일 공포정치의 대명사였던 로베스피에르를 독재자로 규

이 지역은 지금의 프랑스에서 와인과 포도로 유명한 보르도를 중심으로 하는 지역으로 상업자본주의가 발달한 항구도시나 지방 상업도시 출신이 많았다. 이들은 영국식 입헌군주제를 추구했고, 민중들의 활발한 정치참여를 경계했다.

5 자코뱅파 : 지롱드파와 달리 파리 출신의 공화주의자들이 특히 주축을 이루었다. 이들은 입헌군주제보다 공화정을 추구했으며 자신들만의 힘이 아닌 민중들과 결합하여 정치혁명을 이루고자 했다.

6 공포정치(La Terreur[불어], Reign of Terror[영어]) : 1793년 9월 5일부터 1794년 7월 27일까지 이루어진 강압적 정치. 공포정치란 대중에게 공포감을 조성하여 정권을 유지하는 형태를 말한다. 프랑스 대혁명기 때 로베스피에르와 당통, 마라 등이 중심이 되어 공포정치를 폈는데 특히 로베스피에르를 중심으로 하는 자코뱅파가 반대파들을 투옥, 고문, 단두대 처형 등 폭력적인 수단을 실시했다. 이 말이 곧 '테러리즘'의 어원이 되었다. 공포정치 기간 파리에서만 약 1,400명이 넘게 처형됐으며 프랑스 전체로는 약 2만 명 이상이 처형되었다. 1793년 10월부터 로베스피에르는 '혁명정부'를 선언하고 왕비의 처형을 시작으로 해서 수많은 반혁명 혐의자들을 약식재판으로 처형하였다. 특히 로베스피에르가 주축이 되어 공안위원회를 만들어놓고 반대파들이나 정적들을 정식 재판 없이 처형했으며 옥중에서 죽은 사람들도 많아 실제 희생자와 피해자는 약 4만 명 이상으로 추정하고 있다. 이 정치형태는 1794년 7월 27일, 테르미도르의 쿠데타로 인해 공포정치의 상징이었던 로베스피에르가 체포, 단두대에 목이 잘리게 될 때까지 지속됐다. 로베스피에르의 최측근이었던 생쥐스트를 비롯, 친동생인 오귀스탱 로베스피에르를 포함, 약 120여 명이 로베스피에르의 이념에 동조했다는 죄명으로 역시 처형당했으며 수백 명이 감옥에 투옥되었다.

탄, 단두대로 보내는 '테르미도르 반동'[7]이 일어난다. 하지만 온건한 기회주의자들이었던 테르미도르파 정치인들에게는 국정을 담당할 의지도 없었고 능력도 부족했다.

이처럼 프랑스의 혼란스런 정국 상황이 결정적으로 나폴레옹을 코르시카의 촌뜨기에서 프랑스 정계의 주인공으로 불러내는 직접적인 계기가 됐다. 결국 1799년 11월 9일, 대(對)유럽 전쟁을 통해 프랑스 국민들의 영웅으로 부상한 나폴레옹이 테르미도르파와 부르주아, 그리고 농민들의 지지를 업고 쿠데타[8]를 일으켜 권력을 장악한다. 이로써 대혁명이 발생한 지 정확히

---

7 테르미도르 반동 : '테르미도르 쿠데타'로도 불린다. 프랑스 대혁명 이후 권력을 잡게 된 로베스피에르가 반대파 정치인들을 무자비하게 단두대를 이용해서 처형하는 공포정치 끝에 결국 자신도 내분으로 인한 다툼 끝에 체포되어 단두대에 의해 처형됐던 사건이다. 로베스피에르의 독단정치는 같은 자코뱅파 내부에서도 심각한 분열을 초래했다. 상대적으로 자코뱅파에서도 온건파에 속했던 당통은 이런 로베스피에르를 독재자로 비난하였고 에베르를 비롯한 급진파들도 그가 부르주아를 위한 정책을 편다고 비난하였다. 내부의 반발을 제압하기 위해 로베스피에르는 당통의 힘을 빌려 먼저 에베르를 제거하였고, 이어서 당통마저 제압하며 전권을 손에 쥐는데 그럴수록 로베스피에르에 대한 반발도 커져가고 있었다. 또한 공포정치가 거듭될수록 사람들의 불만도 커져가게 됐는데 반대파는 물론 같은 편에서도 반발자들이 속출하며 로베스피에르의 위상이 흔들리다가 결국 1793년 7월 17일 로베스피에르를 독재자로 규정하고 단두대로 보냈는데 이것이 바로 '테르미도르 반동'이었다. 테르미도르(Thermidor)는 대혁명 당시 제정된 프랑스 혁명력(나중에 나폴레옹이 폐지) 중 11번째 달을 의미한다. 이 사건으로 인해서 로베스피에르가 중심이 됐던 공포정치는 막을 내리고 시민혁명도 종말을 맞게 된다.

8 나폴레옹의 쿠데타 : '브뤼메르(Brumaire, 프랑스 혁명력 중 포도달) 쿠데타'라고도 한다. '코르시카 촌뜨기'라고 놀림을 받던 나폴레옹은 누구보다 프랑스 대혁명의 혜택을 받은 사람이다. 대혁명 당시 육군사관학교 출신의 포병 소위에 불과했던 그는 대혁명으로 고급장교들이 대거 물러나자 그들의 빈자리를 채우며 고속 승진을 한다. 대혁명 이후인 1793년 영국과 에스파냐 함대로부터 툴롱 지방의 항구를 되찾으면서 그는 국가적인 스타로 떠오르게 되고 이어지는 유럽 다른 나라들과의 전쟁에서 승리하면서 국민들의 지지와 인기를 한 몸에 받게 되었다. 1793년 이탈리아 원정에는 드디어 총사령관 자리에 올랐으며, 날로 심각해지는 프랑스 내의 경제적 어려움으로 인해

10년 만인 1799년 "혁명은 끝났다"라는 나폴레옹의 선언과 함께 대혁명이 종결되고 새로운 시대가 열린 것이다. 즉 프랑스 대혁명에서 시작해서 로베스피에르의 공포정치 그리고 나폴레옹의 쿠데타로 이어진 과정 끝에 드디어 나폴레옹은 프랑스 정치의 전면에 주인공으로 화려하게 등장하게 된다.

나폴레옹 등장부터 7월혁명(AD 1830)까지

쿠데타를 통해 권력을 잡은 나폴레옹은 "내가 곧 혁명이다"라고 말하며 대혁명의 성과들을 하나둘씩 법제화하기 시작했다. 획기적인 토지개혁을 단행하고 최초로 프랑스 은행을 설립했으며 효과적인 세금제도를 만들기도 했는데 이런 일련의 내치와 개혁들을 통해 그의 인기와 위상은 점점 높아져만 갔다.

그러나 나폴레옹의 통치는 한편 독재적이어서 철저한 검열을 통한 언론 통제를 하기도 했다. 이런 강한 정치적 제스처의 예를 들면, 프랑스 대혁명 이후 프랑스에서 사용되던 각종 공문서에는 국민들의 주권과 대혁명의 상징이었던 상퀼로트(Sans culotte)[9]를 의미하는 '창'을 없애고 새로운 제국과 특히

국민들의 원성이 자자한 틈을 이용, 1799년 혁명정부가 지시한 이집트 원정 중 되돌아와 드디어 자신을 따르던 정치군인들과 정치인들을 등에 업고 쿠데타를 일으켜 권력을 장악한다. 이것을 '브뤼메르 쿠데타' 혹은 '나폴레옹 쿠데타'라고 한다. 권력을 잡은 나폴레옹은 그 유명한 나폴레옹 민법전을 만들어 통치기반을 강화했으며 이어서 헌법을 고쳐 종신통령에 오르고(1802), 2년 후에는 국민투표를 통해 드디어 1804년, 프랑스 공화국을 프랑스 제국(프랑스 제1제국)으로 바꾸고 자신은 프랑스 황제(나폴레옹 1세)로 등극하게 된다.

9 상퀼로트(Sans-Culotte) : Sans은 '~이 없는', Culotte는 '바지'를 의미하는데 이를 직역하면 '바지가 없는' 혹은 '바지를 입지 않은'이라는 뜻으로 당시 귀족들이 입던 무릎까지 오는 짧은 반바지를 입지 않았던 가난한 사람들을 지칭하는 용어다. 당시 프랑

상퀼로트를 입은 병사(왼쪽)와
퀼로트를 입은 병사(오른쪽)

나폴레옹의 문장

황제 나폴레옹을 상징하는 '독수리'를 만들어 넣기도 했다

이런 일련의 과정에서 일반 국민들에게는 법 앞에 모두가 평등하다는 사상과 함께 가부장 중심의 가족제도와 이혼의 자유를 없앰으로써 여성의 지위를 제한하기도 했다. 나폴레옹의 통치에 관한 것들은 1804년에 발표된 일명 '나폴레옹 법전'[10]이라는 민법전에 잘 드러나 있다. 세계사에서 로마법과

스의 귀족들이나 지위가 높은 사람들은 무릎까지 오는 바지를 입었고, 가난한 사람들은 발목까지 오는 긴 바지를 입었다. 당시 프랑스의 귀족들은 자신들이 입던 짧은 바지가 아닌 발목까지 오는 긴 바지를 입은 서민들을 무시하면서 상퀼로트라고 불렀다. 즉 귀족들이 입던 짧은 바지인 퀼로트(Culotte)를 입지 않고 긴 바지를 입고 다녔기 때문에 붙여진 이름이다. 그러나 가난한 민중이나 노동자들은 자신들을 기존 불평등한 신분제도에 반대하는 사람들이라는 의미로 귀족들과 완전히 다른 이런 복장을 고수했다. 이들은 혁명을 주도한 세력으로 주로 소상공인, 노동자, 장인 등 당시 파리에서는 빈곤층에 속했다. 또한 이들은 붉은 혁명모자를 쓰고 긴 창을 들고 다녔는데 그것들은 나중에 삼색기와 더불어 프랑스 대혁명의 상징이 되기도 했다.

10 나폴레옹 법전 : 1800년 권력을 확고하게 틀어쥔 나폴레옹은 법률 전문가들로 하여금 모든 프랑스의 민법을 하나로 통합하도록 했다. 약 4년이 걸려 완성된 법전은 프랑스 대혁명의 급진적인 개혁안을 수용했으며 특히 개인의 자유와 토지 보유권, 상속

마렝고 전투

더불어 대표적인 법전이라고 알려진 나폴레옹 민법전에는 혁명적 합리주의
와 권위주의 원칙이 혼재되어 있다.

1800년 이탈리아 땅에서 벌어진 마렝고(Marengo) 전투[11]에서 승리하고 오

권, 대출, 계약의 규칙 등에 관해 자세히 서술하고 있어서 주로 민법전이라는 이름으
로도 불리게 됐다. 이 법전은 1804년 3월 21일부터 효력을 발휘했는데 프랑스는 물
론이고 프랑스 식민지들이었던 벨기에, 룩셈부르크를 포함한 모든 식민지에서도 동
일하게 그 효력을 발휘했다. 나폴레옹 법전은 특히 로마법과 관습법을 중용하여 만들
었는데 이미 성문법이 확고한 유럽과 라틴아메리카 지역에까지도 영향을 끼쳤다.

11 마렝고 전투 : 1800년 6월 14일, 프랑스와 오스트리아가 이탈리아 제노바 북쪽 45킬
로미터 지역에 있는 마렝고 평야에서 벌인 전투. 1800년 6월, 로마는 아직 통일국가
가 되기 전으로 정치적으로 매우 불안정했다. 당시 로마는 이탈리아 공화정부가 무너
진 뒤 나폴리 왕국의 전제적 지배를 받았고 여기에 반대하는 공화주의자들이 저항을
하며 새로운 혁명을 꿈꾸던 곳이었다. 프랑스 대혁명 후 통령이 되어 권력을 잡은 나
폴레옹이 이탈리아에 주둔하면서 영향력을 행사하던 오스트리아에 화친을 제안했는
데 거절당한다. 그래서 직접 4만의 군사를 이끌고 알프스 산맥을 넘어 밀라노를 거쳐

스트리아를 굴복시키는 등 화려한 대외정책의 성공으로 국민들의 압도적 지지를 받은 나폴레옹은 종신통령에 이어 1804년 12월 2일 드디어 황제의 자리에 오르게 된다.

1804년부터 1812년 사이 나폴레옹은 전 유럽을 상대로 한 수많은 전투에서 승리하며 유럽을 정복했다. 특히 1806년에는 오랜 앙숙인 영국을 견제하기 위해 유럽에서 만들어진 모든 물품이 영국으로 들어가지 못하게 하는 '대륙봉쇄령'[12]을 내리기까지 한다. 이 정책은 말 그대로 유럽에서 영국을 완전히 몰락시키기 위해 영국과의 모든 교역을 중단시키는 조치였다. 그러나 실질적인 피해는 영국보다 프랑스가 더 많이 입은 게 당시 상황이었다.

당시 나폴레옹의 위세가 하늘을 찔렀기에 유럽의 대부분 국가들이 나폴

마렝고 평원에서 오스트리아의 7만 대군과 대치한다. 많은 어려움 끝에 프랑스군이 승리하면서 이탈리아에서 프랑스의 영향력을 공고히 했고 나폴레옹의 위치도 파리에서 더욱 확고해졌다. 마렝고 전투를 통해 '치킨 마렝고'라는 유명한 요리가 등장한다. 나폴레옹 전속 요리사가 전장에서 쉽게 구할 수 있는 닭과 양파, 버섯을 넣어 와인과 토마토소스에 삶아서 만든 요리를 개발했는데 나폴레옹과 프랑스 군인들에게 인기를 끈다. 그때부터 이런 종류의 닭고기를 치킨 마렝고라고 불렀다.

12 대륙봉쇄령 : 유럽 대륙 국가들이 영국과 통상하는 것을 막고 영국 선박의 유럽 대륙 출입을 금지한 조치. "내 사전에 불가능은 없다"면서 승승장구하던 나폴레옹의 영광은 10년이 못 되어 무너지는데 결정적인 원인 중 하나가 바로 영국에 내린 대륙봉쇄령의 실패였다. 대륙봉쇄령은 특히 영국을 목표로 한 것으로 영국에 경제적 타격을 주고 프랑스가 유럽 대륙의 시장을 독점하기 위해서 내린 결정이었다. 그러나 나폴레옹의 예상과는 달리 정작 큰 피해를 입는 것은 영국이 아니라 영국에서 공업제품을 수입하던 대륙의 대부분의 국가들, 특히 러시아의 타격이 컸다. 결국 러시아는 대륙봉쇄령을 어기고 영국과 무역을 계속하는데 이에 화가 난 나폴레옹이 러시아 정벌을 계획한다. 1812년, 나폴레옹은 60만 대군을 이끌고 러시아 원정을 떠났지만 혹독한 추위와 굶주림으로 인해 크게 패한다. 러시아 원정에서 무려 90%가 넘는 병사들을 잃으면서 재기하는 데 큰 어려움을 겪는다. 이 소식이 전해지면서 나폴레옹을 두려워하던 다른 유럽의 나라들이 동맹을 맺어 1814년, 나폴레옹과 싸우고 패배한 나폴레옹은 지중해의 엘바섬으로 귀양을 간다. 결국 천하의 나폴레옹을 끌어내린 전초가 바로 대륙봉쇄령의 실패였다고 볼 수 있다.

영국의 풍속화가 존 불의 〈나폴레옹 혹은 봉쇄 vs 봉쇄〉라는 제목의 풍자화. 대륙봉쇄령으로 인해 프랑스의 피해가 더 크다는 것을 보여주고 있다. 영국 테이블에는 큰 스테이크가, 프랑스 테이블에는 겨우 수프 한 그릇만 있다.

레옹의 조치에 따랐지만 문제는 러시아였다. 프랑스를 넘어 유럽 최고의 영웅으로 한 시대를 풍미했었던 나폴레옹이었지만 그의 운명을 보면 영국과 러시아가 끝까지 걸림돌로 작용했다.

1812년, 나폴레옹의 대륙봉쇄령을 어긴 러시아를 징벌하기 위한 전투, 이어지는 1813년 프러시아와의 라이프치히 전투 등에서 의외로 패하면서 결국 작은 영웅은 엘바섬으로 귀양을 가는 것으로 권력의 정점에서 강제로 퇴위하게 된다. 프랑스 국민들은 물론이고 유럽의 모든 사람들이 작은 영웅 나폴레옹의 완전한 퇴장을 생각했지만 그는 역시 불세출의 영웅이었다. 모든 사람들이 나폴레옹이 유배지에서 몰락했을 것으로 생각하던 1815년 3월 1일, 유배되어 있던 엘바섬에서 탈출해서 보란 듯이 다시 권력을 장악했던 것이다. 나폴레옹의 엘바섬 탈출 소식을 들은 전 유럽은 두려움에 사로잡혔고, 프랑스 정부에서도 그를 저지하고 체포하기 위해서 긴급히 제5보병연대

엘바섬에서 탈출한 나폴레옹을 열렬히 환영하는 제5보병연대의 군인들

를 포함한 군사들을 보내서 그가 파리로 올라올 만한 길목들을 봉쇄하는 조치를 취한다. 그러나 나폴레옹 저지와 체포 임무를 부여받았던 제5보병연대 군사들은 오히려 나폴레옹과 힘을 합치고 그 여세를 몰아 단 20일 만에 파리에 입성한다. 당시 나폴레옹을 지지하고 따랐던 사람들은 군사들만이 아니고 가난한 삶에 진절머리가 난 수많은 가난한 농민들도 있었다.

결론적으로 나폴레옹은 엘바섬을 탈출, 프랑스 본토로 들어와서는 도보를 이용해서 세계적인 영화제로 유명한 칸(Cannes)에서 시작해서 그르노블(Grenoble)까지 오는 험준한 알프스 산악지역을 이동경로로 택했는데 나중에 이 길에는 '나폴레옹 가도(La route Napoleon)'[13]라는 이름이 붙었다. 나폴레옹

---

13 나폴레옹 가도 : 1815년 엘바섬을 탈출하여 파리의 튈르리궁을 향해 가던 나폴레옹이 움직인, 남프랑스 휴양지인 칸에서부터 그르노블까지 약 325킬로미터 정도 되는 길을 말한다. 당시 나폴레옹은 인적이 드문 길을 택했는데, 이 길은 험준한 알프스 산맥을 깎아서 만들 길로 프랑스에서도 가장 험준하면서도 가장 아름다운 드라이브 코스로 통하고 있다. 1932년부터는 나폴레옹이 지났던 마을에는 그를 상징하는 독수리 흉상을 마을 입구에 세워서 누구나 알 수 있도록 기념하고 있다.

가도는 지금은 N85번 도로라고 불리는 지방국도인데 프랑스에 있는 수많은 가도들 중에서도 가장 아름다운 풍광을 자랑하는 길이자 가장 험준한 길이기도 하다.

루이 18세

결국 그의 복귀를 두려워한 유럽 다른 나라들의 동맹으로 인해 1815년 6월 워털루 전투에서 패하며 백일천하의 종말과 함께 세인트헬레나섬으로 다시 유배를 떠나면서 1821년 5월 5일로 영웅의 이야기도 끝나게 된다.

나폴레옹의 백일천하가 실패한 후 루이 16세의 동생인 루이 18세(1814~1824)가 새로운 왕으로 추대되면서 왕정복고가 이루어진다. 그는 비록 나이 많고 심약했지만 뭘 해야 하는지는 아는 왕이어서 혁명의 결과들을 부정하지 않는 자유주의적인 통치를 했다.

그러나 프랑스에서는 루이 18세보다 과거의 특권과 영광을 되찾기만을 골몰하던 과격 극우 왕당파가 문제여서 "우리는 혁명을 통해 아무것도 배우지 않았고 아무것도 잃어버리지 않았다"라고 하며 루이 18세의 동생인 아르투아 백작을 전면에 내세워 대항한다. 극우 왕당파들은 1815년 선거를 통해 대거 의회에 진출했으며 출판과 개인의 자유를 억압하는 특별법을 공표하는 등 반혁명적인 정책을 펴기 시작했다.

결국 1824년 9월, 고령의 루이 18세가 사망하자 그의 동생이자 정치적으로 반대편에 서 있던 아르투아 백작이 샤를 10세(1824~1830)로 왕위를 물려받으며 프랑스의 내부적인 정치적 혼란이 가중된다.

샤를 10세를 앞세운 극우 왕당파가 시행한 반혁명적인 정책들은 예를 들면 불경죄, 장자권 특히 망명귀족들에게 10억 프랑의 보상금을 주는 것들이었다. 그중에서도 일반 프랑스 국민들의 마음을 불편하게 하고 정부에 대한

샤를 10세(아르투아 백작)

비판과 불만을 고조시킨 것이 바로 보상금이었다. 망명귀족이 누구인가? 그들은 프랑스 대혁명 때부터 민중의 타도 대상이었던 기득권 세력들이었다. 오랜 기간 억압과 착취의 상징이었던 귀족들을 수많은 피를 흘려가면서 간신히 정리하고 외국으로 쫓아버렸는데 그런 그들을 다시 불러들이고 거기다가 막대한 양의 보상금까지 준다는 것은 국민들의 정서상 쉽게 받아들이기 어려운 일이었다. 이런 반혁명적인 정책들을 하면서 국민들과 샤를 10세를 주축으로 하는 극우 왕당파들은 서로를 향해 돌아올 수 없는 다리를 건너게 된 것이다.

1830년 3월, 의회에서 반혁명적인 정책을 펴는 정부에 대한 불신임안을 의결하자 샤를 10세는 의회 해산으로 맞서게 된다. 이런 정부를 보면서 파리 시민들은 더 이상 참지 않고 봉기하게 되는데 이들 시민들에 동조하는 학생과 노동자들 그리고 부르주아들까지 거리에 바리케이드를 치고 대규모 시위를 벌인다. 1830년 7월 28일, 29일, 30일 3일 동안 시민들은 파리를 점령, 샤를 10세의 퇴위를 외치고 결국 샤를 10세는 국민들의 저항에 굴복, 해외 망명을 하면서 혁명 주도세력들이 영광의 3일을 보냈던 것이 바로 들라크루아의 그림 〈민중을 이끄는 자유〉의 배경인 7월혁명인 것이다.

샤를 10세의 망명 후, 그의 사촌인 오를레앙공이 루이 필리프 왕으로 추대되면서 7월혁명은 사실상 막을 내린다. 1830년 7월혁명은 샤를 10세와 기득권 세력들이 아무리 반혁명적인 정책으로 시대를 과거 왕정시대로 돌리려고 해도 안 된다는 것을 분명히 인식시킨 사건이었다. 왕정복고가 실패한 이유는 과거 프랑스 대혁명 이전으로 다시 프랑스를 되돌리기에는 이미 프랑스 사회 곳곳에 혁명의 열매들이 굳건히 뿌리를 내렸기 때문이었다.

나폴레옹의 가장 위대한 승리 : 아우스터리츠 전투(AD 1805)

아우스터리츠 전투(Battle of Austerlitz)는 1805년 12월 2일, 오스트리아 제국의 모라비아에 위치한 아우스터리츠에서 벌어진 나폴레옹의 프랑스와 오스트리아-러시아 연합군 간의 치열했던 전투를 말한다. 프랑스의 나폴레옹 1세, 신성로마제국의 프란츠 1세, 러시아 제국의 알렉산드르 1세가 이 전투에 참전했다고 해서 흔히 3제(三帝, 3명의 황제) 회전이라고도 한다.

제3차 대프랑스 동맹을 와해시킨 전투이며 동시에 나폴레옹이 보여준 최고 수준의 전술적 재능이 빛난 전투였다. 나폴레옹 본인이나 프랑스 제국에게 있어 가장 영광스러운 순간이었으며 유럽의 다른 나라들에게는 도대체 어떻게 해야 나폴레옹을 이길 수 있냐는 절망감과 두려움을 안겨주었다. 프랑스와 나폴레옹이 거둔 가장 위대한 승리였기 때문에 프랑스 파리에서는 이 전투의 승리를 후손들에게 기억시키기 위해서 파리 지하철 역 중 하나를 오스테를리츠(아우스터리츠)역으로 명명하기도 했다.

1805년 12월 2일 나폴레옹이 지휘하는 프랑스군은 거의 9시간에 걸친 힘든 싸움 끝에 러시아의 차르 알렉산드르 1세가 지휘하는 러시아-오스트리아 연합군을 결정적으로 물리쳤다. 당시 전투가 벌어진 장소인 아우스터리츠 평원은 지금의 체코 슬라브코프우브르나 지역이다. 이 전투는 전쟁사에서 흔히 전술상의 위대한 걸작으로 평가받기도 한다.

아우스터리츠 전투에 앞서 1800년, 나폴레옹은 고대 최고의 영웅이었던 한니발처럼 알프스 산맥을 넘어 북이탈리아를 침공한다. 밀라노를 함락시키고, 마렝고 평원에서는 당시 4만의 군사들로 오스트리아의 7만 대군을 물리치는 승리를 거둔다. 이처럼 점점 강화되는 나폴레옹의 힘을 경계하고자 만들어지는 게 바로 3차 동맹이었다.

3차 동맹에 맞서 나폴레옹은 동맹의 주역인 영국 본토를 공격하기에 앞서 영국의 맹장 넬슨 제독이 이끄는 해군과 트라팔가르 해전[14]을 치르기도 했다. 이 해전에서 패배한 나폴레옹은 바다에서의 제해권을 상실했지만 아

---

14 트라팔가르 해전(Battle of Trafalgar) : 나폴레옹 전쟁 중이던 1805년 10월 21일, 에스파냐 남서쪽 트라팔가르 해역에서 벌어진 영국 해군 27척과 프랑스-에스파냐 연합함대 33척의 대결전으로 범선 시대의 마지막 대해전이자, 영국의 막강 해군력 신화를 보여줬던 해상전투. 나폴레옹이 이끈 프랑스-에스파냐 함대를 상대로 넬슨 제독의 영국 해군이 압도적으로 승리함으로써 영국은 향후 100년간 바다의 지배자로 군림했다. 영국의 막강 해군력을 상징하는 전투들 가운데 하나이지만 영국 입장에서는 불행히도 영국이 자랑하는 넬슨 제독이 전사한 전투이기도 했다. 트라팔가르 해전이 세계 해전사에 길이 남는 이유 중 하나가 영국의 너무도 완벽한 승리였기 때문이었다. 바다에서 2열종대로 진을 치고 있던 영국 해군은 횡대로 길게 늘어선 연합함대를 기습적으로 공격해서 5시간에 걸친 전투 끝에 가장 완벽한 승리를 거두었던 것이다. 얼마나 완벽한 전투였는지, 프랑스와 에스파냐의 연합함대는 33척 중 10척 이상이 격침되고 7천 명 정도의 병사들을 잃었는데, 그에 반해 영국 함대는 믿어지지 않게 단 한 척의 손실도 없었고 병사들도 고작 450명 정도 전사하는 데 그친다. 트라팔가르 해전에서 영국 함대가 예상 외로 압승을 거둘 수 있었던 주요 요인 중 하나는 바로 함선에 배치되어 있는 함재포의 성능 차이였다. 즉 기술력의 차이가 전투의 승패를 갈랐던 것이다. 2열종대를 구성한 영국 함대의 함재포는 약 1분 30초마다 한 발씩 대포를 쏘았는데, 연합함대의 함재포는 한 발의 대포를 쏘는 데 약 3분이 걸렸으니 이런 기술력의 격차가 매우 중요했던 것이다. 게다가 넓게 횡대를 구축했는데 함재포를 쏘면서 돌진해오는 영국 함대에 의해 연합함대의 횡렬대형이 중앙을 중심으로 둘로 나눠지게 되면서 제대로 대응 한번 해보지 못하고 완패를 당했다. 또한 전투 당일 바람도 영국 함대 편이었는지 북서풍이 불면서 영국 함대는 바람을 등지고 싸우고, 연합함대는 바람을 정면으로 맞으면서 싸웠으니 여러모로 연합함대가 이길 수 없는 싸움이 됐던 것이다. 세계 해전사에 길이 남을 완벽한 승리를 거둔 영국 함대의 유일한 타격이 바로 넬슨 제독이 프랑스군의 총탄에 맞아 전사한 일이다. 영국이 자랑하는 해군 함대를 물리치고 트라팔가르 해전을 승리로 이끌면서 화려하게 런던을 접수할 계획이었던 나폴레옹의 야심은 이 해전의 패배로 깨졌고, 15만 명의 군사들로 영국 상륙작전을 하려던 그의 계획도 포기할 수밖에 없었다. 영국은 트라팔가르 해전의 승리로 인해 그 유명한 '해가 지지 않는 나라'라는 명성을 얻게 된다.

〈아우스터리츠 전투를 지휘하는 나폴레옹〉, 프란시스 제라드

직 막강한 육군이 있었으므로 이들을 앞세워 오스트리아, 러시아, 프로이센의 군대를 물리친다. 아우스터리츠 전투에서는 약 7만 5천의 군사들을 활용해서 약 20만이 넘는 대프랑스 동맹군을 물리치는 쾌거를 거두었는데, 이 전투에서의 대승이 바로 나폴레옹이 치른 전투 준 가장 큰 승리였다. 그래서 이 전투를 '나폴레옹의 가장 위대한 승리'라는 이름으로 칭송하는 것이다.

나폴레옹은 왜 오스트리아와 러시아를 공격했던 것일까? 사실 원래 나폴레옹의 계획은 오스트리아 공격이 아니었고, 오히려 3차 동맹의 주역으로 프랑스를 괴롭히던 영국의 심장부인 런던을 공격해서 점령하는 것이었다. 그러나 불행히도 영국에는 영국이 자랑하는 최고의 해군 장군 넬슨 제독이 있었다. 프랑스의 빌뇌브 제독이 이끄는 프랑스 함대가 영국 함대에 쫓기는 신세가 되면서 나폴레옹의 전략에 큰 차질이 발생했던 것이다.

이 긴박한 순간에 나폴레옹의 전술적 위대함이 나타나는데, 공격 목표를 영국에서 오스트리아로 전격적으로 바꾸었던 것이다. 그 이유는 이러했다. 비록 나폴레옹에 맞서는 대프랑스 동맹국 중 가장 강한 나라가 영국이었지만 문제는 영국은 섬나라답게 해군력만 강했다. 대신 유럽 본토에서는 오스트리아가 중심이 되어서 대프랑스 동맹을 유지하고 있었는데 나폴레옹은 유럽 본토에서 오스트리아를 공격하면 자연스럽게 대프랑스 동맹이 와해되리라고 예상했다. 그리하여 나폴레옹의 공격목표가 영국에서 오스트리아로 변경됐고, 혼자 힘으로는 프랑스를 막을 수 없었던 오스트리아가 러시아에 도움을 요청하면서 오스트리아–러시아 동맹군이 결성됐고, 이렇게 해서 아우스터리츠 전투가 발발하게 됐던 것이다.

나폴레옹의 공격을 받은 오스트리아의 정예군사 4만은 제대로 싸워보지도 못하고 무너졌고, 오스트리아의 프란츠 1세 황제는 남은 군사들과 함께 러시아 군대로 도피한다. 이렇게 해서 나폴레옹은 어렵지 않게 오스트리아의 수도 빈에 거의 무혈 입성하는 쾌거를 이룩한다.

영웅의 몰락을 재촉한 워털루 전투(AD 1815)

1815년 6월 18일은 아마도 나폴레옹이 살아 있다면 역사를 뒤로 돌리고 싶을 날일 것이다. 코르시카 출신의 촌뜨기였던 작은 영웅 나폴레옹의 등장으로 1789년 프랑스 대혁명 이후부터 19세기 전반기까지 최고의 전성기를 구가했었던 프랑스 제국의 입장에서도 유럽 최강국가에서 강제로 물러나야 했던 이날은 너무나 아쉬운 날이 아닐 수 없을 것이다.

6월 18일, 바로 위대한 유럽의 황제였던 나폴레옹의 완전한 몰락이 시작됐던 날이고, 나폴레옹 최후의 전투였던 워털루 전투가 발발했던 날이다. 결론적으로 이날 워털루 전투에서 영국과 네덜란드의 연합군과 프로이센군에 맞서 싸우다 패한 게 나폴레옹의 가장 큰 불운이었고, 이 패배로 인해 나폴레옹은 아프리카 적도 부근에 있는 세인트헬레나(St Helena)섬으로 영구 추방을 당하게 됐고 그곳에서 파란만장한 삶을 마감했다.

과거 나폴레옹이 프랑스와 멀지 않았던 엘바섬에서 탈출했던 전력을 잘 아는 영국은 이번에는 절대로 탈출할 수 없을 정도의 먼 거리에 있던 세인트

나폴레옹이 최후까지 살았던 롱우드 하우스

세인트헬레나 섬에
있는 나폴레옹의 묘.
나중에 파리 앵발리드로
이장했다.

헬레나섬을 그의 마지막 유배지로 정했다. 세인트헬레나섬은 아프리카 대륙
에서도 약 1,200마일(약 1,920킬로미터)나 떨어진 바다 한가운데 있는 섬이다.

좀 더 정확히 말하면, 빈 회의에서는 워털루 전투에서 패한 나폴레옹의
신병을 영국에 일임하기로 결정한다. 책임을 맡은 영국은 정치적인 망명을
거부하고 그를 보호한다는 명목으로 세인트헬레나섬에 유배를 보낸다. 그곳
에서 나폴레옹은 1815년 10월부터 1821년 5월까지, 51세를 마지막으로 사
망할 때까지 섬 중앙에 있는 롱우드 하우스(Longwood house)에서 살았다.

그러니 프랑스 제국이나 나폴레옹의 입장에서 이 전투가 얼마나 아쉽고
얼마나 돌이키고 싶겠는가.

러시아 원정 실패 후 쓸쓸히 행군하는 나폴레옹과 패잔병들

　워털루 전투가 있기 전, 나폴레옹은 비록 에스파냐 서남쪽의 트라팔가르에서 벌어진 해전에서 영국 함대에 패배함으로써 런던 점령을 이루지는 못했지만, 대신 대프랑스 동맹을 와해시키기 위해 오스트리아를 공격, 빈을 접수하는 쾌거를 거두었다. 이 아우스터리츠 전투(프랑스어로는 오스테를리츠 전투) 승리는 나폴레옹 최대의 승리였고, 프랑스의 오랜 골칫거리였던 영국에 대해서는 유럽 여러 나라들과의 교역을 막는 대륙봉쇄령도 내린 상태였다. 또한 신성로마제국과 러시아, 프로이센 연합군을 물리치면서 사실상 전통적인 유럽의 강국들을 모두 프랑스와 자신의 영향력 아래 두었던 상태였기에 이때의 워털루 전투가 더욱 아쉬울 수밖에 없다.

　역사는 1815년 6월 18일 워털루 전투에서 패배하면서 나폴레옹의 시대가 저물었다고 평가하지만, 실상 나폴레옹을 궁지로 몰고 갔던 것은 이보다 4년 앞서 벌였던 러시아 원정이었다. 한겨울에 단행된 러시아 원정에서 아무런 소득도 얻지 못하고 실패하면서부터 나폴레옹의 시대가 조금씩 무너져 갔던 것이다.

　러시아 원정 실패를 얘기하면 당연히 따라오는 것이 있으니 바로 유럽 대륙 국가들이 영국과 통상하는 것을 막고 영국 선박의 유럽 대륙 출입을 금지한 조치였던 대륙봉쇄령이다. 역사에 만약은 무의미하지만 그래도 만약 나폴레옹이 대륙봉쇄령을 내리지 않았더라면 혹은 러시아가 대륙봉쇄령을 어기고 영국과 몰래 교역을 하지 않았더라면 나폴레옹의 운명도 달라지지 않았을까.

결론적으로 나폴레옹이 명령한 대륙봉쇄령을 러시아가 어기다가 발각됐고, 이게 결국 나폴레옹의 러시아 원정을 불러일으켰다. 러시아 원정 실패와 이어지는 1813년 10월의 라이프치히 전투에서 유럽 연합군에 패한 나폴레옹이 퇴위하고 엘바섬에 유배를 간 게 1814년 4월이었다. 1년 후인 1815년 엘바섬을 탈출해서 다시 권좌에 오른 나폴레옹이 같은 해 6월 18일 약 7만의 군사를 이용, 약 6만의 영국, 네덜란드 연합군, 약 5만의 프로이센 군사들을 상대로 지금의 벨기에 남동부 지역인 워털루에서 최후의 일전을 벌였다.

워털루 전투 중 초반에는 나폴레옹군이 프로이센군과 영국. 네덜란드 연합군을 물리치면서 승기를 잡기도 했다. 그러나 시대적 운명이 나폴레옹을 거부하기라도 했는지 그 총명하고 전략적이었던 나폴레옹이 여기서 큰 실수를 하면서 프랑스군이 오히려 사지로 몰리는 상황을 맞는다. 나폴레옹이 했던 큰 실수는 바로 퇴각하는 적군을 추격하느라 프랑스 주력부대를 나누었던 것이다. 결국 나폴레옹의 주력부대가 둘로 나뉘고, 프로이센 부대가 기습적으로 프랑스 부대를 공격하면서 결국 패전의 수렁으로 들어간 것이다. 이것이 흔히 말하는 워털루 전투에서 나폴레옹의 대표적 실수로 알려졌다.

추격부대를 나누는 것 말고도 나폴레옹이 저지른 또 다른 큰 실수는 궁지에 몰렸던 영국, 네덜란드 연합군에 대한 총공격을 약 2시간 늦춘 것이었다. 물론 운명의 여신이 나폴레옹 편이 아니었는지 그 전날 내린 폭우로 인해 대포를 실은 마차가 가는 길이 진흙탕으로 변했고 그래서 어쩔 수 없이 총공격을 오전 9시에서 오전 11시로 2시간 늦췄는데 결과적으로 이 결정이 나폴레옹에게 돌이킬 수 없는 결과로 돌아왔다.

당시 영국, 네덜란드 연합군은 프랑스군에게 밀려서 산등성이로 대피해

〈1821년 5월 5일 나폴레옹의 죽음〉, 샤를 드 스토이벤

서 프로이센군이 도와주러 오기만을 기다리고 있던 상태였다. 그러니 만일 예정대로 오전 9시에 총공격을 감행했으면 분명히 나폴레옹이 승기를 잡았을 텐데, 2시간을 늦춘 것으로 인해 영국, 네덜란드 연합군을 공격하던 와중에 뒤늦게 도착한 프로이센군의 공격을 받게 되었던 것이다. 순식간에 영국, 네덜란드 연합군과 프로이센군의 협공에 직면한 프랑스군이 오히려 수세에 몰렸고 결국 나폴레옹은 많은 사상자를 내고 간신히 전장을 탈출할 수밖에 없었다.

이것으로 다시 한번 유럽을 제패하려던 야망을 가졌던 나폴레옹의 모든 꿈과 영광은 종말을 맞이했다. 총공격 전날 밤에 폭우가 내리지 않아서 길이 진흙탕이 되지 않았고, 그래서 예정대로 오전 9시에 공격을 했더라면 결과가 달라졌을까.

나폴레옹 퇴진 이후 프랑스는 다시 왕정으로 돌아가고 승리한 연합국들은 빈 회의를 통해 유럽을 재편한다. 이처럼 지금의 유럽이 만들어진 계기가 바로 나폴레옹의 몰락을 가져온 워털루 전투였다.

모두가 알다시피 나폴레옹은 워털루 전투 패배 이후에 영국에 의해 세인트헬레나섬으로 유배를 가서 그곳에서 약 5년 넘게 지내다가 1821년 5월 5일, 51세의 나이로 사망했다. 그런데 그 이후 그의 죽음을 둘러싸고 위암에 의한 사망과 독살에 의한 사망 등 다양한 원인이 회자됐다. 많은 영웅의 죽음이 흥밋거리이고 관심의 대상이지만 나폴레옹의 죽음도 마찬가지여서 그의 죽음 후 영국과 유럽 여러 나라의 의사들이 나폴레옹의 시신을 부검했고 결국 지금의 위암설이 인정받고 있는 상황이다. 나폴레옹을 두려워한 유럽 여러 나라들과 특히 나폴레옹의 존재를 부담스러워한 프랑스 정부에 의해 그의 유해는 죽은 지 한참이나 세인트헬레나섬을 떠날 수 없었다.

결국 1821년 사망한 나폴레옹의 유해는 1840년이 되어서야 비로소 세인트헬레나섬을 떠나 그 자신의 유언[15]처럼 묻히고 싶어 했던 센강(La Seine)이 있는 파리로 돌아올 수 있었다. 즉 프랑스의 전성기를 열었던 영웅이 죽은 지 무려 20년 가까운 세월을 아무도 찾지 않는 망망대해에 떠 있는 작은 섬 세인트헬레나에 머물렀던 것이다.

---

15 나폴레옹의 유언 : 현재 그의 유해를 모신 파리의 앵발리드(Les Invalides)에 있는 그의 관에 새겨져 있다. "나는 내가 진정으로 사랑한 프랑스 국민들에 둘러싸여 센 강변에서 안식할 수 있기를 간절히 바란다(Je désire que mes cendres reposent sur les bords de la Seine au milieu de ce peuple français que j'ai tant aime)."

〈독일 제국 선포와 빌헬름 1세의 대관식〉, 안톤 폰 베르너(Anton Von Werner), 독일 비스마르크
박물관

12

프랑스와 독일의 주도권 다툼
: 프랑스–프로이센 전쟁(보불전쟁, AD 1870~1871)

프랑스인이 가장 치욕스러워하는 역사

한국인들이 가장 치욕스럽게 생각하는 역사는 어떤 사건일까? 거의 대부분의 사람들이 일제 치하 36년을 꼽는다. 국권을 강제로 빼앗긴 1910년부터 일본이 패망할 때까지인 1945년까지의 36년이 바로 우리 국민들이 우리 역사에서 가장 지우고 싶어 하는 치욕스런 기간이었다.

그렇다면 프랑스인들은 어떨까? 프랑스인들은 자신들의 역사에서 어떤 사건을 가장 치욕스럽게 여기고, 어떤 역사를 가장 지우고 싶어 할까? 대부분의 프랑스인들이 자신들의 역사에서 굉장히 치욕스럽게 생각하는 사건을 바로 앞의 저 그림이 보여주고 있다.

그림은 프로이센–프랑스 전쟁(보불전쟁)의 상징과도 같은 매우 유명한 그림이다. 프랑스가 자랑하던 베르사유(Versaille) 궁전[1]에서 벌어졌던 통일 독일

1 　베르사유 궁전 : 절대왕정의 상징이자 태양왕 루이 14세의 상징이기도 한 유럽에서 가장 화려하고 큰 궁전이다. 원래 선왕 루이 13세의 전용 사냥터였지만 지금의 명성을 갖게 된 것은 전적으로 루이 14세 덕분이었다. 태양왕 루이 14세의 영광과 절대왕

1806년, 나폴레옹이 베를린에 입성하는 모습을 그린 그림. 당시 베를린 시민들의 환호에 프랑스군도 놀랐다고 한다.

제국의 선포식이 그림의 배경이다. 사실 보불전쟁에 앞서 1806년에는 나폴레옹 1세가 독일 베를린을 접수하고 화려하게 입성하면서 독일인들에게 치욕을 안겨준 바 있는데 역사는 역시 반복되는 것이다.

프랑스 전체 역사를 통틀어서 프랑스인들이 가장 치욕스럽게 생각해서

정의 권위 과시라는 명백한 목표하에 건설되기 시작한 이 궁은 점점 시간이 갈수록 축제와 연예의 장소로 변질되면서 프랑스 민중의 원망의 대상이 된다. 루이 14세는 귀족들을 견제하고 자기에게 완전하게 복종하게 하기 위한 도구로 베르사유 궁전을 활용했다. 이를 위해 그가 택한 방법은 지방 총독들에게 3년 단위로 궁전에 들어와서 체류하는 것을 의무화했던 것이다. 이를 통해 지방 귀족들이 왕권을 위협하는 세력으로 발전하는 것을 미연에 방지했다. 귀족들은 지방의 영지에 있는 자신들의 성을 버려두고 국왕의 주위에서 맴돌기 위해 베르사유로 와서 거주하는 불편을 감내했다. 자연히 귀족들은 영지를 효과적으로 관리하는 것이 어려워졌고 이것이 바로 루이 14세가 원했던 것이다. 봉건제의 특징이면서 왕권에 대한 큰 위협이었던 지방 귀족들의 영향력이 베르사유 궁전으로 인해 서서히 사라지기 시작했으니, 즉 베르사유 궁전은 절대주의의 한 표상이면서 귀족들의 질서와 규율을 위한 도구였다. 베르사유 궁전에는 매일 6천 명 이상의 귀족들이 머물렀다고 전해진다. 국왕의 권위를 유지하기 위해 끝도 없이 궁전을 보수해야만 했는데, 유지와 보수를 위한 비용이 만만치 않았다. 이런 막대한 비용의 지출은 결국 1789년 프랑스 대혁명까지 이어진다. 즉 베르사유 궁전은 루이 14세와 절대왕정에게는 일종의 양날의 검으로 작용했다고 볼 수 있다.

아예 자신들의 역사책에서 완전히 지우고 싶어 하는 두 가지 사건이 있는데, 하나는 1940~1944년 나치 독일에 의해 프랑스가 점령됐던 비시 정부[2] 시기이고, 다른 하나가 바로 1871년의 저 사건이다.

주지하다시피 프랑스와 독일은 국경을 맞대고 있는 가까운 이웃이자 화해와 협력의 동반자이다. 그러나 화해와 협력의 관계를 맺은 건 그리 오래전 일이 아니고 20세기 중반 이후부터다. 즉 프랑스와 독일은 20세기 전반까지는 서로에게 총부리를 겨누고 싸우던 앙숙이자 숙적이었다.

나폴레옹 1세 시대부터 약 140여 년간 두 나라 관계는 적대와 증오로 차 있었다. 특히 두 나라는 무려 네 차례나 큰 전쟁을 치렀다. 아이러니한 것은 140여 년간 네 차례의 전쟁을 치렀던 두 나라는 서로 사이좋게 두 번씩 승리를 나누어 가지기도 했다는 것이다.

먼저 1806년 나폴레옹 1세의 베를린 진군은 프랑스의 승리였고, 1870~1871년의 보불전쟁은 독일 승리, 그리고 1914~1918년 1차 세계대전

---

2 비시 정부(Régime de Vichy) : 프랑스 제3공화국은 나치 독일의 침공으로 후퇴와 패배를 거듭하다 1940년 6월 13일, 파리마저 함락되면서 6월 21일 정전협정을 맺는다. 비시 정부는 1940년 6월, 프랑스가 독일에 항복한 후, 프랑스 최고의 온천휴양도시 비시(Vichy)에 세운 친독(親獨) 정권으로 국가수반은 프랑스의 1차 세계대전의 영웅이었던 페탱(Pétain)이었다. 비시 정부는 반동적인 파시스트 독재정부로 나치 독일에 예속되어 독일군이 점령하지 않은 명목상의 자치지역인 남프랑스를 다스린, 사실상 나치 독일의 괴뢰정부로 국호는 프랑스였지만 프랑스 레지스탕스의 상징 샤를 드골이 이끄는 해외 망명정부인 자유 프랑스와 구분하기 위해 비시 프랑스라 부른다. 전쟁영웅이었던 페탱이 친독정부의 수반을 맡은 것은 나치 독일의 강력함을 인정하고 피해를 최소화하자는 현실적인 생각 때문이었다. 게다가 자신이 이끄는 비시 정부가 향후 프랑스를 재건하는 데 주역이 될 것이라 여기고, 드골의 자유 프랑스는 한낱 몽상에 불과하다고 생각했다. 표면적으로 비시 정부는 은행가와 대지주 등 부르주아 계층의 지지를 얻고 독일과의 공조하에 나름대로 전쟁기의 혼란상을 극복하는 등 패전국치고는 그리 나쁘지 않은 안정적인 상태였다. 그러나 대외적으로는 주권이 나치 독일에 완벽히 종속되어 있었고, 내부적으로도 의회 기능이 멈춰버리는 등 하나의 국가로서 제 기능을 발휘할 수 없는 상태에 있었으며, 결국 나치의 패망과 함께 무너졌다.

은 연합군과 프랑스 승리였다. 그리고 독일의 히틀러에 의해서 1940~1944
년은 파리가 나치 독일에 점령당하면서 독일의 압도적인 승리로 돌아갔다.

앞의 그림은 두 번째 전쟁이었던 보불전쟁의 결과를 보여준다. 호화로운
장소(베르사유 궁전)에 많은 군인들과 정치인들이 모여 있고, 우측의 군인들은
칼을 높이 치켜들고 왼쪽 높은 곳에 있는 풍채 좋은 사람을 향해 마치 충성
맹세를 하는 것처럼 보인다. 그림의 주인공은 두 사람이다. 왼쪽에 있는 사
람은 독일 제국의 초대 황제 빌헬름 1세. 또 다른 주인공은 중앙의 흰 제
복을 입은 인물로 그는 보불전쟁을 기획해서 승리로 이끈 프로이센의 비스
마르크[3]이다.

---

3 비스마르크 : 통일 독일의 명재상으로 군림한 오토 폰 비스마르크(Otto von Bismarck,
1815~1898)는 독일 제국의 건설자로서 초대 총리를 역임한 통일제국의 영웅이다.
프랑스에 나폴레옹이 있었다면 프로이센에는 비스마르크가 있었다는 말이 있을 정도
였다. 베를린대학에서 법학을 공부, 이후 공무원으로 근무하다 1847년 프로이센 의
회 의원에 당선되면서 정계에 진출하였다. 이후 1848년 베를린에서 혁명이 일어나
자, 반혁명파로 활동하였으며, 러시아 대사와 프랑스 대사를 거치면서 국제적 외교
감각과 함께 국제무대에서 얼마나 강한 힘이 필요한지를 느껴서 강한 프로이센을 꿈
꿨다고 한다. 비스마르크는 일찍이 그의 정치가로서의 경력에 있어 독일 통일의 기
회가 있을 것임을 인식했고 하나의 통일국가로서 프로이센을 준비시키는 데 성공했
던 준비된 정치인이었다. 그의 나이 47세인 1862년 프로이센 왕 빌헬름 1세의 지명
으로 수상에 취임하였고, 수상 취임 후 첫 번째 연설에서 군비 확장을 주장한 그 유
명한 '철혈정책' 연설로 큰 반향을 일으켰다. 그는 "독일의 통일은 언론이나 다수결에
의해서가 아니라 철과 피로써 이루어진다"는 것을 강조했다. 즉 강력한 프로이센과
독일의 통일을 위해서는 언론이나 민주주의가 아닌 오로지 강력한 군사력과 국민들
의 투철한 충성심만 요구되고, 이를 위해 모든 정책을 군사력 강화에 두어야 한다는
것이 바로 철혈정책의 요지였다. 이 연설로 인해 비스마르크는 철혈재상으로 불리게
된다. 철혈정책에 따라 의회의 반대를 무릅쓰고 군비를 확장하여 1864년 덴마크를,
1866년 오스트리아를 1주일 만에 간단히 제압하였으며 이후 프랑스-프로이센 전쟁
(1870~1871)에서도 승리하여 독일 제국을 선포, 통일을 이룩하였다. 이후 비스마르
크는 1871~1890년까지 통일 독일 제국의 수상으로서 유럽 외교무대를 주도하면서
강대국 간의 세력 균형을 유지하기 위해 노력했다. 특히 통일 독일의 식민지 획득을
장려하여 아프리카에 독일 식민지를 획득하는 데 큰 공헌을 하기도 했다. 1890년 빌

특히 비스
마르크는 당시
유럽 최강대국
으로 군림한 프
랑스를 누르고
보불전쟁을 승
리로 이끌면서
독일 통일을 이
룬 주역이자 독
일이 프랑스를
대신해서 유럽

독일 초대 황제 빌헬름 1세 　　　　철혈재상 비스마르크

의 강대국으로 부상하는 데 가장 큰 업적을 이룬 인물이었다. 보불전쟁에서
승리한 프로이센은 비스마르크의 계획에 따라 즉시 독일 제국의 통일을 선
포하고 그 선포식을 성대하게 거행했다.

그런데 문제는 장소였다. 비스마르크가 독일 제국 선포식 장소로 선택한
장소가 바로 프랑스인들의 자부심으로 가득 찬 베르사유 궁전이었던 것이
다. 그런 특별한 장소를 선택해서 승전국인 독일 제국의 선포식을 성대하게
거행했으니 전쟁에서 패배해서 침통한 패전국 프랑스인들의 치욕은 더욱 컸
을 것이다. 그래서 프랑스인들이 완전히 지우고 싶어 하는 치욕의 역사로 저
장면을 꼽는 것이다.

베르사유 궁전이 어떤 곳인가? 외국인들에게는 그저 유럽에서 가장 호화
롭고 멋진 궁전일 뿐이지만 프랑스인들에게는 훨씬 의미가 큰 장소이다.
베르사유 궁전이 바로 프랑스인들이 동경하는 가장 화려하고 강력했던 자신

헬름 2세와의 정책 갈등으로 정계에서 은퇴했고 1898년 7월 30일 83세로 사망했다.

들의 역사를 상징하는 곳이기 때문이다. "짐이 곧 국가다"라고 하면서 절대 군주의 대표자로 군림했던 루이 14세 시절 절대왕정의 상징이었고, 이후 유럽은 물론이고 세계에서 가장 호화로운 궁전으로 명성을 떨치며 프랑스인들의 자긍심을 한껏 고취시켰던 베르사유 궁전에서 벌어진 승전국의 대관식이기에 프랑스인들의 충격이 더 컸던 것이다.

보불전쟁은 어떤 전쟁이었나?

보불전쟁은 루이 14세 시절인 17세기 중반부터 이어져온 유럽에서의 프랑스의 절대적인 주도권에 종지부를 찍고 프로이센 주도의 통일 독일 제국을 성립시킨 전쟁이었다. 당시 독일은 신성로마제국 시절부터 연방제 국가로서 여러 개의 나라로 나뉘어져 있었는데 프로이센은 북부독일의 대부분을 차지한 가장 강력한 국가였으며, 보불전쟁의 승리를 통해 프로이센 주도의 통일 독일을 이룩했다.

또한 보불전쟁은 프랑스를 물리친 프로이센이 신성로마제국도 이루지 못했던 제국의 통일을 이루면서 우리에게 친숙한 이름인 도이칠란트로 새롭게 출발하는 계기가 된 전쟁이기도 하다. 즉 보불전쟁은 프랑스에게는 역사상 최악의 굴욕을, 프로이센에게는 엄청난 영광을 가져다준 전쟁이었다.

유럽에서 나폴레옹 1세의 정복전쟁 덕분에 최강국의 지위를 유지하던 프랑스는 1870~1871년 프로이센과의 전쟁에서 예상을 뒤엎고 너무도 쉽게 패배하면서 강대국의 지위를 독일에 넘겨주었다. 나폴레옹 1세의 명성과 그에 대한 향수를 이용해서 황제의 자리에 오른 그의 조카 나폴레옹 3세[4]의 정

---

4   나폴레옹 3세(1808~1873) : 나폴레옹 1세의 동생이자 1806~1810년에 네덜란드 왕을 지낸 루이 보나파르트의 셋째 아들로 프랑스 최초의 대통령이자 두 번째 황제, 마

포로로 잡힌 나폴레옹 3세가 비스마르크와 대화하고 있다. 빌헬름 캄프하우젠, 1878

세를 오판해서 프로이센에 전쟁을 선포했고 프로이센의 재상 비스마르크의 주도면밀한 작전에 의해 패배한다. 패배한 나폴레옹 3세는 포로로 잡히고 파리에서는 분노한 시민들에 의해 새로운 임시정부가 수립되기도 했었다.

당시 나폴레옹 3세가 크게 오판했던 것은 무엇이었는가? 가장 대표적인 것이 바로 북부독일과 남부독일이 힘을 합치지 않으리라는 생각이었다. 보불전쟁 이전부터 남부독일과 북부독일은 서로 사이가 몹시 나빴기 때문에

지막 세습군주. 1848년 2월혁명 이후 수립된 새로운 공화국의 12월 선거에서 대통령으로 선출된 후 쿠데타를 통해 제2제정을 선포하고 황제의 자리에 올랐다. 어린 시절부터 나폴레옹 1세처럼 위대한 황제가 되겠다는 열망이 있었으며, 산업을 발전시키고 가난한 사람들을 돕는 정치를 했다. 보불전쟁 와중에 프랑스의 패배로 인해 불명예스럽게 폐위되었고, 프로이센의 포로 생활을 거친 후, 파리에 제3공화국이 들어서자 영국에 망명, 그곳에서 말년을 보냈다. 그의 큰 업적 중 하나는 지금의 아름다운 파리를 건설했다는 것이다. 외젠 오스만 남작과 함께 파리, 마르세유, 리옹을 비롯한 여러 대도시들을 공공사업과 비슷한 형식을 통해 완전히 개조했다. 또한 노동자들에게 협동조합을 개설할 권리와 파업권을 주는 등 사회적 개혁을 추구했으며 여성의 교육권도 보장한 바 있다.

프랑스와 전쟁을 하더라도 갈라진 독일이 서로 힘을 합쳐서 프랑스와 싸우지 않을 것으로 예상했던 것이다.

그래서 프랑스와 나폴레옹 3세가 그렇게 자신만만하게 전쟁을 선포했던 것인데 그러나 결과는 어땠는가? 알다시피 프랑스가 전쟁을 선포하고 군사들을 전장으로 이동시키자마자 비스마르크의 설득에 넘어간 북부독일과 남부독일이 서로 힘을 합치고, 이러면서 프랑스가 오히려 궁지에 몰렸다. 프랑스의 황제 나폴레옹 3세의 정세 오판은 되돌릴 수 없는 치명적인 결과를 프랑스에 안기게 된 것이다.

나폴레옹 3세는 프랑스의 군사력이 프로이센군을 쉽게 격파할 수 있고 승리를 통해 땅에 떨어진 프랑스와 황제의 명예를 회복할 수 있다는 참모들의 조언에 따라 1870년 7월 19일, 전격적으로 전쟁을 선포했다. 하지만 당시의 프로이센은 겉보기와 달리 오래전부터 군사력을 키워왔기에 그리 만만한 상대가 아니었다. 특히 프로이센의 재상 비스마르크는 나폴레옹 3세의 야심을 역이용해서 프로이센이 주도하는 북부독일 연방에 남부독일을 끌어들여 강력한 통일 독일을 이룩할 기회로 생각했다. 사실 프로이센은 프랑스와의 전쟁에 앞서 이미 독일 통일의 양대 걸림돌 중 하나였던 오스트리아와 전쟁[5]

---

5 프로이센–오스트리아 전쟁(1866) : 보불전쟁 발발 4년 전에 벌어진, 궁극적으로는 여러 개의 연방으로 쪼개졌던 독일연방의 통일을 꿈꾼 프로이센의 비스마르크가 주도해서 벌인 전쟁. 프로이센과 비스마르크가 꿈꾸는 독일 통일에 있어서 당시 가장 큰 장애물은 바로 유럽의 전통적인 명문가 합스부르크 왕가가 다스리는 오스트리아였다. 그 이유는 프로이센은 독일 통일을 원했지만 오스트리아는 군이 통일을 원하지 않고 그냥 현상 유지를 원했기 때문이었다. 결국 오스트리아 제거를 위해서는 필연적으로 무력충돌을 해야 했기에 비스마르크는 주변 국가들인 프랑스, 이탈리아 등이 개입하지 않도록 하기 위해 다양한 당근작전을 폈다. 프랑스와 이탈리아가 중립을 지키고 오스트리아를 돕지 않아야 하는 것이 이 전쟁에서 가장 중요했기에 이는 당연한 조치였다고 볼 수 있다. 이탈리아에게는 이 전쟁을 이기면 베네치아를 넘겨주겠다고 했고, 프랑스에게는 벨기에와 룩셈부르크 양도를 약속하는 동맹을 1866년 4월 체결했다. 전쟁은 이후 3개월이 지나서 전격적으로 발발하게 됐다. 예상을 뒤엎고 철도를

분노한 파리 시민들에 의해 노동자 임시정부가 수립된다.

을 해서 단 7주 만에 제거한 상태였다.

비스마르크는 오래전부터 프랑스와 오스트리아를 염두에 두고 군대개혁을 추진했고 반대파들에게는 "국가의 중대한 문제를 해결하는 것은 연설이나 언론 그리고 여러 사람의 다수결이 아닌 오직 철과 피뿐이다"라고 외쳤다. 여기서 철은 군사력을 의미하는 것이었고, 피는 국민들의 충성심과 희생을 뜻했다. 그래서 비스마르크가 철혈재상이라는 별명으로 불렸던 것이다.

한편, 보불전쟁은 무기력한 패전에 분노한 프랑스 국민들에 의해 나폴레옹 3세가 강제로 폐위되는 데 일조한 전쟁이었다. 나폴레옹 3세를 강제로 권좌에서 끌어내린 분노한 프랑스 국민들은 아예 노동자들과 힘을 합쳐서 파리에 새로운 정부를 만드는데, 이 정부는 세계 최초의 노동자 정부였다.

이용한 병력 운송, 전신을 활용한 신속한 명령 전달, 연속사격이 가능한 신식총기의 활용에 힘입어 전쟁은 불과 1주일 만에 프로이센의 손쉬운 승리로 막을 내렸다. 이 전쟁의 결과, 독일연방의 두 강대국 중 오스트리아의 영향력이 완전히 사라졌고 독일의 지배권이 프로이센에게로 넘어갔다. 오스트리아는 독일연방에서 퇴출되고, 프로이센을 중심으로 하는 북독일연방이 새로이 출범하게 되면서 새로운 강자로 서서히 부상하게 되었다.

나폴레옹 3세의 강제 폐위 이후 파리의 상황은 말 그대로 최악이었다. 너무나 쉽게 패배한 나폴레옹 3세와 제2제정을 폐지한 다음 파리에서는 임시정부가 수립된다. 임시정부의 역할은 패전을 조기에 수습하고, 분노한 프랑스 국민들의 마음을 진정시키며, 가장 중요하게는 승전국 프로이센과의 협상에 나서는 것이었다. 문제는 프랑스 국민들의 분노한 여론이 임시정부가 추진하려는 모든 것을 받아들이지 않았다는 것이었다. 이유는 당연히 프랑스가 이렇게 쉽게 프로이센에게 패했다는 것을 인정하기도, 받아들이기도 어려웠기 때문이었다. 불과 수십 년 전 혜성같이 등장해서 전 유럽을 상대로 싸움을 벌이며 승승장구했던 나폴레옹 1세를 기억하는 프랑스 사람들에게 개전 100여 일 만에 실제적으로 패배를 당했다는 것은 도저히 이해할 수도 없는 일이었고 그래서 프랑스인들은 더 분노했다.

그러나 임시정부는 국민들의 여론과 상관없이 패전 이후의 협상을 강행했고, 결국 프로이센과의 굴욕적인 협상을 진행하던 임시정부에 반발한 노동자들을 중심으로 일종의 쿠데타가 발생한다. 분노한 노동자들과 국민들에 의해 임시정부가 파리에서 쫓겨나고 대신 노동자들을 중심으로 한 새로운 지도 체제가 새롭게 들어섰는데 역사는 이 새로운 체제를 '파리 코뮌'[6]이라

---

6 파리 코뮌(Paris Commune) : 노동자와 하층민들이 비록 짧은 기간이었지만 권력을 잡을 수 있었던 것은 바로 부패한 파리의 기득권 세력 때문이었다. 패전국 프랑스는 1871년 2월 프로이센과 평화조약을 체결하기 위해 국민의회를 소집했는데 여기서 왕당파 의원들은 프로이센에게 유리한 조약을 체결하고 왕정복고를 꾀하려는 움직임을 보였다. 그 이유는 오직 하나, 자신들의 기득권만이라도 지키려는 이기심 때문이었다. 결국 2월 8일 프랑스 전역에서 선거가 치러지고 대부분 지역에서 왕당파는 60퍼센트가 넘는 의석을 차지한다. 그러나 수도였던 파리는 달라서 왕당파와 대립하던 공화파가 오히려 다수를 차지한다. 선거를 통한 권력 유지가 힘들어지자 임시정부는 힘으로 파리와 의회를 장악하려 한다. 임시정부는 노동자와 시민들이 모여 만든 국민방위군의 무장 해제를 명령하고 3월 18일에는 국민방위군이 보유하고 있던 대포를 철거하려는 시도를 했다. 이에 위기를 느낀 파리의 노동자들이 중심이 된 민중은 힘을 합쳐 임시정부에 저항했고 3월 26일에는 아예 그들이 중심이 되어 선거를 치렀다. 결

는 이름으로 불렀다. 임시정부를 몰아내고 들어선 파리 코뮌은 앞에서 언급한 것처럼 세계 최초의 노동자 정부였다는 의미를 갖는다.

보불전쟁의 원인은 이웃나라 때문?

역사에서 보는 전쟁의 원인은 매우 다양하다. 가장 흔한 경우는 강해진 나라가 주변에 있는 약한 나라를 침략해서 벌어지는 전쟁일 것이다. 거의 대

국 혁명파가 승리를 거두고 새로운 자신들만의 정부를 구성하였으니 이 정부가 파리 코뮌이다. 파리 코뮌은 정치적인 지식이나 배경이라곤 전혀 없었고, 극단적인 평등만을 주장하는 자코뱅파 등 다양한 출신으로 인해 갈등도 많았지만 그런 가운데서도 한 가지 확실한 것은 노동자와 민중을 위한 여러 정책을 시행하려 했다는 것이다. 그 정책적 방향이 파리 시민들의 지지를 이끌어낸 중요한 요인이었다. 제빵공의 야간작업 폐지, 노동자들에게 온갖 핑계를 달아 벌금을 부과하는 고용주에 대한 과태료 부과, 공창제 폐지, 무상교육, 임차인과 영세상인을 위한 보호조치 등이 그러한 정책이었다. 요즘 우리 시대와 비교해도 뒤지지 않을 정책들이 당시 나왔다. 한편 파리에서 코뮌의 성공을 목격한 민중이 프랑스 각지에서 베르사유의 임시정부에 저항했으나 대부분 실패로 돌아가고 결국 파리 코뮌만 남게 되었다. 외로운 싸움을 하던 파리 코뮌은 5월 21일 결정적 위기를 맞는다. 이날 내부 스파이들에 의해 파리의 관문 중 하나인 생클루(Saint-Cloud) 성문이 열리고, 이 문을 통해 중무장한 임시정부군이 파리 시내로 진입한 것이다. 노동자와 민중은 무기를 들고 바리케이드를 설치하면서 정부군에 대항했으나 상대가 될 수 없었다. 임시정부군 뒤에는 아이러니하게도 적국이었던 프로이센이 있었기 때문이었다. 프로이센 입장에서도 자신들에게 호의적인 임시정부가 이기는 게 여러모로 유리했기 때문에 임시정부를 도왔다. 이후 일주일 만에 파리 코뮌이 무너졌는데 이 기간 동안 2만 명 이상의 파리 코뮌군이 사망한 반면 정부군은 고작 700여 명만이 죽었을 정도로 일방적인 학살이었다. 후일 역사는 이 시기를 '피의 일주일'이라고로 불렀다. 파리 코뮌은 비록 두 달 만에 종료되었지만 세계사상 최초로 사회의 밑바닥 계층인 노동자 계급이 정치의 중심으로 전면에 등장했다는 역사적 의미를 갖고 있고, 이런 이유로 파리 코뮌이 파리를 지배하는 동안 유럽 전역의 지배계층은 엄청난 불안감과 두려움을, 반대로 가난한 노동자와 민중은 자신들도 사회의 주인공이 될 수 있다는 희망에 들떴다.

부분의 전쟁이 이런 경우이다. 이와는 달리 권력을 잡은 세력이 국민들의 비난을 한 몸에 받을 때, 그 비난을 외부로 돌리기 위해서 일부러 전쟁을 일으키는 경우도 있다. 어쨌든 위의 두 가지 원인은 모두 전쟁 당사국이 직접 관련이 있다는 공통점이 있다.

그렇다면 프랑스와 프로이센은 도대체 왜 전쟁을 벌였을까? 두 나라에 전쟁을 해야 할 직접적인 이유가 있었을까? 물론 프랑스와 프로이센이 19세기 중반부터 서로를 경계했던 것은 사실이었다. 1870년에 발발한 보불전쟁에 앞서, 1866년 프로이센은 통일 독일을 이루는 데 장애물이라고 여겼던 오스트리아와 먼저 전쟁을 벌였다.

프랑스의 보이지 않는 견제에도 불구하고 큰 힘 들이지 않고 오스트리아를 물리친 프로이센에게 남은 적수는 이제 프랑스밖에 없었다. 프랑스의 입장에서는 프로이센이 통일을 이룬 후에 프랑스를 위협하는 강대국이 될 것이라는 두려움이 있었고, 프로이센 입장에서는 사사건건 방해하는 프랑스가 싫을 수밖에 없었을 것이다.

원래 독일은 신성로마제국이 해체된 이후부터 작은 나라들로 분립된 상태가 계속되고 있었다. 그러나 19세기 중반 들어 독일 통일의 분위기가 점점 무르익고 있었다. 특히 비스마르크가 주동이 된 프로이센이 핵심이었다. 통일을 꿈꾸는 프로이센이 프랑스 입장에서는 전혀 달갑지 않았다.

그러나 이런 정치적인 앙금 외에 특이하게도 프랑스와 프로이센은 전쟁을 벌일 만한 직접적인 충돌은 별로 없었다. 굳이 원인을 찾자면 프랑스에서는 과거 화려한 영광의 시기였던 나폴레옹 1세 시절을 그리워하는 국민들의 기대가 커지고 있었고, 황제 나폴레옹 3세는 이런 국민들의 정치적 기대에 부응하고자 하는 마음이 있었는데 이 정도 이유 가지고 전쟁을 하기는 쉽지 않았다.

즉 보불전쟁은 위에서 언급한 그런 직접적인 원인으로 일어나는 전쟁에 해당하지 않는 것 같다. 그렇다면 두 나라가 나라의 운명을 걸고 싸워야만 했던 원인이 도대체 무엇이었을까?

프랑스는 보불전쟁이 발발할 당시인 1870년까지 스스로를 유럽에서 가장 강력한 나라라고 여겼는데 그 이유는 현재 황제인 나폴레옹 3세의 큰아버지인 작은 영웅 나폴레옹 1세에 대한 향수 때문이었다. 불과 얼마 전까지 온 유럽을 벌벌 떨게 했었던 사람이었고, 그런 영웅 덕분에 지금까지 프랑스가 유럽에서 가장 강한 나라로 군림했으니 당연한 생각이었을 것이다.

또 프랑스의 왕가인 부르봉 가문의 힘과 영향력이 막강했다는 것도 하나의 이유였던 것이다. 특히 부르봉 왕가 출신들이 이웃나라의 국왕이 되거나 왕실 혈통을 형성하면서 자연히 프랑스의 위세가 대단했으니 프랑스 국민들이 프랑스가 유럽에서 가장 강하다고 느꼈던 것도 충분히 이해가 간다.

그렇다면 프랑스와 프로이센이 국가의 명운을 걸고 한판 전쟁을 벌였어야만 하는 직접적인 원인은 무엇이었을까? 결론적으로 두 나라가 일대 전쟁을 벌여야만 할 정도로 자존심이 걸린 문제가 발생했는데, 바로 '에스파냐 왕위계승 문제'[7]였다. 즉 프랑스나 프로이센의 왕위가 아닌 이웃나라 에스파

---

7 에스파냐 왕위계승 문제 : 1700년 에스파냐 왕위계승전쟁 이후 프랑스의 부르봉 왕조가 계속 왕위를 차지한 이래 에스파냐는 전통적으로 프랑스와 좋은 관계를 계속 이어오던 나라였다. 물론 이때까지 에스파냐는 프랑스 부르봉 가문 출신들이 대를 이어가며 지배하고 있었다. 그러나 1868년 에스파냐 여왕 이사벨 2세가 혁명으로 축출되면서 왕위가 공석이 되어 프랑스와 에스파냐 사이에 금이 가기 시작했다. 에스파냐는 유럽의 왕가들 중에서 프로이센 왕인 빌헬름 1세의 친척인 레오폴트(Leopold) 왕자에게 왕위를 제안한다. 오랜 기간 프랑스 왕가의 지배를 받으면서 생긴 일종의 피로감과 함께 프랑스의 영향력에서 벗어나고자 하는 야망 때문이었다. 에스파냐의 이런 제안에 대해 프로이센의 재상 비스마르크는 적극 찬성하고 레오폴트 왕자도 제안을 수락한다. 그러나 프로이센의 황제인 빌헬름 1세는 오히려 반대했는데 그 이유는 그가 전형적인 왕권신수설을 신봉하던 인물이었기 때문이다. 왕권신수설은 모든 왕권은 인간이 아닌 신에게서 부여받는 것이라는 주장인데 이처럼 신의 택함으로 내려진 왕권을 시민들이 갖다 바치는 게 싫었던 것이다. 다른 이유는 정치적인 이유로 당시까지 유럽의 최강자인 프랑스의 심기를 거슬리는 것도 내키지 않았던 것이 현실적인 이유였다. 게다가 프랑스의 강력한 항의와 압력이 가해지자 결국 당사자인 레오폴

냐의 왕위계승 문제였다는 게 조금 특이하다.

당시 에스파냐는 프랑스 출신의 부르봉 왕가가 지배했는데 에스파냐 혁명에 의해 부르봉 왕가가 축출되며 왕위가 공석 중이었다. 프랑스 정부에서는 다시 새로운 부르봉 왕가 출신을 왕위에 앉히려고 했는데 이런 계획에 에스파냐와 프로이센이 제동을 걸었다. 에스파냐 입장에서는 오랜 기간 프랑스 출신이 에스파냐 왕위에 있는 것에 대한 피로감과 반발심이 있었고, 프로이센 입장에서는 이번 기회에 프랑스가 아닌 프로이센 출신을 에스파냐 왕위에 앉혀서 자신들의 영향력을 확대할 기회로 여겼다. 결국 에스파냐와 프로이센이 프랑스 부르봉 출신이 아닌 프로이센 왕실과 인척관계에 있는 레오폴트 대공을 에스파냐 국왕에 앉히려 하자 당시 강대국이었던 프랑스가 당연히 강력히 반발했다. 프랑스 측에서는 에스파냐 왕위를 내주면 곧 유럽에서의 영향력이 약화될 것을 염려했다. 결국 프랑스에서는 이 사태를 먼저 정치적으로 해결하기 위해 독일 왕가의 전통적인 휴양지 엠스(Ems) 온천에서 휴양 중이던 프로이센의 빌헬름 1세에게 대사를 보내 레오폴트 대공의 왕위 포기 각서를 받으려 했다. 에스파냐에서 아무리 프로이센 출신을 왕위에 앉히려 해도 프로이센 왕이 받아들이지 않으면 별 문제 없이 다시 프랑스 출신에게 왕위가 돌아갈 것으로 생각했고, 특히 프랑스를 두려워해서 이 제안을 거부하지 못할 것으로 여겼던 것이다. 이것 또한 프랑스와 나폴레옹 3세의 정치적 오판이었다.

그리하여 엠스 온천에서 휴양하던 빌헬름 1세에게 나폴레옹 3세의 의견을 전하기 위해 프랑스 대사 베네데티(Benedetti)가 찾아온다. 이유는 단 하나,

---

트공도 에스파냐 왕위를 사양하게 되었다. 프랑스 입장에서는 에스파냐 왕위가 프로이센으로 넘어가게 되면 남쪽에서도 프로이센, 북쪽에서도 프로이센에게 압박을 받게 되기 때문에 결사 반대를 할 수밖에 없었던 것이다. 결국 에스파냐 왕위계승 문제가 도화선이 되어 프랑스에서 프로이센에게 전보를 보내고 이게 후에 '엠스 전보 조작 사건'이 되면서 보불전쟁으로 치닫는다.

즉 에스파냐 왕위를 거부하라는 굴욕적인 제안을 하기 위함이었다. 나폴레옹 3세의 정치적 제안이자 협박을 받은 빌헬름 1세는 이를 재상 비스마르크에게 전보로 알렸다. 통일 독일에 대한 정치적 야심을 키우던 비스마르크는 이 전보의 내용을 조작해 프랑스에 대한 독일 국민들의 분노에 불을 붙인다. 이것이 바로 서양사에서 유명한 '엠스 전보 사건'[8]이다.

당연히 자신의 제안을 받아들일 것으로 기대하던 나폴레옹 3세는 정치적 해결에 실패하고, 그러자 프랑스에서는 프로이센 정벌에 대한 여론이 생기기 시작했다. 면밀한 검토 결과, 설사 전쟁을 하더라도 북부독일과 앙숙인 남부독일은 가담하지 않을 거라는 기대와 프랑스 군사력에 대한 맹신으로 지금 당장 프로이센과 전쟁을 벌여도 쉽게 이길 수 있다는 정치적 오판을 하게 된다. 이게 결정적인 프랑스의 불운이었다. 프랑스는 프로이센의 비스마

---

8 엠스 전보 사건 : 1870년 7월 13일, 빌헬름 1세는 독일에 있는 온천휴양지 엠스에서 휴양 중이었는데 프로이센 주재 프랑스 대사 베네데티가 찾아온다. 프랑스 나폴레옹 3세의 지령을 받고 엠스를 찾은 베네데티는 빌헬름 1세에게 면담을 요청하고 이런 말을 전했다고 한다. "호헨촐레른 가문이 에스파냐 왕위에 옹립되는 경우는 없어야 하고, 앞으로 이런 상황이 절대 없도록 하겠다는 약속을 하라." 물론 이 말은 나폴레옹 3세의 의견이었다. 하지만 프랑스가 강대국이었다고 해도 이런 태도는 외교 관례상 무례한 것이었고 빌헬름 1세의 심기를 불편하게 했다. 베네데티의 요구를 거절한 빌헬름 1세는 즉시 비서로 하여금 이 사실을 전보를 쳐서 베를린에 있는 비스마르크에게 알리게 한다. 독일 통일을 바라지 않는 프랑스를 굴복시켜 통일을 달성하려는 야심을 갖고 있던 비스마르크는 호시탐탐 전쟁의 구실을 찾고 있었는데 마침내 좋은 기회를 잡았다고 생각했다. 비스마르크는 빌헬름 1세의 전보를 받자마자 특별한 계략을 생각했는데, 바로 엠스에서 온 전보의 내용을 자극적인 표현으로 고쳐서 언론에 공개한 것이었다. 비스마르크가 노린 것은 당연히 프로이센 국민들의 프랑스를 향한 적개심이었다. 예상대로 비스마르크의 엠스 전보 내용 조작은 엄청난 파장을 프랑스와 프로이센 양국에 몰고 왔고, 두 나라 모두 상대방을 향한 적개심으로 들끓게 된다. 프랑스 국민들은 자신들의 요구를 프로이센이 거부한 것에 분노를 표했고, 프로이센 국민들은 프랑스가 자신들의 황제에게 무례하게 했다는 것에 크게 분노했던 것이다. 결국 비스마르크에 의해 기획된 이 엠스 전보 조작 사건으로 인해 분노와 적개심에 휩싸인 두 나라는 돌이킬 수 없는 전쟁의 길로 나가게 된다.

르크를 너무 과소평가했던 것이다.

결론적으로 19세기 후반 유럽에서 프랑스와 프로이센의 정치적 입지를 완전히 바꾸어놓은 보불전쟁은 두 나라의 직접적인 이유보다는 이웃나라인 에스파냐에서 혁명으로 공석이 된 왕위를 누가 이어받아서 에스파냐를 통치할 것인지를 놓고 벌였던 전쟁이었던 것이다.

전쟁은 어떻게 진행되었는가?

드디어 프랑스와 나폴레옹 3세는 프로이센에 대해 전격적인 전쟁을 선포한다. 그러나 전쟁이 시작되자 프랑스의 예상과는 달리 남부독일 국가들이 북부독일과 힘을 합쳐 프로이센과 비스마르크의 편을 들게 된다. 프랑스 측에서 전혀 예상치 못한 이 상황 때문에 계획에 큰 차질이 빚어진다. 프랑스는 남부독일과 북부독일이 비록 정치적으로는 서로 앙숙이었지만 그래도 신성로마제국의 후손으로 같은 핏줄로 엮인 국민들이라는 것을 간과했던 것이다. 비록 서로 으르렁거리는 사이였지만 프랑스라는 강력한 외부의 적을 맞이해서는 서로 손을 잡을 수 있다는 것을 짐작하지 못했던 것이다. 이 또한 프로이센의 명재상 비스마르크가 오스트리아와 프랑스를 제거하고 통일 독일을 이룩하기 위해 오랜 기간 공들여 작업한 정치적 수확이었다.

보불전쟁은 처음에는 프랑스가 어렵지 않게 프로이센을 제압할 것이라 예상되었지만, 실제로는 일방적으로 프로이센이 승리를 거두었다.

보불전쟁의 승패는 사실상 일찍 결정됐는데, 그중에서도 프로이센 국경에서 가까운 메츠(Metz)와 스당 전투(Battle of Sedan)가 프랑스에게 가장 치명적인 패배를 가져온 전투였다. 이 전투의 결과가 곧 보불전쟁과 프랑스 전체의 운명을 결정지은 것이다. 특히 전략적 요충지였던 메츠에 프랑스군이 고립된 것이 치명적인 패인이었다.

1870년 7월 28일 나폴레옹 3세는 프랑수아 바젠 장군을 필두로 약 15만(다른 기록에는 20만이라고도 함)의 주력군을 프로이센 국경 근방인 라인강 근처로 이동하도록 한다. 이 부대를 라인 군단이라고 했는데, 6개 군단으로 나누어 프로이센 지역의 안쪽을 점령하려 했다. 그러나 우수한 무기에도 불구하고 그곳에서 벌어진 몇 차례의 전투에서 패배한 프랑스군은 근처 도시인 메츠 요새로 피하게 된다.

  메츠는 그리 큰 도시는 아니었지만 프랑스와 프로이센의 중간 길목에 해당하는 지리적인 요충지였기 때문에 두 나라 군사들에게는 매우 중요했다. 지리적인 이점을 안고 있던 프랑스는 약 15~20만 명을 보냈고, 프로이센도 이 도시의 중요성을 알았기에 약 30만 명에 이르는 대규모 군사들을 보냈다. 즉 전쟁 초반부터 양국의 주력부대가 강하게 붙었던 것이다. 그만큼 메츠가 중요했는데, 전쟁 발발 4주 만에 바젠 장군이 이끄는 프랑스군이 프로이센군에 의해 메츠에 갇혀서 고립되는 처지에 몰리게 된다.

  정예군의 위기 소식에 할 수 없이 나폴레옹 3세와 마옹 원수가 이끄는 군대가 바젠 장군 구출 작전을 펼쳤으나 오히려 프로이센군의 공세에 밀려서 8월 31일 스당으로 퇴각, 이후 독일군에게 갇히는 신세가 된다. 결국 치열한 시가전과 탈출 작전에도 불구하고 스당 탈출 작전은 실패하고 9월 2일 나폴레옹 3세를 포함한 8만(다른 기록에는 14만이라고도 함)여 명의 프랑스군은 전격적인 항복을 선언한다.

  메츠에 고립된 프랑스 정예군을 구하기 위해 나폴레옹 3세가 직접 나섰다가 포로가 되었고, 총사령관 마크 마옹 원수가 부상을 당한다. 사령관의 부상으로 지휘체계가 무너지고, 황제가 포로가 됐다는 것은 이미 모든 것이 끝났다는 의미였다.

  프랑스군과 프로이센군의 승패를 쉽게 가른 것은 다름 아닌 군인들의 무기였다. 프랑스군은 나름 신식이지만 소총으로 무장한 반면, 프로이센군은 대포를 주로 써서 폭탄을 퍼부었기 때문에 도저히 프랑스군이 버틸 수 없었

〈마지막 탄약〉, 알퐁스 드 뇌빌, 1873. 창밖을 살피는 프랑스 패잔병의 모습이 애처롭다.

던 것이다. 프랑스는 호기롭게 프로이센을 향해 전쟁을 선포했지만 이미 오래전부터 치밀하게 전쟁만을 기다려온 비스마르크의 전략과 군사력을 당할 수 없었다.

한편 황제가 항복하고 포로가 되었다는 충격적인 소식을 접한 파리는 곧바로 극심한 혼란에 빠진다. 황제 부재 상황에서 파리에서는 공화정이 선포되고 자발적 지원에 의한 '국민군'이 편성된다. 그리고 '국민 방위군 정부'가 조직되어 전쟁 패배의 책임을 물어 나폴레옹 3세의 폐위와 제2제정(Second French Empire)의 전격적인 폐지를 선언하고 제3공화국을 선포한 후 저항을 계속한다.

한편 계속된 독일군의 파리 포위 작전이 시작되자 새로운 파리 정부는 비스마르크 정부와 협상을 시작했으나 독일이 프랑스 영토인 알사스(Alsace)와 로렌(Loren) 지역을 요구하자 협상은 결렬되고 만다. 결국 임시정부 수반이던 레옹 캉베타는 포위된 파리에서 기구를 이용해서 탈출, 지방에서 군사력을 다시 결집해서 저항에 나서나 역부족으로 결국 1870년 7월 19일 전쟁 선포 후 불과 6개월 만인 1871년 1월 28일 전격적인 항복을 한다.

뜻밖의 항복에 이어 프로이센이 주도하는 굴욕적인 휴전조약이 체결되자 파리에서는 분노한 시민들과 노동자들이 점점 더 과격한 반응을 보이기 시작한다. 특히 급진적인 노동자들을 중심으로 일종의 반란이 일어나 항복을 주장한 공화국 정부가 파리에서 베르사유로 쫓겨나며 전복되고 그 자리를 '파리 코뮌'이라는 최초의 노동자 중심 정부가 대체한다.

그러나 아무런 준비도 계획도 없이 급진적으로 조직됐던 노동자 정부가 오래갈 수는 없었다. 파리 코뮌은 쫓겨났던 프랑스 정부군과 '피의 일주일'[9]

---

9   피의 일주일 : 1871년 5월 21일 마크 마옹이 이끄는 프랑스 정부군이 파리로 진격했는데 그해 3월 28일 수립된 세계 최초의 노동자 정부인 파리 코뮌을 진압하기 위해서였다. 이게 바로 '피의 일주일'로 불리는 대학살의 시작이었다. 이 대규모 학살은 프로이센의 꼭두각시 정부였던 프랑스 국민회의가 파리를 점령하고 노동자와 가난한 민중이 중심이 돼서 세운 노동자 정부인 파리 코뮌을 무력으로 진압하기 위해 군대를 투입한 것이다. 파리 코뮌을 제압하기 위해 국민회의는 적국인 프로이센의 군사적 도움까지 받았으니 진압군의 규모와 위세가 파리 코뮌과는 비교 불가였다. 프랑스에서는 불과 1년 전 보불전쟁에서 참패한 뒤 포로로 잡힌 나폴레옹 3세가 폐위되고 국민회의가 정권을 장악했지만 수도인 파리는 그들의 통제권 밖에 있었다. 파리 시민들은 파리 코뮌을 발족시켜 프로이센에게 패배하고 굴욕적인 조약까지 맺으려는 정부를 향해 뜨거운 분노를 표출시켰다. 노동자, 학자, 부르주아 등 다양한 계층으로 구성된 파리 코뮌 의원들은 친프로이센, 부르주아 정부에 맞서 철저한 항전을 선언했다. 물론 항전에는 파리 대주교를 살해하는 등 기득권 세력에 대한 과격한 투쟁도 포함되어 있어서 파리 곳곳에 유혈이 낭자했다. 시민들의 투쟁심을 고취시키는 붉은 깃발이 처음 등장한 것도 이때였다. 파리 코뮌의 강력한 저항에 놀란 국민회의는 프로이센의 도움을 받고, 정규군을 투입하면서 마침내 무력진압을 결정한다. 참혹한 피의 보복이 시작된 것이다. 코뮌 시민들은 튈르리궁, 오르세궁 등을 불태우며 죽음으로 맞섰지만 코뮌의 비정규군과 국민의회의 정규군 사이에는 극복할 수 없는 힘의 차이가 역력했다. 3만에서 5만여 명이 학살됐는데 이 짧은 기간 학살된 사람의 숫자가 프랑스 대혁명 시기 2년 동안 죽은 사람들보다도 많았다고 하니 당시의 진압이 얼마나 참혹했을지 짐작이 간다. 일주일 만에 진압된 파리 코뮌을 놓고 좌파와 우파는 해석을 달리했다. 좌파인 사회주의자들은 '최초의 사회주의 혁명'이라며 환호했고, 우파들은 '평범한 난동의 온상'이라며 비난했다. 파리 코뮌은 대규모 학살로 끝을 맺으며 실패했지만 사회주의와 공산주의 운동에 큰 영향을 주었다. 공산주의의 대부였던 마르크스는 "자본가 계급과 그들의 국가에 대한 노동자 계급의 투쟁은 파리의 투쟁을 통해 새로운 단계에 들어섰다"고 평가했고, 레닌은 파리 코뮌을 "세계 역사상 최초로 벌어진

이라는 치열한 싸움을 벌이되고, 결국 5만 가까운 희생자를 내면서 진압된다. 이후 프랑크푸르트 조약이 실행된다. 조약의 핵심적인 내용은 메츠와 알사스 그리고 로렌 지역을 독일에 양도하고, 당시 돈으로 50억 프랑에 이르는 막대한 전쟁 배상금을 지불한다는 굴욕적인 내용이었다. 그러나 이런 조건보다 더욱더 프랑스인들을 참담하고 굴욕적으로 만든 것은 따로 있었다.

그것이 바로 독일 제국 선포식이었다. 프로이센 왕 빌헬름 1세의 통일 독일 황제 대관식을 독일이 아닌 프랑스의 심장부인 베르사유 궁전에서 거행한 것이었다. 프랑스인들의 자부심의 상징 베르사유 궁전에서도 가장 화려한 장소인 '거울의 방'에서 프랑스 고위 귀족들과 왕족들을 머리 조아리게 하고 승전국의 통일제국 선포식을 열었으니 이 얼마나 굴욕적이었을까. 아마도 한일 강제합병을 하고 우리 민족의 상징적 장소인 경복궁이나 덕수궁 한복판에서 일왕의 대관식을 했다면 우리에게도 평생 씻을 수 없는 큰 굴욕이 됐을 것이다.

이 대관식 사건은 두고두고 프랑스인들에게 씻을 수 없는 치욕으로 남았다. 보불전쟁 패배의 영향으로 1867년 이래 나폴레옹 군대에 의해 유지되던 교황청의 세속권력이 붕괴했고, 유럽의 정치 질서가 프랑스에서 독일로 넘어가는 계기가 마련됐다. 이후 제2차 세계대전이 발발하는 1910년까지 유럽에서는 불안정한 평화가 지속된다.

이후 프랑스에서는 대통령제가 확립되고 보불전쟁의 굴욕을 극복하고 1차 대전까지 나름대로 문화적인 번영을 맞이하게 되는데 이 시기를 서양사에서는 '벨 에포크(Belle époque)'[10]라고 부른다. 프랑스 사람들은 프로이센과의

노동 계급의 사회주의 혁명 예행연습"이라고 평가하면서 큰 의미를 부여했다.

10 벨 에포크(Belle époque) : 프랑스어로 흔히 '아름다운 시절' 혹은 '아름다운 시대'로 번역되며, 보불전쟁이 끝난 1871년부터 제1차 세계대전 직전인 1914년까지의 평화롭고 풍요로운 유럽의 한 시대를 일컫는 용어로서, 경제적 풍요로 인해 문화예술이 발달하고 전쟁이 없던 평화로운 시대를 의미한다. 19세기 말부터 20세기 초반까지의

전쟁에서 패배하고 역사상 최악의 굴욕을 당한 것을 결코 잊지 않았다. 그리고 그런 치욕과 굴욕으로 인해 심각하게 손상된 프랑스인들의 마음을 위로하기 위한 국가적인 프로젝트가 시행된다.

파리의 몽마르트 언덕 위에 '사크레 쾨르 대성당(La Basilique du Sacré Coeur)'[11]이라는 아름다운 흰색 성당이 있다. 이것이 바로 보불전쟁에서 패한 프랑스와 프랑스인들의 잃어버린 자존심을 세우기 위해 국민성금을 통해

이 시기는 유럽 국가들 사이에 중요한 전쟁이 별로 없었으며, 경제적으로는 영국에서 시작된 산업혁명의 여파로 많은 나라들의 경제가 발달했다. 특히 부르주아로 지칭되는 중산층들이 산업혁명이 이룩한 경제적인 혜택을 가장 많이 향유하면서 물질적, 시간적 여유를 문화예술 발전에 쏟아부었던 것이다. 유럽 역사상 가장 낭만적이고 평화로웠던 시기로 평가되는 이 시기는 19세기 말부터 시작된 경제적 번영으로 인해 상류층에게만 허용되었던 스포츠, 기차 타고 근교로 가는 주말여행, 레스토랑에서 식사하기, 카바레에서 춤추기 등이 부르주아들에게까지 전파됐다. 이렇게 경제적, 문화적 혜택을 누리던 사람들이 예술 분야로 눈을 돌리면서 인상파, 입체주의, 초현실주의 등과 같은 '아르누보(Art Nouveau, 새로운 예술)' 운동이 새로운 예술양식으로 등장하기도 했다. 건축 부분에서도 새로운 멋진 건물들이 등장했는데 프랑스의 에펠탑과 독일의 바우하우스 등은 벨 에포크를 상징하는 건축물이었다.

11 사크레 쾨르 대성당(Basilique du Sacré-Cœur) : 많은 예술가들이 모여 살았던 것으로 유명한 파리의 몽마르트 언덕 위에 있는 하얀색 대성당으로 로마네스크 비잔틴 양식으로 만들어졌으며 지붕에 있는 하얀 돔이 인상적이다. 프랑스가 1871년 프로이센과의 싸움인 보불전쟁에서 참패하고, 바로 이어서 같은 해 파리와 파리 코뮌을 끝까지 사수하기 위해 모여서 싸우다 죽은 최후의 프랑스 병사들과 시민들을 추모하기 위해 건축되었다. 파리는 보불전쟁의 패배와 파리 코뮌의 프랑스 정부에 대한 저항으로 심각한 내분을 겪었는데 이런 것이 모두 영적인 타락과 도덕적인 타락에서 기인한 것이라 여겼다. 그래서 새롭고 멋진 성당을 지어 국민들의 영적, 도덕적인 부분을 강화하려는 생각을 했다. 물론 대혁명과 전쟁에서 희생당한 프랑스인들의 마음을 달래주고 보불전쟁 패배로 인해 낙심하고 침체된 프랑스 국민들의 사기를 북돋아주기 위한 현실적인 이유도 있었다. 결국 이런 우여곡절 후에 성당 건립이 시작됐는데 특이한 것은 정부의 돈을 들여서 짓는 것이 아니라 프랑스 국민들의 돈을 모금해서 만들어졌다는 것이었다. 1876년에 기공되어 1910년에 완성되었으나 제1차 세계대전에서 독일의 항복 후에 헌당식을 했는데 국민들의 한풀이 내지는 사기 진작을 위해서였다.

보불전쟁의 패배로
크게 상심한 프랑스
국민들을 위로하기
위해 국민적 모금을
통해 세운
사크레 쾨르 대성당

1876년부터 시작해서 1910년에 완공한 건물이다.

가장 아름다운 공동묘지와 코뮌 전사들

공동묘지가 아름다울 수 있을까? 얼핏 죽은 자들의 장소인 공동묘지와 '아름다운'이라는 형용사는 전혀 어울리지 않아 보인다. 그러나 프랑스 파리의 한 지역에는 세상에서 가장 아름다운 공동묘지라는 칭송을 받는 묘지가 있다. 그 묘지의 이름은 '페르 라셰즈(du Père-Lachaise)'인데 지금은 마치 관광지처럼 많은 사람들이 찾는 유명한 곳이다.

1789년 프랑스 대혁명 이후 1804년 5월에 만들어진 파리 최초의 공동묘지이기도 하다. 이 공동묘지에 이어서 몽파르나스(Montparnasse) 공동묘지를 포함한 다른 공동묘지들도 만들어졌다. 정부에서 이런 공동묘지를 조성한 이유는 바로 비싼 장례비용과 도시환경 문제를 해결하기 위해서였다.

페르 라셰즈 공동묘지는 정치적으로는 프랑스 좌파들에게 매우 상징적이고 유명한 곳이기도 하다. 그 외에 일반인들에게는 파리 시내에 있는 공동묘지가 짙푸른 녹음이 우거진 멋진 공원처럼 꾸며졌다는 점에서, 또 공동묘지에 누워 있는 수많은 세계적인 유명인사들 때문에 유명한 곳이다.

프루스트, 발자크, 쇼팽, 에디트 피아프, 마리아 칼라스, 이사도라 덩컨, 들라크루아, 조르주 비제, 로시니, 몰리에르, 오스카 와일드, 짐 모리슨, 이브 몽탕, 폴 엘뤼아르, 장 바티스트 클레망, 모딜리아니 등등. 이들의 공통점은 모두들 유명한 사람들이고, 페르 라셰즈 공동묘지에 누워 있는 사람들이라는 것이다. 그래서 파리를 찾는 많은 관광객들이 공원처럼 아름다운 공동묘지에 와서 자신들이 좋아했던 유명인사들의 묘를 둘러보는 것이다.

즉 페르 라셰즈 공동묘지는 세계에서 가장 유명인이 많이 묻힌 아름다운 공동묘지다. 그러나 이처럼 유명인사들의 멋진 묘지와는 달리 대다수 관광객들이 그냥 아무 생각 없이 지나가거나 혹은 힐끗 시선을 한 번 던지고는 그냥 지나치는 한 장소가 있는데, 이곳이야말로 어쩌면 페르 라셰즈 공동묘지에서 가장 의미 있는 곳일지도 모른다. 공동묘지 정문을 들어서서 우측 길을 따라 계속 끝까지 가면 '코뮌 전사들의 벽(Mur des Fédérés)'이 나온다.

페데레스(Fédérés)는 원래 프랑스 대혁명 당시 스스로 무기를 들고 혁명에 동참했던 무명의 시민들을 지칭했는데, 이후에는 코뮌 정부를 지지했던 사람들을 지칭하고 있다. 수많은 관광객들이 찾는 유명인들의 묘지에 비해 관광객들에게 크게 중요해 보이지 않는 '코뮌 전사들의 벽'. 그러나 이 평범해 보이는 벽이 결코 평범할 수 없는 이유는 바로 그 벽에 붙어 있는 자그마한 비석 때문이다.

평범한 담벼락 끝에 사각형의 평범한 비석이 붙어 있고, 이런 말이 프랑

코뮌 전사들의 벽. 벽에 붙은 비석에는 '코뮌의 죽은 이들에게(Aux Morts de la Commune)'라고 쓰여 있다.

스어로 쓰여 있다. "Aux Morts de la Commune 1871, 5, 21~5, 28." 직역하면 "1871년 5월 21일에서 5월 28일에 죽은 코뮌의 죽은 자들에게" 정도가 된다. 코뮌은 무엇이고, 죽은 자들은 누구일까? 그리고 이 벽 앞에서는 도대체 무슨 일이 있었기에 비석에 "코뮌의 죽은 이들에게"라고 그들을 추모하는 글귀가 써져 있는 것일까?

우선 저 비석은 그냥 단순한 비석이 아니고, 비석에 쓰여 있는 죽은 자들은 그냥 단순히 이름 없는 무명인들이 아니다. 어쩌면 파리 시민들의 기억과 역사에서 절대 잊을 수 없는 매우 특별한 사람들일 것이다. 결론적으로 비석에 쓰여 있는 코뮌의 죽은 전사들이란 1871년 5월 28일, 파리 라셰즈, 바로 이곳에서 최후까지 정부군에 맞서 파리를 사수하고자 목숨을 걸었던 147명의 코뮌 무명용사들을 말한다. 죽을 줄 알면서도 최후의 일인까지 항전했던 그들을 기리고 추모하기 위해서 바로 그 자리(그들은 모두 이 벽 앞에서 총살당했다)에 비석을 붙여서 기억하고 있는 것이다. 이 비석은 최후의 총살이 있은 지 38년이 지난 1907년에 만들어졌다.

5월 21일에서 5월 28일까지의 단 1주일 동안 3만에서 5만여 명의 코뮌

총살당하는 코뮌의 무명용사들. Henri-Alfred Darjou, 1871~1874

전사들이 학살당했기에 이 기간을 '피의 일주일'이라고 부른다. 당시 상황을 좀 더 살펴보면, 1871년 보불전쟁에서 나폴레옹 3세가 포로가 되면서 프랑스가 패한 후, 프로이센군은 베르사유 궁전을 점령하고 여세를 몰아 파리까지 입성했다. 나폴레옹 3세의 항복 선언 이후 프로이센이 요구하는 굴욕적인 강화조약을 체결하기 위한 국민의회가 보르도에 설치되고 프랑스 임시정부 행정장관으로 티에르가 임명되었다. 티에르를 중심으로 해서 프랑스는 프로이센과 굴욕적인 강화조약을 맺으려 했다.

이에 반발해 파리 시내 곳곳에서 대규모 민중봉기가 일어났다. 티에르를 중심으로 한 프랑스 임시정부와 정부군은 민중봉기와 시위대를 대대적으로 탄압하고 진압하려 했다. 정부군은 민중봉기를 진압하고 서둘러 굴욕적인 강화조약을 체결하기 위해 프로이센의 도움을 받는 것도 마다하지 않았다. 즉 얼마 전까지 치열하게 싸웠던 적국 프로이센의 군사적 도움까지 받아가며 같은 동포인 프랑스 민중 시위대를 진압하려 했던 것이다. 정부군의 진압이 강할수록 대포를 앞세운 민중 시위대의 저항도 점차 거세지면서 강화조약을 제대로 체결할 수 없게 되었고, 프랑스 임시정부는 안팎으로 점차 많은 비난과 비판에 직면할 수밖에 없었다. 결국 임시정부는 최후의 진압작전을 펼치게 된다.

1871년 5월 21일, 파리 한복판에 있는 튈르리 궁전의 정원에서는 아름다운 음악 소리가 흘러나오고 있었다. 이날은 이름 없는 '코뮈나르(코뮌을 지지하다가 죽은 사람들)'들을 추모하기 위한 성대한 음악회가 열리는 날이었다. 파리로 들어오는 모든 성문을 봉쇄하고 있던 많은 코뮌 지지자들이 음악회를 즐기기 위해 대거 튈르리 궁전의 정원에 와 있었고, 그래서 이날은 평소보다 경계가 약했다. 정부군은 미리 포섭해놓은 전령을 통해 파리 동쪽 입구인 생클루(Saint-Cloud) 쪽의 경계병들이 없다는 신호를 받고는 그쪽으로 들이닥친다. 약 2만여 명의 무장한 정부군들이 밤사이에 만나는 대부분의 비무장 시민들을 가차 없이 죽이기 시작하면서 파리 코뮌의 최후의 저항이었던 피의 일주일이 시작된 것이다.

긴박한 소식을 들은 코뮌 전사들도 파리 곳곳에 바리케이드를 치고 정부군에 맞서 시가전을 벌이면서 싸웠다. 피의 일주일 기간 사망한 코뮌 전사들의 정확한 숫자는 아직도 확실치 않다. 1만에서, 3만, 5만, 혹은 그 이상이라고 보기도 한다. 확실한 건 약 10만에 가까운 코뮌 전사들과 시민들이 정부군에 체포되었고, 바로 군사재판에 넘겨져서 4만 이상이 누벨칼레도니 등 태평양에 있는 프랑스 식민지로 추방되어 다시는 돌아올 수 없는 영구 유배를 당했다는 것이다.

이렇게 해서 세계 최초의 노동자 정부로 세워졌던 파리 코뮌은 약 70여 일(1871년 3월 18일~ 5월 28일) 정도 강렬한 항거를 하다가 역사의 뒤안길로 사라져갔다. 이런 역사적인 의미를 영원히 기억하기 위해 프랑스에서는 좌파 정치인들이 1905년부터 매년 이 시기가 되면 이곳에 모여서 추도식을 거행하고 있다.

강지연, 『명화 속 비밀이야기』, 신인문사, 2010

고종환, 『명화, 그것은 역사의 보고다』, 푸른사상사, 2017

곽영완, 『명화 속에 담긴 유럽사』, 애플미디어, 2016

김광우, 『프랑스 미술 500년』, 미술문화, 2006

김병재, 『영화로 읽는 세계 전쟁사』, 르몽드코리아, 2018

김서형, 『그림으로 읽는 빅히스토리』, 학교도서관저널, 2018

김영숙, 『루브르와 오르세의 명화 산책』, 마로니에북스, 2012

김윤태, 『교양인을 위한 세계사』, 책과함께, 2010

김정락 외, 『미술의 이해와 감상』, 방송대출판부, 2009

박수현, 『미술관에 간 역사, 박물관에 간 명화』, 문학동네어린이, 2011

박 제, 『오후 네 시의 루브르』, 이숲, 2013

───, 『그림에 나와 우리를 묻다』, 이숲, 2015

박현철, 『세계 명화로 역사 읽기』, 꿈꾸는달팽이, 2013

송정림, 『명작에게 길을 묻다』, 책읽는수요일, 2014

송재영 외, 『프랑스 문화와 예술』, 새길, 1996

오병욱, 『서양 미술의 이해』, 일지사, 1994

윤선자, 『이야기 프랑스사』, 청아출판사, 2007

이내주, 『전쟁과 무기의 세계사』, 채륜서, 2017

이현우, 『미술관에서 만난 전쟁사』, 어바웃어북, 2018

이희건 외, 『교양으로 읽는 용선생 세계사 5』, 사회평론, 2017

이영선, 『프랑스 미술관 산책』, 시공아트, 2016

이주헌, 『50일간의 유럽미술관 체험 1』, 학고재, 1996

———, 『50일간의 유럽미술관 체험 2』, 학고재, 1997

———, 『프랑스 미술관 순례』, 랜덤하우스코리아, 2006

장세현, 『역사는 왜 명화 속으로 들어갔을까?』, 낮은산, 2012

전쟁사연구회, 『(하룻밤에 읽는) 십자군 전쟁사』, 북메이커, 2017

정미선, 『전쟁으로 읽는 세계사』, 은행나무, 2009

조덕현, 『전쟁사 속의 해전』, 신서원, 2016

진원숙, 『이슬람 전쟁사』, 살림출판사, 2015

최경석, 『명화로 배우는 서양 역사 이야기』, 살림Friends, 2012

최경화, 『스페인 미술관 산책』, 시공아트, 2013

최진기, 『인문의 바다에 빠져라 2』, 스마트북스, 2013.

———, 『끝내주는 전쟁사 특강 2』, 휴먼큐브, 2014

차기태, 『미술작품을 곁들인 에피소드 서양문화사』, 2014.

황정영, 『전쟁의 역사-그림으로 풀어보는 인문역사 이야기』, 한올출판사, 2016

허진모, 『모든 지식의 시작 1-전쟁사 문명사 세계사』, 미래문화사, 2017

로버트 램, 『그림과 함께 읽는 서양문화의 역사 I』, 이희재 역, 사군자, 2000

마리 셀리에, 『몽쁘띠 루브르미술관』, 최인경 역, 지엔씨미디어, 2004

———, 『몽쁘띠 오르세미술관』, 최인경 역, 지엔씨미디어, 2004

윌리엄 맥닐, 『전쟁의 세계사』, 신미원 역, 이산, 2005

에른스트 H. 곰브리치, 『곰브리치 세계사 1, 2』, 이내금 역, 자작나무, 1997

장 프랑수아 세뇨, 『명작스캔들 I』, 김희경 역, 이숲, 2011

장 피에르 윈터, 『명작스캔들 II』, 김희경 역, 이숲, 2013

존 깁슨 워리, 『서양 고대 전쟁사 박물관』, 임웅 역, 르네상스, 2006

존 키건, 『세계전쟁사(2판)』, 유병진 역, 까치(까치글방), 2018

H.W. 잰슨, 『서양미술사』, 이영 편역, 미진사, 1994

클레르 다르쿠르, 『명화를 통해 보는 전쟁 이야기』, 곽노경 역, 주니어김영사, 2005

클레어 고거티, 『그림 속 전쟁』, 성우아동미술연구회 역, 성우, 2001

프랑수아 르브레트, 『100편의 명화로 읽는 고대사』, 김영숙 역, 마로니에북스, 2006

플라비우 페브라코, 『세계 명화 속 역사 읽기』, 안혜영 역, 마로니에북스, 2012

후쿠이 노리히코, 『유럽은 어떻게 세계를 지배했는가』, 송태욱 역, 다른세상, 2008

홀리스 클레이슨, 『주제로 보는 명화의 세계』, 권영진 역, 마로니에북스, 2007

Adrien Dansette, *Histoire de la libération de France*, Perrin, 1994

Alain Descaux, *Histoire des françaises, la révolte*, Librairie Académique Perrin, 1992

Charles De Monseignat, *Un chapitre de la Révolution Française*, Notre siècle, 1995

Guizot François, *Cours D'Histoire Moderne, Vol 1: Histoire de la civilisation en France*,
Forgotten Books, 2010

Martin Henri, *Histoire de France, vol 12: Depuis Les Temps les plus Recules jusqu'en
1789*, Harchette, 1999

그림으로 보는 **위대한** 고종환
전쟁사